Kohlhammer

Michael Göhlich
Jörg Zirfas

Lernen

Ein pädagogischer Grundbegriff

Verlag W. Kohlhammer

Alle Rechte vorbehalten
© 2007 W. Kohlhammer GmbH Stuttgart
Umschlag: Gestaltungskonzept Peter Horlacher
Gesamtherstellung:
W. Kohlhammer Druckerei GmbH + Co. KG, Stuttgart
Printed in Germany

ISBN: 978-3-17-018869-3

Inhaltsverzeichnis

1 Einleitung

Lernen ist ein lebensnotwendiger Vorgang und zugleich eine wundervolle Möglichkeit für den Menschen. Notwendig ist es nicht nur, weil der Mensch mit einer vergleichsweise schwachen Instinktausstattung geboren wird, sondern weil sich seine (Um-)Welt aus unterschiedlichen Gründen immer wieder ändert und er sich mit ihr ändern oder sich befähigen muss, seine Welt zu ändern. Eine Möglichkeit ist es nicht nur, weil der Mensch aufgrund seiner Lernfähigkeit eben nicht in gleicher Weise auf Instinkte angewiesen ist wie die Tiere, sondern weil er mittels Lernen zum Menschen werden kann, weil er über die erst durch Lernen mögliche Erweiterung und Verfeinerung seines Wissens und Könnens und über die erst durch Prozesse des Leben-Lernens mögliche Integration der Erfahrungen und Hoffnungen sich als Mensch gestalten und (er-)finden kann.

Menschliches Lernen ist dementsprechend nicht mit jenem Lernen gleichzusetzen, das anderen Lebewesen, Tieren und neuerdings auch Pflanzen zugeschrieben bzw. an diesen untersucht wird. Menschliches Lernen ist mit Blick auf seine für den Menschen besonderen Notwendigkeiten und mit Blick auf die in ihm für den Menschen liegenden Möglichkeiten zu untersuchen.

Hier kommt die Pädagogik ins Spiel. Wie gut bzw. schlecht sie als Praxis die ihr zugeschriebene Aufgabe, die Menschwerdung des Menschen zu fördern, auch erfüllen mag, so hat sie als Wissenschaft jedenfalls die Aufgabe, die Prozesse des Lernens und der Lernunterstützung in dieser Hinsicht zu untersuchen und zu begreifen. Deshalb und in diesem Sinne ist Lernen ein *Grundbegriff* der Pädagogik. Es geht aus pädagogischer Sicht nicht darum, Lernen »an sich« zu erklären, sondern menschliches Lernen in seiner Besonderheit und im Zusammenhang mit der Praxis menschlicher Lernunterstützung zu verstehen.

Ziel dieses Buches ist es, den pädagogischen Lernbegriff neu zu bestimmen. Dabei können wir auf eine lange Tradition pädagogischen Denkens zurückgreifen, die in den letzten Jahrzehnten zu Unrecht vernachlässigt worden ist. Insofern lässt sich unser Vorhaben auch als Revitalisierung des pädagogischen Lernbegriffs oder als Rückführung des Lernbegriffs in sein angestammtes Terrain, die Pädagogik, bezeichnen.

Etymologisch ist der Begriff des Lernens (über das gotische »laisjan« als gemeinsamen Ursprung) mit dem Begriff des Lehrens verwandt (s. u.), was seine Affinität zur pädagogischen Praxis unterstreicht. Zugleich hebt die pädagogische Reflexion über Lernen von Beginn an dessen phänomenale Eigenständigkeit hervor. Lernen erscheint zwar als dialogisch, jedoch nicht durch Lehre konstituiert.

Von Platons antikem Menon-Dialog bis zu den reggiopädagogischen Projektdokumentationen unserer Zeit lässt sich eine ungeheure Fülle an pädagogischen Reflexionen über menschliches Lernen sowie an konkreten Beispielen für pädagogisch gestaltete bzw. mit pädagogischem Interesse beobachtete Lernsituationen finden. Einleitend seien drei solcher Beispiele wiedergegeben, zwei aus der Zeit der Aufklärung sowie ein Beispiel aus unserer Zeit.

Pädagogische Beispiele

In Christian Heinrich Wolkes (1741–1825) Entwurf eines Denklehrzimmers, das die Stelle eines Lehrers vertreten soll, heißt es über das jüngste der in dem Raum tätigen Familienmitglieder, das den bezeichnenden Namen »Lerning« erhält: »Ist durch öftere Messungen [...] des Lernings Messlust nun ein Mal angefacht, so entspringt daraus das unbegränzte Verlangen, alle Arten von Linien, Flächen und Körpern messen zu können. Zur Befriedigung desselben ist daher allerlei veranstaltet. Wir sehen hier neben dem knienden Knaben eine große schwarze Tafel, und auf derselben einen Punkt, eine gerade und zwei krumme Linien, davon die eine wellengängig, die andere der Bogen eines Kreises ist [...] Um solche Linien und Figuren zu ziehen, sind einige größenlehrige Werkzeuge angeschaft. Davon sehen wir hier vorn hergelegt einen Winkelmesser neben dem Kreiszieher, welcher über zwei hölzerne Triangeln, einen zweiten Kreiszieher und einem Richtscheit (Lineal) liegt« (Wolke 1805, S. 484 f.).

Etwa zur selben Zeit schreibt Christian Gotthilf Salzmann (1744–1811) über die Anlage eines Gartens durch seine Schüler: »Ich sehe es voraus, dass bald allerhand Unordnungen in seinem Garten *[Jedem Schüler wurde eine eigene kleine Gartenfläche zugeteilt; die Verf.]* einreisen, bald das Unkraut überhand nehmen, bald die Gewaechse, wegen Mangel des Begiessens, verdorren werden. Das macht mir aber wenig Kummer. Sein Garten ist weder angelegt worden, um die Augen der Vorübergehenden auf sich zu ziehen, noch um große Einkünfte davon zu haben. Er wurde blos angelegt, um bey Anbauung desselben etwas zu lernen« (Salzmann 1784, S. 124 f.).

Lernen erscheint in diesen beiden Szenen als eigendynamischer Vorgang, als ein Prozess, der aus innerem Antrieb stattfindet, zugleich jedoch als etwas, das auf die Verfassung der (Um-)Welt angewiesen ist, das in einer als Lernumgebung gestalteten Welt eher möglich wird. Als Schwierigkeit des Lernens erscheint hier allein der Einstieg in die selbsttätige Auseinandersetzung mit der Welt bzw. einem bestimmten Gegenstand; hat der Mensch die Auseinandersetzung mit dem Gegenstand erst einmal aufgenommen, lernt er von ganz alleine. Dieses nur motivational ausgerichtete Lernverständnis kann uns heute nicht genügen, wissen wir doch um die unzähligen Hürden, Wassergräben und Fallgruben samt der damit verbundenen Schmerzen, die das Lernen auch nach seinem Anfang noch bietet.

Schauen wir uns deshalb noch ein Beispiel aus heutiger Zeit an, einen Ausschnitt aus einer der faszinierenden Projektdokumentationen reggianischer Pädagoginnen (Comune di Reggio Emilia 1990). Materieller Auslöser des dokumentierten Geschehens ist ein am Fenster des Eingangsbereichs einer reggianischen Kindertagesstätte aufgehängtes Vogelmodell aus Pappe, dessen Schatten sich an der Außenwand der dort aufgestellten mobilen Verkleidungskammer abzeichnet.

Alan (4,1 Jahre), Maria Teresa (3,8 Jahre) und Veronica (3,8 Jahre) spielen vor der Verkleidungskammer. Maria Teresa entdeckt den Schatten des Vogels und schaut ihn sich näher an. Alan steht in ihrer Nähe und blickt zu ihr. Maria Teresa wendet sich ihm zu, erhebt die linke, dem Schatten nahe Hand und ruft: »Venite a vedere c'e un uccellino.« (Kommt, um das zu sehen, da ist ein Vögelchen.) Die anderen kommen näher. Sie dreht sich zum Fenster um, schaut nach oben, zeigt auf das vor dem Fenster hängende Vogelmodell aus Pappe und sagt dabei: »E quello la che manda l'ombra qua.« (Es ist der dort, der den Schatten hierher schickt.) Die Pädagogin kommt mit einem Stift in der Hand hinzu, geht in die Knie, um auf Höhe des Schattens zu sein, und sagt zu den nun allesamt auf den Schatten schauenden Kindern: »E proprio l'ombra di quell' uccellino. Ora facciamo il contorno con un colore cosi lo vediamo meglio. Adesso andiamo in cortile a giocare; tra un po torniamo dentro a guardarlo.« (Das ist tatsächlich der Schatten dieses Vögelchens. Nun machen wir den Umriss mit einer Farbe, so sehen wir ihn besser. Jetzt gehen wir in den Hof, um zu spielen; etwas später kommen wir wieder hierher zurück, um nachzuschauen.) So geschieht es. Sie zieht die Umrisse des Schattens mit ihrem Stift nach. Etwas später kommen die Kinder und die Pädagogin wieder herein. Die Kinder rennen zum Schatten und kommentieren, was sie sehen: »L'ombra non c'e piu.« (Den Schatten gibt es nicht mehr.) – »Oh ma vedo il becco io; vacca que acquila!« (Oh, aber ich sehe den Schnabel; wie ein Adler!) – »E lui il sole che parte di la e poi si sbatte di qui.« (Das ist die Sonne, die geht von dort los und knallt dann von hier rein.) – »Ma e sempre quella l'ombra; secondo me si sposta.« (Aber es ist immer noch dieser Schatten; meiner Meinung nach verschiebt er sich.) – »Perche lui vola vola, e venuto qui dai travestimenti.« (Weil er fliegt fliegt, er ist hier aus der Verkleidungskammer gekommen.) Schließlich pressen Maria Teresa und Veronica ihre Köpfe an den Schatten und Veronica ruft: »Dai, fermiamolo fermiamolo!« (Los, halten wir ihn an, halten wir ihn an!) Daraufhin stellt die Pädagogin die Frage: »Come possiamo fare fermarlo?« (Was können wir tun, um ihn anzuhalten?) Alan antwortet: »Bisogna mettere dello scotch; ce ne mettiamo tanto e dopo non si sposta. Ci facciamo una gabbia.« (Man muss Klebestreifen draufkleben; wir kleben ganz viel drauf und dann verschiebt er sich nicht. Wir machen einen Käfig.). Er macht sich gleich an die Arbeit und überklebt den Schatten waagrecht und senkrecht mit einigen Klebestreifen, so dass es aussieht, als säße der Schattenvogel in einem Käfig. Im weiteren Verlauf verlässt der Schatten zwangsläufig den Käfig, wandert in Richtung Boden, was die Kinder antizipieren, indem sie ihn mit Krümel als Futter dorthin locken etc.

Diese reggianische Dokumentation erzählt die pädagogisch unterstützte Auseinandersetzung mit Wirklichkeit als Geschichte und bietet so eine Fülle reflexiver Anschlussmöglichkeiten. Wir beschränken uns auf eine Deutung jener Sequenz, in der Veronica ihren Kopf an den Schatten presst und die anderen dazu aufruft, ihn anzuhalten, da hier kindliches Verhalten als mimetisches Lernen erscheint, welches sowohl auf ein vorgängiges pädagogisches Muster bezogen ist als auch nachgängig zu einer pädagogischen Reaktion führt, also einerseits als selbsttätige und andererseits zugleich als dialogische Aktivität erkennbar ist.

Was tut Veronica in dieser Szene, woran schließen ihre körperliche Aufführung und ihre verbale Äußerung an? Als eine Vorlage, auf die sich ihr Verhalten bezieht, kann das vorgängige pädagogische Verhalten angesehen werden, das Nachzeichnen des Schattenumrisses, der sich ja auf der Wand der Verkleidungsecke als materialisiertes Muster niederschlägt. Wir können annehmen, dass diese pädagogische Handlung auf die kindliche Erkenntnis der Bewegung des Schattens und letztlich der Sonne zielt. Performiert wird jedoch im Umreißen des Schattens etwas anderes, nämlich das Bemühen um eine Fixierung des Schattens. An dieses auf der performativen Ebene des pädagogischen Handelns erkennbare Bemühen knüpft Veronica an, wenn sie dazu aufruft, den Schattenvogel anzuhalten. Allerdings greift sie die pädagogische Vorlage nicht in der von der Pädagogin intendierten Weise auf. In Veronicas Tun wird die Fixierung nicht als Veranschaulichung eines physikalischen Vorgangs weitergeführt, sondern als Teil eines Spiels. Das Anschmiegen an den Schatten belebt diesen, erschafft sozusagen einen – wenn auch im Schatten nur gespielten, als Figur eines Spiels aber durchaus lebendigen – Vogel. Mit dieser Beseelung des Gegenstands geht die Eröffnung eines Dialogs einher (Buber 2002). Der Schattenvogel wird zum Gegenüber, zum Du, mit dem nun interagiert werden kann. Die erst im Anschmiegen praktisch vollzogene Belebung greift die im Gespräch der Kinder bezüglich der Bewegung des Schattens gefallene Äußerung auf, dass er »fliegt«. In dieser Verschiebung des kindlichen Diskurses vom Begriff der Bewegung zum Begriff des Fliegens ist die Verlebendigung des Schattens bereits angelegt. Veronicas Anschmiegen führt diese Verlebendigung nun körperlich auf und steigert dadurch deren performative Kraft. Tatsächlich wird im weiteren Geschehen die kommunikative Wirksamkeit ihrer Performance deutlich. So treiben die Kinder die Verlebendigung noch weiter, etwa wenn sie dem Schattenvogel das Bedürfnis nach Nahrung zuschreiben.

Dass dieser Prozess so weiterläuft, und dass er überhaupt stattfindet, ist nicht zuletzt durch den Modus der pädagogischen Intervention bedingt. Schon die erste Intervention eröffnet Handlungsmöglichkeiten, statt sie zu verschließen. Die Pädagogin kommentiert nicht durch die Unterscheidung »richtig« oder »falsch«, sondern interveniert mittels eigener handelnder Auseinandersetzung mit dem Phänomen und bietet den Kindern so einen Anknüpfungspunkt für mimetisches Lernen, eine Möglichkeit, sich selbst handelnd mit dem Phänomen auseinanderzusetzen. Dieses Muster behält die Pädagogin auch in ihrer zweiten Intervention bei. Wiederum agiert sie nicht in Form einer Erklärung. Stattdessen fragt sie nach Handlungsmöglichkeiten und spitzt so das in der Auseinandersetzung mit dem Schatten liegende Problem zu, ohne die Kinder zum Verlassen ihrer spielerischen Perspektive zu zwingen. Mit ihrer Frage anerkennt sie nicht nur das Anschmiegen an den Schatten als möglichen Zugang, sondern darin auch Veronica als Person und befördert so performativ auch die soziale Bindung der an dem Geschehen Beteiligten. Eine kommunikative Wirkung dieser Frage kann deshalb nicht nur in Alans Käfigbau, sondern auch in der anhaltenden Aufmerksamkeit der Kinder und ihrem sich im weiteren Verlauf intensivierenden Zusammenspiel gesehen werden.

Lernen erscheint in diesem Beispiel als mimetischer Prozess. Der Pädagogik kommt die Aufgabe zu, auf solche mimetischen Prozesse zu achten, sie wertzuschätzen und Handlungs- resp. Praxismuster anzubieten, an die mimetisches Lernen anschließen kann. Anders gesagt erscheint Lernen in dem Beispiel als Sprechen mit der Welt, deren Dinge und Ereignisse wiederum zu den Kindern und zu den Pädagoginnen sprechen und von ihnen angesprochen werden können, wobei jedes Sprechen der Pädagogin mit der Welt mehr oder weniger humane Optionen für mimetisches Lernen eröffnet.

Interdisziplinär. Aktuelle Diskurse über Lernen

Nun ist die Pädagogik nicht die einzige Wissenschaft, die sich für Lernen interessiert. Ja, sie nimmt – obwohl menschliches Lernen seit alters her als zentrales Phänomen pädagogischer Praxis begriffen worden ist – im heutigen interdisziplinären Diskurs und in der öffentlichen Rede über Lernen eher eine Randstellung ein. Dominant erscheinen hingegen Psychologie und Neurologie. Insbesondere letztere gilt in jüngster Zeit vielen als die Wissenschaft, von der allein wahre Aussagen über das Phänomen »Lernen« zu erwarten sind.

Die derzeit große Rolle der *Neurowissenschaften* im interdisziplinären Diskurs und mehr noch in der öffentlichen Debatte um Lernen verdankt sich zu einem großen Teil der enormen technischen Verbesserung der bildgebenden Verfahren. Dank Magnetresonanz-, Positronen-Emissions- und anderen Tomographen können Forscher heute ohne einen chirurgischen Eingriff komplexe Funktionen im lebenden Gehirn untersuchen. Unterschiedlichste Teile des Gehirns können sichtbar gemacht, aktive Partien von inaktiven und Vorher- von Nachher-Stadien der betreffenden Partien unterschieden werden. Der Mensch scheint sich heute – und diese Annahme verschafft der Neurowissenschaft ihre derzeit starke Stellung – beim Denken und Lernen zusehen zu können.

Die Vermutung, dass spezifische Hirnregionen für bestimmte psychische Funktionen zuständig sind, erstarkt bereits im 18. Jahrhundert. In der zweiten Hälfte des 19. Jahrhunderts gelingt Broca die Identifikation eines Sprachzentrums im Gehirn, im Folgenden werden bis heute eine Fülle weiterer Zentren, Felder und Systeme für bestimmte Funktionen lokalisiert. Seit Ende des 20. Jahrhunderts versteht sich die Hirnforschung zunehmend als neurowissenschaftliche Lernforschung. Begrifflich ist dafür nicht zuletzt die Vorstellung neuronaler Plastizität von Bedeutung. Als Grundlage einfacher Formen neuronaler Plastizität gilt, dass die Modulation der Erregungseigenschaften einzelner Neuronen zu multiplen Netzwerkeigenschaften von Neuronen-Ensembles führt. So können sich die Ausstattung der Neuronen mit Kanalmolekülen und Enzymen, ihre synaptische Erregungsübertragung und ihre Gestalt langfristig ändern. »Lernen bedeutet Modifikation synaptischer Übertragungsstärke« (Spitzer 2002, S. 146).

Die Frage ist, ob und inwiefern dieser Diskurs das Verständnis menschlichen Lernens erhöht. Für Neurowissenschaftler steht dies nicht nur außer Frage, sondern sie sind zum Teil bereits dazu übergegangen, Handlungsempfehlungen für die pädagogische Praxis aufzustellen (vgl. Spitzer 2002). Diese erweisen sich allerdings bei näherer Betrachtung als theoretisch kaum verbundene Mixtur aus neurowissenschaftlichen Befunden und althergebrachten (vulgär-)pädagogischen Maximen, die oftmals deutlich hinter dem Reflexionsstand der Pädagogik zurückbleibt. In manchen Passagen dieser Literatur wird die Unbewiesenheit der Argumentation zumindest noch angedeutet, was den Autor freilich nicht daran hindert, die Aussagen räumlich so aufeinander folgen zu lassen, dass es so aussieht, als hingen sie zusammen, z. B.: »Aus Tierexperimenten sind ferner sogenannte stille Verbindungen bekannt, die frühkindlich entstehen und später nicht mehr gebraucht werden, jedoch wieder reaktivierbar sind. Es ist sehr schwer, die Konsequenzen dieser Befunde für den Menschen zu untersuchen oder gar experimentell nachzuweisen. Dass Kinder jedoch eine interessante Umgebung brauchen, dass ihre Neugier befriedigt werden sollte und dass sie vielfältigen Erfahrungen ausgesetzt sein sollten, liegt auf der Hand« (Spitzer 2002, S. 226). An anderen Stellen suggeriert die neurowissenschaftliche Terminologie vorbehaltlos, die Argumentation sei wissenschaftlich untermauert, z. B.: »Wenn es zutrifft, dass der erwachsene Mensch sein Wertegefüge in der Jugend an Beispielen lernt, die im orbitofrontalen Kortex abgespeichert sind, und wenn es zutrifft, dass es zur glückenden moralischen Entwicklung des Menschen tausender solcher Beispiele mit größtmöglicher Varianz bedarf, und wenn weiterhin junge Menschen vor allem von Vorbildern und Gleichaltrigen lernen, dann kann der Religionsunterricht der moralischen Entwicklung nicht nur nichts nutzen, er kann ihr auch schaden« (ebd., S. 430).

So kann kaum überraschen, dass der gelegentlich euphorischen Rezeption neurowissenschaftlicher Befunde in der Pädagogik herbe Kritik entgegenschlägt, z. B. man solle sich nicht mit den »bunten Bildern« der Hirnforschung begnügen, wenn es um die Gestaltung von Lernprozessen geht (vgl. Hüther 2006, S. 313). Methodologisch wird für eine kulturwissenschaftliche Ergänzung der Biowissenschaften plädiert und werden deren pädagogische Ansprüche zurückgewiesen, da ihre Erkenntnisse bislang weder in normativer noch in praktisch innovativer Hinsicht für die Pädagogik fruchtbar zu machen sind (vgl. Liebau/Zirfas 2006).

Das Problem liegt darin, dass die Neuro- bzw. Biowissenschaften Lernen durch Rückführung auf ein materielles Substrat zu erklären suchen. Der Sinn des Geschehens wird ausgeblendet. Lernen erscheint neuronalen Lerntheorien als materieller (physikalischer, chemischer etc.) Prozess, d. h. es ist mit ihnen nur als sinnloses Geschehen zu erklären. Sinn ist jedoch die Basis menschlichen Daseins und damit auch menschlichen Lernens. Was die Neurowissenschaft als Lernen bezeichnet, ist also gerade *nicht* das, was die Pädagogik als menschliches Lernen interessiert und zu verstehen sucht.

Nachdem die *Psychologie* über weite Strecken des 20. Jahrhunderts die Rede vom Lernen bestimmte, gründet sie sich heute, wenn es um Lernen geht, gerne auf der Neurowissenschaft (vgl. Edelmann 2000, S. 1 ff.). Dies ist kein Zufall, bietet sich die Neurowissenschaft doch als – sozusagen die »black box« offen legendes – Pendant der Lernpsychologie an.

Die Lernpsychologie ist bis heute stark behavioristisch geprägt. So besteht beispielsweise die erste Hälfte von Edelmanns oben genanntem Lehrbuch aus Darstellungen des Reiz-Reaktions-Lernens und des instrumentellen Lernens. Für andere einschlägige Lehrbücher (z. B. LeFrancois 2003; Mielke 2001) gilt Ähnliches. Lernen ist aus psychologischer Sicht als durch Kontiguität, also (mehrfache) Koppelung zweier Reize oder durch Verstärkung bewirkte Verhaltensänderung.

Neben dieser Auffassung finden sich im psychologischen Diskurs seit der »kognitiven Wende« der 1960er Jahre Auffassungen vom Lernen als Informationsverarbeitung, als Begriffsbildung und – mit der Hinwendung zur Neurowissenschaft wieder zunehmend – als Gedächtnisleistung. Der lernpsychologische Minimalkonsens wird heute erreicht, indem nicht mehr von unterschiedlichen Auffassungen, sondern von unterschiedlichen Lernformen gesprochen wird: »Es gibt Lernprozesse, bei denen die Außensteuerung durch Reize eine ausschlaggebende Rolle spielt und andere, bei denen die Innensteuerung durch subjektive kognitive Strukturierungsprozesse im Vordergrund steht« (Edelmann 2000, S. 276). Als erstere gelten Reiz-Reaktions-Lernen und instrumentelles Lernen, als letztere Begriffsbildung und Wissenserwerb sowie das Lernen von Handeln und Problemlösen. Reiz-Reaktions-Lernen wird als Aufbau von Verbindungen zwischen Reizen und Reaktionen, instrumentelles Lernen als Aufbau von Verbindungen zwischen Verhalten und Konsequenzen, Begriffsbildung und Wissenserwerb als Aufbau von Verbindungen zwischen Elementen kognitiver Strukturen, das Lernen von Handeln und Problemlösen als Aufbau von Verbindungen zwischen Wissen und Aktivität definiert (vgl. ebd., S. 279). Von anderen Lernpsychologen wird entschiedener kognitivistisch und konstruktivistisch argumentiert (vgl. Seel 2000). Hierbei erscheint Lernen eher als Konstruktion denn als Erwerb von Wissen, neuen Verhaltensweisen und Handlungsstrategien. Damit kommt zwar dem Lerner als Subjekt mehr Aufmerksamkeit zu, andererseits wird Lernen aus dieser Perspektive sehr eng mit den Vorgängen des Erkennens und Denkens zusammengeführt, was zu einer Vernachlässigung anderer Lernfelder führen kann.

Die Lernpsychologie hat bis heute eine Fülle von interessanten – allerdings auch widersprüchlichen (vgl. Edelmann 2000, S. 144) – Befunden hervorgebracht. Sie weist Lernängste nach, unterscheidet verschiedene Typen von Lernern, zeigt den Einfluss von Motivation auf die Lernleistung u. a. m. Eine einheitliche Lerntheorie ist daraus bislang nicht erwachsen, aber das muss ja angesichts der Vielfalt des menschlichen Lebens kein Nachteil sein. Problematisch aus pädagogischer Sicht ist, dass die Lernpsychologie das menschliche Lernen zu erklären, nicht jedoch zu verstehen sucht. Der Sinn des Lernens spielt auch für diese Wissenschaft keine entscheidende Rolle. Hier liegt eine große Aufgabe für die pädagogische Sicht auf menschliches Lernen.

Hinweise hierfür liefert die *Philosophie*. Auch wenn sie heute selbst kaum beansprucht, eine für Fragen des Lernens zuständige Wissenschaft zu sein, fragt sie doch seit alters her nach dem Warum, sucht den Sinn des menschlichen Lebens und damit auch des Lernens, fragt nach Notwendigkeit und Möglichkeit, nach Anfang und Ende sowie nach Auswirkungen des Lernens, d. h. danach, wie der Mensch sich als Gelernthabender wieder findet. Diese Hinweise werden im heutigen pädagogischen Diskurs nur selten berücksichtigt, spielen aber in der Geschichte der Pädagogik eine wichtige Rolle. Nicht nur, aber auch deshalb lassen wir unsere Geschichte des Lernbegriffs (s. Kap. 3) in der antiken Philosophie beginnen und widmen der Anthropologie des Lernens (s. Kap. 4) einen großen Raum.

Intradisziplinär. Grundbegriffe der Pädagogik

Auf den ersten Blick erscheint der in diesem Abschnitt unternommene Versuch, den pädagogischen Grundbegriff des Lernens von anderen Grundbegriffen wie Erziehung, Bildung, Unterricht, Entwicklung etc. trennscharf zu unterscheiden, als ein müßiges Unterfangen, da diese Grundbegriffe selbst weder in historischer noch systematischer Perspektive eindeutige Denotationen aufweisen. Darüber hinaus besteht ein dialektisch-verschränktes Verhältnis zu ihnen, insofern einerseits der Begriff des Lernens in Anlehnung an Herbart quasi als »einheimischster Begriff« der Pädagogik gelten kann, sind doch Erziehung, Unterricht oder Bildung etc. ohne Lernen nicht denkbar, andererseits jedoch Lernprozesse an bestimmte Entwicklungen oder auch Erziehungs- oder Bildungsprozesse gebunden bleiben. Trotzdem ist ein solches definitorisches Vorhaben sinnvoll, da der Sachverhalt des Lernens im Unterschied zu diesen anderen pädagogischen Begriffen eine schärfere Konturierung erhält; man erhält so eine graduelle definitorische Positionierung des Lernbegriffs.

Ursprünglich werden mit dem Begriff der *Erziehung* so unterschiedliche Tätigkeiten bezeichnet wie das Herausziehen eines Schwertes, das Abziehen der Haut, das Ausraufen der Haare, das Ziehen von Lasten oder auch das Aufziehen von Vieh. Die Pädagogik, die ihre Karriere als Wissenschaft im 18. Jahrhundert beginnt, hat allerdings Erziehung immer wieder von bloßem Herausziehen, von Aufzucht bzw. vom Ziehen überhaupt unterschieden, so dass eine Begriffsgeschichte hier im Grunde keine Auskunft über den Sachverhalt von Erziehung selbst gibt. Zudem: Im praktischen Handeln »gibt« es ja kein Erziehen im genau zu definierenden Sinne, sondern der Erzieher spricht, zeigt, straft, hilft etc. und nennt diese Handlungen dann »Erziehung«. Diese Perspektive macht deutlich, dass der Erziehungsbegriff selbst ein Konstrukt ist, das nicht nur genuine Handlungen des Erziehers erfasst, sondern auch die intendierte oder auch nicht erwünschte Wirkung, ein bestimmtes Menschenbild sowie normative Projektionen und Legitimationsstrategien. Im Erziehungsbegriff kann man somit mehrere Momente unterscheiden, die sich nicht aus den beobachtbaren Sachverhalten, sondern aus dem Standpunkt des Betrachters ergeben. Paradox formuliert: Ich brauche immer schon einen Begriff von Erziehung, um Erziehung überhaupt wahrnehmen zu können. Die Wirklichkeit der Erziehung ergibt sich aus der Zuschreibung von Begriffen auf bestimmte soziale und kulturelle Konstellationen. So kann man in der Geschichte der Erziehung mehrere solcher Zuschreibungen feststellen, vier davon sind prominent geworden: Erziehung als Einwirkung, als Entwicklung, als Kommunikation oder als Arrangement. Diese inhaltlichen Konzepte sind situiert zwischen der Erziehung als Absicht und der als Wirkung. Der wesentliche Unterschied zum Lernen liegt einerseits darin, dass Erziehung immer auf ein werthaltiges Konzept bezogen ist, während Lernen zunächst wertneutral erscheint. Andererseits betont der Erziehungsbegriff als Absichtsbegriff die Perspektive des Erziehenden, während der Lernbegriff stärker die subjektiven Auseinandersetzungen und deren Resultate fokussiert, die sich aus den bewussten und unbewussten, geplanten und ungeplanten Aktivitäten der (pädagogischen) Umwelt ergeben.

Der in Deutschland in vielen Debatten geläufige Begriff der *Bildung* fungiert häufig als ein *umbrella term*, der neben einem weihevollen Nimbus vielfältige Konnotationen hervorruft und in der Regel auf Zustimmung hoffen kann. So lässt sich »Glanz und Elend« dieses deutschen Deutungsmusters (Bollenbeck 1996) im allgemeinen Gebrauch – etwa in den Verbindungen von Bildungspolitik, Bildungssystem etc. –, der auf das gesamte Angebot organisierter und institutioneller Lehrangebote zielt, ebenso nachzeichnen wie im engeren (pädagogischen) Gebrauch als individuelle Aneignung der Welt durch ein sich selbst entfaltendes Subjekt. Allgemein rechnet man zur Bildung 1. spezifische Fähigkeiten, Verfahren, Fertigkeiten, Schlüsselqualifikationen (formale Bildung), 2. spezifische, oftmals kanonisierte (Wissens-)Kenntnisse (materiale Bildung), 3. die Dialektik von Können und Wissen, Ich und Welt, Aneignung und Kritik (kategoriale Bildung), 4. einen lebenslangen, unabschließbaren, biographischen Lernprozess (biographische Bildung) und schließlich 5. die Idee einer humanen, für alle lebenswerten Gesellschaft (utopische Bildung). Unter dem Begriff der Bildung soll hier zunächst in sehr weitgehender Bedeutung der Prozess und das Ergebnis einer Veränderung verstanden werden, die sowohl das Selbst- als auch das Sozial- und Weltverhältnis des Menschen betrifft. Bildung ist die performative und reflexive Verknüpfung von Kultur und Individualität, die es den Menschen möglich macht, an ihren Erziehungs- und Bildungsbedingungen, mithin an ihren Selbst- und Weltverhältnissen *selbst* mitzuwirken, d. h. in der Lage zu sein, sich selbst eine Form geben zu können. Bildung wird in der Moderne mit Rekurs auf Humboldt von der Pädagogik oftmals sehr stark auf individuelle Selbstbildung bezogen; Bildung erfasst aber auch die – die Soziologie wohl weniger überraschende – Einsicht, dass auch das »Leben bildet« (Pestalozzi). Gemeinhin differenziert man zwischen theoretischer, praktischer und ästhetischer Bildung. Während die *theoretische* Bildung auf die wissenschaftliche Betrachtung, definitorische Gliederung bzw. Klassifizierung und gesetzmäßige Erfassung der Dinge und ihrer Zusammenhänge abzielt, richtet sich die *moralische* Bildung auf die Zwecke und Mittel menschlichen Handelns, auf die moralische Betrachtung von Regeln, Institutionen und Werken. *Ästhetische* Bildung umfasst in ihrer aktiven wie rezeptiven Komponente alle Formen der Bildung durch kulturelle Aktivitäten und Darstellungsformen, Kenntnisse von Kunst und Kultur und die Reflexion künstlerischer und kultureller Prozesse und Resultate. Die wohl bedeutsamsten Unterschiede zum Lernbegriff sind auf drei Ebenen zu sehen: 1. Der Begriff der Bildung ist eng mit dem Konzept von Kultur und darüber hinaus mit einem qualitativen Begriff von Kultur als Hochkultur verknüpft und insofern enger als der Lernbegriff, der sich auf alle Bereiche menschlichen Lebens beziehen lässt. 2. Während der Begriff der Bildung oftmals einen utopischen bzw. emphatischen Horizont von Bildsamkeitsmöglichkeiten aufweist, konzentriert sich ·der Lernbegriff auf spezifische, oftmals auch kleinschrittigere Veränderungsprozesse. 3. Bildungsprozesse implizieren zumal in der Humboldtschen Lesart ein Subjektmodell, das sich durch ein Höchstmaß an kognitiver, moralischer, sprachlicher und ästhetischer Autonomie auszeichnet, während der Lernbegriff stärker eine Anthropologie favorisiert, die ganz allgemein die subjektive Erfahrung und das Am-Anderen-Lernen in den Mittelpunkt rückt.

Unter dem Titel *Sozialisation* werden im Folgenden nach der mittlerweile gängigen Definition die Entstehung und Bildung der Persönlichkeit in den Prozessen der wechselseitigen Einwirkungen von Individuum und Umwelt verstanden (vgl. Veith 1996; Tillmann 1999; Zimmermann 2000). Dabei steht im Mittelpunkt des Sozialisationsbegriffs die (Aus-)Bildung zu einem sozial handlungsfähigen Subjekt. Geht man so weit wie Dieter Geulen und bezeichnet als Sozialisation im Sinne einer durch- und übergreifenden Kategorie »die Gesamtheit der Lernprozesse im weitesten Sinne« (Geulen 1994, S. 102), so besteht u. E. die Gefahr, die Bedeutung des Lernbegriffs in der Sozialisation aufzuheben. Daher: 1. Bezieht sich der Begriff der Sozialisation auf die Gesamtheit der Veränderung der Persönlichkeit, so hat der Lernbegriff auch den weniger spektakulären Wissenserwerb und die Veränderung von wenig auffälligen Verhaltens- und Wertorientierungen im Blick. 2. Der Lernbegriff fokussiert mehr die Subjektseite, die durch Erfahrung bewirkte individuelle Veränderung, die als Neuerwerb, Eliminierung, Anpassungsleistung, Anderswerden und Wechsel erscheint, während der Sozialisationsbegriff auch und gerade die kontinuierliche Auseinandersetzung mit der historischen, sozialen und kulturellen Umwelt betont. 3. Der Lernbegriff hebt stärker auf die einzelnen und individuellen (kognitiven, emotionalen, sozialen etc.) Erfahrungs- und Verarbeitungsprozeduren durch Assimilation, Strukturierung und Praxis ab, während der Sozialisationsbegriff sich eher für die Strukturen und Muster interessiert, in und mit denen sich die Persönlichkeitsentwicklung in der reziproken Beziehung zwischen Selbst und Welt vollzieht.

Entwicklung als pädagogische Kategorie liegt quer zu den bislang diskutierten Begriffen. Wenn von Entwicklung die Rede ist, dann im Sinne einer spezifischen, zielgerichteten Veränderungslogik, die weder kontingent noch bloße Wiederholung ist. Der Entwicklungsbegriff bezieht sich dabei auf diejenigen Veränderungen, die in biographischen Lebenszeitprozessen einerseits und im menschlichen Organismus andererseits stattfinden. In diesem Sinne wird Entwicklung in Verbindung gebracht mit Wachstum, Reifung, Ausdifferenzierung, Verfeinerung, Entfaltung, Aufblühen und Erwachsenwerden – insgesamt auf die sich aus dem Wechselspiel von endogenen und exogenen Faktoren herauskristallisierende zeitliche Strukturgesetzlichkeit. Aus pädagogischer Sicht ist nun interessant, wie der Anfang von Entwicklungen beschrieben und wie das Entwicklungsziel bestimmt werden kann; darüber hinaus sind die Kräfte, die die Entwicklungen möglich machen und die mit ihnen verbundenen Einflussmöglichkeiten von pädagogischem Interesse. Der Gedanke der Entwicklung als Fortschritt macht es pädagogisch möglich, die Dinge in einer spezifischen Weise wahrzunehmen, dabei eine spezifische Richtung einzuschlagen, eine spezifische Betonung der Zukunft vorzunehmen und letztlich ein spezifisches Ziel in der Zukunft zu realisieren zu suchen. Entwicklung als Fortschrittsgeschichte bietet der Pädagogik einen Erwartungshorizont, der die vielen »kleinen« Erfahrungen und Lernprozesse bündelt und konzentriert. Im Unterschied zum Lernbegriff erscheint der Entwicklungsbegriff einerseits zu umfassend, andererseits nicht umfassend genug. Während er als biographischer Lebenszeitprozess, als Reifung des menschlichen Organismus oder auch als pädagogische Fortschritts- und Vervollkommnungsidee die konkreten Lernprozesse und -resultate immer schon übersteigt, unterbietet er diese, wenn er als lediglich formale Veränderung von Wissens- und Könnensstrukturen gefasst wird. Lernen ist allerdings insofern Entwicklung, als es auf die »Auswicklungen« der mit Erfahrungen verbundenen Dispositionen und Disponibilitäten des Lernenden abhebt.

Etymologisch steht der Begriff des Lernens in enger Beziehung zu dem des *Lehrens*, dem »wissen machen«. Als germanische Bildung zum Partizip von Lehren im Präsens und Präteritum bedeutet das gotische *lais* »ich weiß« bzw. »ich habe erwandert«, »ich habe erfahren«. Die etymologische Grundbedeutung von Lernen ist mithin »wissend werden«, oder, mit anderen Worten: der Erwerb von Wissen. Dabei muss man das Lehren nicht als im engeren Sinne schulisch-institutionell geregelte Interaktion zwischen Lehrern und Schülern mit je vorgegebenen Rollenerwartungen begreifen, sondern kann es durchaus in einem weiten Sinn als jegliche Form von Praxis verstehen, die über die Vermittlung von historisch-kulturellen Inhalten auf (eine Verbesserung von) Wissensvermittlung, Erziehung, Sozialisation, Bildung oder eben auch auf die Verbesserung des Lernens und der Lernfähigkeit zielt. *Unterricht* meint demgemäß einen bestimmten Zusammenhang von Lehren und Lernen. Vier Differenzen zwischen dem Unterrichts- und dem Lernbegriff sollen festgehalten werden: Während Unterricht idealtypisch pädagogisch-intentional, planmäßig strukturiert und wissenschaftsorientiert verläuft, geschieht Lernen eher funktional, weniger planbar und an biographische Erfahrungsmuster gebunden. Während Unterricht auf eine Steigerung der Sach-, Sozial-, Methoden- und personellen Kompetenzen im Hinblick auf Reflexivität, Mündigkeit, Emanzipation etc. abhebt, verdanken sich Lernprozesse auch als Dazulernen – und in noch stärkerem Maße als Umlernen – dem Neuerwerb, der Eliminierung und dem Anderswerden von Lerninhalten und Lernstrukturen. Im Unterschied zur Orientierung des Unterrichts an der curricularen Sachlogik beziehen sich Lernprozesse nicht nur auf die Gegenstände der Erfahrung, sondern auch auf die biographischen und kollektiven Bedingungen der Möglichkeit und Unmöglichkeit des Lernens. Und bezieht man viertens den Begriff des Lernens auf die Lernkultur, so geht diese über die konkrete Situation des Lehrens und Unterrichts hinaus und erweitert sie auf die systematische Beziehung von realen, symbolischen und imaginären Lernzusammenhängen.

Vor den geschilderten interdisziplinären und intradisziplinären Bezügen möchten wir für unsere Überlegungen folgenden Arbeitsbegriff des Lernens festhalten:
Lernen bezeichnet die Veränderungen von Selbst- und Weltverhältnissen sowie von Verhältnissen zu anderen, die nicht aufgrund von angeborenen Dispositionen, sondern aufgrund von zumindest basal reflektierten Erfahrungen erfolgen und die als dementsprechend begründbare Veränderungen von Handlungs- und Verhaltensmöglichkeiten, von Deutungs- und Interpretationsmustern und von Geschmacks- und Wertstrukturen vom Lernenden in seiner leiblichen Gesamtheit erlebbar sind; kurz gesagt: Lernen ist die erfahrungsreflexive, auf den Lernenden sich auswirkende Gewinnung von spezifischem Wissen und Können.

Zur Systematik des Bandes

Die dem Band zugrunde liegende Systematik erfolgt auf der Folie der Allgemeinen Pädagogik. Unter dieser Disziplin werden gemeinhin Untersuchungen der Geschichte, Methodologie, Wissenschaftstheorie, Theorie und Reflexion (der Voraussetzungen) von Erziehung und Bildung sowie die Reflexion der Institutionen als zentrale Merkmale verstanden (vgl. Wigger u. a. 2002). Hier soll daher mit einer Definition gearbeitet werden, die unter Allgemeiner Pädagogik die Bemühungen bezeichnet, 1. bedeutsame pädagogische *Nachbar- und Bezugsdisziplinen* in ihren theoretischen und methodischen Zugängen zu reflektieren, 2. *historische* Perspektiven der Pädagogik zu rekonstruieren, 3. *anthropologische* Bedeutungsdimensionen zu bestimmen sowie 4. *institutionelle bzw. organisationale und pragmatische* Fragen zu klären. Schließlich hat die Allgemeine Pädagogik die Aufgabe, 5. pädagogische *Theorie* auszudifferenzieren und deren Grundlagen und Implikationen zu umreißen. Diese Bemühungen sollen insgesamt dazu dienen, Lernen als pädagogischen Grundbegriff nachvollziehbar werden zu lassen.

2   Zugänge

Behaviorismus

Der Lernbegriff wurde im 20. Jahrhundert vor allem vom Behaviorismus geprägt, einer Theorie, die menschliches Verhalten als naturwissenschaftlich untersuchbar und erklärbar ansieht, es in Reiz-Reaktions- bzw. (Re-)Aktions-Konsequenz-Ketten zu zerlegen sucht und auf die Heranziehung innerpsychischer Vorgänge zur Erklärung von Verhalten verzichtet.

Die lang anhaltende Hegemonie des Behaviorismus ist gut an Hilgards (in späteren Auflagen: Hilgard/Bower) Übersichtswerk *Theories of Learning* (1948) zu erkennen, mit dem mehr als eine Generation amerikanischer Psychologen groß wurde. Aus ihm stammt die oft zitierte Definition des Lernens als »der Vorgang, durch den eine Aktivität im Gefolge von Reaktionen des Organismus auf eine Umweltsituation entsteht oder verändert wird« (Hilgard/Bower 1970, S. 16). Es wurde bis in die 1980er Jahre immer wieder neu aufgelegt und wirkte – zumal seit der deutschen Übersetzung von 1970 – auch auf den deutschsprachigen Diskurs. Das Werk stellt vor allem behavioristische Ansätze vor, so etwa die Lerntheorien von Thorndike, Pawlow, Guthrie, Skinner, Hull und Tolman. Andere Ansätze wie die Gestalttheorie, Lewins Feldtheorie und Freuds Psychoanalyse werden ebenfalls behavioristisch gelesen, d. h. der behavioristische Standpunkt wird als die disziplinäre Konvention der Psychologie (der implizit die Definitionshoheit über den Lernbegriff zugeschrieben wird) angesehen, auf die hin andere Ansätze (als übereinstimmend oder abweichend) zu überprüfen sind. Zudem kündigt sich in ihm bereits früh die Erwartung der behavioristischen Lerntheorie an die Neurophysiologie an, exakte physiologische und anatomische Korrelate des Lernens zu zeigen.

Bis heute wird die Lern*psychologie* durch diese Verbindung behavioristischer Ansätze mit Rückgriffen auf neurophysiologische Befunde bestimmt. Als Beispiel hierfür mag das unter Psychologie-Studenten verbreitete Lehrbuch *Lernpsychologie* (Edelmann 2000) dienen, das mit der Darstellung hirnbiologischer Grundlagen von Lernen und Gedächtnis beginnt, dann ausführlich das Reiz-Reaktions-Lernen und das instrumentelle Lernen behandelt, bevor schließlich – hier ist die kognitive Wende (s. u.) schon vollzogen – auch auf Begriffsbildung, Handeln und Motivation eingegangen wird.

Auch wenn der Behaviorismus seinen Namen einem Aufsatz des amerikanischen Psychologen John Watson verdankt (Watson 1913), ist er ohne die Vorarbeiten der deutschen Assoziationspsychologie (v. a. Ebbinghaus) und vor allem der russischen Reflexologie (v. a. Pawlow) nicht denkbar.

Die Assoziationspsychologie interessierte sich für etwas, das man heute vielleicht am besten als »mechanisches Lernen« bezeichnen kann. Ebbinghaus untersuchte das Erlernen, wir könnten auch sagen: Auswendiglernen, sinnloser Silben (z. B. Tak, Pir, Gan) und stellte dabei seine berühmte »Vergessenskurve« auf. Kern seiner Lerntheorie war die Annahme einer unmittelbaren assoziativen Verknüpfung psychischer Elemente im Bewusstsein.

Die Reflexologie und die darauf aufbauende Theorie der klassischen Konditionierung, in der Fachliteratur auch als Signallernen, reaktives Lernen oder Reiz-Reaktions- bzw. Stimulus-Response-, kurz: S-R-Lernen, bezeichnet, geht hingegen von der Annahme der *bewusstseinsunabhängigen* Verknüpfung eines Reizes mit einem anderen bzw. eines Reizes mit einer Reaktion aus. Belege hierfür bieten Pawlows Versuche mit einem Hund, in dem ein unbedingter Reflex (hier: Maulbewegungen und Speichelproduktion als Reflex auf Säurezuführung) mit einem in zeitlicher Nachbarschaft auftretenden Reiz (hier: Glockenton) assoziiert wird, so das dieser zunächst neutrale zu einem bedingten Reiz wird, der Signalfunktion für den (nun bedingten) Reflex hat. Lernen in diesem Sinne ist Reizassoziation und vollzieht sich bewusstseinsunabhängig. Diese Auffassung machte sich auch John Watson, der Namensgeber des Behaviorismus, zu Eigen und suchte ihre Gültigkeit für menschliches Lernen in dem berüchtigten Experiment mit dem neunmonatigen Albert zu belegen, hinter dessen Rücken immer dann auf eine Eisenstange geschlagen wurde, wenn er mit seiner weißen Ratte spielte, bis er schließlich bereits beim Anblick der Ratte zu schreien begann, auch ohne dass das Geräusch erzeugt werden musste.

Hier deuten sich die ethische Problematik und der in dieser Hinsicht blinde Fleck an, die mit der Hegemonie des behavioristischen Modells den psychologischen Blick auf das Lernen prägen. Hierzu passt, dass ein anderes, immer wieder aufgelegtes Lehrbuch der Psychologie, welches diese – ganz im Sinne des Behaviorismus – als Wissenschaft vom Verhalten definiert, die Behauptung aufstellt, das »endgültige Ziel der Psychologie« sei »die Kontrolle des Verhaltens« (Zimbardo 1983, S. 35). Allerdings war es weniger die klassische Konditionierung und damit das Konzept des Reiz-Reaktions-Lernens als die Theorie der operanten Konditionierung bzw. des instrumentellen Lernens, die dem Behaviorismus zur hegemonialen Stellung im Diskurs um menschliches Lernen verhalf.

Angelegt war diese zweite große behavioristische Lerntheorie, die mit den Arbeiten Skinners in den 1950er Jahren ihren Durchbruch erzielte, in gewissem Sinne schon bei Thorndike. Seine Formel »Lernen am Erfolg«, auch Lernen durch Versuch und Irrtum (trial and error) genannt, hat weniger einen Reiz als vielmehr die Konsequenz eines Verhaltens im Blick, man könnte auch sagen: Die Konsequenz ist der Reiz.

Diese Theorie wurde von Skinner weitergeführt. Gelernt wird seiner Auffassung nach, was erfolgreich und nützlich ist, d. h. Verhaltensweisen, die einen angenehmen Zustand herbeiführen oder bewahren.

Skinners Theorie versucht sich jeglicher Begriffe zu enthalten, die Erlebnisse beschreiben. Aussagen wie z. B., dass ein Individuum bestimmte Konsequenzen seines Verhaltens erwartet oder befürchtet, hält Skinner für nicht zulässig. Dementsprechend wendet er sich gegen die Einführung beobachtungserklärender theoretischer Annahmen wie etwa des Konzepts der Motivation. Wissenschaftstheoretisch gesehen sucht Skinners Behaviorimus im Grunde lediglich Bedingungen für eine Veränderung der Auftretenswahrscheinlichkeit eines Verhaltens zu erfassen.

Auf dieser Grundlage entwickelte Skinner sein Konzept des operanten Konditionierens. Er unterscheidet zwischen Antwortverhalten (als solches bezeichnet er das vom klassischen Konditionieren fokussierte Geschehen, also eine Reaktion auf einen Reiz) und Wirkverhalten. Letzteres ist ein zunächst spontanes Verhalten. Skinner geht also durchaus vom aktiven Menschen aus und überschreitet damit die Prämisse der S-R-Lerntheorie. Die Aktivität eines Menschen muss ihm zufolge nicht erst durch äußere Reize angeregt werden, sondern ist in der Regel Wirkverhalten, d. h. auf die Umwelt wirkendes und durch diese Wirkung bestimmtes Verhalten.

Als operante Konditionierung bezeichnet er die Konditionierung eben dieses Wirkverhaltens. Durch operantes Konditionieren erzeugtes Lernen wird heute meist als instrumentelles Lernen bezeichnet. Bei instrumentellem Lernen steht also Verhalten mit nachfolgenden Ereignissen (Wirkungen) in Verbindung. Wie im Reiz-Reaktions-Lernen aus einer unbedingten eine bedingte Reaktion wird, so wird im instrumentellen Lernen aus einem wirkungsoffenen ein wirkungsgebundenes Verhalten. Jede minimale Verhaltensänderung in Richtung des (in den Tierversuchen wie auch in der später darauf aufbauenden Verhaltenstherapie als extern, d. h. von einer anderen Person kontrollierbar gedachten) Endverhaltens wird gleich verstärkt. Ein zentraler Begriff der Theorie instrumentellen Lernens lautet Kontingenz. Gemeint ist damit – passend zur wissenschaftstheoretischen Position Skinners (s. o.) – ein hoher Grad an Wahrscheinlichkeit, dass bestimmte Umweltereignisse von einer bestimmten Verhaltensweise abhängen.

Aus dieser behavioristischen Perspektive sind im Wesentlichen vier Formen instrumentellen Lernens möglich, nämlich die positive und die negative Verstärkung – die beide zum Aufbau eines bestimmten Verhaltens führen – sowie die Bestrafung und die Löschung – die beide zum Abbau eines bestimmten Verhaltens führen. Während die Bestrafung seit der Antike Bestandteil des Diskurses um Lernen ist und der Begriff der positiven Verstärkung (mit dem ein Lob, die Gabe einer Süßigkeit o. ä. bezeichnet wird) in den letzten Jahrzehnten ebenfalls in die Alltagssprache Eingang gefunden hat, blieben die Begriffe der negativen Verstärkung (mit dem der Entzug eines unangenehmen Ereignisses bezeichnet wird) und der Löschung (bei der dem Verhalten weder eine angenehme noch eine unangenehme Wirkung folgt) der Alltagssprache fremd.

Aufgegriffen wurden sie vom therapeutischen Diskurs, in den der behavioristische Zugang in Form der Verhaltenstherapie(n) früh Eingang fand und in dem er sich hierzulande spätestens mit der gesetzlichen Zulassung der Verhaltenstherapie als von den Krankenkassen anzuerkennende Therapieform etabliert hat. Als Verhaltenstherapie werden all jene therapeutischen Verfahren bezeichnet, die auf eine Veränderung des gegenwärtigen Verhaltens abzielen. Die Aufdeckung unbewusster seelischer Konflikte wird – im Gegensatz zur Psychoanalyse – ausdrücklich nicht zum Ziel erklärt. Die Modifikation des Verhaltens soll stattdessen durch Konditionierung im Sinne der behavioristischen Lerntheorie erreicht werden. So wird z. B. bei Phobien die schrittweise Annäherung an das gefürchtete Objekt oder die gefürchtete Situation mit der gleichzeitigen Ausführung angsthemmender Tätigkeiten wie etwa Entspannungsübungen verbunden.

Die – zeitweise enorme – Popularität des behavioristischen Zugangs, die sich im psychologischen Diskurs und in der gesetzlichen Zulassung der Verhaltenstherapie bis heute niederschlägt, bedarf der Erklärung. Der behavioristische Zugang zum Phänomen Lernen bietet tatsächlich eine Reihe von Vorteilen, die wohl als Gründe für den Erfolg dieses Zugangs im 20. Jahrhundert angesehen werden können:

Zum einen ist die behavioristische Lerntheorie vergleichsweise leicht zu konsumieren, da sie es ermöglicht, jahrhundertelang tradierte und populäre Vorstellungen vom Lernen (durch Lob und Tadel, allgemeiner: durch Belohnung und Bestrafung) auch in einer aufgeklärten, wissenschaftlich geprägten Gesellschaft beizubehalten.

Zum anderen erleichtert der behavioristische Zugang die Erforschung des Lernens, indem – einhergehend mit der Ausblendung der psychischen Komplexität im Paradigma der *black box* – tierisches und menschliches Lernen im Wesentlichen gleichgesetzt wird. Tiere, d. h. bei Thorndike die Katze, bei Pawlow der Hund, bei Tolman die Ratte, bei Skinner die Taube und ebenfalls die Ratte, die – möglicherweise auch aufgrund ihres Misskredits als Krankheitsüberträger – in der so gearteten Lernforschung das meist »verwendete« Tier ist, werden damit zu idealen Versuchsobjekten, aus deren Verhalten Thesen bezüglich der Charakteristika von Lernprozessen gefolgert werden.

Ergänzend kam zeitweise gar die Hoffnung auf eine militärische Einsetzbarkeit operant konditionierter Tiere und damit eine jahrelange Förderung der behavioristischen Lernforschung durch das US-amerikanische Militär hinzu (Projekt ORCON; vgl. Zimbardo 1983, S. 188).

Schließlich trug die Feststellung mangelnden Heilerfolgs der Psychoanalyse (Eysenck 1952) zur Durchsetzung der Verhaltenstherapie als ohne Annahme und Aufdeckung des Unbewussten auskommende Therapieform bei und damit zur – mit dem Transfer von den Tierversuchen auf die Heilung von Menschen erfolgenden – Adelung der behavioristischen Lerntheorie. Dass die Verhaltenstherapie in den folgenden Jahrzehnten häufig mit »tokens«, d. h. mit Münzverstärkern wie etwa Plastikchips oder in eine Liste einzutragenden Punkten, Sternchen oder später »smilies« (die bei Erreichen einer bestimmter Anzahl in einen primären Verstärker wie etwa eine Süßigkeit oder in einen sekundären Verstärker wie etwa ein bestimmtes Privileg eingetauscht werden können) arbeitete, passt zu der zunehmend auf Geld und Quantität fokussierten Gesellschaft. Auch diese Passung mag zum Erfolg des behavioristischen Zugangs beigetragen haben.

Die behavioristische Ausblendung des Innerpsychischen wie des Sozialen ließ sich allerdings auf Dauer nicht halten. Zur kognitiven Wende der Psychologie trugen deshalb nicht nur außerhalb der behavioristischen Tradition argumentierende Forscher wie Piaget, Bruner oder Neisser bei, sondern auch selbst aus der behavioristischen Tradition stammende Wissenschaftler wie etwa Bandura, der eine sozial-kognitive Lerntheorie mit behavioristischen Zügen entwickelte. Lernen ist ihm zufolge eine – von vier Faktoren (Aufmerksamkeit, Gedächtnis, Reproduktion, Motivation) abhängige – Verhaltensimitation. Seinen Ausgang nahm dieser Ansatz, der Lernen zuvorderst als Modell-Lernen betrachtet, in einem Forschungsprojekt zum Zusammenhang familiärer Interaktionsprozesse mit aggressiven Verhaltensweisen der Kinder, in dem Bandura die Bedeutung von Lernprozessen bemerkte, die auf bloßer Beobachtung anderer Personen basieren.

Unter Modell-Lernen versteht man also das Lernen durch Beobachtung. Der Begriff des Modell-Lernens will sagen, dass man lernt, indem man das Verhalten anderer Personen wahrnimmt, auf sein eigenes Verhalten projiziert und anwendet. Dabei muss man allerdings ergänzen, dass nicht nur Personen, sondern auch Medien aller Art (bzw. die in den Medien sichtbaren Verhaltensweisen von Personen) diese Wirkung auf uns haben (können).

Auch wenn Banduras Lerntheorie Aspekte des Lernens zu entdecken scheint, die den von der – einem ganz anderen theoretischen Rahmen entstammenden – Theorie mimetischen Lernens (vgl. Wulf 2007) hervorgehobenen auf den ersten Blick ähneln, ist Bandura im Unterschied zu anderen Vertretern der kognitiven Wende (s. u.: konstruktivistischer Zugang) durchaus noch ein Vertreter des – wenn eben auch nicht mehr orthodoxen – behavioristischen Zugangs.

Der behavioristische Zugang egal welcher Couleur bringt jedoch auch – über das wachsende Bedürfnis nach einer neuen, das Innerpsychische wieder berücksichtigenden Humanwissenschaft hinaus – einige Nachteile mit sich, die sich zunehmend als Grenzen eines solchen Verständnisses von Lernprozessen und damit letztlich auch als Gründe für das Ende der Hegemonie des behavioristischen Zugangs erwiesen haben. Als größter Nachteil muss zweifellos gelten, dass der behavioristische Zugang große Schwierigkeit hat, unerwartetes Verhalten zu erklären. Insbesondere kreatives Verhalten, das schöpferische Tun des Menschen, bleibt aus behavioristischer Sicht unerklärlich.

Dennoch müssen wir feststellen, dass der behavioristische Zugang auch in der Pädagogik goutiert wurde und wird. So ist heute in vielen Schulen etwa die Vergabe von Smilies für gelöste Fragen im Unterricht oder für erledigte Hausaufgaben durchaus verbreitet. Immer wieder finden sich zudem Gruppierungen von Kindern, für die die Vergabe solcher Tokens als geeignetes Erziehungsmittel besonders propagiert wird (derzeit die so genannten ADHS-Kinder; vgl. www.hyperaktivitaet-adhs.info).

Wie oben bereits angedeutet, reiht sich diese Auffassung in eine seit dem 18. Jahrhundert ausgeprägte Tradition der Pädagogik ein (die allerdings – darauf ist zurückzukommen – keineswegs die einzige traditionelle pädagogische Sichtweise ist). Nachdem dem Lernen jahrhundertelang – außer durch Belehrungen und ggf. Anschauungsmittel – vor allem durch Strafen »nachgeholfen« wurde, vollzog die Pädagogik der Aufklärung im 18. Jahrhundert die Wende hin zum Lob und zur Belohnung. Preisverleihungen wurden Höhepunkte schulischen Lebens. Es wurden Preise für gute Leistungen und gutes Betragen vergeben, wobei die Vergabe der Belobigungen und Belohnungen bereits damals in ein ausgeklügeltes System gebracht wurde. Die Idee, Lernen mittels positiver Verstärkung zu befördern, ist also pädagogisch keineswegs neu; neu ist lediglich, dass sie heute die behavioristische Lerntheorie anführen und sich somit wissenschaftlich legitimieren kann.

Neben der Bestrafungs-Belohnungs-Tradition gibt es allerdings noch eine andere pädagogische Tradition, der wir deutlich näher stehen. Es ist die im pädagogischen Diskurs ebenfalls seit Jahrhunderten zu findende Auffassung, dass die Unterstützung von

Lernprozessen in erster Linie im Vertrauen in das eigendynamische Wollen der Lernenden sowie im vorwegnehmenden Zutrauen von Kompetenz der Lernenden besteht. Diese pädagogische Auffassung, die Lernen als schöpferischen Akt des jeweiligen Menschen begreift, steht in deutlichem Widerspruch zur behavioristischen Perspektive.

Allerdings ist diese Auffassung bis heute bedauerlicherweise marginal geblieben. Stattdessen feiert der behavioristische Zugang in jüngster Zeit dank der Neurobiologie fröhliche Urständ. Die neurobiologische Lern- und Gedächtnistheorie baut auf der behavioristischen Lerntheorie auf und bietet sich als Offenbarung des Inhalts der behavioristischen *black box* an.

Konstruktivismus

Bevor der konstruktivistische Zugang zum Lernen (ausgangs des 20. Jahrhunderts) eine rasch wachsende Gemeinde von Befürwortern erreichte, läutete bereits ab den 1960er Jahren der Kognitivismus mit seiner Konzentration auf die mentalen Vorgänge in teils scharfer Abgrenzung zum Behaviorismus die so genannte »kognitive Wende« ein. Aus kognitivistischer Sicht kommt den Denk- und Verstehensprozessen der Lernenden eine entscheidende Rolle zu. Der Lernende wird als Individuum begriffen, das äußere Reize aktiv und selbständig verarbeitet. Information und Wissen sind aus dieser Perspektive Schlüsselbegriffe. Lernen gilt als Vorgang, bei dem Informationen selbständig verarbeitet werden. Ein von Vertretern dieses Zugangs gerne verwendetes Bild ist, das menschliche Gehirn als Computer anzusehen, d. h. als einen informationsverarbeitenden Apparat.

Auf dieser Basis, also dem Verständnis von Lernen als Informationsverarbeitungsprozess, erscheint Unterricht als Kommunikation von Sender, Übertragung/Medium und Empfänger. Der Lehrende teilt Informationen mit, die im Medium codiert sind und vom Lernenden aufgrund ihm verfügbarer anderer Informationen sowie seiner internen Schemata decodiert werden. Lernprobleme sind so zurückführbar auf fehlerhafte Information, inadäquate Medien oder gestörte Informationsaufnahme. Der Kognitivismus geht also von extern und objektiv existierendem Wissen aus und versteht Lernen als Wechselwirkung des externen Angebots (z. B. eines Lehrenden) mit der internen Struktur (des Lernenden). In diesem Punkt unterscheiden sich, wie wir unten noch ausführen werden, Kognitivismus und Konstruktivismus deutlich voneinander.

Dennoch gibt es Berührungspunkte und Überlappungen beider Zugänge, etwa wenn wir Piagets Werk betrachten, das sowohl kognitivistischen als auch konstruktivistischen Autoren als Bezugstheorie gilt. Wiewohl auch andere Autoren, nicht zuletzt die Wahrnehmungstheoretiker Neisser und Gibson und der pädagogisch interessierte Psychologe Bruner, wichtige Impulse lieferten und mit Schema, mentalem Modell, kognitiver Landkarte und Wissensstruktur mehrere ähnliche Begriffe konkurrierten, war doch Piagets Theorie interner Schemata, die in der Auseinandersetzung des Menschen mit der Umwelt entweder sich ihr anpassen (Akkomodation) oder diese sich anpassen (Assimilation), von zentraler Bedeutung für den Kognitivismus. Lernende decodieren aus dieser

Sicht gesendete Informationen mittels interner Schemata. Die Wechselwirkung zwischen externer Information und internem Schema verläuft nicht immer reibungslos. Das Hauptgewicht der Wechselwirkung liegt allerdings beim Lernenden, in seinen Schemata und seiner selbständigen Verarbeitungsfähigkeit.

Bruner hat den kognitivistischen Lernansatz stärker an die Pädagogik herangeführt, indem er die Bedeutung entdeckenden Lernens und dessen Ermöglichung im Unterricht betont hat. Entdeckendes Lernen heißt insbesondere, dass der Lernende keine fertig strukturierten Informationen erhält, sondern dass er selbst (durch zur Exploration auffordernde Umgebung, Materialien usw.) Informationen finden, Regeln aus ihnen ableiten und in ihnen enthaltene Probleme lösen muss. Ziel entdeckenden Lernens ist nicht, Wissen anzuhäufen, sondern Problemlösungskompetenz aufzubauen. Motivational liegt dem kognitivistischen Lernbegriff nicht, wie dem behavioristischen, die Idee extrinsischer, sondern die Vorstellung intrinsischer Motivation zugrunde. Der Mensch wird als neugieriges, exploratives und nicht zuletzt an Selbstwirksamkeit interessiertes Wesen gedacht.

Vom Kognitivismus scheint es nur noch ein kleiner Schritt zum Konstruktivismus zu sein, doch gibt es einen wesentlichen Unterschied zwischen beiden Ansätzen. Während Kognitivisten Wahrnehmen, Erkennen und Lernen als Informationsverarbeitung auffassen, ist der Mensch aus konstruktivistischer Sicht ein informationell geschlossenes System. Informationen werden, wie auch in Maturanas Begriff des autopoietischen Systems zum Ausdruck kommt, nur vom System selbst erzeugt. Austauschprozesse des menschlichen Organismus mit der Umwelt sind ausschließlich energetischer Art. Wahrnehmen, Erkennen und Lernen sind demzufolge keine Informationsverarbeitungs-, sondern Konstruktionsprozesse.

Als Hauptvertreter des Konstruktivismus neuerer Art, häufig als radikaler Konstruktivismus bezeichnet, sind die Neurobiologen Maturana und Varela, der Physiker Heinz von Foerster sowie der studierte Mathematiker und spätere Professor für kognitive Psychologie Ernst von Glasersfeld, der Piaget als Bezugsautor für den Konstruktivismus reklamiert, zu nennen. Der (radikale) Konstruktivismus geht davon aus, dass unser Wissen über die Welt durch unser Gehirn aus Sinneswahrnehmungen konstruiert und eine objektive Erkenntnis nicht möglich ist. Jede Erkenntnis eines Menschen ist eine autopoietische Konstruktion aus ihm von seinen Sinnesorganen gelieferten Daten.

Beginnen lässt sich eine Darstellung des konstruktivistischen Zugangs wohl am besten mit einem Verweis auf den von Maturana und Varela geprägten Begriff der Autopoiese. Lebende Systeme agieren im Unterschied zu nicht-lebenden autopoietisch, d. h. selbstorganisiert und strukturell geschlossen. Information bzw. Sinn wird vom System selbst im Anschluss an sich selbst erzeugt. Ein weiteres wichtiges Konzept des konstruktivistischen Zugangs ist das von Glasersfeld in Abgrenzung zum Wahrheitsbegriff postulierte Prinzip der Viabilität. Ins Zentrum rückt damit die Funktionalität eines Verhaltenszusammenhangs, die Gangbarkeit einer Problemlösung. Viabel ist, was sich im Tun – und auch Erkennen wird hier als Tun gedacht – als möglich erweist.

Erkennen ist aus konstruktivistischer Sicht eine Konstruktion von Wirklichkeit oder von Welt. Schon Piaget sprach ausdrücklich vom »Aufbau der Wirklichkeit beim Kinde«

(Piaget 1975b). Konstruktivisten wie Glasersfeld schließen an Piagets Überlegungen und Befunde an. Jeder Mensch erzeugt so gesehen seine eigene Welt. Das heißt nicht notwendigerweise, dass die Existenz einer Welt außerhalb des Individuums in Abrede gestellt werden muss. Aber es heißt, dass sie nur als je eigene Welt für das betreffende Individuum erkennbar und von Interesse ist. Es heißt auch nicht, dass Sozialität, Gemeinschaft, Solidarität unmöglich sind. Aber es heißt, dass diese Phänomene erst in der Ko-Konstruktion von Wirklichkeit entstehen.

Lernen ist spezifische Form des Erkennens und daher ebenfalls als Konstruktion zu verstehen. Wissen wird keineswegs durch Lehre übernommen, sondern je eigenständig aufgebaut. Im Lernprozess wird das mögliche Bild vom betreffenden Weltausschnitt resp. Wirklichkeitsphänomen dem schon vorhandenen inneren Bild angeglichen und zugleich wird das vorhandene Bild verändert. Die Veränderung ist erforderlich, damit von Lernen gesprochen werden kann, sie geht aber nie einseitig vonstatten. Inneres Bild und Welt reiben sich im Erfahrungsprozess aneinander und befruchten sich so.

Lernen im konstruktivistischen Sinne ist also ein aktiver, selbst gesteuerter, konstruktiver, situativer und sozialer Prozess (vgl. Mandl/Reinmann-Rothmeier 1995).

Von einem aktiven Prozess ist auszugehen, da erfolgreiches Lernen von Menschen auf intrinsische Motivation, Interesse und aktive Auseinandersetzung der Lernenden mit Lerngegenständen angewiesen ist. Dementsprechend macht Bruners Plädoyer für entdeckendes Lernen auch aus konstruktivistischer Sicht Sinn.

Nicht nur die Motivation ist intrinsisch, sondern auch die Steuerung des Lernprozesses liegt beim Lernenden selbst. Damit wird nicht in Frage gestellt, dass zur pädagogischen Praxis, etwa zur Unterrichtsvorbereitung eines Lehrers, eine Auswahl der Gegenstände, der zur Verfügung stehenden Zeit sowie der Methodik gehören. Aber es besagt doch, dass letztlich der Lernende selbst den Lerngegenstand, die Lernzeit und seinen methodischen Zugang reguliert. Wenn dies seitens der pädagogisch Tätigen nicht berücksichtigt wird, werden rasch Diskrepanzen zwischen der vom Pädagogen und der vom Lernenden getroffenen Wahl sichtbar, die ggf. zu Störungen oder zum Abbruch des Lernprozesses führen können.

Dass Lernen als konstruktiver Prozess verstanden wird, bedeutet, dass der Lernprozess als Aufbau vielfältiger und vielschichtiger Bezüge vorgestellt wird, die ein – je Individuum eigenes – netzwerkartiges Gefüge von Wissensstrukturen ergeben. Lernen ist so gesehen ein Konstruieren von Wissensstrukturen. Wobei als offene Frage gelten muss, ob die konstruktivistische Perspektive auch Strukturen praktischen Wissens bzw. Könnens im Blick hat.

Beim Lernen von einem situativen Prozess zu reden, geht mit der Forderung einher, Kenntnisse und Fertigkeiten in Situationen zu erwerben, die dem späteren Anwendungszusammenhang strukturell ähnlich sind.

Schließlich gilt Lernen auch Konstruktivisten als sozialer Prozess. Wenngleich die Konstruktion der Wissensstrukturen individuell ist, findet sie doch in sozialen Prozessen und Kontexten statt und wird durch diese beeinflusst. Lernen ist so gesehen immer auch ein kommunikativer Vorgang, eine Kommunikation mit der Welt, mit den Dingen, den Lebewesen, den Menschen, den Anderen. Um die Sozialität des Zugangs zu betonen, wird im konstruktivistischen Diskurs der Begriff der Ko-Konstruktion verwendet. Die gemeinsame Welt wird kooperativ, d. h. durch Operationen beider bzw. aller Beteiligten sowie durch eine Verständigung über die und einen Abgleich sowie ein Ineinandergreifen der individuellen Operationen, konstruiert.

Die Psychologie gewann durch die konstruktivistische Perspektive zweifellos einen neuen Blick auf das Lernen, der ihre kognitive Wende weiter vorantrieb, wobei teils scharfe gegenseitige Angriffe (konstruktivistisch orientierter auf behavioristisch resp. kognitiv orientierte Psychologen und umgekehrt; vgl. Edelmann 2000, S. 287) zu notieren waren und sind. In der pädagogischen Psychologie hat sich die konstruktivistische Perspektive inzwischen etabliert. Dort gilt das »Primat der Konstruktion« (Mandl/Reinmann-Rothmeier 1995, S. 48).

Auch in die Pädagogik selbst hat der Konstruktivismus Eingang gefunden, was umso erstaunlicher ist, als die pädagogische Ideengeschichte bereits lange zuvor auf eigenen Wegen zu ähnlichen Postulaten gekommen war. So ist nicht ganz von der Hand zu weisen, dass die Übernahme konstruktivistischer Termini in die Pädagogik eher oder zumindest auch der Erfordernis nach einer neuen Mode und zeitgeistigen Legitimation entspricht. Dennoch gehen wir kurz auf diese neueren Arbeiten, die nicht zufällig vor allem in der Schulpädagogik zu finden sind, ein, bevor wir auf ältere, ähnlich argumentierende Ansätze hinweisen.

An explizit konstruktivistischen Pädagogiken zu nennen sind insbesondere die *Konstruktivistische Didaktik* (Reich 2002) und die *Subjektive Didaktik* (Kösel 1995). Beide Ansätze beziehen sich ausdrücklich auf den Konstruktivismus, behalten allerdings den Begriff der Didaktik und damit implizit das Primat des Lehrens bei. Lehren erscheint nun allerdings in anderer Form.

Kösel sieht die Aufgabe des Lehrers darin, Lernwelten zu modellieren. Er spricht von »subjektiver« Didaktik, weil es ihm vor allem darum geht, der Subjektivität des Lernens gerecht zu werden. Die herkömmliche Didaktik wird von Kösel als objektive Didaktik kritisiert, deren linear-kausales Denken, deren Glaube an die zentrale Ordnungskraft von Organisationen sowie deren erzieherische Prämisse einer Unterscheidung zwischen Noch-Nicht-Erwachsenem und Erwachsenem die didaktischen Probleme unserer Zeit selbst erst aufgebaut haben. Demgegenüber sucht Kösel eine Modellierung neuer Lernwelten vorzustellen, wobei er allerdings auf so verschiedene, in anderen Kontexten bereits gängige Methoden (z. B. Transaktionsanalyse, Neurolinguistisches Programmieren) zurückgreift, dass Peterßen (2001, S. 116) den Vorschlag zu Recht als »Sammelsurium« kritisiert

Reich zufolge ist Didaktik »1. nicht mehr eine Theorie der Abbildung, der Erinnerung und der wichtigen Rekonstruktion von Wissen und Wahrheit, [...] sondern ein konstruktiver Ort der eigenen Weltfindung, 2. nicht mehr eine sichere Theorie der Aufklärung [...], sondern eine Beobachtertheorie, die die konstruktiven Akte des Aufklärens und der Reflexion an die Schüler als auch Lehrer in möglichst hoher Selbsttätigkeit zurückgibt, 3. nicht mehr eine erhoffte Selbstbestimmung, eine Mitbestimmung, die die Lehrer oder Didaktiker organisieren [...], sondern allenfalls eine Konstruktion, die in Beziehungen ausgehandelt werden kann« (Reich, zit. n. Peterßen 2001, S. 117).

Der zentrale Begriff von Reichs Didaktik ist Konstruktion. Was Schüler und Lehrer im Unterricht tun (wollen oder sollen), sollen sie in eigene Konstruktionen ideeller oder materieller Art überführen. Auch die Form des Lernens ist dabei immer wieder neu zu erfinden.

Dass ähnliche Auffassungen von Lernen und der Gestaltung von Lernumgebungen auch schon vor dem Durchbruch des (radikalen) Konstruktivismus zu finden sind, steht außer Frage. Reich selbst verweist auf Freinet und Dewey.

Biowissenschaft

Die insgesamt starke öffentliche wie wissenschaftliche Rezeption der Biowissenschaften im letzten Jahrzehnt und die damit einhergehenden anthropologischen, ethischen, epistemologischen und wissenschaftspolitischen Fragestellungen können natürlich hier nicht umfassend referiert werden (vgl. Singer 2003; Liebau/Zirfas 2006). Hier geht es dezidiert um die Frage, ob und inwiefern die Erkenntnisse der Biowissenschaften Lernmodelle implizieren, die für die Pädagogik interessant, aufschlussreich und anschlussfähig sind und inwiefern diese Modelle auch ihre pädagogischen Grenzen haben. Wenn im Folgenden von den Biowissenschaften (Genetik, Neurobiologie und -psychologie, Soziobiologie, Ethologie, Evolutionstheorien etc.) die Rede sein wird, so können auch diese nicht umfassend, sondern nur in Teilen angesprochen werden – es sind damit vor allem die Evolutionstheorie und die Gehirnforschung gemeint. Deutlich werden sollen strukturelle Gemeinsamkeiten der Lernmodelle und Lernformen der Biowissenschaften und deren Bedeutung für die Pädagogik. Aus dem kritischen Blickwinkel der Pädagogik lautet die zentrale Frage: Betrachten die Biowissenschaften tatsächliches Lernen oder (nur) die mit dem Lernen verbundenen biologischen, physischen und psychischen Prozesse? Können sie Lernen überhaupt zureichend verstehen?[1]

Die Biowissenschaften haben ihre Sachverhalte – seien es evolutionäre Prozesse, seien es Gene, seien es Gehirne – traditionell anhand von linearen *kausalen* Modellen zu erklären versucht. Diese Modelle hatten den Vorteil, Determinationen feststellen und Wahrscheinlichkeiten prognostizieren zu können. Allerdings implizierte diese Feststellung keinen schlichten Reduktionismus, da in der Regel keine einfachen linearen Ursache-Wirkungs-Modelle vorlagen, sondern Modelle, die Variationen und Selektionsangebote sowie unterschiedliche Varianten von Veränderungen zuließen und die zudem (nur) auf die Wahrscheinlichkeit erwartbaren Verhaltens schließen ließen. Trotzdem bleibt eine kausale, deterministische Axiomatik als epistemologischer Hintergrund erhalten, die im

---

1 Zum methodologischen Zugang vgl. Grzesik 2002, S. 234: »Die Neurobiologie kann zur Erklärung des Phänomens ›Lernen‹ nur mit Ergebnissen ihrer Untersuchungsmethoden beitragen. [...] Es können nur solche Methoden sein, durch die der *anatomische Aufbau des ZNS aus miteinander verbundenen Einheiten sowie die molekularen chemischen Stoffwechselprozesse und die bioelektrischen physikalischen Prozesse* des ZNS zugänglich werden«. Kann die Beobachtung der Strukturen und Prozesse des ZNS zu pädagogisch neuen Zugängen zum Lernen führen?

Grunde ein *mechanistisches* Lernmodell impliziert.[2] In diesem Sinne definiert Spitzer Lernen wie folgt: »Lernen bedeutet Modifikation synaptischer Übertragungsstärke« (Spitzer 2002, S. 146). Das hier zugrunde liegende kausale Modell ist simpel, denn je höher die Synapsenstärke, desto mehr Lernen, je niedriger diese Stärke, desto geringeres Lernen. Einmal abgesehen davon, dass die (quantitative, qualitative, strukturelle, evolutive?) Graduierung des Lernens selbst noch einer genaueren Betrachtung bedarf und mit der Synapsenstärke auch die Modularitäten des Lernens nicht impliziert zu sein scheinen (i. e. theoretisches, technisches, praktisches, soziales, ästhetisches etc. Lernen), bleibt der Verdacht, dass mit den neuronalen Aktivitäten der Informationsübertragung mit Hilfe spezieller Transmitter von den Übergangsstellen für neuronale Erregungen Lernen noch nicht *zureichend* erklärt *und* verstanden worden ist, wenn es nur in einem Input-Output-Modell von Informationen geklärt werden soll.[3]

Der Hinforschung muss man hier attestieren, dass es ihr gelingt, die Modifikation synaptischer Übertragungsstärke mit Phänomenen der Aufmerksamkeitssteigerung in Verbindung zu bringen und zu veranschaulichen sowie die Funktion des Neurons als Informationsverarbeitungselement rekonstruieren zu können. Insofern kann sie auf für Lernprozesse bedeutsame, ja notwendige physiologische wie psychologische Abläufe *hinweisen.* Doch aufgrund der Komplexität des Gehirns, dessen interne Verbindungen sich auf eine Zahl von 10^{14} belaufen und dessen Zahl der Ein- und Ausgänge auf 10^7 beziffert wird, und aufgrund der Tatsachen, dass die Informationsmenge, die unser Gehirn erreicht, knapp 100 Megabyte pro Sekunde beträgt, ein Neuron es auf »Feuerraten« von bis zu etwa 300 Impulsen pro Sekunde bringt und die Anzahl der Neuronen rund 21 Milliarden beträgt, erscheint es zumindest fragwürdig, Lernen *nur* auf die punktuelle Verstärkung von Synapsen und nicht auf weitergehende neuronale Zusammenhänge zurückführen zu wollen.[4]

Zwar finden sich auch in den Biowissenschaften eine ganze Reihe von spezifischen Lerntheorien: als implizites Lernen, das auf den Erwerb motorischer und aisthetischer Fähigkeiten abhebt, als explizites Lernen, das als bewusster Erwerb von Wissen und Können betrachtet wird, als assoziatives Lernen, das mit einer behavioristisch verstandenen Konditionierung gleichgesetzt wird und auch als nicht-assoziatives Lernen, das mit der Habituation und Sensivierung in Verbindung gebracht wird – doch schluss-

---

2 Und die auch ein mechanistisches anthropologisches Modell zur Folge hat, wie die beiden folgenden Zitate von Annette Scheunpflug (2001, S. 54, 57) erhellen: »Vermutlich sind Kinder Überlebensmaschinen, die sich über Lernen optimal an ihre Umwelt anpassen können. [...] Die personelle Einheit des Menschen entsteht durch das Zusammenspiel unterschiedlichster Systemebenen, nämlich der genetischen Ausstattung, unzähliger biochemischer Abläufe, elektrischer Vorgänge in den Nervenbahnen, chemischer Prozesse des Fühlens und Umwelteinwirkungen«. Vgl. zur Kritik dieser Anthropologien: Zirfas 2003.

3 »Entscheidend für das Funktionieren [...] ist die Stärke der synaptischen Verbindung zwischen Input- und Outputschicht« (Spitzer 2002, S. 47).

4 Diese Fragwürdigkeit kommt gelegentlich darin zum Ausdruck, dass es heißt, das Gehirn (nicht der Mensch) lerne.

endlich sind alle diese Lerntheorien notwendigerweise mechanistisch und assoziativ konstruiert, da Lernen auf die kausalen Funktionen von Nervenzellen zurückführt wird, die zu einer Abspeicherung und Reaktualisierung des Wissens führen (vgl. Singer 2002, S. 86). Für eine pädagogische Theorie des Lernens bietet hier die biowissenschaftliche Gedächtnistheorie insofern einen positiven Anknüpfungspunkt, als mit ihr erklärbar wird, warum und wie sich gelerntes Wissen bilden und aktualisieren lässt. Die dabei in Anschlag gebrachte Gedächtnistheorie wird als funktionales, dynamisches und autopoietisches System gedacht, das sich im Rahmen der Gesamtheit von neuronalen Prozessen selbst organisiert. Aus pädagogischer Sicht sind hier biowissenschaftliche Ergebnisse von Belang, die einen Zusammenhang von Übungs-, Gedächtnis- und Lernleistungen herausgearbeitet haben. Mit dem biowissenschaftlichen Konstruktionsmodell des Gedächtnisses und seiner inhärenten Logik von Erinnern und Vergessen werden zudem die Grenzen von Lehrinterventionen nachvollziehbar.

Letztlich erklären die Biowissenschaften Lernen durch die Rückführung auf ein *materielles* Substrat. Das, was Lernen ausmacht, wird auf materielle (biologische, physikalische, chemische, neuronale etc.) Prozesse bezogen. Hierbei ist einerseits zu bedenken, inwieweit Lernen mit seinen subjektiven, kulturellen, historischen Konnotationen in Substanzen fassbar ist, ohne das Eigentümliche dieses Phänomens aufzugeben und ohne Kategorienfehler zu begehen. Des Weiteren ist zu fragen, ob die hiermit verbundene Aufsplitterung in Teilaspekte, also die Elementarisierung, zum Verständnis komplexerer Sachverhalte wie Lernen wirklich beitragen kann. Zwar kann man mittlerweile lückenlose Assoziationsketten zwischen Hirnleistungen und molekularen Prozessen rekonstruieren, doch sprechen selbst Hirnforscher hier von einem notwendigen *Reduktionismus* (Singer 2003, S. 67, 93), der die Komplexität der Phänomene, auch das des Lernens, in Einzelteile zerlegt.

Darüber hinaus lässt sich bezweifeln, ob die Mathematisierung der Neuronen insgesamt einem Lernmodell gerecht wird. Zwar hat die Idee, die Welt in Zahlen auszudrücken, eine lange (pythagoreische) Tradition und es spricht auch zunächst nichts gegen den Versuch einer Mathematisierung oder Geometrisierung des Lernens, doch kann man sich fragen, ob man mit der damit verbundenen experimentellen Außenperspektive auf das Lernen, mit der Reduktion des Lernens auf elementare neuronale Vorgänge und schließlich mit der Geometrisierung des Lernens selbst ein zureichendes Modell des Lernens gewonnen hat.

Denn für eine Theorie des Lernens ist eine experimentelle Außenperspektive nicht ausreichend, weil Lernen mit individueller Bedeutungszuschreibung und mit subjektivem Sinn, mit biographischen Erlebnissen und kultureller Symbolik verschränkt ist. Biowissenschaftliche Lerntheorien sind so genannte *Korrelationstheorien*, in denen neuronale Korrelate für gelernte Sinngehalte angegeben werden. Beide Beschreibungssysteme – konkretes Verhalten bzw. Sinnzuschreibung auf der einen, Aktionspotentiale, Synapsen auf der anderen Seite – sind nicht identisch, stehen aber in einem Bedingungsverhältnis: Verhalten und Sinn werden auf neuronale Wechselwirkungen zurückgeführt. Hier sollte auf die unaufhebbare (?) Differenz zwischen subjektivem Erleben und individuellen Erfahrungen von Lernprozessen und wissenschaftlicher Rekonstruktion von

Hirnleistungen hingewiesen werden. Lernen kann gut und schlecht, bedeutsam und unwichtig, wertvoll und wertlos sein, neuronale Aktivitäten sind das nicht: Neuronale Lerntheorien machen »keinen Sinn«. In der Definition von Alfred Treml (1996, S. 97, im Orig. kursiv) wird der Hiatus einer biowissenschaftlichen und einer pädagogischen Theorie des Lernens besonders deutlich: »*Unter Lernen verstehen wir alle nicht direkt zu beobachtenden Vorgänge in einem Organismus, vor allem in seinem zentralen Nervensystem (Gehirn), die durch Erfahrung (aber nicht durch Reifung, Ermüdung, Drogen o. ä.) bedingt sind, und eine relativ dauerhafte Veränderung bzw. Erweiterung des Verhaltensrepertoires zur Folge haben*«. Da das Gehirn als selbstreferentiell geschlossenes System gedacht wird, kann durch die experimentelle Fremdreferenz kein Zugang zum eigentlichen Lernprozess erfolgen; *unterstellt* wird eine Korrelation von Erfahrung und neuronalen Veränderungen, die von biographischen, kulturellen, historischen Semantiken abstrahiert. Das Lernen selbst wird mit einer Verhaltensänderung – und nicht mit einer Veränderung der Wahrnehmungs-, Denk-, und Handlungsstrukturen und damit mit Bewusstseinsveränderungen, Intentionalitäten und Erkenntnissen – in Verbindung gebracht.

Dass die Biowissenschaften keine Sinn- und Bedeutungstheorie des Lernens favorisieren, hängt mit ihrem impliziten Funktionalismus zusammen: Biowissenschaftliche Theorien sind *funktionalistische* Theorien.[5] Weil dementsprechend auch Lernen funktionalistisch betrachtet wird, erscheinen Lernprozesse lediglich als evolutionäre Fortschritte zur besseren Umweltadaptation und damit zu einem evolutionären Selektionsvorteil. Diese funktionalistische Perspektive macht auch plausibel, warum von einem Lernen des Gehirns, vom »Lernen der Gene« (Treml), vom intergenerativen Lernen über Vererbung oder von einer »evolutionären Lerngeschichte« (Scheunpflug) gesprochen werden kann. Mit diesen, dem menschlichen Zugriff entzogenen Prozessen wird die Differenz zu bloßer Veränderung, Entwicklung, Prägung und Anpassung kaum mehr markierbar und jegliche reflexive Steuerungsmöglichkeit durch Individuen unmöglich. Doch da die Theorie der Evolution als Modell der Erklärungen von Strukturveränderungen selbst weder einen teleologischen Prozess darstellt noch zuverlässige und brauchbare Prognosen oder gar pragmatische Planungs- und Steuerungstheorien für die Pädagogik bereitstellt, kann zwar eine Lerntheorie der Anpassung und Gewöhnung – und darin liegt ihr Verdienst – auf überlebenswichtige, zeitliche, entwicklungstheoretische, selektive und plurale Funktionen des Lernens aufmerksam machen

---

5 Für die Beschreibung des Gehirns spielen Funktionen eine zentrale Rolle: Hierbei ist zu beachten, dass es z. B. durchaus unterschiedliche Funktionsmodelle des Gehirns gibt – als Theorie eines funktionellen Systems, als Theorie der funktionellen Hirnorgane, als Neuronen-Netzwerk-Theorie. In alle Modelle gehen zudem in unterschiedlicher Gewichtung Annahmen der Physik, der Kybernetik sowie der Informations- und Systemtheorie mit ein (vgl. Zieger 1992). Allerdings stellt sich hier, wie im Folgenden, die Frage, ob wir die Bedeutung einer Sache verstehen, wenn wir sie (nur) auf Funktionen bzw. auf die Maschinerie der Informationsverarbeitung im Gehirn begrenzen.

(Scheunpflug 2001, S. 51 ff.), jedoch ohne den Vorgang des Lernens selbst erklären zu können.[6]

Wenn Lernen als Verstärkung von neuronalen Erregungen (die Rede ist hier immer von »feuernden Neuronen«) erscheint, Neuronen selbst aber als Repräsentationselemente begreift, so lässt sich von einem *repräsentationellen* Lernmodell der Hirnforschung sprechen. Lernen ist nicht unmittelbar erfahrbar[7], sondern wird hier durch *Veranschaulichungen* und *Modelle* erklärbar: Diese lassen sich als Vereinfachungen, als Komplexitätsreduktionen von Wirklichkeit verstehen, die die entscheidenden Strukturen und Relationen des Lernens bestmöglich abbilden möchten. Die Frage ist allerdings, ob die Untersuchungen kategorial verschiedener Vorgänge – lernende Selbsterfahrungen auf der einen und naturwissenschaftliche, experimentelle Erkenntnisse auf der anderen Seite – dem Sachverhalt des Lernens gerecht werden können (Spitzer 2000, S. 322 f.). Biowissenschaftliches Erklären bezieht sich somit bei der Darstellung von Lernen auf verschiedene Ebenen und auf verschiedene Sprachen: man isoliert, reizt und vermisst Hirnaktivitäten – und zeigt diese dann mit Hilfe bildlicher Verfahren. Diese Modelle zeigen Aktivitäten des Gehirns. Man erfährt etwas darüber, wo und in welcher Intensität und ggf. zeitlichen Ausdehnung energetische Aktivitäten stattfinden. Ob dieses neurotische Feuern letztlich Lernen *bedeutet*, erfährt man aus den Bildern nicht. Damit Bilder aber preisgeben, woraufhin sie zeigen, damit man sie versteht, müssen sie interpretiert werden. So kann z. B. die Hirnforschung Erregungszustände im Gehirn über Stoffwechselprozesse sichtbar machen und über farbliche Abstufungen auf das Ausmaß von simulierten wie realen Reizen und Aktivitäten zurück schließen (Singer 2002 S. 110 f.).[8] Die Frage ist allerdings, ob kognitive oder emotionale Lernprozesse sich mit physikalisch-chemischen Interaktionen von Neuronennetzen identifizieren lassen. Denn auch für diese Bilder gilt, dass sie als Spuren zwar ein *Quod* (Dass), aber kein *Quid* (Was) angeben. Die Bilder sind keine Abbilder des *Quid*. Sie lassen sich allenfalls als Hinweis, als Verweis auf ein auf andere Weise zu Findendes gebrauchen. Sie bedürfen der Interpretation, denn die farblichen Varianten können vieles bedeuten; und sie verweisen (vermutlich) nicht unmittelbar auf ihre Bedeutungen, sondern eher in die Richtung genauerer Analysen (Mersch 2005).

Vor diesem Hintergrund scheinen die Biowissenschaften nicht letztlich geklärt zu haben, ob die Lernprozesse mit den neuronalen Veränderungen oder dem Prozessieren des neuronalen Systems insgesamt identifiziert werden müssen, oder ob jene Voraussetzungen für diese bilden. Ist jede neuronale Veränderung schon Lernen, oder die Gesamtheit der in bestimmten Aktivitätsmustern koaktiven Synapsen oder jede Änderung kor-

---

6 Die Evolutionstheorie des Lernens hat – wie eine Reihe anderer Theorien auch – den zweifelhaften Vorteil, nicht falsifizierbar zu sein: Lernen kann evolutionär betrachtet immer nur Anpassung sein, weil die Evolution selbst auf Überleben »programmiert« ist.

7 Auch wenn das mit dem Slogan: »Dem Gehirn beim Lernen zuschauen« (Spitzer 2002, S. 165) suggeriert wird.

8 Der Sinn ergibt sich, wie Gebhard Roth (2001, S. 363) richtigerweise anmerkt, aus dem vom Gehirn aktuell erschlossenen Kontext, doch welcher Kontext wie ggf. richtigerweise herangezogen wird, um Phänomene zu erschließen, ergibt sich aus der Aktualisierung des Gehirns nicht.

tikaler Repräsentationen, oder sind diese nur seine Voraussetzung?[9] Wann lernt das Gehirn nicht – und woher weiß ich das?»Es ist gerade der Witz am Gehirn, dass es auch dann lernt, wenn der lernende Organismus keine Ahnung hat, was vor sich geht« (Spitzer 2002, S. 64).

Wenn sich mit den Biowissenschaften festhalten lässt, dass die äußere Welt impliziter Bestandteil der Systembeschreibung und Funktionalität etwa von Nervenzellen ist, die Selektion von kortikalen Neuronen durch das ganze Leben hindurch etwa durch Erziehung, Bildung und Sozialisation erheblich beeinflusst werden kann, die Rindenfelder des Gehirns, die einen bestimmten Körperteil repräsentieren, nicht starr voneinander abgegrenzt sind, die Kontakte der Milliarden von Zellen nicht im Einzelnen vorprogrammiert erscheinen, Zelldifferenzierung und Morphogenese Selbstorganisationsprozesse darstellen etc., wenn das Gehirn vor allem komplex ist, welche Folgen ergeben sich daraus dann für die Pädagogik? Zwar wird auch das Lernen nicht auf ein starres Ablaufschema eines genetischen Programms oder eines evolutionären Ablaufs begrenzt, sondern in ein Wechselspiel von *nature* und *nurture*, von Biologie und Kultur, eingebettet; aber andererseits geht Lernen in diesem Wechselspiel nicht auf, sondern bleibt u. a. abhängig von kulturell und biographisch höchst variabel gestaltbaren Lebensbedingungen, oder schlichter gefasst:»Der eigentliche Lehrmeister aller Menschen ist das Leben selbst« (Spitzer 2002, S. 457). Dabei lässt sich – z. B. bei Manfred Spitzer und Wolf Singer – ein recht optimistisches Lernmodell nachzeichnen: Menschen lernen natürlich kontinuierlich, wenn die Aufmerksamkeitsschwelle hoch ist, wenn die richtigen Beispiele präsentiert werden und eben weil es »Spaß macht« und positive Konsequenzen mit sich bringt. Am besten lernen sie in Gemeinschaft. Geglücktes Lernen führt dann (zwangsläufig?) zu hoher Leistung. Dass hiermit wichtige Bedingungen für Lernen angesprochen sind, liegt auf der Hand, nur: Verkennen die Biowissenschaften nicht die Negativität in den Lernprozessen? Lernen wir nicht auch bruchstückhaft, bei gleichschwebender bzw. niedriger Aufmerksamkeit und schlechten Beispielen, wenn wir Fehler machen, wenn es keinen Spaß macht, wenn wir alleine und die Konsequenzen bedauerlich sind? Wie dem auch sei: Die Biowissenschaften machen die Pädagogik auf mehrere Sachverhalte aufmerksam: auf die Notwendigkeit einer reich ausdifferenzierten Lernumwelt; auf die interindividuell unterschiedlichen Lerngeschwindigkeiten und Lernpräferenzen; auf eine mögliche frühe, differenzierte Lernförderung und dementsprechende »Kanalisierung« (Singer 2003, S. 116); auf eine hohe Lernmotivation und auf die Bedeutung des praktischen, aktiven Lernens sowie auf die Vermeidung von Deprivationen bzw. auf die neurologische Basis von Lernschwächen (vgl. Singer 2000).

Diese für Pädagogen zunächst erfreulich klingenden Aussichten lassen sich durch die Gehirnforschung insofern untermauern, weil man mit ihr als Pädagoge darauf vertrauen kann, dass die »jungen Gehirne selbst am besten wissen, was sie in den verschiedenen

---

9 Grzesik (2002, S. 240) spricht von der Gesamtheit der Netzwerke aus Neuronen mit koaktiven Synapsen vorsichtig von einem »Möglichkeitsraum des Lernens«. Lernen selbst wird definiert als: »Veränderungen des Prozessierens des ZNS in den jeweils aktivierten Aktivitätsmustern« (ebd., S. 251).

Entwicklungsphasen benötigen und dank ihrer eigenen Bewertungssysteme kritisch beurteilen und auswählen können« (Singer 2002 S. 59); man braucht lediglich für die dafür nötigen, umfassend anregungsreichen Umwelten zu sorgen und Debatten um soziales und kritisches Lernen, um Methodiken und Didaktiken und sozial und kulturell höchst unterschiedliche Lernvoraussetzungen erübrigen sich. Denn wenn sich das lernende Gehirn selbst seine Umwelt sucht, so reduziert sich die Arbeit des Pädagogen auf das Design einer höchst differentiellen Umwelt, in der die Gehirne die ihnen eigenen Lernfortschritte machen können. Die Pädagogik »wird zur Angebotsinstanz gegenüber einem ›lernenden System‹, das nimmt, was es nimmt, verweigert, was es verweigert und aus alledem macht, was es macht. [...] Am Ende also wird jeder zu seinem eigenen Kleinunternehmer, ausgedrückt in der Formel: Jeder Lernende sei als ›autopoietisches System‹ für seine Lernprozesse selbst verantwortlich und für seine Misserfolge nicht minder« (Pongratz 2004, S. 122, 131).

Zusammenfassend lässt sich festhalten, dass das reduktionistische, mechanistische, korrespondenztheoretische, funktionalistische und repräsentationelle Lernmodell der Biowissenschaften nur sehr begrenzten Erklärungswert für die Pädagogik hat. Es erklärt als evolutionäre und neurowissenschaftliche Hintergrundtheorie sehr allgemeine Lernmöglichkeiten und -grenzen, die konkretisiert zu Wiederholungen von in der Geschichte der Pädagogik schon sattsam bekannten Einsichten führen. Zudem verweist es auf die biologischen und neurologischen Korrelate des Lernens, ohne dabei das Lernen selbst mit Leben, d. h. mit Bedeutung, zu füllen.

Lernphilosophie

Im Folgenden kann es nicht darum gehen, die Geschichte des philosophischen Lernbegriffs zu rekonstruieren, die von den Fragmenten der Vorsokratiker bis in die Auseinandersetzung in der Sprachtheorie unserer Tage reicht (Ansätze dazu: Lorenz/Schröder 1980). In bewusster Vernachlässigung metaphysischer bzw. ideentheoretischer Konzepte – wie wir sie z. B. bei Platon finden (s. u.) –, in ebensolcher Hintanstellung religiöser Modelle – wie man sie z. B. bei Augustinus finden kann (s. u.) – und auch in Nichtbeachtung ethischer Theorien des Lernens – wie sie z. B. Aristoteles (s. u) entworfen hat – konzentrieren sich die Ausführungen in diesem Teil auf eine Erkenntnistheorie bzw. eine Logik des Lernens. Vor dem Hintergrund des hier leitenden pädagogischen Interesses soll eine idealtypische Rekonstruktion der systematischen Bestandteile einer Erkenntnistheorie des Lernens herausgearbeitet werden, in der das Lernen als reflexiver Erfahrungsprozess bzw. als Übergang zu einem reicheren und tieferen Wissen um Begründungen und Implikationen von Sachverhalten verstanden wird. Dieser auf den Erwerb von Kenntnissen und Wissen beschränkte Lernbegriff soll in seiner Gangstruktur als didaktischer Lernbegriff – von Aufnehmen (Aisthesis), Verknüpfen (Reflexion) und Behalten (Gedächtnis) – expliziert werden. Zunächst folgt allerdings eine kurze Beschreibung des im Mittelpunkt stehenden didaktischen Lernbegriffs.

Lernprozesse sind schon in alltäglichen sinnlichen Erfahrungen feststellbar; oder auch in wissenschaftlichen Erfahrungen, wie sie sich aus Forschungsprozessen ergeben – praktische, Lebens- und Welterfahrung hier, theoretische Wissenschaftserfahrung dort. Im Unterschied zum Lernen der Alltagserfahrung und dem Lernen in der Wissenschaft lässt sich das didaktische Lernen durch Lehren oder Unterrichten festhalten. Während jene beiden Lernformen als ursprünglich und in gewissen Sinne auch als unmittelbar betrachtet werden können, ist das didaktische oder scholare Lernen vermittelt und indirekt: »Schule«, so fasst Lutz Koch (1991, S. 35) zusammen, »ist dort, wo wir zur Erkenntnis nicht *selbst* durchdringen müssen, sondern von *anderen* lernen«. Wozu allerdings gehört, dass das Lernen selbst noch gelehrt und gelernt werden muss, um die pädagogische Beziehung auf eine Emanzipation des Lernenden hinauslaufen zu lassen, der dann von sich aus in der Lage ist, selbst zu lernen, umzulernen und weiter zu lernen.

Gemäß der alten Schulweisheit *qui bene distinguit, bene docet* lassen sich Lernvorgänge sodann als *analytische* Vorgänge der Erläuterung unseres Wissens bzw. als differenzierende Untersuchungen verstehen. Man versteht das Gelernte noch besser, indem man von undeutlicher zu deutlicher Erkenntnis vordringt. Darüber hinaus lässt sich Lernen als Erweiterung und Vermehrung unseres Wissens *synthetisch* verstehen, wobei hierin die Möglichkeit besteht, dass der Übergang vom Nichtwissen zum Wissen einerseits additiv (Dazulernen), andererseits innovativ (Umlernen) verläuft. In beiden Varianten sind diese letztgenannten Lernvorgänge synthetisch, d. h. hierin wird das Bekannte mit dem Neugelernten in eine Verbindung gebracht und – wenn möglich – zu einer sinnvollen Einheit verknüpft. Lernen ist somit Belebung des möglichen Wissens. Dabei führen die Lernschritte ebenso zu neuen Einsichten wie zu einem doppelten Bewusstsein des Nichtwissens: »erstens das nachträgliche Bewusstsein vormaligen Nichtwissens und zweitens das Bewusstsein eines noch bestehenden und erst jetzt sich eröffnenden Nichtwissens, das zum Stachel neuer Lernbemühungen wird« (ebd., S. 40). Lernen ist somit in einen dialektischen Prozess des relativen Wissens bzw. des relativen Nichtwissens verwoben, dessen Zielpunkt durch ein (absolutes) Wissen bestimmt wird, das als notwendig, ewig und universell gelten kann. Lernen zielt auf die Eliminierung von Kontingenz, die wiederum für das In-Gang-Halten des Lernprozesses selbst unabdingbar ist. Allerdings bekommt Lernen in diesem Sinne eine epistemologische, wissenschaftliche Grundstruktur: Wer lernt, und das trifft auch auf das alltägliche Lernen zu, falsifiziert die Welt: Er *sammelt* eine Reihe von Daten und elementaren Kenntnissen, *ordnet* und *gliedert* diese und versucht, eine regelhafte *Einheit* zwischen ihnen herzustellen. Zum Lernprozess gehören insofern eine Mannigfaltigkeit von Erfahrungen, eine konstruktive Ordnung und eine regelgeleitete Erkenntnis (ebd., S. 303 ff.).

Für eine philosophische Erkenntnistheorie beginnt der Prozess des Lernens mit der *Aisthesis*, der sinnlichen Wahrnehmung.[10] In ihr macht man Bekanntschaft mit den

---

10 *Aisthesis*, ein Wort aus dem Griechischen, hat den Bedeutungsumfang von Wahrnehmung, Empfindung, Sinn, aber auch den von (Er-)Kenntnis und Verständnis (*aisthetike episteme*: Wissenschaft der sinnlichen »Erkenntnis«, des Gefühls). In der Regel wird unter Aisthesis die sinnliche Wahrnehmung – in der Einheit und im Zusammenspiel aller Sinne – oder die Sinnesempfindung verstanden (vgl. Zirfas 2000).

Gegenständen und den Verhältnissen der Welt und so wird in der Regel mit der Aisthesis in der Philosophiegeschichte nur der Beginn des Wissens identifiziert, da sie nur das Einzelne und nicht das Allgemeine zu erfassen in der Lage sein soll. Sie bildet (lediglich) den Ausgangspunkt für wissenschaftliche Induktionsverfahren und stellt insofern einzig das Material bereit, das vom Logos aktualisiert, differenziert und expliziert wird. Dem Sinnhaften wird hier im Grunde jede reflexive Potenz abgesprochen, Sinnlichkeit mit Simplizität gleichgesetzt. Man muss bis zu den ästhetischen Philosophien des 18. Jahrhunderts und den phänomenologischen Überlegungen des 20. Jahrhunderts warten, um die Leistung der Aisthesis als andere und eigenständige Leistung anerkannt zu finden; diese wird dann darin gesehen, dass sie über das bloß Rationale hinausgeht und *als* sinnliche Wahrnehmung weit reichende Einsichten und Erkenntnisse produziert. Erst dann wird die Aisthesis als vorwissenschaftliche Erfahrung ernst genommen und nicht rationalistisch verrechnet.

Im Grunde ist mit dem Stellenwert der Aisthesis ein bedeutender Streit um die Form des Lernens verknüpft, der unter dem Disput zwischen Empirismus und Rationalismus bekannt ist und den man in der Antike zwischen Aristoteles als Empiriker und Platon als Rationalisten ebenso festmachen kann wie in der Aufklärung zwischen dem Empiriker Locke und dem Rationalisten Leibniz (vgl. Buck 1967, S. 22 ff.). Dem intuitiven *common sense* folgend, gehen die empirischen Lerntheorien davon aus, dass Lernprozesse gleichsam durch von außen kommende Eindrücke (engl. impressions, sensations) initiiert werden, die dann mittels Reflexionen (reflections) zu allgemeinen Kenntnissen und Erkenntnissen[11] gebracht werden. John Locke (1632–1704) bringt diese Theorie mit dem Diktum *Nihil est in inellectu, quod non fuerit in sensu* auf den Punkt. Problematisch wird dieser Erkenntnis- und Lerntheorie nicht nur die Erklärung der Entstehung von notwendigen und allgemeingültigen – bzw. vorsichtiger: von verifizierbaren und falsifizierbaren (etwa mathematischen) – Gesetzmäßigkeiten aus der Mannigfaltigkeit und Kontingenz der Anschauungen, sondern – und darauf weist Kant in seiner Kategorienlehre hin – auch die Erläuterung der nicht aus den Sinnesdaten entspringen könnenden Stammbegriffe der Quantität, Qualität, Relation und Modalität.[12]

Dem rationalistischen Lernmodell nach resultiert Gewissheit allein aus (mathematischen) Begriffen und Urteilen enthaltenden Gesetzen des reinen Denkens, aus (eingeborenen) Begriffen und Ideen. Gottfried Wilhelm Leibniz (1646–1716) erweitert inso-

---

11 Zur Differenz vgl. Koch 1991, S. 50: »Kenntnisse haben wir, wenn wir wissen, dass etwas der Fall ist, was etwas ist und wie es beschaffen ist. Erkenntnisse haben wir, wenn wir wissen, warum etwas der Fall ist, weshalb es so oder so beschaffen ist und wenn wir ferner die Kenntnis des ›Wasseins‹ zu deutlichem Bewusstsein gebracht haben.«

12 Zur Frage des Lernens der Kategorien und der reinen Anschauungsformen von Raum und Zeit schreibt Koch: »Es ist also, vorsichtig gesagt, von der Möglichkeit auszugehen, dass jene nicht gelernten Antizipationen des Lernens (Anschauungsformen und Kategorien) nicht etwa angeboren oder ›eingeboren‹ (Leibniz) sind, sondern dass sie kraft eines nun allerdings angeborenen ›Vermögens‹ ursprünglich hervorgebracht oder erzeugt werden« (Koch 1991, S. 185). Als die nicht lern- und lehrbaren anthropologischen Grundlagen bilden sie die Bedingung der Möglichkeit jeglichen Lernens und Lehrens.

fern das Diktum von Locke um einen entscheidenden einschränkenden Zusatz: *Nihil est in inellectu, quod non fuerit in sensu, excipe: nisi ipse intellectus.* Hier erfolgt das Lernen der Wahrheit von innen heraus, durch Bewusstmachen (Apperzeption) der immer schon vorhandenen geistigen Ideen und Erkenntnisse. Versteht man aber unter Lernen lediglich ein Bewusstmachen oder eine Erläuterung einer als vorhanden gedachten Wahrheit, so lässt sich Lernen weder als didaktisches Lernen von anderen noch als eigentliches, synthetisches Dazu- oder Umlernen begreifen. Wenn der Verstand oder die Vernunft – wie einstmals Platons Ideenhimmel – alle Erkenntnisse schon enthält, beschränkt sich Lernen auf bloße Vergegenwärtigung. Es ist dann der schon angesprochene Immanuel Kant (1724–1804), der, zwar von der Erfahrung ausgehend, aber nicht bei ihr stehen bleibend, den Lernprozess aus den »zwei Grundquellen des Gemüts« (Kant 1982, A 50, B 74), aus der Rezeptivität der Eindrücke der Anschauung und aus der Spontaneität der Begriffe des Verstandes, zusammen erwachsen lässt, da Gedanken ohne Inhalte als »leer«, Anschauungen ohne Begriffe als »blind« gelten müssen. Und Kant macht noch auf ein weiteres wichtiges Moment im Lernprozess aufmerksam: Verfolgt man den Weg aller Erkenntnisse zurück, so findet sich eine ursprüngliche Synthese des Bewusstseins, i. e. ein Selbstbewusstsein des denkenden Menschen, das, da es als Fremdbewusstsein von sich selbst widersprüchlich wäre, nur eine »ursprüngliche« oder »reine« Apperzeption« (ebd., B 132), eine »Hinzuwahrnehmung«, sein kann. D. h. das Lernen ist als didaktisches Lernen immer mit einer spontanen Hinzufügung des Ich verbunden: Man synthetisiert im Lernen nicht nur Bekanntes mit Unbekanntem, sondern verbindet dabei diesen Prozess immer auch mit sich selbst.[13] Man lernt nicht nur etwas, indem man es rezeptiv aufnimmt, sondern indem man das Fremde mit dem Eigenen verknüpft.

In und mit diesem Disput wird deutlich, um was es im Lernen aus philosophischer Sicht geht, nämlich um das Lernen des Allgemeinen. Kognitives Lernen zielt auf das »Gemeinsame« in der Mannigfaltigkeit der Anschauung (vgl. Prange 1989, S. 45), im Unterschied zur Aisthesis oder dem praktischen Lernen, denen es um die Einsicht des oder um das Können am Konkreten geht. Lernen zielt auf ein diskursives und reflexives Verstehen, das sich von der Einsicht und der Unmittelbarkeit der Anschauung und der Intuition entfernt. Insofern lässt sich zunächst ein Lernen des Besonderen von einem Lernen des Allgemeinen unterscheiden: Aisthetische Lernvorgänge wären als anschauliches oder auch imaginatives Lernen (im Sinne einer reproduktiv synthetischen Leistung der Einbildungskraft, die Darstellungen und Bilder komponiert) solche, in denen wir Erfahrungen mit unseren Wahrnehmungs- und Imaginationsmöglichkeiten machen. Was wir durch solche Erfahrungen aber nicht vom Anderen lernen können bzw. warum das aisthetische Lernen keine Form des didaktischen Lernen ist, hängt mit der ihm inhärenten Unmittelbarkeit zusammen: Man kann nicht unmittelbar vom Anderen lernen,

---

13 Vgl. auch Buck (1967, S. 17): »Erfahrung ist die anfängliche und für alle weitere (begriffliche) Vermittlung grundlegende Vermitteltheit der Dinge und meiner selbst, in der mich die Dinge überhaupt erst etwas angehen. Erfahrung meint: erste und grundlegende innere Verhältnismäßigkeit des Erfahrenden«, die sich als »Verständigkeit, mit der ich beiden den Dingen bin«, äußert.

wie dieser wahrnimmt. Eine Erzählung, Darstellung oder Erläuterung der Wahrnehmung durch den Lehrer bewegt sich schon auf einer vermittelten, diskursiven Ebene. Die Bedingung der Möglichkeit des Lernens und Lehrens besteht in der Mitteilbarkeit von Begriffen, die auf die Allgemeingültigkeit, Konstanz und prägnante Zusammenfassung von Begriffen zurückgeht. Begriffe sind Merkmale einer allgemeingültigen Stellvertretung von Vorstellungen, indem sie Wahrnehmungen und Gedanken auf das Wesentliche »verdichten«.

Während so die Unmittelbarkeit der Aisthesis nicht mitteilbar ist, ohne ihren Charakter zu verlieren, hebt der Begriff auf die vermittelte und mitteilbare Vorstellung ab. Lernen befasst sich somit mit dem Allgemeinen, den Kenntnissen allgemeiner Art. Während schon Platon wusste, dass die Natur von sich aus nicht lehrt, »wohl aber die Menschen in der Stadt« (Phaidros 230 d)[14], hat Georg Wilhelm Friedrich Hegel (1770–1831) in diesem Sinne darauf hingewiesen, dass den Schülern das Hören und Sehen vergehen müsse, um Begriffe, Bestimmungen und Allgemeines lernen und dieses wiederum auf Hören und Sehen anwenden zu können. Denn »das Bekannte ist überhaupt darum, weil es *bekannt* ist, nicht *erkannt*« (Hegel 1981, S. 35), weil die Bekanntheit des Bekannten zur Ideologie eines vermeintlich Allgemeinen führt. Um aber einen lernenden Erkenntnisprozess in Gang zu setzen, muss das »Konkrete sich scheiden«, muss es zum »Aufheben der festen, bestimmten Gedanken kommen« und zwar durch das »Allgemeine«, den »Gedanken«, den »Begriff« (ebd., S. 36 f.), weil das Konkrete angesichts des richtigen Wissens nur eine falsche Unmittelbarkeit vermittelt. Das didaktische Lernen verweist insofern darauf, dass das Allgemeine, der Begriff, die Regel, die Begründung etc. nicht unmittelbar mit der sinnlichen Erfahrung und dem Bekannten verknüpft ist. Lernen geht über die Sache hinaus und auf das Allgemeine zu. Da der Begriff in seiner universalisierenden und abstrahierenden Tendenz das Konkrete überschreitet und somit auch das Mögliche bezeichnet, zeigt sich, dass die Wahrnehmung und Beurteilung des Einzelnen und Besonderen nur vor dem Hintergrund dessen sinnvoll ist, was auch anders sein könnte. Lernen lässt sich nicht nur als Entwicklung eines Realitätssinns, sondern auch als Förderung des Möglichkeitssinns (Musil) begreifen. Es ist dann vollständig, wenn neben der Abstrahierung der Vorstellung im Begriff auch die Versinnbildlichung des begrifflich Allgemeinen tritt, wenn also Sprache und Bild zusammenkommen. Somit kann und muss die Anschauung bzw. die Veranschaulichung als Vorstufe wie als Nachstufe eines didaktischen Lernens gelten. Insofern ist die Mathematik, wie man schon aus der Antike erfahren kann, das Paradebeispiel für einen Lernprozess, verbindet sie doch vor allem mit ihrer geometrischen, aber auch mit ihrer arithmetischen Präsentation *Anschaulichkeit* mit der Notwendigkeit und *Allgemeingültigkeit* von Regeln und mit *Mitteilbarkeit*, i. e. Lehr- und Lernbarkeit: *mathema* bezeichnet im Griechischen Lehre, Kenntnis, Wissenschaft, das Lern-, Lehrbare und Lernenswerte.

---

14 »Um die Welt – Natur und Kultur – zu erkennen, zu durchschauen und sich verfügbar machen zu können, bedarf es einerseits der Wissenschaft, andererseits der damit verbundenen Didaktik« (Giesecke 1997, S. 255).

Hieran lässt sich die Unangemessenheit eines psychologischen Lernbegriffs demonstrieren, der Lernen als durch nicht endogene Reifungsprozesse bewirkte Verhaltensänderung oder als Wahrscheinlichkeit, auf einen bestimmten Stimulus mit einer spezifischen Reaktion zu antworten, versteht. Diese Definitionen verschleifen mehrere Differenzen:

1. Die Differenz zwischen dem Erfahren des Einzelnen und dem Lernen des Allgemeinen. Plakativ formuliert: Lernvorgänge sind durch die Diskontinutität von Bild und Sprache gekennzeichnet.
2. Die Differenz zwischen dem Regellernen und der Verhaltensänderung: Jemand, der Regeln lernt, ändert nicht sein Verhalten, sondern erwirbt Regeln des Verhaltens: »Lernen heißt hier, sich die Regel als Regel anzueignen. Und dies wiederum heißt, dass die Regel nicht automatisch angewandt wird, sondern mit Überlegung und Urteilskraft, so dass der Handelnde anderen über sein ›Verhalten‹ und dessen Regeln Rechenschaft zu geben vermag« (Koch 1991, S. 92).[15]

In Anbetracht des eigentümlichen Reflexionsgangs des Lernens im Kontext von Besonderem und Allgemeinem lässt sich in Erinnerung an Aristoteles das Lernen von anderen einerseits als Induktion (epagoge), andererseits als Deduktion (syllogismus) beschreiben. Damit scheint festzustehen:

1. Lernen und Lehren sind *logisch* durch diese beiden Grundstrukturen festgelegt.
2. Lernen und Lehren sind *methodisch* im Verhältnis von Allgemeinem und Besonderem zentriert.
3. Lernen und Lehren haben ihr Telos einerseits im Allgemeinen (epagoge) und andererseits im Besonderen (syllogismus).

Über Aristoteles hinausgehend und an Charles Sanders Peirce (1839–1914) anknüpfend lässt sich noch eine weitere Form des Lernens und Lehrens anschließen, die hier als *abduktives* Lernen bezeichnet werden soll.

4. Lernen und Lehren sind insofern weder syllogistisch (als Unterordnung eines Besonderen unter eine allgemeine Regel) noch induktiv (als Verlängerung vom Besonderen zu einer allgemeinen Regel), sondern abduktiv: Aufgrund einer Unverständlichkeit in den Daten entwirft man eine neue Regel, ein neues Allgemeines, das erklärt, was der Fall ist. »Abduktives Schlussfolgern ist […] kein kenntnisliefernder *Schlussmodus*, […] keine *exakte* Methode, mit deren Hilfe sich *logisch geordnet* (und damit operationalisierbar) Hypothesen oder gar eine Theorie generieren lässt, sondern abduktives Folgern ist eine Haltung gegenüber Daten und gegenüber dem eigenen Wissen:

---

15 »Die Unterweisung des *logischen Lehrers* beruht darauf, dass er seinen Schüler durch gute Gründe in schlüssigem Zusammenhang veranlasst, selbst zu urteilen, während der *psychologische Lehrer* die Urteile seiner Schüler durch stimulierende Ursachen herbeiführt« (Koch 1988, S. 317 f.). – Im letzteren Falle ist die Differenz zwischen dem Lernen der Tiere und dem Lernen der Menschen schwer markierbar.

Daten sind ernst zu nehmen und die Gültigkeit des bislang erarbeiteten Wissens ist einzuklammern« (Reichertz 2003, S. 284).[16]

Während die traditionellen Lerntheorien teleologisch auf die Vermittlung eines letzten Wissens abzielten[17], hat die abduktive Lerntheorie einen pragmatischen, teleonomischen und hypothetischen Charakter. Spezifische Fragestellungen werden durch ein hypothetisches Allgemeines beantwortet, dessen Gültigkeit man an dem intersubjektiv aufgebauten Nutzen überprüfen kann. Die abduktive Lerntheorie impliziert in diesem Sinne Momente der Kontingenz, der Fragilität und Diskontinuität brauchbarer wissenschaftlicher (Re-)Konstruktionen. Sie macht darüber hinaus deutlich, dass das Allgemeine nicht etwas ist, das jenseits dieser Welt in einem Ideenhimmel festgeschrieben ist oder in dieser Welt der Struktur der Vernunft eingeboren wird, sondern etwas, das intersubjektiv *performativ* zur Geltung gebracht wird. Das sprachlich vermittelte Allgemeine, das das Begriffliche, aber auch das Verständnis der Regeln für alle möglichen Fälle umfasst, wird in Lernvorgängen aktualisiert und performiert (Wulf/Göhlich/Zirfas 2001). Die hier zu konstatierende eigentümliche Diskontinuität ist eine andere als die oben festgestellte zwischen Anschauung und Begriff: Diskontinuierlich sind Lernprozesse auch deswegen, weil sie Interpretationsprozesse des Allgemeinen sind (Brüggen 1988): Im Lernen erfolgen nicht nur ein Verstehen und eine Verständigung auf der Basis eines kontinuierlichen, diskursiven Raums der Begrifflichkeit, sondern auch durch deren interpretative Um- und Neucodierung. Friedrich Schleiermacher (1768–1834) hat diesen interpretativen und performativen Charakter des Lernens besonders gut auf den Punkt gebracht: »Ein absolutes Lernen findet nicht statt, die Kinder sind ursprünglich Erfinder und gehen nur allmählig zur Sprache der Umgebenden über« (Schleiermacher 1981, S. 88). Die hier herausgestellte Bedeutung der Sprache, die mit der »Gemeinschaftlichkeit« (ebd.) der Menschen in Beziehung gesetzt wird, macht neben der Synthesis der *Vorstellungen* und der Synthesis des *Selbst* (s. o.) noch auf die Synthesis mit *anderen* aufmerksam: Lernen zielt somit gleichzeitig auf das Verstehen von etwas, auf das Verstehen seiner selbst und auf die Verständigung mit anderen (vgl. Koch 1991, S. 109).[18]

---

16 Vielleicht hat Günter Buck diese Lernform im Blick, wenn er schreibt: »nicht erst der induktive und der deduktive Weg sind gegenläufig zueinander, sondern der induktive Weg ist in sich schon gegenläufig« (Buck 1967, S. 39).

17 Hierin liegt die größte Differenz zu Lutz Koch, der am traditionellen und stark durch Kant geprägten teleologischen Lernbegriff festhält. Denn für ihn ordnet und methodisiert die Erwartung eines logisch-systematischen Zusammenhangs (»die Idee eines systematischen und übersichtlichen Ganzen«) unserer Erkenntnisse und Einsichten als Ziel des Lernens den Lernweg teleologisch (Koch 1991, S. 180, 308). Der abduktive Lernbegriff ist sokratischerer und pragmatischerer Natur, insofern er stärker auf das Lernen als diskontinuierlichen und fragilen Such-, Anknüpfungs- und Bewährungsprozess abhebt.

18 Prange (1989, S. 10) spricht von der »notwendig kommunikativen Verfassung des Lernvorgangs«. – Vgl. auch die aus anthropologischen und kognitionspsychologischen Blickwinkeln gewonnenen Erkenntnisse von Michael Tomasello (2002, S. 71 ff.) zum Lernen im Kontext gemeinsam geteilter Aufmerksamkeit.

Wie auch immer man Lernen definieren will – als (konditionierbare) Verhaltensänderung, als Anpassung des Organismus an die Umwelt, als Verstärkung von neuronalen
Synapsenverbindungen, als Reflexion der Erfahrung, als habituelle Mimesis etc. –, jede
dieser Lerntheorien ist auf eine Theorie des Gedächtnisses angewiesen, in der erklärt
wird, was und wie das, was gelernt wurde »abgelegt«, »abgespeichert«, »verknüpft« oder
»(re-)konstruiert« wird: *Tantum scimus, quantum memoria tenemus*. In der Geschichte
der Pädagogik finden wir in den Lerntheorien stark voneinander abweichende Konzeptionen des Gedächtnisses, die je nachdem unter Gedächtnis einen Speicher oder aber
einen Verknüpfungsmechanismus verstehen und dementsprechend eher für eine spezifische Auswahl von Gedächtnisinhalten oder auf der anderen Seite für eine bestimmte
Form des Lernens von Erinnerungsformen plädieren; man findet Konzeptionen, die
jeweils die individuelle Gedächtnisleistung oder aber die kollektive Gedächtnisformung
betonen und wiederum andere, für die die didaktischen Herangehensweisen einer
Gedächtnisbildung als Mnemotechnik oder aber als Meditation und Intuition die entscheidenden Gesichtspunkte darstellen. Während Platon, von einem metaphysisch-vor-
geburtlichen Gedächtnis ausgehend, sozusagen ein Gedächtnis vor dem Lernen, ein
antezedierendes Gedächtnis, annimmt, das als latente Orientierung den Weg des Lernprozesses anbahnt (Menon 81d), zielt die antike Gedächtniskunst, etwa von Cicero
(106–43 v. Chr.) oder von Quintilian (35–96 n. Chr.), auf das Erlernen eines rhetori-
schen, rekonstruierenden Bilder-Gedächtnisses, das in einer Welt ohne Schrift als Weg-
weiser und Orientierungsmuster in der Welt fungiert und das mit Hilfe von Vollständigkeit, Übersichtlichkeit und Präzision in der Lage ist, komplexe Sachverhalte darzustellen
und zu vermitteln. Quintillian plädiert in diesem Sinne für schlichtes, d. h. ausdauerndes
und gründliches Auswendiglernen, eine Art intellektuelles Kopieren oder Scannen der
wichtigen Wörter und Bilder in das Gedächtnis. Auch in der Geschichte der Pädagogik
bestimmen weitgehend das Auswendiglernen, die Repetition des Wissenswerten, das
Behalten und Wiederaufrufen den schulischen Alltag. In der Moderne wird nun dagegen
grosso modo ein Gedächtniskonzept favorisiert, das durch Konstruktivität, Reflexivität,
Individualität und Plastizität geprägt ist. Das Gedächtnis ist nunmehr kein leerer
Speicher, sondern die zentrale Schaltstelle von Vorprägung, Wahrnehmung, Bildungs-
und Lernprozessen, in der die Vergegenwärtigung von Vergangenheit im Hinblick auf
einen Lebensentwurf für die Zukunft stattfindet. So gilt für die Neuzeit mit ihrer dynamischen Konzeption des Lernens, dass das Gedächtnis eng mit Anforderungen verschränkt wird, die in unserer Gesellschaft an *Bildung* gestellt werden. In der modernen
Bildungstheorie, die nicht den Gedanken des Nachlernens, sondern den der Selbstbildung favorisiert – einer Bildung des Individuums für das Individuum –, gerät weniger
die Frage, *was* gelernt wird und gewusst werden soll in den Mittelpunkt, sondern eher
die Frage, *wie* weitergelernt werden kann. In der damit bedingten Umstellung der Pädagogik vom Lernen spezifischer Qualifikationen – die angesichts der beschleunigten Entwicklungen in Wissenschaft, Kultur, Gesellschaft, Technik etc. *in the long run* immer
weniger Sinn für den Einzelnen machen – auf die formale Kompetenz vom Lernen des
Lernens als Selbstzweck der Pädagogik wird zugleich eine tendenzielle Entmateriali-
sierung des Lernens deutlich, die es unmöglich macht zu unterscheiden, ob eine Ruder-

partie oder das Menetekel nuklearer Katastrophen nun für das Selbstlernkonzept sinnvoller ist (Dieckmann 1997). Bildung ist nicht die Summe des Gelernten, sondern das,
was bleibt, wenn alles vergessen wurde, was man gelernt hat.

Phänomenologie

Vor dem Hintergrund unterschiedlicher phänomenologischer Ansätze sollen hier
zunächst summarisch einige methodische Weichenstellungen genannt werden, die für
die Phänomenologie im Allgemeinen und für eine pädagogisch-phänomenologische
Rekonstruktion des Lernbegriffs in den neueren Forschungen im Speziellen entscheidend sind (vgl. Lippitz/Meyer-Drawe 1982, 1987; Lippitz 2000). Im Folgenden werden
dann zentrale Dimensionen eines phänomenologischen Lernbegriffs – Prozessualität,
Anfang, Alterität und Leiblichkeit – dargestellt.

Anknüpfend vor allem an die phänomenologischen Forschungen Husserls, Merleau-
Pontys und Waldenfels' wird der Ausgangspunkt der phänomenologischen Betrachtungsweise durch Vorurteile und Vorwissen eines Sachverhaltes gebildet; um zu den
»eigentlichen« Sachen »durchzustoßen«, werden diese in der Untersuchung selbst thematisch und dementsprechend in den theoretischen Prozess mit aufgenommen. Die
Phänomenologie (»Erscheinungslehre«; gebildet aus »Phänomen« und »Logos«) ist eine
Wissenschaft der Sachen selbst und vor allem des Bewusstseins der Sachen. Bewusstsein
ist immer intentionales Bewusstsein, ist immer Bewusstsein von etwas. Demnach hat die
Realität keinen unabhängigen Status, sondern erscheint für das Bewusstsein als etwas
intentionales, sie erscheint *für* das Bewusstsein. Die Phänomenologie zielt nun darauf,
den Weg zu den Erscheinungen »selbst« freizusetzen, die quasi-natürlichen Intentionen
und Einstellungen des Bewusstseins aufzuheben, die Einstellungen der Vorurteile auf-
zubrechen, die oftmals genau das verstellen, was den Dingen »eigentlich« zukommt. Die
Phänomenologie versucht, sich auf die Sachverhalte in ihren umfassend erscheinenden
Qualitäten einzulassen.

Bezogen auf die Thematik des Lernens ist die Phänomenologie eine Wissenschaft
vom Aufbau und von den Prozessen des Lernens. Diese beginnt bei dem, was Menschen
»immer schon« in ihren Bewusstseinsakten bezüglich der Lernprozesse und Struktur-
gesetzlichkeiten des Lernens zu wissen vermeinen. In Abgrenzung zu empirischen
Ansätzen, die die Phänomenologie auf eine sterile, theorieferne und intuitiv-evidente
Erfahrung des Lernens beziehen wollen, geht es der neueren pädagogischen Phänomenologie in Anlehnung an Husserls Programm einer philosophischen Phänomenologie
darum, eine Reflexionsweise zu betonen, »die nicht bloß neben dem wissenschaftlichen
Forschen alltägliche Erfahrungs- und Erlebnisvollzüge zur Sprache bringt, sondern die
als ›Hermeneutik der Erfahrung‹ lebensweltliche Strukturen des Handelns, Wahrneh-
mens und Denkens als *Fundament* sowohl alltäglicher als auch wissenschaftlicher Sichtweise menschlicher Existenz aufzuweisen bemüht ist« (Lippitz/Meyer-Drawe 1982,
S. 10).

Daher bestimmt sich nicht zuletzt die (pädagogische) Phänomenologie als eine Forschungsrichtung, in der es auch um das Lernen des Forschers selbst geht; anders formuliert gibt es keinen strukturellen Unterschied zwischen einem Alltagslernen und einem Lernen in und durch wissenschaftliche Forschung; auch letzteres ist fundiert durch ein je milieuspezifisches, alltäglich-habitualisiertes Lernverhalten (vgl. Liebau/Müller-Rolli 1985). Die phänomenologische Forschung gleicht einem Lernprozess, in dem es um die Eröffnung von anderen Verständniskontexten geht. »Lernen in dieser Bedeutung ist kein linearer Prozess der *Integration* von Wissenselementen, sondern ein Prozess der *Konfrontation* zwischen unausdrücklich leitendem Vorwissen und neuer Sicht, neuer Erfahrungs- und Handlungsmöglichkeit, d. h. die Produktivität des Lernprozesses liegt in seiner *Negativität: Lernen ist Umlernen*« (Meyer-Drawe 1982, S. 34).[19] Das Vorwissen des Forschers wird zu einem Dazu- oder Umlernen gezwungen, weil die Voraussetzungen dieses Wissens bei einer genaueren Betrachtung der Sache selbst frag- und veränderungswürdig geworden sind. Eine doppelte Bewegung setzt ein: Indem der Forscher die Lernprozesse von Lernenden interpretiert und die mit ihnen verknüpften Verständnisse als unangemessene Perspektiven zurückweisen muss, kommt es zu einer Modifizierung, Erweiterung oder Restrukturierung der bislang gültigen lebensweltlichen Erfahrungsweisen: »Phänomenologische Thematisierung des menschlichen Lernens unter lebensweltlicher Perspektive ermöglicht, einen universalen Gesichtspunkt menschlichen Zur-Welt-Seins in den Blick zu bringen, indem sie sowohl das *Gelingen* als auch die *Gefährdungen* und *Behinderungen* menschlichen Lernens thematisiert« (ebd., S. 17).

Eine Hermeneutik der Erfahrung, die den Sachen selbst zugute kommen soll, erschließt die (transzendentale) Lebenswelt als Erkenntnishorizont, die die Erfahrungen ermöglicht, anleitet und zugleich begrenzt. Mit dem Begriff »Horizont« lässt sich im Sinne Husserls der Spielraum der Erfahrungsmöglichkeiten bezeichnen, der die Bedingungen der Möglichkeit von Erfahrungen abgibt, i. e. der Zusammenhang von geregelten Verweisungszusammenhängen von Sachverhalten. In einer präzisen Hermeneutik der Art und Weise, wie unser Bewusstsein einen bestimmten Sachverhalt – hier das Lernen – bestimmt, zeigt sich, dass vermeintliche Selbstverständlichkeiten und Gewissheiten die interessierenden Sachverhalte oftmals mehr verstellen denn zugänglich machen. Um die interessierenden Sachverhalte neu und anders sehen und bewerten zu können, orientiert sich der Phänomenologe an den konkreten Vollzügen, in denen dieser Sachverhalt – das Lernen – auftaucht und sich ereignet. Etwas über das Lernen phänomenologisch in Erfahrung zu bringen bedeutet, die Erfahrungsweisen von Lernprozessen zu interpretieren, indem man davon ausgeht, dass in den mit der alltäglichen Lebenswelt verknüpften Bewusstseinsvollzügen das Lernen nur in einem begrenzten und reduzierten Maße zugänglich wird. Die pädagogische Phänomenologie betreibt insofern eine lebensweltliche Interpretation von Lernprozessen mit dem Ziel, Lernen genetisch-

---

19 Vgl. schon Buck (1967, S. 81): »Lernen, das ist die Überwindung des Befangenseins in *jenem* Irrtum, der in der ungebrochenen Herrschaft der dem endlichen Bewusstsein eigenen Tendenz besteht, seine eigenen Vorschriften nicht mehr zu reflektieren und sie insofern als Vorurteile zu fixieren.«

hermeneutisch rekonstruieren zu können. Daher kommt es in diesen Forschungen nicht nur zu einer Fokussierung der Vollzüge, Prozesse und Aufbaugesetzlichkeiten des Lernens, sondern auch zu einer Interpretation des Beginns von Lernprozessen. Zugleich rücken die Medialität des Lernens und damit die Leiblichkeit und die Sozialität von Lernprozessen in den Mittelpunkt. Kurz: Die neueren phänomenologischen Forschungen in der Pädagogik betonen die Zeitlichkeit, die Alterität und die Leiblichkeit des Lernens.

Exemplifizieren lässt sich die phänomenologische Herangehensweise aus pädagogischer Sicht im Hinblick auf die Perspektive, die Erwachsene auf kindliche Lernprozesse haben. In diesem Sinne hat vor allem Käte Meyer-Drawe (1982, 1996, 2003, 2005) seit den 1980er Jahren mehrere Versuche unternommen, den Lernbegriff pädagogisch-phänomenologisch zu bestimmen. Folgt man nämlich den immer noch im hohen Maße pädagogisch leitenden Modellen der entwicklungspsychologischen Forschungen – vor allem in der Perspektive von Piaget – so ist die Hypothese naheliegend, dass das kindliche Lernen gegenüber dem Lernen des Erwachsenen nur einen defizienten Modus darstellt, weil es noch nicht dessen logischen Formalisierungsgrad oder dessen dezentrierte Reziprozitätsmöglichkeiten aufweist.[20] Gerade diese Modelle entpuppen sich bei genauerer Betrachtungsweise als Vor(-ver-)urteilungen, erscheinen doch kindliche Lernprozesse nicht nur als vorläufig, inkonsistent, a-logisch etc., sondern folgen – wie schon Rousseau wusste – einer kindlichen Eigenlogik, die nicht vorab aus dem Blickwinkel des möglichst rationalen und effizienten Typus des selbstgesteuerten Erwachsenenlernens abgewertet werden sollte. Die magischen, experimentellen und spielerischen Dimensionen in Lernprozessen bleiben denn auch für Erwachsene gültig; auch für diese gilt, dass ihre Lernprozesse nicht durchgängig den »Produktionsgesetzen linearer Progressivität« (Meyer-Drawe 1982, S. 21) entsprechen und ihre emotionalen, nicht steuerbaren, präobjektiven und unverfügbaren Momente haben (vgl. Flitner 1996). Deutlich wird in der phänomenologischen Perspektive, dass die Entwicklungspsychologie – und darüber hinaus die Verhaltenstheorie und gelegentlich auch die Sozialisationsforschung – das Lernen auf das *Gelernthaben* reduziert, d. h. auf die mit dem Ziel des Lernens verbundenen Kom-

---

20 Vgl. die einschlägigen Stellen bei Piaget: »Wenn man Kinder unter sieben Jahren befragt, ist man immer wieder erstaunt über die Dürftigkeit ihrer Beweise, über ihre Unfähigkeit, ihre Behauptungen zu motivieren, und sogar über ihre Schwierigkeiten, *rückblickend* herauszufinden, wie sie auf ihre Erklärung verfallen sind. Desgleichen kann der Vier- bis Siebenjährige die Begriffe nicht definieren, die er benützt, und beschränkt sich, unter dem zweifachen Einfluss des *Finalismus* und der Schwierigkeit der *Rechtfertigung*, darauf, die entsprechenden Objekte zu bezeichnen oder durch den Gebrauch zu definieren [...]« (Piaget 1984, S. 175; Herv. durch Verf.). Da Kinder bis zu sieben Jahren also nicht in der Lage sind, das Worum-Willen und das Um-Zu eines Lernprozesses zu bestimmen (s. u.), spricht ihnen Piaget rundweg das Lernen ab: »*Das Lernen beginnt also, und diese Feststellung ist recht interessant, erst mit ungefähr 7 Jahren*, das heißt in einem Alter, wo sich der Synkretismus stark abschwächt und die Augenbewegungen besser gelenkt werden, wo sich vor allem die ersten logisch-mathematischen Operationen ausbilden und wo folglich die Wahrnehmungs-Tätigkeit durch eine Intelligenz gelenkt werden kann, die die Probleme besser erfasst« (Piaget/Inhelder 1983, S. 37; Herv. durch Verf.). – Hießen die eingeschulten Kinder daher bis vor kurzem noch »Lernanfänger«?

petenzen, auf das *Was*. Aus dem Blick gerät in dieser finalistischen oder teleologischen Sicht der Prozess des Lernens, das *Wie*. Es verwundert daher auch nicht, dass die genannten Perspektiven oftmals keine eigenständige Reflexion einer pädagogischen Praxis entwickeln, die Lernprozesse zu entfalten und zu unterstützen in der Lage ist.

In der Erforschung des Wie muss aber nicht zwangsläufig – wie Meyer-Drawe (1982, S. 22) unterstellt – das Was des Lernens völlig verschwinden.[21] Denn in die Vollzüge des Lernens gehen immer spezifische Inhalte mit ein; und nur wer Lernprozess und Lernziel zeitlich wie strukturell so auseinander reißt, dass erst am Ende des Prozesses die Lernergebnisse auch feststehen, muss konsequenterweise eine teleologische und eine prozedurale Lernperspektive als konträr verstehen. Wenn wir allerdings davon ausgehen, dass wir, indem wir lernen, immer auch etwas lernen, so lassen sich Wie und Was des Lernens durchaus gemeinsam thematisieren. Sinnvoll erscheint es allerdings, den Lernprozess nicht vom Ende her als Teilschritt-Prozess oder als Stufenmodell zu einem vorab anvisierten Lernziel aufzufassen, sondern die mit den Vollzügen des Lernens verbundenen Auseinandersetzungen mit dem Gegenstand des Lernens in möglichst vielen Facetten und Interpretationshorizonten zu erfassen. Fast unnötig zu betonen, dass es in der teleologischen Perspektive vor allem auf die Festschreibung der Anfangs- und Endpunkte sowie auf die lückenlose Festlegung einzelner Lernschritte ankommt. Während so die Konstruktivität eines Modells des Lernens fixiert wird, interessiert sich die Phänomenologie für die höchst unterschiedlichen Erscheinungsformen des Lernens selbst – die nicht schon vorab einem spezifischen Lernziel verpflichtet sein müssen.

Waren in der Auseinandersetzung mit den finalistischen Modellen des Lernens zunächst die konkreten Lernvollzüge thematisch geworden, so sind es in jüngerer Zeit vor allem die Anfänge des Lernens (vgl. Meyer-Drawe 2005; Stenger 2007). Lernen ist phänomenologisch eher durch Herkunft denn durch Zukunft bestimmt. Neben einem Anfang des Lernens, der sich vor dem Hintergrund eines Mangels an Wissen und Erkenntnissen einer bewussten Entscheidung der Behebung dieses Mangels verdankt und der in der Regel wohl eher dazu führt, dass wir etwas dazulernen, erscheinen aus phänomenologischer Sicht vor allem die »unentstandenen Anfänge« (Platon) interessant, in denen wir einen »Überschuss an Welterfahrung« machen, so dass es zu einem Umlernen kommt (Meyer-Drawe 2005, S. 25). So lässt sich nicht vorab, sondern erst in der nachträglichen Rekonstruktion ein Formen schaffender und verändernder Überschuss des Lernvollzugs gegenüber dem ihm zugrunde liegenden Horizont festhalten. Allerdings ist die Rekonstruktion oft nicht in der Lage, wichtige Lernanfänge und -prozesse zu bestimmen: Man weiß, dass man etwas gelernt hat, wenn man etwas gelernt hat; und oftmals weiß man leider nicht mehr, *wie* man es gelernt hat bzw. wie es war, als man begann, Sachverhalte zu lernen. Umgekehrt gilt für ein intendiertes, geplantes Lernen: Man kann zwar wollen und planen zu lernen, aber ob man etwas lernt, hängt nicht vom Wollen und Planen allein ab. So wird gerade in den Lernanfängen, die sich nicht dem in der Neuzeit vorherrschenden Programm eines selbstorganisierten und selbst-

---

21 In ihren neueren Forschungen taucht mit dem Anderen das Was des Lernens im Lernprozess denn auch auf (vgl. Meyer-Drawe 1996).

gesteuerten Lernens (Greif/Kurz 1996; Kraft 1999; Forneck 2002; Pieter 2005) verdanken, deutlich, dass Lernen eine Form passiver Aktivität bzw. aktiver Passivität darstellt. Das Subjekt ist zu Beginn des Lernens aktiv und passiv zugleich, es geschieht etwas mit ihm, indem es selbst etwas vollbringt. Spontaneität und Rezeptivität, Handeln und Erleiden gehen in diesem *liminalen* Stadium des Lernens, in dem wirkliche Erfahrungen ihre (Deutungs-)Möglichkeiten entfalten und mögliche Erfahrungen wirklich werden, eine Synthese ein.

Meyer-Drawe (2005, S. 32) verweist zusätzlich auf einen weiteren Aspekt dieser Liminalität: »Das Anfangen des Lernens gründet in einer Störung eines unter anderen Umständen verlässlichen Vollzuges. Diese Störung ist ein Widerfahrnis und niemals Ereignis eines Entschlusses. Ich kann zwar wollen, nicht gestört zu werden, aber nicht, gestört zu werden. [...] Dieser Zustand der Schwebe markiert den Anfang des Lernens: Das Neue wird noch nicht verstanden, dem Alten wird nicht mehr getraut.« Lernanfänge sind Irritationen von Intentionalitäten und Erfahrungsweisen, die den Menschen zwingen, seine Erfahrungshorizonte neu zu bestimmen. Die Anfänge des Lernens verweisen somit auf ein Ereignis, auf das das Subjekt reagieren, auf das es eine Antwort finden muss. Sie verweisen auf die Konfrontation mit dem Anderen und dem Eigenen.

Indem sich die phänomenologischen Forschungen auf das Zustandekommen des Lernens bzw. auf die Frage, wie Lernen als Erfahrung verstanden werden kann, konzentrieren, erscheint Lernen nicht als psychologisch überprüfbares Fakten- und Methodenwissen (das wäre im engeren Sinn die Lernleistung), nicht behavioristisch als eine dauerhafte Verhaltensänderung (das wäre im engeren Sinne Gewohnheit) und auch nicht kognitionstheoretisch als Aufbau eines Gedächtnisses (das wäre im engeren Sinne das In-und-Auswendiggelernte), sondern als aktive Auseinandersetzung mit Widerständen und Aporien, die in der Erfahrung mit dem Anderen einhergehen. Dabei unterscheidet Meyer-Drawe (1996) graduell ein (Um-)Lernen *erster* Ordnung, in dem ein neuer Verständnis-, Beurteilungs- und Handlungshorizont eröffnet wird und das im hohen Maße durch seinen Risikocharakter, seine Diskontinuität und Fragilität sowie durch seine Unstetigkeit ausgezeichnet ist, von einem Lernen *zweiter* Ordnung als einem Weiter- und Dazulernen innerhalb eines bereits etablierten Ordnungshorizontes. Auch in diesem Lernen geht es um die Aneignung von Neuem und Unbekanntem, doch die Korrektur der Erfahrungsmuster und Beurteilungskriterien wird hier nicht radikal verändert, sondern lediglich erweitert und vertieft.

Beide Lernformen verweisen auf die für Menschen konstitutive Dimension des Anderen bzw. Fremden und die des Leiblichen (s. Kap. 4: Anthropologie). Denn die lebensweltlichen Horizonte und die durch sie möglich gemachten Erfahrungen sind immer schon durch die Anderen konstituiert, womit sich auch im Eigenen Fremdheitsmomente ausmachen lassen. Wie erscheint Lernen nun möglich? Folgen wir hier den Überlegungen von Meyer-Drawe (1996, S. 97 f.): »Es ist die Toleranz des Andersseins, die uns darüber belehren kann, dass wir etwas nicht verstehen, nicht weil der andere außerstande ist, sich verständlich zu machen, sondern weil wir versagen im Hinblick auf eine Frage, die dem anderen eine Antwort allererst möglich macht. Die Empfänglichkeit für die Antwort des anderen, diese engagierte Passivität, ist das Gegenteil jeder *Behauptung*, sei es der des eigenen oder der des fremden Selbst. Sie ist die Bedingung der Möglichkeit des Lernens von anderen – sowohl für den Lernenden als auch für den Lehrenden.« Meyer-Drawe bestimmt – ohne, dass die Struktur es an dieser Stelle ausdrücklich expliziert – die Bedingungen für Lernen als einen dreigliedrigen Prozess, der über die eröffnende, eine Antwort ermöglichende Frage und die engagierte Passivität als Empfänglichkeit für die Antwort zur reflektierten Responsivität als Zur-Sprache-Bringen und Verstehen der Erfahrung der Antwort verläuft.

Hierbei geht es nicht um das Risiko, dass die Antwort durch die Frage schon nahe gelegt wird, sondern um das Risiko, dass die Antwort über die Frage hinausgeht. Das Ereignis des Lernens sprengt dabei den Horizont, der dieses zu erahnen scheint.»Die Erfahrung des Unmöglichen ist Bedingung für die Ereignishaftigkeit des Ereignisses. Was als Ereignis eintritt, kann nur da eintreten, wo es unmöglich ist. Wenn es möglich oder vorhersagbar wäre, könnte es nicht eintreten« (Derrida 2003, S. 33). Im Nachhinein erscheint der Horizont der Erwartung des Lernereignisses als begrenzte Möglichkeit. Man kann das Lernen daher nicht wollen, oder anders: Lehren als Unterstützung des Lernens des Anderen heißt wollen, was man nicht kann, weil sich das Lernen der *intentio recta* entzieht.[22] Lernen lässt sich nicht erzwingen. Wenn auch gewisse Umstände die Wahrscheinlichkeit des Lernens erhöhen, lässt es sich nicht intentional herbeiführen, ist es nicht berechenbar. Das Ergebnis des Lernens gleicht einem »Blitz« (Platon), einem Ereignis, das sich aus aktiven und passiven Momenten, aus Interaktivität und Unverfügbarkeit, aus Subjekten, Intersubjektivität und Transsubjektivität, Planbarkeit und Überraschung zusammensetzt.

Mit der Alterität (und Sozialität) des Lernens ist phänomenologisch untrennbar die (Zwischen-)Leiblichkeit des Lernens verbunden. Am Anderen lernen heißt immer auch am eigenen Leib lernen. »Es gäbe keinen Anderen für mich und auch keine anderen Geister, hätte ich nicht einen Leib und hätten sie nicht einen Leib, durch den sie in mein Gesichtsfeld gleiten, es von innen vervielfältigen und mir als Beute für dieselbe Welt und als Zugriff auf dieselbe erscheinen können wie ich selbst« (Merleau-Ponty, zit. n. Meyer-Drawe 1996, S. 95). Lernen ist ein inter- und intraleiblicher Vorgang, in dem sich Erfahrungswirklichkeiten und -möglichkeiten durchkreuzen, in dem Sinn, dass der leiblichkörperlich produzierte Sinn von anderen und von sich selbst aufgegriffen und entfaltet werden kann. Gerade im Ausgerichtetsein des Handelns auf einen spezifischen Gegenstand des Lernens entgeht dem Lernenden selbst das körperliche Wie des Lernens, das von einem leiblichen Gegenüber bemerkt und interpretiert werden kann.[23] Leiblichkeit ist immer schon auf Welt hin gestimmt und gespannt; die leibliche Intentionalität – so lässt sich Merleau-Ponty verstehen – präfiguriert die Welt, bevor man diese auf rationale

---

22 Nimmt man Lehr-Lernprozesse in den Blick, so bildet sich ggf. in den pädagogischen Interaktionen »ein gemeinsamer Sinn heraus, der sowohl den Lernenden als auch den Lehrenden nicht unverändert lässt« (Meyer-Drawe 1996, S. 86).

23 Methodologisch ist hier der von der Phänomenologie Husserls und dann von Heidegger vorgezeichnete Wechsel von der *Was*- zur *Wie-Ebene* bedeutsam, der durch den Status des Beobachters zweiten Grades inauguriert wird, der die Lernpraxen jenes Beobachters ersten Grades (des Akteurs, des Beobachteten) zu explizieren in der Lage ist.

und funktionale Weise in Ordnung bringt. Lernen verstehen bedeutet daher immer auch, die leibliche Geschichte des Lernens mit ihren konflikthaften Prozessen zu berück-sichtigen. Eine phänomenologische Betrachtung fokussiert so nicht nur die genetisch wie kategorial früheren Momente des Lernens in Vorwissen und Vorurteilen, sondern auch die kategorial unverfügbaren Grenzen eines erfahrenden Verstehens. Das Unlern-bare in den Lernprozessen, »die Widerstände des Begreifens, die unbestimmten, opaken und ambiguosen Dimensionen des Lernens« (Meyer-Drawe 2003, S. 509) werden sicht-bar. Es ist zu vermuten, dass diese Momente nicht zuletzt eine leibliche Basis haben.

Aus der Sicht der pädagogischen Phänomenologie ist Lernen kein körperlicher oder verhaltensbezogener Anpassungsprozess, kein Prozess informationsverarbeitender Gedächtnisbildung oder hirnphysiologischer Programmierungen, auch kein Prozess einer logischen Progressivität oder ein Prozess sukzessiver Exaktheit durch induktive oder deduktive Verfahren, sondern ein bedeutungsgenerierender und bedeutungsvoller Prozess der Erschließung wie Einschränkung von Wahrnehmungs-, Denk- und Hand-lungsmöglichkeiten. Dieser Prozess zeichnet sich durch eine Fülle an Dialektiken aus, die zwischen Vorurteil und umstrukturierter Einsicht, zwischen Spontaneität und Erlei-den, zwischen Aporetizität und neuem Erfahrungshorizont und letztlich zwischen der Konfrontation mit dem Anderen und der mit dem Eigenen statthat. Lernen bedeutet phänomenologisch, Erfahrungen mit den eigenen Erfahrungen im Hinblick auf weit(er)reichende Erfahrungshorizonte zu machen. Als Situation, die durch eine nega-tive, ja aporetische Struktur der Erfahrung gekennzeichnet ist, ist sie pädagogisch schwer inszenierbar.

Kulturtheorie

In den letzten drei Jahrzehnten ist der Begriff der Kultur – mit bedingt durch die im Zuge von Migration, Mediatisierung und Globalisierung erfolgende Transformation der Gesellschaft und angeregt durch den Diskurs der Postmoderne, durch die foucaultsche Wissens- und Diskursarchäologie, die bourdieusche Theorie der Alltagskultur sowie die postkolonialen Theorien Bhabhas und Saids – zu einem Referenzrahmen wissenschaft-licher Diskurse verschiedenster Disziplinen geworden. Methodisch schlägt sich der Kul-turalismus in der Übernahme ethnographischer Verfahren in den unterschiedlichsten Wissenschaften nieder. Auch zum Phänomen und Diskurs des Lernens bietet der Kultu-ralismus einen spezifischen Zugang. Im Folgenden wird zunächst das kulturalistische Paradigma samt seiner zentralen Begriffe umrissen, um dann das Phänomen und den Diskurs des Lernens aus kulturalistischer Sicht zu bestimmen.

Die mit dem Kulturbegriff operierende Reflexion auf Phänomene der Welt ist ver-gleichsweise jung. Zwar spricht schon Cicero metaphorisch von *cultura animi*, der Pflege des Geistes, aber der Ausdruck etabliert sich nicht als Begriff, zumal das Mittelalter nicht weltliche Geistespflege, sondern demütige Gläubigkeit fordert. Erst im 17. Jahrhundert fasst Pufendorf die Redewendungen *socialis vita* (d. h. gesellschaftlich gebundenes

Leben), *vitae cultus* (d. h. Lebensart, -pflege, -pracht) und *cultura animi* zum Begriff »cultura« zusammen und erst Ende des 18. Jahrhunderts, v. a. durch Herder und Kant, wird der Kulturbegriff in der deutschen Sprache heimisch.

Herder setzt ihn in pädagogischen Reflexionen ein. »Alle Erziehung kann nur durch Nachahmung und Uebung, als durch Uebergang des Vorbildes ins Nachbild werden; und wie könnten wir dies besser als Ueberlieferung nennen? Der Nachahmende aber muss Kräfte haben, das Mitgetheilte und und Mitteilbare aufzunehmen und es, wie die Speise, durch die er lebt, in seine Natur zu verwandeln [...] mithin wird die Erziehung unseres Geschlechts in zwiefachem Sinn genetisch und organisch: genetisch durch die Mittheilung, organisch durch die Aufnahme und Anwendung des Mitgetheilten. Wollen wir diese zweite Genesis des Menschen, die sein ganzes Leben durchgeht, von der Bearbeitung des Ackers Kultur oder vom Bild des Lichtes Aufklärung nennen: so stehet uns der Name frei; die Kette der Kultur und Aufklärung reicht aber sodann bis ans Ende der Erde« (Herder, zit. n. Helmer 2004, S. 530). Herder begreift Kultur als selbst wiederum kulturell wirkende Folge der Bildung zur Humanität. Dabei führt er den Begriff der Kultur mit dem der Nation zusammen und postuliert, dass jede Nation ihren Mittelpunkt der Glückseligkeit hat wie jede Kugel ihren Schwerpunkt. Kultur erscheint damit als Totalität einer Lebensweise, die sich vor allem durch innere Geschlossenheit und eindeutige Differenz zu anderen Kulturen auszeichnet. Kant betont das ethische Moment des Kulturbegriffs: »Wir sind im hohen Maße durch Kunst und Wissenschaft cultiviert. Wir sind civilisiert bis zum Überlästigen zu allerlei gesellschaftlicher Artigkeit und Anständigkeit. Aber uns für schon moralisiert zu halten, daran fehlt noch sehr viel. Denn die Idee der Moralität gehört noch zur Cultur« (Kant, zit. n. Helmer 2004, S. 534). So wichtig Herders und Kants Texte für die Durchsetzung des Kulturbegriffs im deutschen Sprachraum sind, bringen sie doch zugleich auch Probleme mit sich, die seitdem immer wieder zu Kritik und Reformulierungen des Kulturbegriffs führen. Problematisch an Herders Begriff ist die Geschlossenheit der vorgestellten Kultur, problematisch an Kants Begriff ist die Frontstellung von Kultur gegenüber Zivilisation. Beide Konnotationen wirken bis in die Gegenwart und befördern potentiell die Abgrenzung von (vertragsrechtlicher) Zivilisation und vom Fremden schlechthin.

Kultur als Referenzrahmen einzusetzen erscheint deshalb hierzulande, in einer Gesellschaft, deren Selbstverständnis als Hochkultur sich historisch mit mörderischer Menschenverachtung paarte, höchst problematisch. In den 1960er und den 1970er Jahren, dem Beginn einer selbstkritischen Aufarbeitung des Nationalsozialismus und zugleich der Zeit der Durchsetzung der Konsumorientierung in der Gesellschaft, wirkt der Kulturbegriff – ähnlich wie der Bildungsbegriff – belastet (vgl. Adorno 1979, S. 122 ff.). Wird in dieser Zeit über Kultur reflektiert, so im Interesse, den Begriff zu kritisieren und ihn – mittels des Begriffs der Soziokultur und dem nicht zuletzt aus pädagogischem Interesse erfolgenden Aufbau soziokultureller Zentren – an den Begriff des Sozialen (zunächst eher im Sinne des Sozioökonomisch-Materiellen als im Sinne des Lebensweltlichen) heranzuführen.

Es sind nicht zuletzt die Arbeiten Bourdieus, die die kulturorientierte Perspektive neu beleben. Über die Begriffe des kulturellen Kapitals und des Habitus bringt er Kultur und

Soziales, und zwar zugleich sozioökonomisch-materiell und lebensweltlich gedacht, zusammen. Bourdieus kritische, pädagogisch interessante Frage ist, welche Mechanismen die Reproduktion sozialer Ungleichheit über mehrere Generationen hinweg befördern. Neu an seiner Antwort ist nicht, dass die schulische Bildung dabei als vermittelnde Instanz fungiert, die die Arbeitsmarktchancen der nächsten Generation einschränkt, sondern dass er die Statusvererbung damit erklärt, dass bestimmte statusassoziierte Wissensbestände in formalisiertes Bildungskapital konvertiert werden können und der familial und lebensweltlich erworbene Habitus selbst ein sozial bedeutsames Kapital bildet.

Für die kulturalistische Wende ebenso bedeutsam sind die Arbeiten Foucaults, die an der Geschichte bestimmter Institutionen und Diskurse deren Wahrheit als Strategien der – bis in die Körper der Individuen reichenden – Macht ausweisen. Hierzulande nimmt insbesondere die historische Anthropologie (vgl. Wulf 1997) die Überlegungen Foucaults und Bourdieus, aber auch die Tradition der angelsächsichen Kulturanthropologie auf und bemüht sich, historiographische und ethnologische Methoden, Sichtweisen und Fragestellungen miteinander zu verknüpfen.

Zwei der für die kulturalistische Sicht zentralen Begriffe sind oben bereits gefallen, wenngleich bislang nur der erste ausgeführt worden ist: das Fremde (s. Kap. 4) und der Habitus. Andere sind zumindest angeklungen: Gouvernementalität, d. h. in Techniken des Regierens präzisierte Strategien der Macht, und Identität, d. h. Wesenseinheit/ -geschlossenheit. Ergänzend zu nennen sind etwa die Begriffe der Körperlichkeit, des Performativen, des Rituals und des Musters. Zumindest einige der Begriffe werden im Folgenden ausgeführt, da ein Verständnis des kulturalistischen Blicks auf Lernen deren Verständnis voraussetzt.

Beginnen wir mit dem Begriff des Habitus, der heute in der Pädagogik zumeist mit Bezug auf Bourdieu verwendet wird, wenngleich er viel älter ist. Bourdieu selbst übernimmt den Begriff von Panofsky (vgl. Bourdieu 1994), aber er findet sich bereits bei Thomas von Aquin, der den aristotelischen Begriff »Hexis« als »Habitus« übersetzt. Mit Hexis meint Aristoteles etwas, was sich in den verschiedenen Einzelhandlungen eines Menschen als gleich bleibender Zug, sozusagen als Haltung, zeigt. Aristoteles folgend unterscheidet Thomas von Aquin *habitus corporis*, etwa die unbewusste Selbstverständlichkeit des Gehens, und *habitus animae*, etwa die grundsätzliche Freundlichkeit eines Menschen. Unterschieden werden beide Habitusarten durch die willentliche Kontrolle, die nur der *habitus animae* zugeschrieben wird. Diese Unterscheidung entfällt bei Bourdieu. Auch z. B. der Freundlichkeitsmodus erscheint nun als zur Selbstverständlichkeit gewordene Verkörperlichung. Bourdieu zufolge sind Habitus »Prinzipien zur Generierung von unterschiedlichen und der Unterscheidung dienenden Praktiken« (Bourdieu 1998, S. 21). Als Habitus gilt ihm der Sinn für die Praxis, der einem sagt, was in einer bestimmten Situation zu tun ist. Der Habitus nimmt somit die feinen Unterschiede der Positionen im sozialen Raum wahr und führt sie auf.

Wenn soziale Praxis als Kultur betrachtet wird, interessieren die Muster kultureller Praxis, die sich aus dem fortlaufenden Geschehen als wiedererkennbar und wiederholbar ausdifferenzieren, insbesondere die Rituale als Muster, die durch ihren uneinholbaren Bedeutungsüberschuss ein Wissen generieren, das tief in den weiteren Alltag einwirkt (vgl. Jennings 1998). Wir wissen heute sowohl um die normierende und Zwang ausübende Seite der Rituale (vgl. Goffman 1971; Wellendorf 1973) als auch um die konstruktive, gemeinschaftserzeugende und problembearbeitende Seite von Ritualen, insbesondere in Schwellensituationen (vgl. Turner 1989; Wulf et al. 2001). Als wiederkehrende Muster, in denen kollektives (praktisches) Wissen inszeniert wird, dienen Rituale der Gemeinschaftsbildung wie der individuellen Orientierung.

An der Frage der Identität ist zunächst wiederum die Problematik einer kulturalistischen Perspektive zu erkennen. Wiewohl meist gut gemeint, geht der mit dem Postulat einer multikulturellen Gesellschaft verbundene (ebenso wie der weniger gut gemeinte, mit der These eines Kampfes der Kulturen verbundene) Kulturalismus mit einer – die potentiell bedrohliche Konstruktion des Fremden bestärkenden, mehr oder weniger essentialistischen, jedenfalls engen – Zuordnung von Ethnie und Identität einher. Die Bearbeitung dieser Problematik ermöglicht jedoch andere Vorstellungen, wie etwa die der Transkulturalität (vgl. Welsch 1997). Es ist also auch und gerade aus kulturalistischer Sicht möglich, sich von einer ethnisierend-essentialistischen Idee von Identität zu lösen und den situativ-praktischen Zusammenhang von Individuum und Lebenswelt als gestaltbar zu begreifen. Die Pädagogik nimmt diese Überlegung auf und fragt nach transkultureller Identität und Möglichkeiten einer transkulturellen Pädagogik (vgl. Datta 2005; Göhlich et al. 2006; Göhlich 2007).

Die ausgeführten Aspekte einer kulturorientierten Perspektive ermöglichen einen neuen Blick auf das Phänomen des Lernens.

Wenn der Habitus in der Praxis entsteht und diese wiederum bestimmt, so gilt dies selbstverständlich auch für die Praxis des Lernens. Auch sie generiert Habitus und wird von Habitus bestimmt. Nicht nur in der Aufführung eines bestimmten Verhältnisses zu einem bestimmten Gegenstand oder einem bestimmten Menschen wird die eigene Position im sozialen Raum deutlich, sondern auch im eigenen Verhältnis – bzw. in der Aufführung des eigenen Verhältnisses – zum Lernen. Insbesondere der Habitus des Bildungsbürgertums und des selbständigen Mittelstands, oder, um aktuelle empirische Differenzierungen zu verwenden: der Etablierten, der Postmateriellen, der modernen Performer und der Konservativen (vgl. Barz/Tippelt 2004), weist Leben als Lernen, d. h. lebenslanges Lernen als selbstverständlich aus.

Wer pädagogisch tätig werden, Lernen ermöglichen und unterstützen will, hat zu beachten, dass die Lernenden bereits mit einem spezifischen Lernhabitus in das pädagogische Feld eintreten, andererseits aber auch, dass das jeweilige pädagogische Feld selbst eine spezifische Lernkultur darstellt. Individuen unterscheiden sich lernhabituell etwa in ihrer Hoffnung auf Lernerfolg und in der Beharrlichkeit ihrer Lernbereitschaft, aber auch in der Modalität ihres Lernens und der Bandbreite ihrer Lernstrategien. Lernkulturen unterscheiden sich unter anderem in der Anschlussfähigkeit und Offenheit der Lernunterstützungs-Muster bzw. der pädagogischen Rituale.

Aus dieser Perspektive erscheint jede Kommunikation mit Lernenden als eine interkulturelle Kommunikation, in welcher der pädagogische Akteur als Vertreter der Kultur der jeweiligen pädagogischen Organisation (z. B. der Schule), des pädagogischen Berufs sowie ggf. des spezifischen Faches wirksam ist. So kann etwa jede Kommunikation mit Lernenden über Mathematik als eine interkulturelle Kommunikation betrachtet werden, bei der die Lehrkraft als Vertreterin der Kultur Mathematik fungiert (vgl. Prediger 2002). Es wird erkennbar, dass die Lernkulturen verschiedener Unterrichtsfächer sich unterscheiden (vgl. Wulf et al. 2007). So finden sich im Kunstunterricht traditionell eher mehr Eigeninteresse und Selbsttätigkeit anrufende Rituale als etwa im Mathematikunterricht. Solche Unterschiede sind auch in anderen pädagogischen Organisationen zu erkennen. So wird das tagesaktuelle Geschehen in einer Jugendfreizeiteinrichtung in der Regel als ein offenes, kaum geregeltes Geschehen inszeniert, wohingegen die Muster kultureller Praxis einer Heimerziehungseinrichtung das jeweilige Geschehen eher als ein geregeltes aufführen.

Selbstverständlich interessiert aus kulturalistischer Sicht auch das interkulturelle Lernen im engeren Sinne der interkulturellen Pädagogik. Dabei ist allerdings daran zu erinnern, dass gerade hier das Risiko einer Ethnisierung von Identität und Lernhabitus reflektiert und bearbeitet werden muss. In diese Richtung zielt das Plädoyer für eine »nicht-kulturalistische interkulturelle Jugendarbeit« (Kiesel 2000). Der starre Blick auf kulturelle Andersartigkeit vermute diese auch dort, wo sie für die Jugendlichen längst keine Bedeutung mehr habe.

So richtig dieser Hinweis auf vielfach bereits weit gediehene ethnisch-kulturelle Übereinstimmung unter Angehörigen verschiedener Communities ist, so sollte dies allerdings nicht dazu führen, gegebenenfalls bestehende Differenzen aus der pädagogischen Reflexion auszublenden. So spielt der familial vermittelte kulturelle Hintergrund zweifellos eine große Rolle bei der Frage, was von dem jeweiligen Menschen als bedeutsamer Lerninhalt angesehen wird. Der Kanon des Lernens ist kulturell gefasst, ist entstanden aus dem Bedarf kultureller Tradition, zielt auf Rückbindung des individuellen an ein spezifisches kollektives und kulturelles Gedächtnis. Die Affinität zum jeweiligen Lerninhalt ist somit nicht einfach eine individuelle Entscheidung, sondern Teil des lebensweltlich bereits erworbenen Habitus. Umso wichtiger erscheint der Hinweis Deweys, dass der Lehrplan geronnene menschliche Erfahrung ist und pädagogisch wieder verflüssigt und erfahrbar gemacht werden muss, damit die Gegenstände für den Lernenden zugänglich und seinem Interesse affin werden.

Möglicherweise eröffnet der im interkulturell-pädagogischen Diskurs zunehmend zu findende Begriff der Transkulturalität und der transkulturellen Identität hierfür neue Möglichkeiten, zielt dieser doch auf die Suche nach Anschlussmöglichkeiten im – als kulturelles Hybrid aufgefassten – Eigenen (vgl. Göhlich et al. 2006). Pädagogisch notwendig ist jedenfalls ein je verhandelbarer und zu verhandelnder Kulturbegriff, dessen Geltungsbereich im Wesentlichen auf die betreffende Praxis, d. h. relativ stark einzuschränken wäre. Die pädagogische Praxis ist selbst als Kultur zu erforschen und zu begreifen, in der normative Standards und empirische Befunde der Beteiligten eine gemeinsam zu gestaltende Gemengelage bilden. Mit dem dabei entstehenden pädagogischen Wissen wächst auch das Verständnis für Lernen als (trans-)kulturell verfasstes Phänomen, für Lernunterstützung als interkulturellen Vorgang, für Habitus und Rituale des Lernens. Dies eröffnet neue Möglichkeiten pädagogischer Praxis.

Biographieforschung

Mit dem Beginn der Neuzeit und der damit einhergehenden Abkehr von Klassen und Ständen sowie einer zunehmenden Bedeutung des Individuums lässt sich auch ein steigendes Interesse an Biographien und autobiographischen Äußerungen festhalten. Unter Biographie wird dabei in der Regel die mündliche oder schriftliche Selbstthematisierung und Formgebung des eigenen Lebens verstanden. Die sich dann seit der Aufklärung entwickelnde Biographieforschung mit ihrem Interesse an der Lebensgeschichte des Einzelnen, ihrer Dokumentation und Rekonstruktion autobiographischer Äußerungen und mit ihrer Betonung der Bedeutung der Biographie für den wissenschaftlichen Werdegang etc. hat zunächst kein pädagogisches Echo gefunden. Das änderte sich erst in den letzten Jahrzehnten des 20. Jahrhunderts, in denen sich die erziehungswissenschaftliche Biographieforschung vor dem Hintergrund der Rezeption diverser epistemologischer Ansätze (Geschichtswissenschaft, Soziologie, Ethnologie, Psychoanalyse, Entwicklungspsychologie, Phänomenologie, Literaturwissenschaft und nicht zuletzt Pädagogik) etabliert hat (vgl. Schulze 2002). Neben Jürgen Henningsen war es vor allem Klaus Mollenhauer, der auf die Bedeutung der Biographien für die Erziehungswissenschaft hingewiesen hat:»Die ganze autobiographische Literatur ist ein Zeugnis dafür, dass wir unsere eigene Bildung nicht nur den Erwachsenen verdanken, sondern ihnen auch vorwerfen können: jeder Bildungsprozess ist Erweiterung und Bereicherung, aber auch Verengung und Verarmung dessen, was möglich gewesen wäre« (Mollenhauer 1994, S. 10). Pädagogik, so folgert Mollenhauer aus diesem Sachverhalt, müsse diesen Erinnerungen behilflich sein und sie müsse die bedeutsamen, weil zukunftsfähigen Prinzipien der kulturellen und biographischen Erinnerungen aufsuchen und beschreiben.

Vor diesem Hintergrund ist die erziehungswissenschaftliche Biographieforschung für eine Pädagogik des Lernens aus zwei Gründen bedeutsam: erstens aus methodischer Sicht, da sie sich primär um die qualitative Erforschung von empirischem Datenmaterial, insbesondere auch um Lernprozesse, bemüht und damit keinen geringen Anteil an der in den letzten Jahren erfolgten Etablierung der Methodologie der Qualitativen Sozialforschung hat. Und zweitens hat die erziehungswissenschaftliche Biographieforschung neben ihren Akzentuierungen in der Phänomenologie bzw. Anthropologie, der Sozialgeschichte, der Erziehungs- und Entwicklungstheorie, der historischen Bildungsforschung u. a. auch eine spezielle pädagogisch-lerntheoretische Perspektive mit dem lebensgeschichtlichen Lernbegriff entwickelt. Beide Gesichtspunkte sollen nun kurz dargestellt werden.

Die Methodologie der erziehungswissenschaftlichen Biographieforschung (die hier mit einem besonderen Blick auf die Thematik des Lernens dargestellt werden soll) lässt sich sowohl in der geisteswissenschaftlichen Hermeneutik eines Wilhelm Dilthey als auch in der Phänomenologie von Edmund Husserl als auch in der verstehenden Soziologie oder Wissenssoziologie verorten (Marotzki 1999). So lässt sich mit Bergson, Husserl oder Schütz in einer phänomenologischen Einstellung fragen, ob und inwiefern Menschen Lernprozesse mit Bedeutsamkeit, Emotionalität, Affektivität, Interesse und Engagement »aufladen«. Mit der geisteswissenschaftlichen Formel von »Erleben, Ausdruck und Verstehen« erweist sich für Dilthey und die geisteswissenschaftliche Pädagogik die Biographie in einem doppelten Sinn als weitestgehende Explikation einer Hermeneutik des Lebens: als Möglichkeit der Rekonstruktion der Dialektik von Individuum und Allgemeinem und als Möglichkeit der Rekonstruktion des hermeneutischen Zirkels von einzelnen Erfahrungen und dem Sinnganzen des Lebens. In diesem Kontext werden Fragen nach Ausmaß und Qualität des Lernens möglich: nach Ordnung, Konsistenz und Strukturierung oder eben nach Unordnung, Unregelmäßigkeit und Kontingenz von Lernprozessen. In einer sozialwissenschaftlichen Traditionslinie wiederum lassen sich mit Marotzki (ebd., S. 329 ff.) vier wichtige Positionen für die erziehungswissenschaftliche Biographieforschung ausmachen: eine (naturalistische) *deskriptive, ethnographische* Position, die auf eine Beschreibung der Prozesse und Regeln von Lehr- und Lernprozessen zielt; eine *ethnomethodologische*, in der das Aufarbeiten formaler, grammatischer und regelhafter Strukturen der Bedeutungskonstitution (modus operandi) des Lernens im Mittelpunkt steht; eine *emotionalistische*, die dem Lernen in seinen subjektiven Erfahrungsmomenten und seiner emotionalen Tönung Geltung verschafft und schließlich eine *konstruktivistische*, die auf die Perspektivität und Komplexität des Lernens abhebt.

Den zentralen Gesichtspunkt bildet dabei immer die – mehr oder weniger reflektierte – Innenperspektive auf die Prozesse des Lernens in Verknüpfung mit den objektiv gegebenen, institutionalisierten Lernmöglichkeiten (vgl. Ecarius 1999). Die erziehungswissenschaftliche Biographieforschung betont insofern einen durchgängig perspektivischen Blick der Individuen auf die Wandlungen und Strukturen ihrer Lernprozesse, mit Blick auf die Erzeugung von Sinn, den Aufbau von Identität und den Umgang mit anderen und Welt. Sie hat im Zuge der Entwicklung ihrer Perspektive eine Fülle von Lernbegriffen hervorgebracht, die unterschiedliche Momente akzentuieren; eine erste Zusammenfassung bietet hier Theodor Schulze (1993a, S. 34): »›Lernen als innere Erfahrung‹, als ›Aufbau von Lebenssinn und Ich-Erfahrung‹ (Maurer), als Ausbildung und Aufrechterhaltung persönlicher Identität, als ›lebensgeschichtliches Lernen‹ (Schulze), als ›biographische Selbstreflexion‹ (Gudjons) und als perspektivische ›biographische Konstruktion‹ (Hermann), als Ich-Konstruktion (Baacke).« In diesem Sinne kompensiert die erziehungswissenschaftliche Biographieforschung die in jüngster Zeit zu beobachtende Konzentration auf einen funktionalistischen Lernbegriff, dessen Erhebung im Rahmen quantitativer Lernforschung in standardisierten Leistungsmessungen durch Tests stattfand, durch einen prozessualen Lernbegriff im Rahmen der qualitativen Bildungsforschung. Kritisch vermerkt sie, dass das auf ein vorgegebenes Ziel bezogene Lernen, das Erbringen einer Leistung, über den (biographischen) Prozess des Lernens keine Auskunft erteilt; Lernen wird – ist das Ergebnis zufrieden stellend – mit Auswendiglernen identifiziert. Der Weg des Lernens als Weg der Erfahrung kommt im Ziel der Leistungserbringung abhanden. Man sieht nicht, ob und wie aus bestimmten Erfahrungen gelernt wurde, sondern nur den Versuch des Individuums, bestimmte Erfahrungen nicht mehr zu machen. Weil das Lernen in der Leistung »verschwindet«, erscheinen die behavioristischen und psychologischen Lerntheorien insofern plausibel, als sie über die mit dem Lernprozess selbst verbundenen Erfahrungen keine Auskunft geben, weil sie lediglich nach dem Ergebnis von Lernen fragen. Stillschweigend mag mit dieser Ausblendung auch die implizite These einer Homogenisierung des Lernens verbunden sein, da in der Regel nicht von individuellen Lernprozessen, sondern von *dem* »Lerner« und seiner Leistung die Rede ist. Hier lässt sich mit Günter Buck (1967, S. 13) die Frage festhalten: »Sollten aber nicht umgekehrt die Leistungen vom Lernen her, statt das Lernen von den Leistungen her zu verstehen sein? Ist vielleicht die › Fertigkeit‹ einer Leistung nur ein Moment innerhalb einer Prozessstruktur, die wir Lernen nennen?« Hier gilt es, die biographische Geschichtlichkeit von Lernerfahrungen festzuhalten und nicht im Ergebnis »aufzuheben«.

In der Erweiterung und Neuakzentuierung der traditionellen Fokussierung der Pädagogik auf schulische Lernprozesse verweist der Begriff des lebensgeschichtlichen Lernens inhaltlich auf mehrere Momente (vgl. auch Schulze 1993b, S. 195 ff.):

Zunächst wird die Bedeutung eines Lernens *in* und *mit* der Biographie, aber auch auf das Lernen *aufgrund* einer Biographie bedeutsam, wobei hier im Mittelpunkt eine Theorie der biographischen Erfahrung steht. Bezogen auf das biographische Subjekt ist dabei auszugehen von einer Trinität des berichteten, erinnerten Lebens, des gegenwärtig gelebten Lebens und des schreibenden, erlebten Lebens. Zunächst lässt sich der Begriff des biographischen Lernens recht unterschiedlich verwenden:

- Zum einen kann das dargestellte Lernen *in* Biographien gemeint sein. Hiermit ist in der Regel die Vergegenwärtigung von Lernprozessen in Verbindung von Erziehung, Sozialisation, Entwicklung, Selbst- und Wertekonzepten angesprochen. Die Lebensgeschichte erscheint hier als »Lerngeschichte« (Schulze), in der die Konsequenzen aus lebensgeschichtlichen Erfahrungen sichtbar werden.
- Des Weiteren lässt sich biographisches Lernen als Lernen *aufgrund* des Erzählens bzw. Schreibens einer Biographie verstehen. Hiermit sind die Lernprozesse gemeint, die sich im Zuge oder nach Beendigung der biographischen Arbeit ergeben, wie z. B. das Bewusstwerden und Revidieren bestimmter biographischer Handlungsmuster aufgrund der schriftlichen Bearbeitung eines Lebenslaufes.
- Zu guter Letzt lassen sich auch noch die Erfahrungen *im* Umgang mit der Biographie selbst als biographisches Lernen beschreiben. So kann man – wenn man nicht Montaigne gelesen hat – aus dem Schreiben der eigenen Biographie etwa lernen, dass sich Leben in einem umfassenden Sinn nicht in einer Erzählung bewältigen lässt.

Diese Dreiteilung enthält keine Präferenz darüber, welche Art von Lernprozessen für das Leben eines Individuums die größte Bedeutung hat; ob nun das Lernen *in* der Biographie, das Lernen *aufgrund* der Biographie oder das Lernen *mit* der Biographie das für das Individuum entscheidende ist, kann nur der je Einzelne festlegen. Und obwohl in den einschlägigen Texten nicht immer eindeutig geklärt ist, was jeweils genau unter biographischem Lernen verstanden wird, wird im Folgenden – anknüpfend an Mollenhauers Forderungen an die Pädagogik als Unterstützung und Interpretation von Erinnerungen und anknüpfend an Schulzes Theorie der Lebensgeschichte als Lerngeschichte – vom biographischen Lernen als Lernen, das Erfahrungen und ihre Lernkonsequenzen in rekonstruktiver Absicht vornimmt, gesprochen.

Sodann wird deutlich, dass das Lernen sich in unterschiedlichen individuellen, sozialen und kulturellen Formen, an unterschiedlichen Orten und zu unterschiedlichen

Zeiten vollzieht (vgl. Seitter 2000, 2001). Biographisches Lernen ist lebensweltorientiert und als solches ökologisch, d. h. räumlich, materiell, sozial, sprachlich und kulturell gegliedert. Es ist gekennzeichnet durch einen bipolaren Prozess, der durch das Eindringen der Außenwelt in den Lernenden und das Eindringen des Lernenden in die Außenwelt verstanden werden muss.

Für diesen Lernprozess spielen nicht nur Deskriptionen und realistische Darstellungen von lebensgeschichtlichen Sachverhalten eine Rolle, sondern auch normative Bewertungen, subjektive Einschätzungen, allegorische und symbolische Bedeutungszuschreibungen, imaginäre Entwürfe, Szenen, Bilder und Metaphern etc. Die Darstellungsform des Lernens muss mit dem rekonstruktiven Blickwinkel verschränkt werden, in dem Biographien eine ganze Reihe von Funktionen für das Individuum haben können: Vergangenheitsbewältigung, Vergegenwärtigung, Zukunftsgestaltung, Formfindung, Selbstvergewisserung, Verstehen, Erklären, Legitimation, aber auch das Eröffnen von neuen Handlungsmöglichkeiten, das Durchspielen von Entwicklungsszenarien etc.

Damit verbunden wird Lernen als ganzheitlicher (Lebens-)Erfahrungsprozess verstanden und somit der traditionelle kognitive Lernbegriff auf Leiblichkeit und Sinnlichkeit, auf Emotionalität und Affektivität, auf umfassende Einstellungen und Interessenlagen erweitert. Im lebensgeschichtlichen Lernen geht es um die Kultivierung von Gefühlen, um das Ausbilden und das Ausleben von egoistischen und kollektiven Gefühlswelten mit ihren Chancen- und Krisensituationen.

Ein wichtiger Punkt ist die dialektische Verschränkung von individuellen biographischen Lernprozessen und historisch-kulturellen Gegebenheiten, die betrachtet werden kann unter dem Gesichtspunkt, ob, wie und inwiefern kulturelle Lebenswelten und weltgeschichtliche Gesamtlagen Lernprozesse fördern oder behindern und unter dem individuellen Gesichtspunkt, ob, wie und inwiefern Menschen ihr Leben entwickeln konnten. Als lebensgeschichtliches bzw. lebenslaufbezogenes Lernen ist biographisches Lernen ein komplexes, in sich differenziertes dialektisches Lernmodell, das auf die Organisation menschlichen Lernens sowie auf die individuellen Lernperspektiven in sozialen Kontexten abhebt. Dass mit dieser Dialektik grundsätzliche Problematiken der Biographieforschung noch nicht behoben sind, macht das Resümee von Herrmann (1987, S. 319) deutlich, gilt es doch, »die subjektiven Deutungssysteme und die realen Lebenssysteme so miteinander in Beziehung zu setzen, dass das mehrseitige Bedingungs- und Wechselwirkungsverhältnis von Individuum und Gesellschaft, Person und Institution, Selbstentwurf und Fremdbestimmung, Konsistenzerwartung bzw. -bedürfnis und Kontingenzerfahrung, das Verhältnis von Zeitlichkeit des individuellen Lebens und von Geschichtlichkeit der Lebenswelt so entschlüsselt werden kann, dass daraus auch für das pädagogische Denken und Handeln kasuistisch und systematisch gelernt werden kann«.

Biographisches Lernen ist im Wesentlichen selbstorganisiertes Lernen, das sich zunächst und zumeist unbewusst vollzieht, Anstöße von außen – z. B. durch Erziehung – aufgreift und in die eigenen Lernperspektiven einordnet bzw. diese Anstöße ablehnt und sie nicht integriert.

Dabei ist die Herausarbeitung lebensgeschichtlicher Entwicklungen und Wandlungen wie biographischer Lernbrüche ebenso möglich wie die Rekonstruktion von lebenslangen, ja generationsübergreifenden Lernkonstanten und Mustern der Lerngeschichte. Lebensgeschichtliches Lernen ist überwiegend ein zeitlich wie inhaltlich diskontinuierliches Lernen, das situativ weit auseinander liegende Ereignisse und verschiedenartige Inhalte miteinander verbinden kann. So macht z. B. Jutta Ecarius (2003) in ihrer drei Generationen umfassenden qualitativen Studie deutlich, dass die Lernerfahrungen, die die jeweilig jüngere Generation mit den Erziehungsmethoden der älteren Generation gemacht hat, zu generationsübergreifenden »Familienthemen« führen können, d. h. zu »Handlungskonfigurationen, die in Interaktionen erlernt und im Laufe des Lebens über weitere Lernprozesse umstrukturiert werden« (ebd., S. 538). Die so in einer Generation, aber auch über die Generationen hinweg stattfindenden Lernprozesse sind (oftmals) latente und schleichende Prozesse, sozusagen Lernprozesse »en passant« (Reischmann 1995), in die Individuen ganz unterschiedlich (innerlich und äußerlich) involviert sind und die aus ganz unterschiedlichen Konstellationen erwachsen können: als Nachahmung und Abstimmung auf Traditionelles; aus innerer Überzeugung; aus einer gewissen Laune und Spontaneität; als Reaktion auf Reifungs- und Entwicklungsprozesse. Oftmals enthüllen sich Lernprozesse erst in der biographischen Rekonstruktion, weil sie für diese bedeutsam werden (Ecarius 2003, S. 547).

Eine biographietheoretische Sicht verweist auf den Sachverhalt, dass sich die Möglichkeit, aus Erfahrung zu lernen, dem Umstand verdankt, dass das Subjekt das negative Moment in der Erfahrung, das Bewusstwerden des Nichtwissens, des Sich-nicht-Auskennens, der Verlegenheit, das Bewusstwerden des Nicht-mehr-weiter-Wissens, der Krise und des Scheiterns, die nicht erfüllte Erwartung mit dem positiven Moment der Antizipation alternativer Anschluss-, Wissens-, Wahrnehmungs- und Handlungsformen in Verbindung bringen kann. Lernen geschieht hier oftmals mittels Widersprüchen und Brüchen mit für gültig erachteten (traditionellen) Ordnungen und Orientierungen. Biographisches Lernen ist in diesem Sinne *friktionales* Lernen, für das der unmittelbare Erfolg nicht ausschlaggebend sein muss, das auch – und vielleicht überwiegend – ein Lernen am Misserfolg darstellen kann. Fehlt allerdings die Möglichkeit eines positiven Anschlusses, so bricht der Lernprozess zusammen und es bleibt die negative Erfahrung, nicht(s) aus dieser Erfahrung gelernt zu haben: Man weiß buchstäblich nicht mehr weiter. Hierin liegt die Differenz zwischen einem »aktiven Irrtum« (Hegel) und einem destruktiven Fehler. Lernprozesse benötigen Anschlussmöglichkeiten, auch wenn diese selbst negativ strukturiert sein können. So leistet z. B. auch die Form eines Verstehens des Nichtverstehens des Fremden eine kognitive Anschlussmöglichkeit an ein zunächst auftauchendes Nichtverstehen.[24] Die Erfahrung ist also nur insofern belehrend, »als Antizipationen und negative Instanz korrelative Momente einer einheitlichen Struktur

---

24 Phänomenologisch lassen sich (s. u.) Steigerungsgrade des Fremdseins von der alltäglichen, normalen Fremdheit und von einer strukturellen Fremdheit in der Konfrontation von Eigen- und Fremdwelt unterscheiden. Darüber hinaus lässt sich von einer radikalen Fremdheit sprechen, die jeden Interpretationszugang unmöglich macht. Vor allem Erfahrungen der strukturellen und radikalen Fremdheit haben ein erhöhtes biographisches Lernrisiko, aber ebenso erhöhte biographische Lernchancen, als mit ihnen strukturelle Veränderungen der Wahrnehmungs- und Bewertungs-, Denk- und Handlungsmuster verbunden sein können.

sind, in der eines das andere voraussetzt« (Buck 1967, S. 53).[25] Aus Fehlern lernen (Oser) heißt eben auch: wissen, wie man es anders machen kann, heißt, eine »Korrektur« des »ursprünglichen« Entwurfs vor einem neuen Horizont vorzunehmen. Lernen aus Erfahrung bleibt nicht bei einer vergangenheitsbezogenen Bewältigung des Erlebten stehen, sondern findet vor dem Hintergrund einer vorgreifenden, zukunftsbezogenen Eröffnung statt.

Deutlich werden aus der Sicht der erziehungswissenschaftlichen Biographieforschung schließlich individuelle und kulturelle Lerngrenzen und -resistenzen. Nietzsche zog daraus die Konsequenz, dass ein wirklich grundlegendes, radikales lebensgeschichtliches Lernen nicht möglich ist, sondern nur das Kennenlernen und Hinnehmen schicksalsgegebener Kontingenz: »Das Lernen verwandelt uns, es thut Das, was alle Ernährung thut, die auch nicht bloss ›erhält‹ –: wie der Physiologe weiss. Aber im Grunde von uns, ganz ›da unten‹ giebt es freilich etwas Unbelehrbares, einen Granit von geistigem Fatum, von vorherbestimmter Entscheidung und Antwort auf vorherbestimmte ausgelesene Fragen. [...] Hier kann man nicht umlernen, sondern nur auslernen, – nur zu Ende entdecken, was darüber bei ihm ›feststeht‹« (Nietzsche 1999, S. 170, Aph. 231). Ob Nietzsche allerdings mit der »grossen Dummheit, die wir sind«, bzw. dem »geistigen Fatum des Unbelehrbaren« (ebd.) selbst ein Lernvorurteil pflegt, das die Möglichkeit wie die Unmöglichkeit des Lernens gleichermaßen umfasst, soll hier als Frage offen bleiben.

Das biographische Lernen ist eine spezifische Form des Leben-Lernens. Lernen, so wurde bislang in mehreren (historischen, anthropologischen, erkenntnistheoretischen) Zusammenhängen deutlich, knüpft an ein schon bestehendes Wissen an – seien dies vorgeburtliche Ideen, Denkstrukturen a priori, vorgängige Horizonte, aisthetische Erfahrungen etc. Als die nicht lern- und lehrbaren Grundlagen und Voraussetzungen bildet das a priori-Vorwissen die Bedingung der Möglichkeit jeglichen Lernens und Lehrens. Aus Sicht der Biographieforschung ist das a priori des Lernens das (biographische) Leben, das Lernen erst möglich macht. Lernprozesse sind in einem ausgezeichneten Sinne auf Erfahrungen angewiesen, die man mit sich selbst macht. Man wird durch die Erfahrung persönlich betroffen und so ändert sich das eigene Erfahren-Können im Lernen.[26] Gerade in Bezug auf das, was Lebenserfahrung heißt, bilden Erfahrungen die notwendigen Grundstrukturen des Weiter- und Umlernens seiner selbst: Man zieht für sein Leben Konsequenzen – aus dem, was man erfahren hat, indem man nicht nur sein Leben, sondern auch die das Leben wahrnehmenden Bewusstseinsformen – nicht voll-

---

25 Buck 1967, S. 59: »Die Antizipation ist dasjenige, in dessen Licht die einzelne Erfahrung erst möglich ist und was dem solche einzelnen Erfahrungen zusammenhaltenden Gang der Erfahrung die Leitung gibt.«

26 Im Hintergrund steht hier die Erfahrungstheorie von Hegel, wie er sie in der »Phänomenologie des Geistes« entwickelt hat: »Denn das Bewusstsein ist einerseits Bewusstsein des Gegenstandes, andererseits Bewusstsein seiner selbst; Bewusstsein dessen, was ihm das Wahre ist, und Bewusstsein seines Wissens davon. [...] Diese *dialektische* Bewegung, welche das Bewusstsein an ihm selbst, sowohl an seinem Wissen als an seinem Gegenstand ausübt, *insofern ihm der neue wahre Gegenstand* daraus *entspringt*, ist eigentlich dasjenige, was *Erfahrung* genannt wird« (Hegel 1981, S. 77 f.).

ständig, aber partiell – revidiert. Weil Lernen aber seine eigenen Voraussetzungen nicht vollständig einholen kann und weil Lernen sich nicht zwischen einer *arche* und einem *telos* situieren lässt, hat es eine unendlich-endliche Struktur: Es kann in seiner Beschränkung nicht auf jedes Ereignis vorbereiten und – es kann nicht zu einem Ende kommen.[27]

Und schließlich ist lebensgeschichtliches Lernen ein reflektierendes Lernen, das immer wieder Re- und Dekonstruktionen herstellt, die zugleich Retro- und Prospektiven des eigenen Lebens zu liefern in der Lage sind: Die Lebensgeschichte ist (auch) eine reflektierte Lerngeschichte.

---

27 Vgl. Gadamer 1990, S. 363: »Erfahrung ist also Erfahrung der menschlichen Endlichkeit. Erfahren im eigentlichen Sinne ist, wer ihrer inne ist, wer weiß, dass er der Zeit und der Zukunft nicht Herr ist.«

3   Geschichte

Antike

Fasst man Platons (427–347 v. Chr.) Lerntheorie in einem Wort zusammen, dann ist Lernen Wiedererinnern. Allerdings lassen sich in Platons Schriften genau genommen zwei Lerntheorien unterscheiden, eine eigene, platonische und eine, die von seinem Lehrer Sokrates (469–399 v. Chr.) vertreten wird[28]. Diese beiden Lerntheorien stehen in einem engen Zusammenhang, sind sie doch beide um eine Theorie der Wiedererinnerung zentriert, akzentuieren aber die Leistung des Gedächtnisses je unterschiedlich.

Beginnen wir mit der sokratischen Lerntheorie, so entwickelt sich dessen Lernbegriff in Auseinandersetzung mit den Sophisten, die mit dem Versprechen angetreten waren, mit Hilfe der Rhetorik schnell und zielsicher wahres Wissen vermitteln zu können. So polemisiert Sokrates: »Verhält sich nun nicht auch gegen die anderen Künste insgesamt der Redner ebenso und die Redekunst? Die Sachen selbst braucht sie nicht zu wissen, wie sie sich verhalten, sondern sie muß nur einen Kunstgriff der Überredung gefunden haben, so daß sie das Ansehen bei den Nichtwissenden gewinnt, mehr zu wissen als die Wissenden. GORGIAS: Ist es nicht ein großer Vorteil, Sokrates, daß man, ohne andere Künste gelernt zu haben, sondern nur diese einzige, um nichts zurücksteht hinter den Meistern in jenen?« (Platon, Gorgias, 459b–c). Aber verbirgt sich hinter der sophistischen Rhetorik wirklich wahres Wissen? Kann man solches Wissen lernen? Oder kann

---

28 Zum Verhältnis von Platon und Sokrates, dessen Diskussion ganze Bibliotheken füllt, sei hier nur so viel gesagt: Mit etwa zwölf bis vierzehn Jahren hat Platon Sokrates kennen gelernt, mit zwanzig Jahren schließt er sich ihm an und bleibt bis zu dessen Tod, er selbst ist jetzt 28 Jahre alt, sein Schüler; von da an widmet er sein Leben der Philosophie. Da Sokrates selbst keine Schriften hinterlassen hat, kennen wir sein Leben und Werk vor allem aus den Schriften seiner Schüler Platon und Xenophon. In der Regel teilt man die platonischen Dialoge in drei Phasen ein, wobei die erste Phase als »sokratische« Phase bezeichnet wird; sie enthält die Schriften Ion, Hippias II, Protagoras, Apologie, Kriton, Laches, Lysis, Charmenides, Euthyphron. Hier lernen wir Sokrates als Pädagogen kennen, der mit Hilfe geistiger Mäeutik und ironischer Skepsis die Menschen zu einer klaren Begriffs- und Theoriebildung hinsichtlich des Richtigen und Guten führen will. Platons Philosophie der Ideen wirkt an vielen Stellen entschieden apodiktischer, die pädagogisch-politische Umsetzung seiner Gedanken wesentlich kategorischer, ja gelegentlich fast totalitär. Allerdings sollte man auch nicht einem Vulgärplatonismus das Wort reden, der den Prozess der gemeinsamen Suche nach dem wesentlichen Wissen zugunsten eines allzeitlichen Bestandes der Ideen ausblendet; denn Platon ist sich an vielen Stellen seines Werkes darüber bewusst, dass der stufenweise Weg der Erlangung der Ideen nicht immer sein Ziel erreicht, nichtsdestotrotz aber eine Notwendigkeit darstellt, wenn die Menschen ein gemeinsames gutes Leben erreichen wollen.

man es lehren? »MENON: Kannst du mir wohl sagen, Sokrates, ob die Tugend gelehrt werden kann? Oder ob nicht gelehrt, sondern geübt? Oder ob sie weder angeübt noch angelernt werden kann, sondern von Natur den Menschen innewohnt oder auf irgendeine andere Art?« (Platon, Menon, 70a). Mit dieser Frage beginnt der für die Theorie des Lernens einschlägige platonische Text *Menon*. Die hier vorgetragene sokratische Theorie des Lernens ist komplex, enthält sie doch nicht nur eine Theorie des Erinnerns, sondern darüber hinaus eine Theorie des Vorwissens bzw. der Vorahnung, eine der Negativität und schließlich eine Theorie der Selbsttätigkeit. Hier kehrt Sokrates die These der Sophisten um, indem er behauptet, wahres Wissen könne nicht gelehrt, könne auch nicht erfahren, sondern nur gelernt, d. h. wiedererinnert werden. Genauer gesagt behauptet er, dass er die Frage der Lehrbarkeit der Tugend insofern nicht entscheiden könne, da man sich zunächst darüber zu verständigen habe, was denn die Tugend sei (ebd., 71a).

Menon lässt sich daher als Dialog im Sinne eines begründenden Denkens lesen, das keinen intellektuellen Rückhalt mehr hat; dieses rückhaltlose Denken nannten die alten Griechen »sképtomai«. Um sich in diesen skeptischen Prozess hineinzubegeben, muss man beim vermeintlichen Wissen (doxa) ansetzen; dieses muss auf seine Widersprüchlichkeit (aporie) hingeführt (elenchus) werden, damit der Weg einer dialektischen Reflexion beschritten werden kann, der letztlich zur Erinnerung (anamnesis) des wahren Wissens führt. Neben dem Durchlauf eines Rechenschaftsberichts über das Wissen mittels Definitionen des vorgeblich Gewussten und einer damit einhergehenden Inkonsistenzprüfung dieses vermeintlichen Wissens macht schon der platonische Dialog *Menon* deutlich, dass die Frage der Lehrbarkeit der Tugend abhängig ist von der Frage nach dem Wesen der Tugend, bevor sich in einem zweiten Schritt entscheiden lässt, ob die Applikation eines technischen oder epistemologischen pädagogischen Modells ohne Verlust für Moral, Bildung und Individuum überhaupt sinnvoll bzw. moralisch wäre. Im Dialog führt die Frage nach der Lehrbarkeit zum Wissen um die Differenz von Erkenntnis und Vorstellung; sie führt von der Annahme, dass nur die Erkenntnis lehrbar sei (ebd., 87e) zum Zweifel darüber, ob die Tugend eine Erkenntnis sei (ebd., 89d) und zur Feststellung, dass es kein Lehrer-Schüler-Verhältnis in Bezug auf das Tugendwissen gebe (ebd., 89e, 96c). Pädagogik, so Sokrates, ist nur Maieutik, Geburtshilfe für jemanden, der sein wahres Wissens selbst erzeugt und »gebiert«. Die Theorie des Lernens als Wiedererinnerung ist eine Theorie der Selbstreflexion, der Selbstbelehrung und der Selbstveränderung, die in Ausnahmesituation sogar ohne pädagogisches Gegenüber realisiert werden kann. Somit verschiebt Sokrates den Schwerpunkt im Lehr-Lern-Kontext vom sophistischen Lehrkunststück zum individuellen Selbstlernkunststück: Lernen heißt, sich an das zu erinnern, was man immer schon weiß. Das »wirkliche« Lernen, die Autodidaxe, führt über die systematisierenden Wissenschaften der Mathematik und Dialektik zur Erinnerung an die ontologisch-prinzipiellen Grundlagen von Selbst, Welt und anderen. Platon betont damit auch im Unterschied zum didaktischen und scholaren Lernen die individuellen und spontanen Lernmöglichkeiten.

Ausgangspunkt der Theorie des Lernens bildet im *Menon* die Frage nach dem Kriterium für richtiges Wissen, für die Basis, die den unendlichen Regress des Fragens (nach dem tugendhaften Leben) zum Stillstand kommen lassen kann und die garantiert, dass es für das Befolgen von Regeln nicht wiederum Regeln, sondern Standpunkte gibt. »Daß nämlich ein Mensch unmöglich suchen kann, weder was er weiß, noch was er nicht weiß. Nämlich weder was er weiß, kann er suchen, denn er weiß es ja, und es bedarf dafür keines Suchens weiter; noch was er nicht weiß, denn er weiß ja dann auch nicht, was er suchen soll« (ebd., 80e). Nur dann – so lautet die Moral dieser Frage –, wenn wir ein Kriterium haben, das uns unzweifelhaft über gut und böse Auskunft gibt, können wir die Frage nach einem guten Leben beantworten. Kann man dieses Kriterium lehren, kann man es lernen? Die These lautet: »Suchen und Lernen ist [...] ganz und gar Erinnerung« (ebd., 81d).

Sokrates versucht nun an einem instruktiven Beispiel zu verdeutlichen, dass selbst ein der Geometrie unkundiger Sklave in der Lage ist, die Maßverhältnisse von Seiten und Flächen, von Quadraten und Dreiecken zu berechnen, ohne dass man ihn vorab in Mathematik unterrichtet, d. h. der Sklave wird nicht belehrt, sondern lediglich befragt (ebd., 82e). Dabei setzt Sokrates voraus, dass auch im anfänglichen Nichtwissen eine Vorstellung darüber vorkommt, wie das Ziel des Lernens beschaffen ist (ebd., 97b). Nur so ist ein Lernen ohne Lehren möglich (ebd., 84d). Der Lernvorgang wird durch die Erschütterung des bisher als sicher geglaubten Wissens und die damit verbundene Verlegenheit ausgelöst, sowie durch die Motivation, danach zu suchen, »wie sich die Sache verhält« (ebd., 84b). Während Platons Dialog damit den Lernweg des Lernenden als einen Erkenntnisprozess beschreibt, der wesentlich über die Negativität der Erfahrung eines Nichtwissens und Nichtkönnens vermittelt ist, bleibt das Wissen darüber, wie Sokrates selbst seine pädagogische Kunst erworben hat, die es ihm möglich macht, die Lernprozesse im Gegenüber in Gang zu bringen ebenso im Dunkeln wie die Frage, ob und wie diese sokratische Maieutik von anderen gelernt werden kann (Benner 2003, S. 97 ff.).

Sokrates' Lerntheorie ist durch eine vorsichtige Suchbewegung gekennzeichnet, die über die Wiedererinnerung an schon Gewusstes eine plausible Vorstellung der richtigen Kriterien für die Lebensführung intendiert: Lernen heißt in diesem Sinne: sich das latent Gewusste erläutern. Am Ende des Dialogs *Menon* wird dann der Weg vorgezeichnet, den Platon selbst beschreiten wird: »Denn auch die richtigen Vorstellungen sind eine schöne Sache, solange sie bleiben, und bewirken alles Gute; lange Zeit aber pflegen sie nicht zu bleiben, sondern gehen davon aus der Seele des Menschen, so daß sie doch nicht viel wert sind, bis man sie bindet durch begründendes Denken. Und dies, Freund Menon, ist eben die Erinnerung« (Platon, Menon, 98a). Platons Philosophie radikalisiert dann die sokratische Theorie des Lernens als Erinnerung und die mit ihr verbundene relative Offenheit des zu Suchenden zugunsten einer Lerntheorie, die vom absoluten Wissen geleitet wird.

Dabei geht es Platon in der Rekonstruktion der Lernprozesse um eine ganz bestimmte Form der Vergewisserung, nämlich um ein Wissen, das in der Lage ist, das Wahre, Gute und Schöne zum Ausdruck zu bringen. Erziehung, Bildung und Lernen sollen auf dem Boden einer Wahrheit stehen, die letztendlich nur durch Wissenschaft und Vernunft einsichtig gemacht werden kann. Ziel der philosophisch fundierten Pädagogik Platons ist es, den Einzelnen durch den Gebrauch seiner Verstandes- und Vernunftkräfte zur vollen Entfaltung bis hin zur Einsicht in die ewigen, wahren, unveränderbaren Gegebenheiten der Welt, die Ideen, zu führen. Dabei werden, noch schärfer als bei Sokrates, zwei Wissensformen unterschieden: ein privatives, an Glaube und Meinung der Vielen orientiertes Wissen, das im Grunde genommen kein Wissen ist, die *doxa*, und das eigentliche Wissen, das die Wirklichkeit in ihren Elementen, Grundzügen und Ursachen zu erkennen in der Lage ist, die *episteme*. Die in den platonischen Dialogen sich durchhaltende Spannung zwischen einem vermeintlichen und einem begründeten Wissen zielt immer über die pädagogische Situation und den an ihr Beteiligten hinaus auf ein absolutes, ontologisch-mathematisches Fundament des Wissens hin, das wiederum jegliche Praxis zu bestimmen und zu legitimieren in der Lage ist[29]. So haben die in seinen Werken auftauchenden höchsten logischen Ideen wie Gleichheit, Einheit, Gerades, Ungerades, Ähnliches, Unähnliches, Zahl, Arithmetisches, Geometrisches u. a. allesamt den Charakter des Allzeitlichen und der Allgemeingültigkeit: Die Ideen schaffen Verbindlichkeiten zwischen den Menschen, schaffen erkenntnistheoretische, praktische, ethische und ästhetische Standards, und zwar aufgrund ihrer allzeitlichen Struktur. Die Ideen stehen für a) die Möglichkeit, eine Sache allgemeingültig zu definieren, b) Geschichtslosigkeit und Unveränderlichkeit, c) die Unabhängigkeit von den konkreten Erscheinungen, d) die Wesensursache und e) die Objekte wissenschaftlicher Erkenntnis (Bächli/Graeser 2000, S. 111 f.). Ideen sind für Platon vor allem eins: Sie sind in ihrer unsinnlichen Geistigkeit enttäuschungssicher. Denn nur das Bleibende ist das Wahre.

Dieses allgemeine und wahre Wissen entspringt aus einem das ganze Leben ausfüllenden Lernen; die Philosophie ist eine Aufgabe, die man bis zu seinem Lebensende betreiben muss. Den Lernweg hat Platon in der *Politeia* (514–519) durch das Höhlengleichnis veranschaulicht. Kern dieses Gleichnisses ist die Idee, dass Sinnlichkeiten und Wahrnehmungen bloße Schattenbilder, Meinungen und Vermutungen liefern, während die Erkenntnis in der unmittelbaren Anschauung der Ideen besteht. Um zu dieser zu gelangen, bedürfen die Seelen der Umlenkung, müssen aus ihrem Höhlen-Alltag herausgeführt werden an die Sonne, die sinnbildlich für den Ort der unverfälschten Wahrheit steht. Wissender, Philosoph zu werden, setzt Bekehrung, setzt Umkehr, einen völligen Lebenswandel voraus. Die Sonne als Bedingung der Möglichkeit wahrer Erkenntnis ist zugleich der Ort der Bedingung der Möglichkeit von Schönheit, insofern sie uns die

---

29 Es ist kein Zufall, dass schon im *Menon* die Mathematik bzw. die Geometrie als Probierstein der Theorie des Lernens als Wiedererinnerung herangezogen wird. Die Mathematik ist für Platon in einem doppelten Sinne die führende Wissenschaft, befähigt sie doch die Menschen zur Wahrheit, so dass sie statt der Schattengebilde der Meinungen die wirklichen Gegenstände der Erkenntnisse zu sehen in der Lage sind (Platon, Politeia, 521c, 532b, c). Die Reflektion der Zahlenverhältnisse führt ein in die intelligiblen Wirklichkeiten und die Ordnungen des Kosmos. Dabei ist der Gedanke, dass die Dinge die Zahlen wiederholen, eine Idee der Pythagoreer (Stenzel 1961, S. 33). Die Zahlen sind die abstrakten inneren Wesen der Dinge, sichern deren kosmologische Harmonie und epistemologischen Status. Sie (re-)präsentieren die intelligible Welt als wahre Welt ungetrübter Ideen. Vor allem an mathematischen Gebilden bzw. an geometrischen Figuren lässt sich demonstrieren, dass dem Sichtbaren letztendlich das Unsichtbare zugrunde liegt, dass sich aus dem Empirischen ein Metaphysisches extrapolieren lässt.

Dinge ins »richtige Licht rückt«. Die Sonne ist quasi die transzendentale Idee der Ideen, da sie »hinter« den Ideen das Wahre, Gute und Schöne verkörpert: Auf dem Grunde des Seins herrschen Eindeutigkeit, Glanz und Gerechtigkeit. Wir haben es hier mit einer anthropologischen, ja ontologischen Pädagogik zu tun. Eine solche rekurriert auf die Momente der Notwendigkeit, Vollständigkeit, Unveränderbarkeit, Wahrheit, Ungemischtheit und Unverbildetheit; in ihr nimmt die Theorie des Lernens einen prominenten Platz ein.

Das ideelle Gedächtnis ist der Ort, an dem die Modelle der Realität aufgehoben sind. Wahres Wissen besteht in der Erinnerung an die Modelle mit der Möglichkeit, Urbilder und Abbilder miteinander zu vergleichen und ggf. in Übereinstimmung zu bringen. Das Gedächtnis hat dabei die Funktion einer ontologischen (Selbst-)Vergewisserung, die entscheidet, ob die Abdrücke der Sinneswahrnehmung den Grundabdrücken entsprechen. Das ideelle Gedächtnis im Sinne Platons ist somit keines, das durch Visualisierung oder In- und Auswendiglernen gebildet oder durch eine direktive Erziehung erzielt werden kann; auch kann Gedächtnisbildung nicht durch die Musik vorangetrieben werden, die nach Platon »Zeitmaß und Wohlklang« – damit Ordnung, Systematik und Tugendhaftigkeit – vermittelt und so die Basis jeder richtigen Erziehung bildet (Platon, Politeia, 401d). Die wahre Gedächtnisbildung und die eigentliche Lernleistung wird letztlich durch einen »Blitz« selbst erzeugt: »Indem es vermöge der langen Beschäftigung mit dem Gegenstande und dem Sichhineinleben, wie ein durch einen abspringenden Feuerfunken plötzlich entzündendes Licht in der Seele sich erzeugt und dann durch sich selbst Nahrung erhält« (Platon, Briefe, 341d)[30].

Das Gedächtnis (anamnesis) erscheint so bei Platon lediglich als retendierende und retrospektive Fähigkeit, der es gelingt, die Dinge der unvergänglichen Vergangenheit so an das künstliche Licht der (platonischen) Höhle zu projizieren, dass deren Unwandelbarkeit, Ewigkeit und Natürlichkeit es den (philosophischen) Menschen ermöglicht, den Weg zum Licht der wahren Erkenntnis zu finden. »Eine vergeßliche Seele wollen wir also unter die gründlich philosophischen nie einzeichnen, sondern darauf sehen, daß eine solche ein gutes Gedächtnis haben müsse« (Platon, Politeia, 486d). Führt aber der wahre Weg zum Wissen und zur Tugend über die *anamnesis*, die als Voraussetzung eine Seele im »Zustande des Gelernthabens« impliziert, so verbleibt als einzig technisch-pädagogische Möglichkeit des Lernens, die Seele »durch Fragen aufzuregen«, um die darin sich befindlichen Vorstellungen zu Erkenntnissen werden zu lassen, die sich durch »begründendes Denken« (Platon, Menon, 86a, 98a) auszeichnen.

Die platonische Anamnesislehre, die Sokrates als Antwort auf die Frage diente, wie wir denn etwas finden können, wenn wir nicht einmal wissen, wie und wo wir es suchen sollen, sieht sich als metaphysisches Konstrukt einer pränatalen Schau der Ideen erheblichen Begründungsproblemen ausgesetzt, erweist sich aber als Interpretationspro-

---

30 »Das Lernen geht nicht in dem auf, was sich durch eine analytisch nachprüfbare Lehre vermitteln lässt. Das, worauf alles Lehren abzweckt, kann zwar vorbereitet, im Gespräch ermöglicht werden; es entzieht sich aber einer direkten Darstellung« (Prange 1989, S. 57).

gramm, das die eigenen Voraussetzungen zu klären hat, bevor es zu interpretieren beginnt, durchaus als sinnvoll.

Im Zentrum der Lerntheorie von Aristoteles (384–322 v. Chr.), einem Schüler Platons, steht das praktische, »ethische« Lernen, das Lernen aus Erfahrung. Wie bei Platon die entscheidende Instanz des Lernens das Gedächtnis bildet, so gilt für Aristoteles als Basis des Lernens die Polis[31]. Und wie auch Platon vertritt Aristoteles die Ansicht, dass das Lernen nicht voraussetzungslos beginnen kann, sondern von einem schon Bekannten zu einem noch nicht Bekannten verlaufen muss (Aristoteles, Topik, 141a). Ausgangspunkt des Lernens ist dabei das Staunen, dem Aristoteles (Rhetorik, 1371b) die »Begierde zu lernen« und die Veränderung der Unwissenheit zuschreibt. Da aber Aristoteles seine Lerntheorie nicht in der Grundlage angeborener Ideen fundiert, beginnt der Lernprozess mit der Wahrnehmung[32] und den Sinnesdingen und schreitet dann fort bis hin zum Allgemeinen und zur (wissenschaftlichen) Erkenntnis der Dinge (Aristoteles, Metaphysik, 980a ff., 1029b ff.). »Ferner scheint jede Wissenschaft lehrbar zu sein und der Gegenstand des Wissens lernbar. Jede Belehrung geht von vorher Bekanntem aus [und] erfolgt durch Induktion oder durch Schlussfolgerung. Die Induktion ist auch das Prinzip des Allgemeinen, die Schlussfolgerung geht dagegen vom Allgemeinen aus« (Aristoteles, Nik. Ethik, 1139b)[33]. Von der These aus dem ersten Buch der *Politik* ausgehend, dass der Mensch ein Staaten bildendes, politisches Wesen sei (»zoon politikon«; Aristoteles, Politik, 1253a), und eingebettet in die anthropologische Frage nach einem guten und glücklichen Leben als Ziel aller menschlichen Bestrebungen, bilden die Belange des Staates den Hintergrund der Lerntheorie. Dabei bleiben der Staat und das Lernen wechselseitig aufeinander bezogen. Der Staat stellt die politischen, sozialen, sittlichen, pädagogischen etc. Lerninhalte und -formen zur Verfügung, doch ohne das Erlernen dieser Formen und Inhalte ist er weder überlebensfähig, noch ist ein gutes, glückliches und vollkommenes Leben in ihm möglich. Die Polis ist der dem Menschen entsprechende Kontext, der aus diesem macht, was er werden soll: einen Menschen.

Aristoteles hat dabei die Vorstellung eines optimalen Kleinstaates im Blick, der groß genug ist, um unabhängig (autark) zu sein und nicht zu groß, um unregierbar zu werden (Aristoteles, Politik, 1326a, b). Des Weiteren setzt er eine Verfassung voraus, die im Hinblick auf die meisten Menschen als die beste gelten kann (ebd., 1295a) und die den optimalen Rahmen für die tugendhaftesten und autarksten Polismitglieder bietet

---

31 Der Begriff »Polis« bezeichnet in seiner klassischen Bedeutung einen sich selbst regierenden Staat. Die größte Polis, Athen, umfasste ca. 1 600 Quadratkilometer, ihre höchste Einwohnerzahl betrug um 430 vor Christus ca. 250 000 Menschen: Männer, Frauen, Kinder – Freie und Sklaven (zum Vergleich: Korinth: 90 000, Theben, Argos, Kerkyra, Akragas je 40 000 bis 60 000). Die Anzahl der kleineren griechischen Poleis schätzt man auf etwa 1500. Die Polis lässt sich als ein gemeinsam handelndes Volk verstehen, das sich in seinen Versammlungen direkt mit den sozialen, rechtlichen und politischen Problemen auseinandersetzen konnte.

32 »Das Wahrnehmen entspricht ja nicht dem Lernen, sondern der Anwendung des Wissens« (Aristoteles 1997, S. 62).

33 Dasjenige, was man nicht von einem anderen erlernen kann, ist die künstlerische Kreativität – sie gründet in der Natur (Aristoteles, Poetik, 1459a).

(ebd., 1260b). Der Staat ist für Aristoteles vor allem eine Gemeinschaft von tugendhaften Ebenbürtigen, eine Bürgervereinigung von freien Männern, die nicht nur das Regieren gelernt haben, sondern auch, sich regieren zu lassen. Insofern sind die Adressaten, die Aristoteles in den pädagogischen Teilen seiner Schriften thematisiert (Politik, 7. und 8. Buch; Nik. Ethik, 2. und 10. Buch), weder die Frauen, noch Bauern und Handwerker oder Tagelöhner, Gastarbeiter und Sklaven, sondern freie adlige Männer. Das Niveau der Vollkommenheit der Polis richtet sich, obwohl der Staat für alle Bürger da zu sein hat, nach der Qualität dieser Vollbürger. Sind diese zu einem tugendhaften Leben befähigt, so ist der »Durchschnittsnutzen« des Guten auf einem hohen Niveau, das sich dann auf einem niederen einpendelt, wenn man auch noch die »Banausen« dazurechnet (Aristoteles, Politik, 1283a–1284a). Das Ziel des Staates muss es also sein, die ethisch Qualifiziertesten im Verwirklichen ihrer Tugenden regieren und zugleich alle (Voll-)Bürger an der Erziehung teilhaben zu lassen, will der Staat denn sein physisches und tugendhaftes Überleben sichern.

Ausgehend von der schon durch die Sophistik bekannten Trias von Natur(-anlage) (physis), Belehrung (didaxe, logos) und Gewöhnung (ethos) verlegt Aristoteles den Schwerpunkt seiner Lerntheorie auf die Gewöhnung, kommt es doch vor allem auf das Erlernen der richtigen Gewohnheiten, der Übung der Tugend um der Tugend willen, an (Aristoteles, Politik, 1334b). »Die Eigenschaften entstehen aus den entsprechenden Tätigkeiten. Darum muß man die Tätigkeiten in bestimmter Weise formen. Denn von den Besonderheiten hängen dann die Eigenschaften ab. Es kommt also nicht wenig darauf an, ob man gleich von Jugend auf an dies oder jenes gewöhnt wird; es kommt viel darauf an, ja sogar alles« (Aristoteles, Nik. Ethik, 1103b). Im Lernen geht es um die Eingewöhnung in die sozialen Lebensformen, die Ausdruck des Guten und Glücklichen sind (ebd., 1095b–1096a). Für Aristoteles und die gesamte Antike ist die Gemeinschaft mit ihrer Sitte die beherrschende Lernmacht, indem das Lebenssystem der Gemeinschaft unreflektiert durch sich selbst erzieht. Pädagogik im Sinne eines systematischen Unterrichts und einer Lehre, die ein Lehrer-Schüler-Verhältnis voraussetzen, gewinnen im Grunde erst im 5. Jahrhundert für die aristokratische Schicht an Bedeutung (Scheuerl 1985, S. 21 ff.). Die Grenze des tugendhaften Lernens wird durch den Alltag bezeichnet; der Ursprung des (moralischen) Handelns und Verhaltens ist die konkrete Sittlichkeit der Sitten, die nach Aristoteles wiederum Ausdruck der Natur des Menschen ist. Allerdings deutet sich schon bei Aristoteles mit der starken Akzentuierung der Rezeptivität des Lernenden eine systematischere Didaktik an (vgl. Aristoteles 1997, S. 95).

Die aristotelische Lerntheorie orientiert sich also nicht nur an der Politik insofern, als diese Ausdruck des natürlich Guten qua Vernunft und Geist ist und auch nicht nur an der Ethik qua Bestimmung der Wertrangfolge, sondern an der sich durch die natürlichen Lebensformen zeigenden Idee der Natur (Aristoteles, Politik, 1334a). An dieser Idee lassen sich die drei Grundsätze der Erziehung – das Maß, das Mögliche und das Passende (ebd., 1342b) – konkretisieren. So bestimmt die Natur als *Maß* die innere Übereinstimmung des Menschen mit sich selbst als vernünftiges, geistvolles Wesen (Aristoteles, Nik. Ethik, 1102b, 1107a, 1119b, 1169a), bestimmt als die *Möglichkeiten* des Lernens Gewöhnung und Hören und als das *Passende* eines öffentlichen Lernens Grammatik, Zeichnen,

Gymnastik und vor allem Musik (in Form der ethischen, praktischen und enthusiasti-
schen Musik) (Aristoteles, Politik, 1337b, 1341b, 1342b). Zugrunde liegt allen (pädagogischen) Überlegungen von Aristoteles das moralische Postulat einer Übereinstimmung
mit der Natur. Erziehung, so heißt es, sei nur eine »Ergänzung der Natur« (ebd., 1337a).
Das von Natur aus Seiende hat den beherrschenden Anfang (arche) der Bewegung und
der Ruhe in sich selbst; Natur ist das »Zugrundeliegen des Zugrundeliegenden«, sie ist
zugleich das Werden als Vollendung des Geeignetseienden.

Im praktischen Mittelpunkt des Lernens stehen Gewöhnung und Hören (Aristoteles,
Politik, 1332b), die Aristoteles im pädagogischen Medium der Musik zusammenführt.
Für die Griechen insgesamt besteht der Unterricht in einer Schulung, die den Leib und
die Seele zugleich betrifft. Vorlesen, Hören, Mythos, Rhythmus und Melodie prägen
nicht nur das Gedächtnis, sondern bilden zugleich auch die Basis einer (spielerischen)
körperlichen Erziehung. Da Musik, Tanz, Gesang, Gymnastik und Rezitieren zusam-
mengehören, stehen Sprechen und Denken, Hören und Fühlen, Leib und Seele in einem
Bildungszusammenhang. Die Auswahl der Musik richtet sich nach pädagogischen und
politischen Gesichtspunkten, die festlegen, was erlaubt und geboten ist; die dabei getroffenen Entscheidungen zielen in ihrer Orientierung auf das Wahre, Schöne und Gute auf
den dementsprechenden Charakter des *kalonagathos*, das meint: die bestmögliche Verfassung des Menschen.

Gerade mit Bezug auf die *kalokagathia* wird die Bedeutung der Musik besonders deutlich. Musik – *musike* – ist keine ästhetische Kunst, sondern eine mathematische, zahlen-
förmige Wissenschaft[34]. Sie ist für das antike Griechenland insgesamt das Verbindungs-
glied zwischen den verschiedenen Formen der Bildung, da sie als Tanz mit der
Gymnastik und durch den Gesang mit der Dichtung in Verbindung steht; sie bildet die
kulturelle Mitte eines auf den höfischen Adel des antiken Griechenlands zurückgehen-
den Bildungsgedankens. »Musik«, die als Kunstform für Aristoteles Literatur und Tanz
umfasst, wird als der wichtigste Teil der Erziehung betrachtet, dringen doch durch sie
Harmonie und Rhythmus am tiefsten in die Seele ein. Insofern erklärt sich die Privile-
gierung des Hörens: »Der Gehörsinn, der bloß mit den distinktiven Merkmalen der
Töne, bei manchen Lebewesen auch der sprachlichen Äußerungen bekannt macht, trägt
zur Einsicht am meisten bei. Denn dadurch, dass die Sprache gehört wird, begründet sie
das Lernen, freilich nicht an sich, sondern nur indirekt, denn sie besteht aus Wörtern,
deren jedes ein Symbol darstellt« (Aristoteles 1997, S. 49). In diesem Sinne taucht in der
Politik mehrmals die Frage auf, ob es sinnvoller ist, die Musik nur zu genießen oder sie
selbst auszuüben (Aristoteles, Politik, 1339b ff.). In der Musik gehen die lernenden
Momente »Gewöhnung« und »Hören« zusammen, denn Musik verkörpert das soziale
und anthropologische Ethos. So erzeugt sie im Praktizieren der richtigen Harmonien
und Rhythmen die Freude an richtigem Urteilen und tugendhaftem Handeln. Im Hin-

---

34 Neben dem Rhythmus als der numerisch feststellbaren inhaltlichen oder zeitlichen Wiederholung von Abschnitten spielt die Harmonik in der wissenschaftlichen Untersuchung für die
   Griechen eine wichtige Rolle, rekonstruiert diese doch die Zahlenverhältnisse, welche die verschiedenen Intervalle der Tonleiter darstellen (Marrou 1977, S. 343).

blick auf das Erlernen des vollkommenen Lebens in Muße gilt es nicht nur, das Genießen bzw. den Intellekt, sondern auch den Charakter und den Körper auszubilden, muss die theoretische, dianoetische Vernunft ebenso entwickelt werden wie die praktische, ethische Vernunft. Hierzu ist die Musik im hohem Maße geeignet, vermittelt sie nicht nur die der Vernunft gemäßen Formen, sondern auch die Lust, die dementsprechenden Handlungen in Gang zu bringen, sowie die Lust, die sich als Resultat einer gelungenen, »harmonischen« Handlung und Haltung ergibt. Sie stellt zudem, wie Aristoteles bemerkt, eine der Jugend äußerst angemessene Lehrmethode dar. Und wenn das praktische Erlernen der Musik weder spätere Tätigkeiten hemmt, noch den Körper verbildet, dient sie im hohen Maße der Bildung, der Reinigung (katharsis) von Affekten und der richtigen Lebensart (Aristoteles, Politik, 1340b, 1341a, b, 1342a).

Dabei ist das frühe Kindesalter kein Lernalter. Die Kindheit steht für die Antike als Zeit der »liebenswürdigen Unmittelbarkeit«; Kinder werden ihren Neigungen überlassen, man nimmt ihnen gegenüber die Haltung einer »belustigenden Nachsicht« an (Marrou 1977, S. 275). Lernen soll in den frühen Lebensjahren nicht stattfinden, so Aristoteles, »damit das Wachstum nicht gehindert« wird, wird doch das Lernen nicht mit dem Spiel, sondern mit einer »beschwerlichen Angelegenheit« identifiziert (Aristoteles, Politik, 1136a, 1338a). Für Aristoteles gelten als eigentliche Lehrjahre die späteren Kinderjahre vom 7. bis zum 14. und dann die Jünglingsjahre vom 14. bis zum 21. Lebensjahr. So folgt der Lernprozess in biographischer Hinsicht einem Stufengang, der von Anfang an die richtigen Haltungen und Handlungen durch Spiel und (unreflektierten) Nachvollzug[35] vermittelt und der in der späteren Kindheit und Jugend ergänzt wird durch die Übung und die Einsicht in das erforderliche Gute.

Aristoteles rückt in diesem Lernprozess gerade auch in Kindheit und Jugend immer wieder die Affekte und Leidenschaften in den Mittelpunkt. Hier gilt es die richtige, das heißt »mittlere« Einstellung gegenüber den Trieben und Neigungen zu entwickeln. Maßgebliche Grundlage des Lernens ist also für Aristoteles das rechte Maß, das rechte Verhältnis, das Mittel-Maß (mesotes)[36] gegenüber den Begierden. Das Erlernen des richtigen Umgangs mit den Affekten wird, ohne dass man dieses mathematisch genau berechnen oder allgemeingültig festlegen kann, durch das quantitative Maß des Mehr bzw. des Übermaßes oder des Weniger bzw. des Mangels bestimmt (Aristoteles, Nik. Ethik, 1106a). So bildet etwa die Tapferkeit die Mitte zwischen Angst und Verwegenheit.

---

35 In der *Poetik* (1448b) lesen wir, dass das Nachahmen dem Menschen angeboren ist, dass dieser im Vergleich zu anderen Lebewesen in besonderer Weise zur Nachahmung fähig ist, sowie dass diese in hohem Maße Lust gewährt: »Das Lernen bereitet nicht nur den Philosophen größtes Vergnügen, sondern in ähnlicher Weise auch den übrigen Menschen (diese haben freilich wenig Anteil daran)«.

36 Das Mittlere lässt sich nach Aristoteles arithmetisch, geometrisch oder logisch bestimmen. Eine quantitative (arithmetische) Bestimmung betrifft das Zuviel oder Zuwenig (z. B. einer moralischen Tugend); eine logische die Mitte eines im praktischen Syllogismus erreichten Schlusssatzes (von allen zur Verfügung stehenden Handlungsmöglichkeiten ist X die beste, um Y zu erreichen), und eine geometrische (proportionale) Mitte betrifft das symmetrische Verhältnis nach der Form »A : B = C : D«.

Aristoteles betont mit seiner regulativen Idee der Mitte der tugendhaften Haltungen hier nicht das Eliminieren von Leidenschaften, sondern deren Regulierung im Dienste der Vernunft. »Denn wie das Kind nach dem Befehl des Lehrers leben muß, so auch das Begehrende nach der Vernunft« (ebd., 1119b).

Außer dem Lernen einer vernünftigen Haltung gegenüber Trieben und Leidenschaften, Lust und Schmerz, geht es Aristoteles um die Tugend der Verständigkeit: »Sondern wie man beim Lernen vom Verstehen spricht, wenn man die Wissenschaft anwendet, ebenso ist es, wenn man das Meinen anwendet zur Beurteilung der Gegenstände, mit denen sich die Klugheit befasst, und zwar fremder Meinung gegenüber, und zur richtigen Beurteilung. [...] Der Name der Verständigkeit, durch die man verständig ist, kommt aus dem Verstehen beim Lernen. Denn wir sagen oft Verstehen für Lernen« (Aristoteles, Nik. Ethik, 1143a). In diesem Sinne muss man bei Aristoteles zwei Lernbegriffe unterscheiden, einerseits ein gewohnheitsmäßiges, tätiges Lernen, in dem im Idealfall die intendierte Tugend und das Ausüben dieser Tugend im Lernprozess zusammenfallen: »Denn was wir durch das Lernen zu tun fähig werden sollen, das lernen wir eben, indem wir es tun« (ebd., 1103a). Neben diesem *ethischen* Lernen (im griechischen Sinne von Gewohnheitslernen) lässt sich andererseits das erfahrungsvermittelte, *verständige* (dianoetische) Lernen als Lernen der Einsicht in das Erforderliche festhalten. Dieses verständige, auf Erfahrung beruhende Lernen benötigt einen biographischen Reifeprozess, der über den Zeitraum der Jugend hinausführt. So kann man zwar in der Jugend »schon Geometer, Mathematiker und überhaupt in solchen Dingen weise sein, nicht aber klug. Die Ursache ist, dass die Klugheit sich auf das Einzelne bezieht und dieses erste durch die Erfahrung bekannt wird. Ein junger Mensch kann aber diese Erfahrung nicht haben, denn sie entsteht nur in langer Zeitdauer« (ebd., 1142a). Erfahrungen, so heißt es an anderer Stelle (Aristoteles, Metaphysik, 980b, 981b), machen wir dann, wenn wir viele Erinnerungen zu einem Sachverhalt assoziieren und verknüpfen, so dass wir diesen als Einzelfall kennen; Aristoteles differenziert hier die Erfahrung als Erkenntnis des Einzelnen von der Kunst als Erkenntnis des Allgemeinen, da diese in der Lage ist, die Ursache eines Einzelfalls zu verstehen. Im Lernen kommt es daher vor allem darauf an, »Eigentümlichkeiten« zu vermitteln (Aristoteles, Topik, 131a).

Für beide Lernbegriffe aber, ob sie von einer kontinuierlichen Wiederholung von Handlungen und Haltungen oder von einem Verstehen des Einzelnen sprechen, gilt, dass sie *induktiv* vorgehen. »Gelernt haben« bedeutet dementsprechend nicht wie bei Platon das Deduzierenkönnen aus unsterblichen Ideen, sondern eine sich einer induktiven Leistung verdankende und aus praktischen und theoretischen Einzelakten gebildete Disposition, in der im optimalen Falle die habitualisierten Tugendhaltungen mit den reflexiven Urteilsvermögen konvergieren (Aristoteles, Nik. Ethik, 1105a). Weil aber so das Ziel des Lernens mit dem Lernprozess in unmittelbarer Verbindung steht, gilt es im gesamten Lernprozess, dessen eigentliches, natürliches Ziel nicht aus dem Blick zu verlieren, das (nur) in der Muße mögliche Glück. Die Muße geht bei Aristoteles einher mit einer Distanz zum gelebten Leben, mit einem Abstandnehmen von den Sorgen des Alltags, mit einem kontemplativen Versenken in die Gegenstände, mit einem interesselosen Wohlgefallen, das dem Philosophen die Welt und sich selbst in neuem Licht erscheinen lässt. Die Muße ist vor allem ein Zustand des Glücks, ist sie doch als Betrachtung autark – d. h. sie besitzt alles und entbehrt nichts –, entspricht sie darüber hinaus dem anthropologisch besten Teil des Menschen, dem Geist, ist sie des Weiteren eine kontinuierliche Tätigkeit (»Denken können wir leichter als irgend etwas anderes anhaltend tun«, Aristoteles, Nik. Ethik, 1177a), wird sie doch wegen ihrer selbst geliebt und ist so letztes Ziel menschlichen Lebens, das darüber hinaus auch noch Lust vermittelt (ebd.). Letztlich ist die Muße die gottähnlichste Haltung, die der Mensch einnehmen kann; diese bildet die zentrale Lernaufgabe, besteht doch die unbedingte Verpflichtung des Menschen darin, nach dem Unsterblichen zu streben (ebd., 1177b).

Mittelalter und Renaissance

Bei Augustinus (354–430) findet man eine christliche Variante des platonischen Lernkonzepts. Wie dieser lehnt Augustinus eine Fundierung des Lernens in der Wahrnehmung und den Sinnen ab (Augustinus, Civitate Dei, 8, 7) und begründet es in den »versteckten Höhlen« des Gedächtnisses: »Woher also und auf welchem Wege sind diese Dinge in mein Gedächtnis gekommen? Ich weiß nicht wie. Denn als ich sie lernte, hab' ich nicht einem fremden Geist geglaubt, sondern sie in meinem eigenen erkannt, als wahr bestätigt und sie gleichsam zur Aufbewahrung anvertraut, um sie nach Bedarf hervorzuholen. [...] Sie mussten also schon in meinem Gedächtnis sein, aber so fern und so verborgen, gleichsam in versteckten Höhlen, dass ich sie vielleicht niemals hätte erdenken können, wären sie nicht durch eines andern Wort hervorgezogen« (Augustinus, Conf., 10, X). Lernen ist also im strengen (platonischen) Sinne nicht Wiedererinnerung, sondern lediglich Erinnerung, da die Wahrheit der Dinge noch nicht erkannt worden sein muss. Angenommen werden müssen in dieser Lerntheorie einerseits präexistente, intelligible Vorstellungen der Dinge und andererseits die Möglichkeit, dass der Geist das Vorhandensein geistiger Wahrheiten auch erkennen kann. Diese werden, so Augustinus, in jedem erinnernden, lernenden Akt gleichsam aus dem Dunkel des Gedächtnisses hervorgeholt, denkend eingesammelt (cogitare, denken = aus der Zerstreuung zusammensammeln, vgl. ebd., 10, XI) und dem Geist zur (dauernden) Verfügung gestellt.

Letzter Bezugspunkt des Lernens ist für Augustinus aber nicht mehr wie bei Platon die metaphysische Ideenlehre, sondern die christliche Gotteslehre. Dabei bewegt sich der Lernprozess vom Sichtbaren zum Unsichtbaren und damit zu einer ewigen, göttlichen Wahrheit, die nur mit dem Geist geschaut werden kann: Es geht um das Erlernen der Wahrheit des seligen Lebens. Gott verbürgt die Wahrheit des Lernens und des Gelernten. Lernen selbst wird als innerer Weg zu Gottes Wahrheit verstanden. Man kann dabei bei Augustinus eine *soziale* Form des Lernens von einer *individuellen* unterscheiden, wobei die erstere zur zweiten in einem propädeutischen Verhältnis steht. So entwickelt Augustinus in *De catechizandis rudibus* eine historisch wirksame Didaktik, deren Effektivität weniger in den belehrenden Worten, sondern in der sozialen Beziehung von Lehrer und

Schüler gründet (vgl. Künzli 2004, S. 622 f.). In diesem Lehr-Lernkonzept liegt der Schwerpunkt auf den Einstellungen von Lehrer und Schüler sowie auf ihrem Vertrauensverhältnis. Auf dieser Grundlage bildet der Lernprozess einen Initiationsakt, in dem erzählende Lehrvorträge mit individueller Lektüre zu festen Lernschritten verknüpft werden. Zentral sind: die Motivation des Lernenden[37], der Einstieg in den Lernprozess, die mit diesem verbundenen Zustimmungs- und Glaubenserklärungen und die unterschiedlichen Lernvoraussetzungen der Katechumenen. Im Zentrum dieses Lernprogramms steht die soziale Interaktion zwischen Lehrendem und Lernendem.

Allerdings steht insgesamt im Mittelpunkt der augustinischen Lerntheorie nicht ein Konzept des *sozial vermittelten* Lernens, eines Lernens am und durch den Anderen, sondern vielmehr ein *inneres, christliches* Lernprogramm[38]. Augustinus, dessen Werk am Übergang von der Antike zum Mittelalter steht und in dem sich der Verfall der antiken Bildung ebenso abzeichnet wie die noch unsichere Entwicklung der christlichen Lehre, verankert das wahre Wissen und das eigentlich Lernenswerte in einer christlich verstandenen metaphysischen und somit sicheren Innenwelt des Subjekts. Denn das Heil des Menschen soll nicht von einer unsicheren äußeren Bildung abhängig gemacht werden. So ist auch die antike Bildung für Augustinus lediglich Propädeutik der göttlichen Offenbarung, bedarf der Mensch doch »der göttlichen Weisung, der er in Sicherheit gehorcht und der göttlichen Unterweisung, um in Freiheit zu gehorchen« (Augustinus, Civitate Dei, 19, 14). Deutlich wird dies vor allem in der Schrift *De magistro*, in der Augustinus den Wert der sprachlichen Bildung diskutiert. Herausgearbeitet wird, dass Wörter als Zeichen für die Erkenntnis der Wahrheit letztlich nutzlos sind: Sie lehren nichts. Wissen, Einsicht und Wahrheit ermöglicht nur Gott, der wahre und einzige Lehrmeister. »Jener aber, der befragt wird, lehrt, der, von dem es heißt, er wohne im inneren Menschen: Christus, das ist die unveränderliche Kraft Gottes und die ewige Weisheit« (Augustinus, De magistro, 11, 38)[39].

Lernen bedeutet hier einsehen, dass die Wahrheit mit Christus identisch ist. Wenn die Wahrheit des Menschen in seinem Inneren zu finden ist – »In interiore homine habitat veritas« (Augustinus, Ver. Rel., XXXIX, 72) –, so ist es Gott, der als Zentrum des Menschen diesem die Wahrheit vermittelt. Lernendes Denken ist Denken seiner selbst und seiner göttlichen Voraussetzungen. Die Wörter und die Zeichen können die Menschen allenfalls auffordern, sich auf die Suche nach der Wahrheit zu begeben. So fasst Adeodat,

---

37 »Wenn die Lernbegierde den Zuhörer oder Gesprächspartner festhält und ihm nicht die geistige Fähigkeit dazu fehlt, diese Dinge aufzunehmen, wie auch immer sie vermittelt werden, dann kümmert sich jener, der lehrt, nicht darum, mit wie großer Beredsamkeit er lehrt, sondern mit wie großer Transparenz der Beweisfähigkeit« (Augustinus, Doctrina, 4. Buch, 63).

38 Dass ein Lernen durch andere nicht ausgeschlossen wird, macht Augustinus an der Weitergabe des durch die Heilige Schrift Verstandenen an seine Schüler deutlich (vgl. Augustinus, Doctrina, Prolog).

39 So heißt es entsprechend in der *Doctrina* (4. Buch, 94): »Daher lernt niemand auf rechte Weise diejenigen Dinge, die sich auf ein Leben mit Gott beziehen, selbst mit der Unterstützung von heiligen Menschen oder dem Wirken von heiligen Engeln, wenn er nicht von Gott für Gott gelehrig gemacht wird [...]«.

der Schüler und Sohn Augustinus', gegenüber seinem Lehrer und Vater am Ende des pädagogischen Dialogs *De magistro* zusammen: »Ich habe in der Tat durch die Aufforderung deiner Wörter gelernt, dass der Mensch durch Wörter lediglich aufgefordert werden kann zu lernen und dass es ganz unwahrscheinlich ist, dass durch das Sprechen ein bedeutender Gedanke des Sprechenden zum Vorschein kommt. Ferner habe ich gelernt, dass, ob Wahres gesagt wird, allein der lehrt, der daran erinnert hat, dass er, obwohl er draußen spricht, im Inneren wohnt« (Augustinus, De magistro, 14, 46). Dass durch die Zeichen nichts gelernt werden kann, hängt mit der für Augustinus fundamentalen Differenz von Wort und Sache zusammen. Wenn dem Schüler nur ein Zeichen vermittelt wird, kann er dieses so lange nicht verstehen, wie er nicht weiß, auf was sich dieses Zeichen bezieht; wenn man aber die Sache kennt, auf die sich das Zeichen bezieht, dann lehrt einen das Zeichen selbst nichts, was man nicht ohnehin wüsste[40]. Man kann entweder den Wörtern glauben oder die Dinge lernen. »Infolgedessen lernt man ein Zeichen eher durch die erkannte Sache denn die Sache als solche durch das gegebene Zeichen kennen« (ebd., 10, 33); und man lernt dann, wenn man bei der Wahrnehmung der Dinge sich deren Vorstellungen im Gedächtnis erkennend vergewissert. So lernen wir, wenn wir Wörter lernen, lediglich »den Klang und das Geräusch von Wörtern« und wenn wird uns die Bedeutung von Wörtern bewusst machen, handelt es sich nicht um Lernen, sondern um Aktualisieren von Bezeichnungen (ebd., 11, 36).

Denkendes, erkennendes und erinnerndes Lernen bezeichnet einen individuellen Lernprozess, der von außen, vom Lehrer, lediglich angestoßen, begleitet und bestätigt werden kann. »Die Autorität verlangt Glauben und bereitet den Menschen auf die Vernunft vor. Die Vernunft führt zu Einsicht und Erkenntnis« (Augustinus, Ver. Rel, XXIV, 45). Das, was als Unbezweifelbares den letzten Grund des Individuums bildet, kann von diesem nur allein in seinen inneren, nicht in äußeren Maßstäben gefunden werden. So verläuft dieser intelligible Lernprozess in Richtung Selbstaufklärung der Seele als Aufdeckung ihres göttlichen Ursprungs (ebd., LIII, 102). Um sich dem inneren Lehrer zuzuwenden, ist vor allem ein guter Wille nötig (Flasch 2003, S. 103). Und das Ziel dieser Suche ist die ewige Ruhe (Augustinus, Doctrina, 1. Buch, 92, 2. Buch, 63). »Et inquietum est cor nostrum, donec requiescat in te« – »Und unruhig ist unser Herz, bis es ruht in dir« (Augustinus, Conf., 1, I).

Im Mittelpunkt der Theorie des Lernens von Michel de Montaigne (1533–1592) steht die Idee einer vernünftigen individuellen Lebensführung, das *savoir vivre* oder die Lebenskunst, die auch noch die Kunst zu sterben umfasst. Ausgehend von der Idee, dass

---

40 Diese These nimmt Augustinus in *De Doctrina christiana* zurück, insofern man das Heilsgeschehen vermittelt über die Heilige Schrift nur aus Zeichen erlernen kann (1. Buch, 4). Und so heißt es dann: »Nichts muß freilich mehr dem Gedächtnis eingeprägt werden als jene Gattungen von Wörtern und Redeweisen, welche wir nicht kennen, damit wir uns ihnen leicht mit Hilfe des Gedächtnisses zuwenden und sie lernen können« (2. Buch, 51; vgl. auch 2. Buch, 121). Dabei behält Augustinus die Gefahr im Auge, dass die Zeichen für die Sache selbst genommen werden könnten und dass es zu einer falschen, weil z. B. wörtlichen Auslegung kommen kann. Insgesamt betont er aber die Notwendigkeit und die Verwertbarkeit der Heiligen Schrift und ihr Verständnis für den Beruf des Geistlichen und das Leben der Menschen.

der Sinn des Lebens in seiner Gestaltung liegt, kann man nicht nur das Schreiben der *Essais* als Projekt einer vernünftigen Lebensgestaltung durch Selbstbeschreibung und Selbsterkenntnis betrachten, sondern auch als skripturales Lernprogramm, in dem man anhand von Texten eine Auseinandersetzung seiner Selbst- und Weltbeziehung bewerkstelligt. Der implizite Lernprozess des Schreibens zielt darauf, Selbsterforschung in der und durch die Literatur, durch Anekdoten, Berichte, (antike) Philosophien und Zitate sowie biographische Erlebnisse zu betreiben, um so dem Facettenreichtum des menschlichen Lebens gerecht zu werden. Das Lernen selbst ist essayistisch, ein Versuch, der auf keine endgültige Aussage begrenzt und der in kein System eingeordnet werden kann. Lernen ist ein unabschließbarer, kontingenter und radikal individueller Prozess, dessen Problematiken den Mitmenschen allerdings als Warnung dienen können: »Indem ich mir meine Unvollkommenheiten öffentlich vorwerfe«, schreibt Montaigne (zit. n. Schmidt 1991, S. 50), »wird man sie fürchten lernen.« Lernen als stetige Verbesserung der Selbsterkenntnis und als gesteigerte vernünftige Lebensformung zielt somit auf Selbstvervollkommnung als Entwicklung der individuellen Möglichkeiten. Diese radikale Wendung zum Individuum ist einem stoischen Lernkonzept geschuldet, das die Unveränderlichkeit der Welt und die Fragilität des Körpers zugunsten der Entwicklung der individuellen seelischen Fähigkeiten anerkennt[41].

Die Pädagogik hat hier die Aufgabe, an die Erfahrungen und Interessen der Lernenden anzuknüpfen, um so die Lernmotivation der Einzelnen zu fördern (Montaigne, Essais, I.25). Konkret meint dies, die natürlichen Anlagen des Menschen Gewohnheiten, Meinungen, Gesetze und Regeln beeinflussen und verdecken zu lassen und Lerninhalte so auszusuchen, dass sie eine vernünftige einheitliche Lebensführung, eine innere Beobachtung, eine tugendhafte Gesinnung und literarische und wissenschaftliche Bildung möglich machen. Montaigne empfiehlt hier neben der Introspektion vor allem die Beobachtung der Menschen im geselligen Umgang, die Wahrnehmung von Sitten und Gebräuchen sowie die Rekonstruktion und Bewertung von Motiven und Verhalten, verbunden mit dem Erlernen von Sprachen und dem Reisen. Im Umgang mit einer Pluralität an Lebensformen und Anschauungsweisen hat der Heranwachsende sein eigenes Urteil – unabhängig von Autoritäten – zu bilden. So soll gelernt werden, »was Wissen und Nichtwissen heißt [...], worin Tapferkeit, Mäßigkeit und Gerechtigkeit bestehen, wie sich Ehrgeiz und Habgier, Knechtschaft und Unterordnung, Zügellosigkeit und Freiheit unterscheiden, woran man wahrhafte und festgegründete Zufriedenheit erkennt, wie weit Schmerz, Tod und Schande zu fürchten sind [...], welche Triebfedern uns in

---

41 »Weil wir nicht genug gelernt haben, unsere eigentlichen Freuden im Seelischen zu suchen, weil wir nicht genug auf das Seelische bauen, wovon doch allein und entscheidend unser Wesen bestimmt wird, und weil wir die seelischen Kräfte nicht genug gegen die Schwachheit des Fleisches mobilisieren« (Montaigne, Essais, I.40), kommen den Menschen Schmerzen unerträglich vor. – Es wäre hier im Einzelnen zu zeigen, inwieweit Montaignes Lerntheorie den stoischen Maximen der Autarkie, Ataraxie, Apathie, Alypie (Schmerzfreiheit) und Eleutheria (Freiheit) verpflichtet ist.

Gang halten, was so viele Anstöße in uns bewirkt« (ebd.)[42]. Montaigne funktionalisiert die Lerninhalte im Hinblick auf die individuelle Selbstvervollkommnung eines Edelmanns; in diesem Sinne lehnt er auch die Einrichtungen von Lerngruppen oder Schulklassen zugunsten von Einzelunterricht ab.

Der Zielpunkt des Lernens ist damit zum einen (theoretisch) Authentizität und zum anderen (praktisch) die Einheitlichkeit der Lebensführung. Unter dem Blickwinkel einer gesteigerten Selbsterkenntnis erscheint Authentizität in mehrfacher Hinsicht: als radikale Selbstentäußerung, als vorurteilsfreie Sicht oder ursprüngliche Erfahrung, als Selbstbeglaubigung und als Aufhebung der Selbsttäuschung, als genuin individuelle Orientierung oder als zentrales Moment der Identitätsbildung. Ohne davon auszugehen, dass das Erkennen des Selbst letztlich mit dessen Sein in Deckung zu bringen ist, formuliert Montaigne ein asymptotisches Modell der Selbstannäherung, ein Konzept des Etwas-über-sich-selbst-in-Erfahrung-Bringens, eine schonungslose Introspektion: »Gewöhnlich sehen die Menschen auf ihr Gegenüber, ich richte meinen Blick nach innen; dort bohrt er sich ein; dort hat er seine Freude [...] Ich wälze mich sozusagen in mir selbst« (Montaigne, Essais, II.17).

Montaigne, der den modernen Gedanken, dass das Ich ein Gegenstand sei, dem man Interesse entgegenbringe solle, inaugurierte, propagierte zugleich die damit verbundene Identitätsproblematik: »Wir bestehen alle aus Stücken; und diese sind so uneinheitlich zusammengefügt, daß jeder einzelne Bestandteil zu jeder Zeit wieder anders, seine Rolle für sich spielt; zwischen dem, was wir heute sind, und dem, was wir ein andermal sind, ist der Unterschied ebenso groß, wie der Unterschied zwischen uns und anderen Menschen« (ebd., II.1). Insofern ist für den Menschen, den Montaigne als ein Konstrukt mit unterschiedlichen *humeurs* darstellt, ein Lernprogramm, das auf eine Vereinheitlichung des Lebens, auf einen »unverrückbar einheitlichen Sinn« abzielt, keine leicht zu verwirklichende Aufgabe. Aber: »Wer sein Leben im Ganzen nicht auf ein bestimmtes Ziel eingerichtet hat, kann in die Einzelhandlungen keine Ordnung bringen: die Teile kann man unmöglich richtig unterbringen, wenn man das Bild im Ganzen nicht im Kopfe hat [...]« (ebd.).

Diese Einheitlichkeit soll vor allem deshalb erreicht werden, weil es nicht nur gilt, das Leben, sondern auch das Sterben richtig zu lernen. Auch hier ist Montaigne der Stoa – genauer: Seneca und seinem Traktat *De brevitate vitae* – verpflichtet: »Zu leben aber muß man das ganze Leben lang lernen und, worüber du dich vielleicht noch mehr wunderst, man muß das ganze Leben lang lernen zu sterben« (Seneca, *De brevitate vitae*, 7.3). Den Ausgangspunkt bei Montaigne bildet hier die Frage, wie der Mensch so auf den Tod vorbereitet werden kann, dass der durch das Leben eigentlich intendierte Zweck, nämlich die Lust, nicht abhanden kommt (Montaigne, Essais, I.19). Wie kann das ephemere, kontingente Leben dem Tod seine Kategorizität, seinen natürlichen Ereignischarakter

---

42 »So soll unser Zögling die Gedanken, die er entleiht, so umgestalten und einschmelzen, dass daraus ein Erzeugnis entsteht, das ganz sein Eigentum ist: ich meine, sein eigenes Urteil. Dies zu bilden, das ist der einzige Zweck seines Lernens, seines Arbeitens, seines Studierens« (Montaigne, Essais, I.25).

nehmen, ohne selbst dem Tod anheim zu fallen? Die Antwort lautet: durch Studieren, Schreiben und tiefere Betrachtungen. So fordert Montaigne für sein Lernprogramm nicht die Verdrängung des Todes, wird diese doch als »viehische Sorglosigkeit« gegeißelt: »Man kommt, man geht, man springt, man tanzt, vom Tode hört man kein Wort«, während auf der anderen Seite etwa die »alten Ägypter« gepriesen werden, die während ihrer Gastmähler ein Knochengeripppe hereinzutragen pflegten (ebd.). Im Gegenteil gilt es, das *memento mori* zu lernen, denn die Geburt bedeutet den Anfang des Sterbens!

Doch erscheint Montaignes Lernkonzept auf den ersten Blick in einem lebenspraktischen Sinne als paradox: Wie soll man das Leben genießen können, wenn man ständig an den Tod denkt? Der Tod, so Montaigne, verliert nur dann den Schrecken für das Leben, wenn es gelingt, das Unbedingte, Unbegreifliche und Unumgängliche des Todes im Leben selbst festzuhalten: Wenn wir uns den Tod »alle Augenblicke unserer Einbildung« vorhalten, so »stirbt« der Tod, weil der Mensch immer schon beides ist, lebendig und tot: »Das Dasein, das ihr genießt, ist ein gemeinschaftliches Eigentum des Todes und des Lebens« (ebd.). Ist der Tod im Leben ständig präsent, verliert er seinen Charakter und verwandelt sich von der Unmöglichkeit des Lebens zur lebendigen Möglichkeit. Für Montaigne ist das Leben tödlicher Ernst, selbst dort, wo der Gedanke an die Sterblichkeit keine Rolle zu spielen scheint: im Fest, im Spiel oder in der Liebe. Gerade dann gewinnt die – schon zur Spruchweisheit gewordene – Maxime, dass Philosophieren Sterben lernen heißt, ihre Bedeutung, dem Menschen vor Augen zu führen, dass diesem in solchen Augenblicken die Zeit fehlt, um die geforderten pädagogischen Anstrengungen einer Todesvergegenwärtigung noch zu leisten. Nun weiß auch Montaigne, dass man dem Tod immer wie ein Lehrling gegenübertritt, doch erhält die permanente Gegenwärtigkeit des Todes eine mortale Bereitschaft und Kompetenz, die wiederum die Bedingung der Möglichkeit für eine geistige Freiheit gegenüber dem Tod bedeuten. Die Didaktik des Todes zugunsten des Lebens anerkennt die Frist, die einem bleibt, um sein Leben sinnvoll zu gestalten.

Die Gewissheit, dass der Tod als ein Gut zu betrachten sei, gibt Montaigne ein Verständnis der Natur, die als organischer Rhythmus von Vergehen und Entstehen den Zusammenhang von Leben und Tod gewährleistet. Die organische Einheit der Natur umfasst Leben und Tod als Allzeitlichkeit des Werdens – gestützt von einem aristotelischen Gott in seiner unbewegten und unbeweglichen Ewigkeit – und sie verkündet angesichts des Todes: »Ich will euch in den Stand versetzen, darin ihr kein Mißvergnügen fühlen sollt« (Montaigne, zit. n. Schultz 1996, S. 130). Man kann nun dieses mortale Lernprogramm so interpretieren, dass man in jedem Augenblick seines Lebens den Abschied zu nehmen bereit sein muss. Es gilt dann, sein Leben so zu gestalten, dass es nicht erst in der Zukunft, sondern in jedem gelebten Augenblick als sinnvoll erfahren wird. Sein Leben angesichts der Endlichkeit zu leben heißt dann, es nicht der Sinnlosigkeit preisgeben zu wollen. Dadurch entsteht der Versuch, das Leben jeglicher zeitlicher Dauer zugunsten einer Gegenwart zu entreißen, die vollkommen in jedem Augenblick aufgeht und so erst ein sinnvolles Leben gewährleistet. Der Tod als das Ende des Lebens – d. h. die Unmöglichkeit des Humanen – verliert seinen Schrecken, weil er als Möglichkeit immer schon präsent ist. Das Sterben lernen wird zum Leben lernen, das *memento mori* schlägt um in ein *memento vivere*, es geht nunmehr nicht darum, dass man lebt, um zu sterben, sondern dass der Tod präsent zu halten ist, um zu leben.

Die Lernkonzeption des Johann Amos Comenius (1592–1670), am Ende des Mittelalters und zu Beginn der Neuzeit, ist in christlicher Intention auf das Jenseits ausgerichtet. Lernen wird an ein letztes Ziel gebunden, das über das diesseitige Leben auf das ewige bezogen bleibt. Insofern ist die christliche Religion nicht nur die entscheidende Grundlage und der basale Maßstab des gesamten mittelalterlichen Lebens, sondern auch die zentrale Grundlage des Lernkonzepts von Comenius. Hier herrscht vor allem ein neues Verhältnis zur Zeit mit dem Übergang von einer vorwiegend zyklischen zu einer eher geschichtlichen Zeiterfahrung und die Wahrnehmung des Lebens im Rahmen der von Gott geschaffenen Ordnung der Dinge (*ordo rerum*). Gott steht am Anfang und am Ende der Zeit; er macht sie zur Geschichte; die Lernprozesse werden in die Linearität der Zeit eingepasst.

Innerhalb dieses Konzepts bedeutet Lernen Selbstvervollkommnung im Hinblick auf Gott. Während die Natur nach Vervollkommnung strebt, strebt der Mensch nach »Vergottung« (Comenius 1971, S. 75), d. h. Vervollkommnung zu einem Zustand, der sich dadurch auszeichnet, dass ihm nichts mangelt: »Perfectum est, cui nihil deest« (Comenius 1968, S. 71). Die in diesem Zusammenhang deutlich werdende Analogie zwischen der Menschwerdung Gottes und dem Göttlichwerden der Menschen durch Lernen versucht, die grundlegende Differenz zwischen Göttlichkeit und Menschlichkeit pädagogisch so zu überbrücken, dass sie den Menschen als ein Wesen des Noch-nicht (Göttlichen) denkt und ihn dennoch als solchen, nämlich göttlichen, bei der Mitwirkung an der *imitatio dei* in Anspruch nimmt. Der Mensch soll Ebenbild Gottes werden, soll der Vollkommenheit des Urbildes so nahe als möglich kommen. Dabei soll der Mensch von sich ausgehend bei Gott ankommen[43]. Die Methode der *Magna Didactica*, der *Vollständigen Kunst, alle Menschen alles zu lehren* bezieht sich stets auf das Ganze, auf die richtige Anordnung und die richtige Systematik. Denn: »Es geht um das Heil der gesamten Menschheit« (Comenius, Didactica, Gruß, 5). Adressat dieser Pädagogik sind unterschiedslos alle Menschen (»omnes«). Vor Gott sind alle Menschen gleich, es gibt keinen wesentlichen Unterschied zwischen ihnen, denn sie gleichen sich in Stoff und Form, als Geschöpfe und als Erben der Ewigkeit. Dabei fußt die Lerntheorie von Comenius auf einer christlich fundierten, naturalistischen Päda-

---

43 »Was braucht der Mensch zuerst und vor allem am nötigsten? Antwort: Sich selbst. Er muß lernen, sich selbst zu erkennen, sich selbst zu beherrschen, sich selbst zu brauchen und zu genießen« (Comenius 1971, S. 67). Die augustinische Idee, dass der Weg zur Vollkommenheit nach Innen geht, geht mit der Idee einher, dass der Ort der inneren Ordnung als Seele gedacht wird, als der Ort der universellen Harmonie, denn das Buch der Natur entspricht dem Buch Gottes und eben dem der Seele. Der Innenraum erscheint identisch mit dem universellen Raum und der Beschriftung des universellen Raums. So lässt sich festhalten: »Das Paradies des Herzens« ist nur für diejenigen ein Paradies, die sich nicht im »Labyrinth der Welt« (Comenius) verlaufen haben.

gogik[44], die die Lernökonomie in den Mittelpunkt stellt. So heißt es programmatisch im Titelblatt der *Magna Didactica* von 1657: »ERSTES UND LETZTES ZIEL UNSERER DIDAKTIK SOLL ES SEIN, die Unterrichtsweise aufzuspüren und zu erkunden, bei welcher die Lehrer weniger zu lehren brauchen, die Schüler dennoch mehr lernen«. Die Erforschung der Ursachen, Methoden und Ziele des Lehr- und Lerngeschehens dienen angesichts der Kürze des Lebens dem Zweck, die notwendigen und hinreichenden Wissensbestände in der immer zu kurzen Lebenszeit vermitteln zu müssen. Der Bezug zur göttlichen Natur dient Comenius dazu, eine unbezweifelbare Legitimation seiner Lehr- und Lernmethode zu garantieren. Denn die Natur gilt als Vorstufe zur Gnade, wie schon Thomas von Aquin (1985, I.2.2. ad 1) schreibt: »Gratia perficit naturam« – Die Gnade vervollkommnet die Natur.

Da Lernvorgänge insgesamt auf das Ziel im Jenseits bezogen sind, bewegen sie sich in einem überzeitlichen, ja zeitlosen Rahmen, der durch die drei für Comenius wesentlichen Orte des Lernens noch einmal umrissen wird: Lernvorgänge spielen sich zwischen Mutterleib, Erde und Himmel ab, d. h. wir haben von einer »Schule des vorgeburtlichen Werdens« auszugehen und enden mit dem Lernen in der »Schule des Todes« als Vorbereitung auf das ewige Leben (Comenius, Pampaedia, Eingang). Erst im dritten Leben bleibt der Mensch für »alle Ewigkeit«, erst dieses »ruht in sich selbst ohne ein anderes Ziel« und so bringt dieses die »Vollendung und den Nutzen der beiden vorigen« (Comenius, Didactica, 2.11). Das Leben erscheint als Zwischenzeit, der Tod als Übergang und die Welt als Schule des Menschengeschlechts von Anbeginn aller individuellen wie kollektiven Zeit bis hin zur himmlischen *Academia*. Deshalb soll man lernen, es weniger zu genießen, denn zu nutzen (Comenius, Pampaedia, V.1, III.36).

Der Lernprozess ist als Antizipation der Schaffung einer neuen Welt zwar auf die Zukunft bezogen, doch bleibt er als Restitution des Paradieses von der Vergangenheit her bestimmt. Es geht Comenius darum, die Menschen wieder instandzusetzen, darum, die verlorene Göttlichkeit des Menschen wiederherzustellen. Letztlich bleiben *educatio*, *informatio* und *institutio* der *reperatio*, *reformatio* und *restitutio* verpflichtet. Lernen bestimmt sich als zukünftiger Wissenserwerb von der Vergangenheit her; dieser ist qua *religio* ein Prozess *von* Ewigkeit *zu* Ewigkeit. Hierin findet sich jene Komplementarität von Erinnerung und Antizipation, die die Vergangenheit als Ausblick auf die Zukunft versteht und die Lernen als ewige Aufgabe bestimmt. Dabei hat das Gedächtnis gleichermaßen die Funktion der Erinnerung wie der Antizipation: »Wer sich schließlich zurückerinnern vermag bis in die Zeiten, da er noch in der Wiege lag, blicke voraus bis in die Ewigkeit und bereite sich auf sie vor« (Comenius, Pampaedia, X., 5. Klasse). Zur Unterstützung dieser memorativen Antizipation dienen Tagebücher und Bücher sowie vor allem die Bibel. Damit sie diese Aufgabe erfüllen kann, muss die vergangene Zukunft

---

44 »Wir wollen nun im Namen Gottes die Grundlagen zu ermitteln beginnen, auf denen Lehr- und Lernmethode wie auf einem unbeweglichen Fels aufgebaut werden können. Diese dürfen wir nur in der Natur suchen, da wir für die Mängel der Natur Heilmittel schaffen wollen und es eine unumstößliche Wahrheit ist, dass die Kunst allein durch Nachahmung der Natur etwas vermag« (Comenius, Didactica, 14.1).

immer schon gegenwärtig sein, und zwar in einem vollendeten individuellen Lernprozess, der das *omnia in deum transferre* schon vollzogen hat (vgl. Zirfas 2001). So ist
die Seele des Menschen »ein Landgut der Ewigkeit« (Comenius, Pampaedia, II.6).

Alle Menschen müssen deshalb alles allumfassend lernen, weil man nur so der universalen holistischen Entwicklungslogik der Natur gerecht wird. Voraussetzung dafür
wiederum ist, dass der Mensch die für den Menschen notwendigen Verhaltens- und
Handlungsweisen erst lernen muss; und damit diese anthropologisch wie theologisch
grundlegenden Dispositionen nicht im späteren Leben gelernt werden müssen – soll
man doch das Leben nicht nur mit Lernen, sondern vor allem mit Handeln zubringen
–, sollte man früh damit beginnen, diese einzuüben (Comenius, Didactica, 6.3, 7.3)[45].
Die drei entscheidenden Lerndimensionen benennt Comenius mit *eruditio* (gelehrte
Bildung), *mores* (Tugend, Sittlichkeit) und *religio* (Frömmigkeit, Religiösität) (ebd., 4.6).
Das vollständige, freudige und schnelle Lernen zielt darauf ab, am Ganzen teilzuhaben,
indem man das Ganze an sich selbst teilhaben lässt.

In diesem Sinne zielt die pädagogische Theorie des Lernens von Comenius auf die
Vergöttlichung des Menschen. Und je leerer der Mensch auf die Welt kommt, als »tabula
rasa«, als »weißes Blatt« oder als »Nichts«, desto größer auch die Leistung der Pädagogik
und desto eher kann die Pädagogik das aus ihm machen, was sie zu machen wünscht –
weshalb diese Aspiration oft mit einem Sensualismus verknüpft ist, der an die Allmacht
pädagogischer Einwirkungen glaubt. Auch Comenius folgt einem empiristischen Lehr-
Lernmodell: »Wie ein sachverständiger Schreiber auf eine leere Tafel schreiben oder ein
Maler darauf malen kann, was er will, so kann der, welcher die Kunst des Lehrens
beherrscht, mit Leichtigkeit dem menschlichen Geist alles einprägen« (ebd., 5.9). Diese
Idee des Lehrens korrespondiert mit einem Lernmodell, das im *Orbis sensualium pictus*
(XCVII, Schola) mit Exponiertheit, Kontrolle und Reproduktion in Verbindung
gebracht wird; das Gelernte muss vor dem Lehrer unter Beweis gestellt werden: »Etliche
stehen / und sagen her / was sie gelernt«. Die Aufgabenverteilung ist hier eindeutig, der
Schulmeister lehrt auf dem Lehrstuhl, die Schüler lernen auf den Bänken und im optimalen Fall konvergieren Lehren und Lernen so, dass die Lehren zum richtigen Lernen
führen. In der *Pampaedia* wird für diese Prozesse das für die Schulbücher stehende Bild
des (Nürnberger) Trichters bemüht, durch den die Gottesweisheit in den Geist der Leser
quillt. »Die Arbeit des Lehrers an den Schülern besteht nun in nichts anderem als in
einem Übergießen des Lichtes aus den lichtvollen Büchern in den lichtvollen Geist«
(Comenius, Pampaedia, VI.15).

---

45 Comenius selbst schwankt zwischen der Idee der Schule als Vorspiel (praeludia) des Lebens und
der Idee des lebenslangen Lernens bzw. des Lebens als Schule. Grundsätzlich gilt, dass für die
fundamentalen Lernprozesse vor allem das Knabenalter (puer) und die Jünglingszeit (ado-
lescens) in Anspruch genommen werden. Die intensivsten und größten Lernprozesse macht
Comenius im Mannesalter, in der *schola virilitatis*, aus, da man hier die »ernsthafte Verwendung
der Dinge« und den »vielfältigen Umgang mit Menschen« lernt (Comenius, Pampaedia, XIII.2).
– Zur Differenzierung in Lebensalter – *infantiam, pueritiam, adolescentiam* und *juventutem* –
sowie den dazu gehörigen Schulen vgl. Comenius 1962, S. 14 f.

Der damit verbundenen Entwicklungsvorstellung selbst liegt eine geordnete Kette zugrunde, in der die göttlich geordnete Natur keine Sprünge macht – und die Pädagogik schon gar nicht. Doch wird die kosmologische Kette des Lernens nicht als statisch interpretiert, was jeden Fortschritt ausschließen würde. An der Natur orientiert befolgt das Lernmodell eine zeitliche Entwicklungslogik, eine Konzentration auf geeignete materielle Bildungsgehalte, eine systematische, konsekutive, von innen nach außen verlaufende Ordnung, einen Vorrang des Allgemeinen vor dem Besonderen, eine kontinuierliche, auf Vollendung zielende Steigerung und ein Vermeiden von Störungen (ebd., 16.7 ff.) Die Vervollkommnung des Lernenden beginnt von Anfang an, ist lückenlos und kontinuierlich, unumkehrbar und auf Dauer gestellt, so dass keine Endgestalt, keine Grenze abzusehen wäre.

Aufklärung, Idealismus und Romantik

In der Ideengeschichte der Pädagogik gilt die Zeit der Aufklärung vor allem als die Hochzeit des Erziehungsbegriffs, die Bedeutung des Lernbegriffs in den pädagogischen Schriften jener Zeit ist jedoch keineswegs gering. Immerhin ist es ein Vertreter der Aufklärungspädagogik, der als erster in der Neuzeit das Postulat lebenslangen Lernens ausdrücklich formuliert (Basedow 1786, S. 87). Die Fokussierung des Lernprozesses nimmt in jener Zeit aus zwei Gründen rapide zu.

Zum einen ist mit dem – zunächst dem Infanten des absolutistischen Territorialstaates vorbehaltenen, bald jedoch auf den adligen (Ritterakademien) und schließlich auch auf den bürgerlichen Nachwuchs (Philanthropine) ausgedehnten – Individualitätskonzept die Verlagerung pädagogischer Aufmerksamkeit vom barocken Lehrer, welcher allen seine Strahlen sendet (Comenius), auf den individuellen Lerner verbunden. Pädagogik wird in dieser Zeit, wenn auch weitgehend nur konzeptionell, zur Gestaltung von Lernumgebungen. Wie schon in der Einleitung angemerkt, erfindet Christian Heinrich Wolke, Lehrer am Dessauer Philanthropin, ein »Denklehrzimmer«, in dem durch die durchnummerierte Einrichtung von Wand- und Bodenplatten »das sogenannte Einmaleins lernet sich von selbst« (Wolke 1805, S. 482 f.).

Zum anderen ist mit dem englischen Empirismus, nicht zuletzt mit Lockes Postulat der geburtlichen *tabula rasa*, die Notwendigkeit des Lernens offenbar geworden. Im Folgenden werden wir zunächst Lockes Lernkonzept beleuchten, ehe wir auf Rousseau als Vertreter der französischen sowie die Philanthropisten um Basedow als Vertreter der deutschen Aufklärungspädagogik näher eingehen.

Von John Locke (1632–1704) liegen im Grunde zwei Lerntheorien vor, zumindest rücken an verschiedenen Stellen seiner Schriften zwei verschiedene Aspekte des Lernens in den Vordergrund, ohne dass sie theoretisch miteinander verknüpft werden.

Die eine Lerntheorie beruht auf dem erwähnten Postulat, der menschliche Verstand sei bei Geburt eine *tabula rasa*. Die Folgen dieses Postulats führt Locke in seinem in vier Büchern entwickelten *Versuch über den menschlichen Verstand* aus. Denn nimmt man an, der Geist sei bei Geburt ein unbeschriebenes Blatt, frei von allen Ideen, so ist die Frage unausweichlich: Wie gelangt er zu seinen Ideen? »Ich antworte darauf mit einem einzigen Wort: aus der Erfahrung« (Locke 2000, S. 108). Unsere Beobachtungen äußerlich sinnlich wahrnehmbarer Objekte oder innerer Operationen des Geistes liefern das Material des Denkens. Diese zweierlei Dinge, die äußerlichen materiellen Dinge als Objekte der Sensation und die inneren Operationen unseres Geistes als die Objekte der Reflexion, sind für Locke die einzigen Ursprünge aller Ideen. Locke betont, dass die Entstehung der Ideen erst allmählich im Laufe der kindlichen Entwicklung erfolgt. Dabei bemerkt er, dass Kinder erst ziemlich spät Ideen von den Operationen ihres eigenen Geistes erwerben (im 20. Jahrhundert wird dies von Piaget als formal-operatorische Phase der kognitiven Entwicklung empirisch ausdifferenziert). Dementsprechend hoch schätzt Locke die Bedeutung der sinnlichen Wahrnehmung äußerer Objekte für das kindliche Lernen ein: »Man verfolge die Entwicklung eines Kindes von Geburt an und beachte die Veränderungen, die die Zeit hervorruft, so wird man finden, dass das Kind in dem Maße, wie seinem Geiste durch die Sinne Ideen zugeführt werden, immer mehr erwacht und um so mehr denkt, je mehr Stoff es zum Denken hat« (ebd., S. 124). Um einen Erkenntnisfortschritt zu ermöglichen, reicht jedoch die sinnliche Wahrnehmung nicht aus; wir müssen uns erinnern. Dies geschieht mittels des Gedächtnisses. »Nächst der Wahrnehmung ist das Gedächtnis für ein denkfähiges Wesen am notwendigsten« (ebd., S. 172).

Bis heute sind Lern- und Gedächtnistheorien eng miteinander verzahnt. Bei Lockes empiristischer Herangehensweise an das Problem liegt nahe, dass er der Wiederholung eine entscheidende Rolle bei der Fixierung von Ideen (Sensationen, Reflexionen) im Gedächtnis zugesteht: Lockes empiristische Lerntheorie ist eine Theorie der Gewöhnung. »Was aber die Ideen selbst betrifft, so ist leicht zu bemerken, dass diejenigen, die durch öftere Wiederkehr der sie erzeugenden Objekte oder Handlungen am häufigsten wieder aufgefrischt werden, sich im Gedächtnis am besten fixieren und am klarsten und längsten darin haften« (ebd., S. 170).

Diese Theorie der Gewöhnung ist eine der beiden Lerntheorien Lockes oder, anders formuliert, einer der beiden Aspekte der Lerntheorie Lockes. Sie wird in dem Essay *Some Thoughts Concerning Education* von ihm wieder aufgegriffen, insbesondere im Hinblick auf körperliche und sittliche Erziehung. Man könne Kinder nicht durch Gebote belehren, da diese ihrem Gedächtnis entschwinden würden. Stattdessen müsse man das, was sie tun sollen, durch Übung festigen, sooft die Gelegenheit dazu kommt, oder, noch besser, man solle solche Gelegenheiten schaffen. »Diese Methode, Kinder durch wiederholte Übung zu lehren und dadurch, dass man sie unter den Augen und unter Anleitung des Erziehers immer wieder dasselbe tun lässt, bis es ihnen zur Gewohnheit geworden ist, es gut zu tun, nicht aber die, sich auf Gebote zu verlassen, die man ihrem Gedächtnis anvertraut hat, diese Methode bietet so viele Vorteile, von welcher Seite man sie auch ansehen mag, dass ich mich nur wundern kann, wie es möglich war, sie so sehr zu vernachlässigen« (Locke 1970, S. 60). Wenn wir diesen theoretischen Pfad weitergingen, kämen wir zur behavioristischen Lerntheorie des 20. Jahrhunderts, zur Gestaltung von Lernen als Training oder gar als Dressur.

Aber wie oben angekündigt ist bei Locke noch eine andere Lerntheorie zu entdecken. Auch sie deutet sich bereits im »Essay über den menschlichen Verstand« an, wenn Locke davon spricht, dass »Aufmerksamkeit und Wiederholung« (Locke 2000, S. 168), also nicht die Wiederholung allein, dazu beitragen, Ideen im Gedächtnis zu fixieren. Damit stellt sich die Frage, wie Aufmerksamkeit entsteht. Auch wenn Locke ihr nicht ausdrücklich nachgeht, wird doch in seinem zweiten großen Essay, dem über Erziehung, deutlicher, wie er sich dies vorstellt. Aufmerksamkeit ist ein selbsttätiges Gerichtetsein. Aufmerksamkeit, Interesse und Freude hängen untereinander sowie mit Lernprozess und Lernerfolg eng zusammen. Dementsprechend postuliert Locke, nichts von dem, was Kinder zu lernen haben, zu einer Last für sie zu machen oder ihnen als Aufgabe aufzuerlegen. Zudem fordert er, das Kind genau zu beobachten, um »die günstigen Gelegenheiten der Bereitschaft und Neigung« (Locke 1970, S. 78) ergreifen zu können. »Man könnte auf diese Weise viel Zeit und Mühe sparen; denn ein Kind lernt dreimal soviel, wenn es in Stimmung ist, als es bei doppelter Zeit und Mühe lernt, wenn es verdrossen an die Arbeit geht oder unwillig herangezerrt wird« (ebd., S. 79).

Lässt sich die zunächst dargestellte Theorie Lockes als Theorie der Gewöhnung charakterisieren, so kann man bei dieser zweiten Lerntheorie von einer Theorie der Motivation sprechen. In der Pädagogikgeschichte wird Locke gerne als früher Vertreter des spielerischen Lernens annonciert. Das ist nicht falsch, greift jedoch im Hinblick auf seine Lerntheorie entschieden zu kurz. Das Spiel dient Locke zunächst vor allem als begriffliche Folie, um klarzumachen, was die Problematik erzwungenen Lernens ist. Spiel und Lernen bedürfen, so Locke, der gleichen Anstrengung. »Der einzige Unterschied ist der: in dem, was wir Spiel nennen, handeln sie in Freiheit und machen sie freien Gebrauch von ihrer Anstrengung (mit der sie, wie man beobachten kann, keineswegs sparsam umgehen); was sie aber lernen sollen, wird ihnen aufgezwungen; man ruft, zwingt und treibt sie dazu. Das ist es, was sie von Anfang an abschreckt und abkühlt; sie vermissen ihre Freiheit. Man bringe sie nur so weit, dass sie ihren Erzieher bitten, er möge sie unterrichten (wie sie ihre Spielkameraden oft bitten), anstatt dass er sie zum Lernen auffordert; und in dem Gefühl der Befriedigung, hier genauso frei zu handeln wie anderswo, werden sie mit ebensoviel Vergnügen auch hier voranschreiten, und es wird kein Unterschied bestehen zu anderem Zeitvertreib und ihrem Spiel« (Locke 1970, S. 79 f.).

Jean-Jacques Rousseaus (1712–1778) Lerntheorie übernimmt viel von Locke, bleibt jedoch eher im Hintergrund einer Erziehungstheorie. In Rousseaus *Emile* stehen die Lehre von den drei Erziehern Natur, Dinge und Mensch, die Bestimmung des Zieles der Natur als des Erziehungsziels sowie die Konzeptionen der negativen und der positiven Erziehung im Vordergrund. Die pädagogische Ideengeschichtsschreibung liegt also nicht falsch, wenn sie sich auf diese Aspekte konzentriert (wobei allerdings sein Konzept positiver Erziehung meist vernachlässigt wird). Dennoch vergibt sie Wesentliches, wenn sie Rousseau nicht auch als Lerntheoretiker liest. Zum einen wird nämlich erst bei solcher Lesart deutlich, wie sehr der Erziehungstheorie Rousseaus die Übernahme wesentlicher Elemente der Lerntheorie Lockes zugrunde liegt, zum anderen macht sie klar, dass Rousseau Lockes Lerntheorie modifiziert und durchaus eigenständig weiterentwickelt.

Übernommen wird die empiristische Grundhaltung samt der *tabula-rasa*-These. Mit der Geburt sind wir zum Lernen fähig, schreibt Rousseau, »aber wir wissen nichts und kennen nichts« (Rousseau 1998, S. 37). Die Wertschätzung der Erfahrung für den Lernprozess kommt im *Emile* an vielen Stellen zum Ausdruck, eine sei stellvertretend angeführt: »Ehe er spricht, ehe er hört, lernt er schon. Die Erfahrung eilt der Belehrung voraus« (ebd., S. 38). Insbesondere in seinem pädagogischen Frühwerk, dem *Plan für die Erziehung des Herrn de Sainte-Marie*, übernimmt Rousseau auch die Motivationstheorie Lockes. Er fordert vom Vater seines Zöglings, diesem ein »vernünftiges Zimmer« einzurichten, in dem er sich aufhalten und lernen könne. Er würde sich dann bemühen, »es ihm schmackhaft zu machen durch die amüsantesten Dinge, die ich ihm nur bieten kann« (Rousseau 1967a, S. 147). Das Zimmer solle kleine Spiele, ein Prisma, ein Mikroskop, Instrumente etc. enthalten. Deutlicher als bei Locke ist hier bei Rousseau das Konzept einer Lernlandschaft zu erkennen, das über die Philanthropisten Ende des 18. und die reformpädagogischen Ansätze Anfang des 20. Jahrhunderts bis in die Lernwerkstätten und »offenen« Kindertagesstätten und Schulen unserer Zeit hinein wirkt. Im *Emile* spitzt Rousseau den motivationalen Aspekt seiner Lerntheorie noch zu. Im Hinblick auf den Leselernprozess grenzt er sich von methodischen Neuerungen pädagogischer Zeitgenossen, die Lesekästen, Druckerei oder Lesewürfel einsetzen, ab. Das sicherste Mittel sei der Wunsch, lesen zu lernen. »Erweckt diesen Wunsch im Kinde; lasst dann eure Kästen und Würfel sein, und jede Methode ist ihm recht« (Rousseau 1998, S. 101). Dass Rousseau daraus die Konsequenz zieht, eine pädagogische Umgebung von geradezu Orwell'scher Totalitarität zu empfehlen, über die der Pädagoge herrscht und die das Kind in Unwissenheit über den fingierten, simulativen Charakter der Situation lässt, sei zumindest in aller Kürze kritisch angemerkt (vgl. Göhlich 1993, S. 194 ff.). Das lernende Kind soll aus motivationalen Gründen denken, es handle frei und selbstbestimmt, doch ist es nur scheinbar frei. Es darf, so Rousseau, nur das wollen, was der Pädagoge wünscht, dass es tue. Rousseaus Pädagogisierung der Lernbedingungen ist radikal und geht entschieden weiter als die Überlegungen Lockes.

Auch die Bedeutung der Gewohnheit für den Lernprozess stellt sich nun anders dar. Wie Locke nimmt auch Rousseau Lernen in gewisser Hinsicht als Gewöhnung an. Allerdings sieht er in der Bildung von Gewohnheiten eher eine Gefahr als ein erfreuliches Lernergebnis. Die einzige Gewohnheit, die ein Kind Rousseau zufolge annehmen darf, »ist die, keine anzunehmen« (Rousseau 1998, S. 39). Erziehung erscheint nur dort als Gewöhnung sinnvoll, wo natürliche Bedürfnisse und Notwendigkeiten eine solche erfordern, beispielsweise im Umgang mit Dunkelheit, Hitze und Kälte. Der Lernprozess soll von natürlichen Bedürfnissen und Notwendigkeiten ausgehen.

Wir sprechen hier von »soll«, weil Rousseau in diesem Punkt weniger eine Theorie des Lernens als eine auf einem bestimmten Lernbegriff aufbauende Erziehungskonzeption vorlegt. Er ist sich (viel deutlicher als Locke) dessen bewusst, dass permanent gelernt wird. Eben deshalb möchte er die Umgebung permanent pädagogisch gestalten und kontrollieren.

Die deutsche Aufklärungspädagogik, insbesondere Philanthropisten wie Johann Bernhard Basedow (1724–1790), übernimmt diese pädagogische Allmachtsphantasie und buchstabiert sie methodisch aus. Dabei kommt es zu erheblichen Verkürzungen der von Locke und Rousseau entwickelten Lerntheorie. In der philanthropistischen Literatur geht es weniger darum, den Lernprozess zu entschlüsseln, als vielmehr Lernen als von außen herstellbar zu garantieren. So ist im Methodenbuch Basedows zu lesen: »Aber wenn das Kind die Kirschen zu seinem Morgenbrote nur nach einer arithmetischen Verrichtung bekommt, so stehe ich dafür, es wird bald rechnen lernen« (Basedow 1913, S. 142).

Methoden der Wahl sind den Philanthropisten eine als Lernanregung vorbereitete Umgebung resp. Materialien sowie vor allem Spiele (dem Zeitgeist entsprechend wurde insbesondere das »Kommandierspiel« bekannt) und Belohnungen. Wichtigster Faktor des Lernens ist ihrer (weitgehend impliziten) Lerntheorie zufolge die Motivation, die sie als von außen herstellbar annehmen, herstellbar mittels Anreizen, die häufig aus dem Versprechen einer Belohnung bestehen. Den Begriff »Motivation« gebrauchen die Philanthropisten selbst allerdings noch nicht. Sie sprechen zumeist von Lust. So schreibt Basedow in seiner *Vorstellung an Menschenfreunde*: »Es ist also möglich, fast alle ihre Spiele lehrreich einzurichten, ohne ihnen die Lust daran zu nehmen [...] Soviel als möglich muß aller Verdruß und Ekel bei dem Lernen vermieden werden« (Basedow 1965, S. 57). Im Unterschied zu Locke und Rousseau geht Basedows (implizite) Lerntheorie in seiner (expliziten) Methodik auf. So empfiehlt er im Anschluss an die zitierte Forderung die Wahl, Ordnung und Abwechslung der Sachen (Lerngegenstände) sowie die Vermeidung aller Schwierigkeit durch entsprechende Vorbereitung. Zu einer Didaktik im engen Sinne kommt es dabei nicht, die Gegenstände des Lernens werden nicht systematisch begründet, selbst das Elementarwerk bietet keine Didaktik, sondern lediglich eine Art Lehrplan, eine Stoffsammlung.

Die lernpsychologische Einsicht, Erkenntnis und Lernen basiere auf und geschehe durch Erfahrung (Basedow 1909, S. 113), findet sich in ihren methodischen Ausführungen nur in der Gründungszeit des Dessauer Philanthropins. Ihren anfänglichen radikal-aufklärerischen Elan verliert Basedows Methodik bald. Heißt es in der ersten Auflage seines Elementarwerks aus dem Jahr 1774 noch: »In wichtigen Dingen, deren Wahrheiten ihr selber untersuchen könnt, seid nicht leichtgläubig, und lasst nicht andere für euch untersuchen« (Basedow 1909, S. 230, Fußnote), so liest man in der zweiten Auflage aus dem Jahr 1785 an gleicher Stelle stattdessen: »Bleibt glaubwillig euren Eltern und Lehrern in der Kindheit und Jugend! Gebt auch hernach keinem Zweifel Raum an dem, was ihr glauben gelernt habt, wenn auch die Untersuchung schwer oder unmöglich ist, und wenn ihr merkt, dass der Zweifel eure Seele beunruhigt [...]« (ebd., S. 230). Dieser Wandel enthebt Basedow der aus dem ersten Zitat hervorgehenden Notwendigkeit, eine Lernumgebung so einzurichten, dass die Lernenden Fragen ihrer Wahl untersuchen können und zu Experimenten und Eigenerfahrungen angeregt werden. Der Pädagoge, ob Lehrer, Erzieher oder Elternteil, bleibt von zentraler Bedeutung.

Christian Heinrich Wolke (1741–1825), Basedows Mitarbeiter am Elementarwerk wie am Philanthropin, geht in seiner Konzeption eines »Denklehrzimmers« etwas weiter, wiewohl er dieses lediglich für das Bürgerhaus, nicht für die Schule empfiehlt. Das mit – als Anregung zur Erkundung gedachten – Materialien unterschiedlichster Art ausgestattete Zimmer vertritt den Lehrer.

In erster Linie sollen die Kinder im Denklehrzimmer Rechnen, Messen, Wiegen und Vergleichen lernen. Vom Kleinkind an wachsen Menschen in einem solchen Raum mit der Quantifizierung der Welt auf. Die normierende Idee des Urmeters, durch die nachrevolutionären Feldzüge Napoleons von Paris aus in die ganze europäische Welt gebracht, zeigt sich im Denklehrzimmer in voller Blüte. Die Anbindung der Quantifizierung der Welt an die Sinne ist Wolke sehr wichtig. Dementsprechend genau geht er auf die Nutzung der einzelnen Materialien des Denklehrzimmers ein. Beispielsweise unterscheidet er im Wiegen-Lernen drei Stufen: das bloße Fühlen der Schwere (eines Gegenstands in einer Hand), das Vergleichen der Sinneswahrnehmungen (ein Gegenstand in der einen, ein Gewicht in der anderen Hand), Abgleich von Gegenstand und Gewicht mit Hilfe der Waage. Der Lernweg führt von sinnlicher Wahrnehmung über vergleichende Wahrnehmungstätigkeiten zum gedanklichen Schluss und dessen instrumentaler Überprüfung.

Die Selbsttätigkeit des Lernenden ist wesentlicher Bestandteil des Szenariums. Nicht umsonst gibt Wolke einem der in dem (als Kupferstich abgebildeten) Raum tätigen Kinder den Namen »Lerning«. Auch hier erscheint die Motivation als die zentrale Komponente des Lernens: »Ist durch öftere Messungen [...] des Lernings Messlust nun ein Mal angefacht, so entspringt daraus das unbegränzte Verlangen, alle Linien, Flächen und Körpern messen zu können. Zur Befriedigung desselben ist daher allerlei veranstaltet« (Wolke 1805, S. 484). Lernen als Befriedigung von Lust – zur Rede vom »Lerntrieb« (Rein 1906, S. 572 ff.) ist es da nicht mehr weit.

Tatsächlich formuliert bereits Ernst Christian Trapp (1745–1818), der Theoretiker der Philanthropisten und Inhaber des ersten Lehrstuhls für Pädagogik (an der Universität Halle), eine Triebtheorie und setzt sie zur Erklärung der Anfänge des Lernens und der Lernschwierigkeiten von Kindern ein. Der Urtrieb des Menschen, so Trapp, ist der »Trieb zum Wohlsein oder zur Glückseligkeit, der den Trieb der Selbsterhaltung einschliesst oder voraussetzt. Aus diesem Urtriebe entsteht unmittelbar der Trieb, sich Empfindungen und Ideen zu verschaffen. Dieser Trieb erzeugt die rastlose Thaetigkeit, die wir an den Menschen, besonders an den Kindern wahrnehmen. Diese Thaetigkeit leidet ungerne, dass man ihr Einhalt thue, oder Schranken setze, und das ist die Liebe zur Freiheit [...] Wir thun daher Unrecht, wenn wir der Jugend ihr unstetes, flüchtiges Wesen übel nehmen, so sehr es uns auch manchmal zur Last sein mag [...] Alle ihre *[der Kinder; die Verf.]* Empfindungswerkzeuge sind zart, und aller, auch der leisesten Eindrücke empfänglich. Daher werden sie alle Augenblicke, von den sie umgebenden Gegenständen, bald hiehin bald dorthin gezogen, oder sie ziehen sich gegenseitig an sich, unterdessen der Erwachsene, wie ein Magnet, der seine Kraft verlohren hat, nichts an sich zieht, nichts von sich stößt, und mit Verwunderung, oft mit Unwillen ansieht, wie diese magnetische Kraft so stark in die Kinder und aus den Kindern wirkt. Auch fühlen es die Kinder, dass sie, ohne die äusserlichen Gegenstände, Mangel an Ideen und Empfindungen haben würden, und diese Leerheit, wenn ich so sagen kann, ist ihnen unausstehlich« (Trapp 1977, S. 48 f.). Dies gilt es laut Trapp pädagogisch zu nutzen. Allerdings widerspricht er ausdrücklich – mit der Begründung der Vorbereitung auf die zur gesellschaftlichen Mitgliedschaft später erforderliche, oft mühevolle Arbeit – der Ansicht

(Basedows), dass das Lernen keine Mühe machen solle. Dennoch gelte es zu beachten, wenn ein Kind einen Gegenstand scheut, und zu bedenken, ob dieser möglicherweise zu schwer ist (ebd., S. 52). Umgekehrt gilt zu prüfen, welche Gegenstände für das Kind besonders geeignet sind.

Folgerichtig erklärt Trapp die Beobachtung zum wichtigen Bestandteil einer wissenschaftlichen Pädagogik und entwirft ein vielschichtiges Programm zur Beobachtung des kindlichen Umgangs mit Gegenständen. Ähnlich wie später Montessori fordert er zu beobachten, welchen Gegenstand sich das eine und welchen das andere Kind wählt, ähnlich wie später Meumann fordert er zu beobachten, wie bald ein Kind ermüdet. Es sollen Protokolle und Tabellen mit Zählungen der beobachteten Handlungen entstehen. Von den vielen anderen Vorschlägen sei nur noch der einer versteckten Unterrichtsbeobachtung durch einen externen Beobachter, der weder von den Lehrern noch von den Schülern gesehen werden kann, erwähnt. Trapp wird damit zum Vorläufer sowohl der quantitativen als auch der qualitativen Unterrichts- und Lernforschung.

Als Pädagoge des Übergangs lässt sich Johann Heinrich Pestalozzi (1746–1827) vorstellen; in seinen ersten praktischen und theoretischen Bemühungen um Antworten auf pädagogische Fragen einerseits der Aufklärung, andererseits dem Pietismus verpflichtet, tragen seine späteren Arbeiten idealistische Züge.

Die ersten Äußerungen über das Lernen sind in einem kurzen Tagebuch über die Erziehung seines Sohnes zu finden. Pestalozzi wird zum Problem, dass sein Sohn Zahlen benennen kann, ohne ihre Bedeutung zu kennen. »Warum habe ich die Thorheit gethan und ihn so wichtige Worte für die Erkenntnis der Wahrheit so voreilig nennen gelernt, ohne Sorgfalt, ihre Begriffe zugleich zu bestimmen, da ich die erste Zahl ihm nannte? Wie natürlich wäre es gewesen, ihn nicht 3 sagen zu lassen, bis er allemahl das 2 in allen gegebenen Materien richtig gekandt hete! […] Ich fühlte die Folgen des Fehlers im Zahlenlernen heüte mit gleicher Stärke wie gestern. Wan alle gedankenlos gelernten Worte eine so vast unbesiegliche Verwirrung in unsere Seele werffen, was wird in unserer Erkenntnis unvermengte Wahrheit syn? Laß es mich ganz erkennen, du mein Vatter und meines Kindes Vatter, dass deiner Natur heilige Ordnung villseitig vorbereitet, unendlich verschiedene Vorwürffe darbeütet, aber langsam zum Urtheilen ruft! Alle Wort sind Urtheile. Es muss verwirren, wo ville dieser Zeichen schnell und unrichtig der Kenntnis ihrer bedeüteten Sachen vorgehen […]« (PSW 1, S. 119). Die Natur der kindlichen Entwicklung wird offensichtlich unilinear gedacht und in dieser Unilinearität als Norm gesetzt. Pestalozzi folgt hier Rousseaus Betonung natürlicher Entwicklung, verschärft diese jedoch zu religiösem Dogma und unterzieht sich damit dem pietistischen Ritual der Selbstbezichtigung und Schuldsprechung. Lernen ist gefährlich, weil letztlich gotteslästerlich, wenn es gedankenlos – und das heißt hier: ohne Gedanken an Gott bzw. die göttliche Ordnung – erfolgt.

Das hindert Pestalozzi nicht, ganz wie seine philanthropistischen Zeitgenossen (s. o.) auf Belohnungen zu setzen: »Heüte gieng es es gut; er lernte gern. Ich spillte, ware Reüter, Mezger, was er wollte. Ich gabe ihm gekochte Äpfel dan und wann. Er wollte alles essen, suchte seinen Löffel; ich sagte ihm, er dörffe seinen Löffel nicht nehmen; […] wann er lerne, so wolle ich ihm mehr geben. Er ließe den Löffel liegen. Ich machte ihn gerade

Striche zeichnen und eine perpendicular stehende Linien« (PSW 1, S. 122). Ohne dies
zu explizieren, folgt Pestalozzi zumindest in dieser Frühphase seines Schaffens offenbar
der philanthropistischen Auffassung, Lernen als eine Frage der Motivation und Lernmotivation als extern herstellbar anzusehen.

Entschiedener als bei den Philanthropisten (und erst recht als bei Locke und
Rousseau) ist Lernen bei ihm auf Lehren bezogen. Seine Frage ist nicht, warum und wie
sein Sohn Zahlen resp. Ziffern lernt, sondern warum er, der Vater-Pädagoge, ihn dies
»nennen gelernt« (s. o.) hat. Er beobachtet nicht, wie sein Sohn lernt, gerade Striche zu
zeichnen, sondern stellt fest, er, der Vater-Pädagoge, »machte ihn gerade Striche zeichnen« (s. o.). Der Lernbegriff verliert damit wieder an eigenständiger Bedeutung. Angesichts der Glorifizierung Pestalozzis und seiner reichlichen Nutzung als Referenzautor
in der deutschsprachigen Ideengeschichte der Pädagogik ist dies nicht geringzuschätzen.
Dass Pestalozzi und die deutschsprachige Pädagogik in seinem (und Humboldts) Gefolge bis heute eher dem Bildungsbegriff anhängen und den Lernbegriff der Psychologie
überlassen haben, mag nicht zuletzt mit der bei Pestalozzi zu konstatierenden engen
Anbindung des Lernbegriffs an Schule und Lehre resp. Lehrmethode zusammenhängen.

Diese Engführung deutet sich, wie gesagt, bereits im zitierten Tagebuch an und setzt
sich im Roman *Lienhard und Gertrud*, im *Stanser Brief* und in der *Methode* fort. So ist
etwa in der für den Roman wichtigen Schilderung des Geschehens in Gertruds Stube
dreimal vom Lernen die Rede: Zunächst wird festgestellt, dass die Kinder bei Gertrud
äußerst rasch spinnen lernen, worauf nicht gefragt wird, wie, sondern, »was macht dann
die Frau mit den Kinderen?« (PSW 3, S. 54). Die Antwort (»Das weiß Gott«) erhellt das
Geschehen kaum; dass die Wirkung der (göttlichen, mütterlichen) Liebe zugeschrieben
werden kann, bedürfte einer ausführlicheren Analyse als sie an dieser Stelle möglich ist
(vgl. Göhlich 1996). Die beiden anderen Stellen, an denen von Lernen die Rede ist, sind
eindeutig auf Lehre (Lehrbuch, Vorsagen des Lehrers) bezogen. Als der die Stube besich-
tigende Leutnant Gertrud fragt, was die Kinder mit den Büchern machen, die auf ihren
Spinnrädern liegen, antwortet sie: »Sie lernen darinn«. Und als der Leutnant Gertrud
auffordert, das zu zeigen, sagt sie: »›Kinder, nehmet eure Bücher in die Händ, und lehr-
net!‹ [...] Da thaten die Kinder ihre Bücher auf, ein jedes legte die ihm gezeichnete Stelle
vor sich zu und lehrnte an der Lezgen, die ihm vor heut aufgegeben war« (PSW 3, S. 55).
Lernen bedeutet hier im Grunde genommen Lesen, das Erlesen vom Lehrer vorgegebe-
ner Texte. Als der Leutnant noch mehr sehen möchte, »was sie sie lehrne [...], hieß sie
im Augenblick die Kinder ihre Bücher zuthun und lehrnte mit ihnen auswendig [...] Sie
sagte eine Zeile nach der anderen von diesem Abschnitt laut und langsam vor, und die
Kinder sprachen es ihr eben so langsam und sehr deutlich nach; das wiederholte sie so
vielmal bis ein sagte; ich kan's jetzt; dann ließ sie dieses den Abschnitt allein sagen; und
da es keine Sylbe fehlte, ließ sie ihn's denselben den anderen vorsagen, un alle nachspre-
chen bis sie es konnten« (PSW 3, S. 55). Pestalozzis Blick richtet sich offensichtlich nicht
auf den Prozess und den *modus operandi* des Lernens, sondern auf die Methode des
Lehrens.

Besonders deutlich wird dies in seiner Denkschrift *Die Methode*, in welcher Lernen
als Bewusstwerdung durch Lehre erscheint. Es gilt, so Pestalozzi, das dunkle Bewusstsein,

das ein Kind durch seine vorherigen Erfahrungen hat – z. B. dass ein Kieselstein andere Eigenschaften hat als Holz –, durch Sprache zu verdeutlichen, indem man dem Kind für die Sachen, die es kennt und für ihre Eigenschaften Namen gibt. »Ich will sein Reden-lernen allgemein durch eine Sammlung aller gemeinen Naturprodukte organisieren, ich will ihns früh alle physische Allgemeinheiten von physischen Einzelheiten abstrahiren lernen und ihm für sie Wort und Ausdruck in den Mund legen [...] und nun erst dann, wenn das einzige Fundament der menschlichen Erkenntnis, die Anschauung der Natur, allgemein eingelenkt und gesichert ist, das schwerfällige Abstractionswerk des Buchsta-bierens beginnen« (PSW 13, S. 110). Selbst das Reden lernen wird zur pädagogischen Aufgabe, wird als der Lehre bedürftig aufgefasst. Dies mag der eingangs bei Pestalozzi konstatierten, dem Pietismus geschuldeten Furcht vor Irrwegen des Lernens geschuldet sein. Reden lernen ohne solche Lehre könnte die Anschauung der göttlich geordneten Natur verfehlen.

Damit verbunden und doch besonders erscheint der Lernbegriff in Pestalozzis *Stanser Brief*. Wie schon in *Lienhard und Gertrud* proklamiert er hier die Verbindung von Lernen und Arbeiten, wobei er davon ausgeht, dass Lernen eindeutig der Lehre resp. dem Unter-richt (und Arbeiten der Industrie) zugeordnet wird. Deutlicher und anders gelagert als dort ist seine hier zu findende Definition von Lernen: »Und eben so sah ich das eigentlich so geheißene Lernen eben so allgemein als Uebung der Seelenkräfte an, und hielt beson-ders dafür, die Uebung der Aufmerksamkeit, der Bedachtsamkeit, und der festen Erin-nerungskraft müsse der Kunstübung zu urtheilen und zu schließen vorhergehen [...]« (PSW 13, S. 27). Lernen, seines Erachtens herkömmlicherweise als Kennen- und Benen-nen lernen von Sachen und Worten verstanden und uns aus der vorgängigen Begriffs-geschichte auch als Übung von Fertigkeiten bekannt, erweist sich nun zudem als Übung innerer Kräfte. Diese Differenzierung des Lernbegriffs wird nicht weitergeführt. Statt-dessen wird in der Ideengeschichte deutschsprachiger Pädagogik der Begriff der Bildung als einerseits material und andererseits formal ausdifferenziert. Die zitierte Textstelle lässt ahnen, dass eine solche Ausdifferenzierung auch mittels des Lernbegriffs möglich gewesen wäre, wenn dieser von der Pädagogik entschiedener als einheimischer Begriff genutzt worden wäre.

Die letztliche Entscheidung der idealistischen Pädagogik, den Lernbegriff zu vernach-lässigen und sich dem Bildungsbegriff zuzuwenden, ist als Teil der zeitgenössischen Ästhetisierung des Diskurses um den Menschen zu verstehen. Die Veredelung des Men-schen zum Menschen, um die es Pestalozzi wie Humboldt geht, wird im Sinne künst-lerischer Formgebung (»innere Form«, vgl. Shaftesbury 1980, S. 61 und S. 185 ff.) auf-gefasst. Lernen gerät aus dem Blick der Pädagogik, weil der Begriff des Bildens (resp. der Bildung) dem der inneren Formung, welche nach der bürgerlichen Revolution dringend notwendig erscheint, semantisch näher zu liegen scheint. Nur so »lernt der, welcher eine einzelne Arbeit verfolgt [...] sein Geschäft in seinem ächten Geist und in einem grossen Sinne ausführen. Er will nicht mehr bloss dem Menschen Kenntnisse oder Werkzeuge zum Gebrauch zubereiten [...] er sieht ein [...] dass er von der Seite, auf der er steht, seine ganze Bildung vollenden kann, und dies ist es, wohin er strebt. Wie er aber nur für die Kraft und ihre Erhöhung arbeitet, so thut er sich auch nur Genüge, wenn er die seinige vollkommen in seinem Werke ausprägt [...] Ueberall hat das Genie nur die Befriedigung des innern Dranges zum Zweck, der es verzehrt, und der Bildner z. B. will nicht eigentlich das Bild eines Gottes darstellen, sondern die Fülle seiner plastischen Einbildungskraft in dieser Gestalt ausdrücken« (Humboldt 1960, S. 239). In diesem Zitat kündigt sich an, was in den folgenden Jahrzehnten den pädagogischen Diskurs bestimmt. Es geht um Bildung, Kraft, Einbildungskraft, Genie und Geist.

Insbesondere der Begriff des Geistes wird dann in der romantischen Pädagogik Friedrich Fröbels (1782–1841) weitergeführt und ausdifferenziert. Die Erziehung soll den Menschen zur Erkenntnis seiner selbst, Gottes und der Natur führen und sich dabei auf das Innere gründen. Der romantischen Sinnbildlichkeit verpflichtet, schreibt Fröbel (1961, S. 9): »Alles Innere wird von dem Innern an dem Äußern und durch das Äußere erkannt. Das Wesen, der Geist, das Göttliche der Dinge und des Menschen wird erkannt an seinen, an ihren Äußerungen.« Von Lernen ist zumindest im Hinblick auf die frühe Kindheit nicht mehr die Rede, sondern von der »entwickelnden Geistestätigkeit« (Fröbel 1951, S. 83) des Kindes. Es mag die mit dem Geistbegriff einhergehende Vergöttlichung der kindlichen Tätigkeit sein, die zu Fröbels eindringlichen phänomenologischen Beschreibungen des Umgangs von Kleinstkindern mit Gegenständen führt: »Doch noch mehr zeigt sich diese innere vergleichende, entwickelnde Geistestätigkeit des noch ganz jungen Kindes in seinem einfachen Spiele, seinem einfachen Kehren und Wenden, seinem einfachen Betasten, Stellen und Legen, Aufbauen und Umwerfen dessen, was ihm nahe kommt. Welche gespannte Seelentätigkeit und welch' ein anhaltendes Beschäftigtsein und welch' ein Schmerz beim zu frühen Abbrechen desselben; es ist kein Körper-, sondern ein Seelenschmerz. Es ist heilsam und geistesstärkend für das auch noch so junge, noch so kleine Kind, wenn es einen Gegenstand, eine Vorstellungsreihe in sich fest hält; das Geistes- und Seelenbedürfnis des Kindes leitet es selbst dahin, daher oft das so lange Beschäftigen desselben mit einem oft ganz einfachen Gegenstande; darum sollten wir seinen Blick nicht so schnell von einem Gegenstande zum anderen führen« (ebd., S. 83). Auch solche Beobachtungen sind in der Folge weniger in der Pädagogik als in der Psychologie, sei es der frühen Kinderpsychologie Preyers oder der kognitiven Entwicklungspsychologie Piagets, zu finden. Was Fröbel hier schildert, fasst Piaget ein Jahrhundert später systematisch als primäre Zirkulärreaktionen und als Bildung des permanenten Objekts (Piaget 1975a).

Dennoch ist der Begriff des Lernens bei Fröbel noch zu finden. Er wird hier einer bestimmten Stufe der kindlichen Entwicklung zugeordnet. Die »Knabenstufe«, in der es darum gehe, Äußerliches innerlich zu machen, wird als »Stufe des Lernens« bezeichnet (Fröbel 1961, S. 58). Mit ihr werde der Mensch zum Schüler, wobei mit Schule nicht Schulstube oder Schulehalten gemeint sind, sondern jenes, wo der Mensch zur Erkenntnis des gesetzmäßigen Wesens der außerhalb seiner selbst liegenden Gegenstände, in romantischen Worten, »wo der Mensch durch Vorführung des Äußeren, Einzelnen, Besonderen zum Erkennen des Allgemeinen, des Innern, der Einheit, gebracht wird und gelangt« (ebd., S. 59). Wie dies geschieht, wird zumindest als Lernprozess nicht weiter erörtert.

20. Jahrhundert

Dies ist einige Jahrzehnte später, in der Zeit der »reformpädagogischen Bewegung« in Europa, nicht zuletzt in Deutschland, und der *new education* im angloamerikanischen Raum, anders. Zuvorderst ist hier der in der deutschsprachigen Pädagogik in jüngster Zeit wieder entdeckte und neu rezipierte (vgl. Bittner 2001; Oelkers 2000) US-amerikanische Philosoph und Pädagoge John Dewey (1859–1952) zu nennen. Auch wenn die zentralen Begriffe seiner Pädagogik Demokratie und Erfahrung (experience) sind, entwickelt er den Lernbegriff doch weiter, nicht zuletzt indem er ihn mit dem Erfahrungsbegriff verbindet.

In einer frühen Schrift findet sich der Lernbegriff allerdings noch mit eher kritischem Unterton. So schreibt Dewey in seinem pädagogischen Glaubensbekenntnis: »I believe that the image is the great instrument of instruction. What a child gets out of any subject presented to him is simply the images which he himself forms with regard to it. I believe that if nine-tenths of the energy at present directed towards making the child learn certain things were spent in seeing to it that the child was forming proper images, the work of instruction would be indefinitely facilitated« (Dewey 1897, S. 92). Lernen erscheint hier als etwas dem Kind Aufgezwungenes, die dagegen favorisierte Vorstellung der selbsttätigen Herstellung und Formung innerer Bilder scheint außerhalb des Lernbegriffs zu liegen.

Diese Interpretation trifft jedoch nicht Deweys Intention. Das zeigt sich bereits in den 1899 vor dem Freundeskreis der Chicagoer Laborschule gehaltenen Vorträgen, die unter dem Titel »The School and Society« weite Verbreitung fanden. Die für unsere Frage entscheidende Aussage ist, dass die Schule durch die Einführung praktischer Tätigkeiten die Möglichkeit erhält, sich mit dem Leben zu verbinden und so des Kindes Heim zu werden, »worin es durch ein wohlgeleitetes Leben lernt *[i. O.: »learns through directed living«; die Verf.]*, anstatt nur ein Ort zu sein, in dem man seine Aufgaben lernt *[i. O.: »learn lessons«; die Verf.]*, die eine abstrakte und nur entfernte Verbindung mit irgend einem möglichen Berufe in ferner Zukunft haben (Dewey 2002a, S. 31). Dewey gibt also den Lernbegriff keineswegs auf, sondern er unterscheidet zwischen verschiedenen Auffassungen von Lernen. Nur eine dieser Auffassungen lehnt er ab, nämlich die dem traditionellen Schulunterricht unterliegende Meinung, es gebe eine Ein-Weg-Lehre, man könne Lektionen mitteilen bzw. erteilen und die Kinder würden diese lernen. Die andere Auffassung vom Lernen macht er sich hingegen ausdrücklich zu Eigen und behält sie auch bei, sie zieht sich durch sein Werk hindurch. So schreibt er in seinem knapp zwei Jahrzehnte später erscheinenden Hauptwerk *Demokratie und Erziehung*: »Das Lernen innerhalb der Schule sollte in stetigem Zusammenhang mit dem außerhalb der Schule stehen. Zwischen Schule und Leben sollte ein freies Wechselspiel bestehen« (Dewey 2000, S. 458). Kern dieser anderen Auffassung vom Lernen ist, dass es mit dem Leben verbunden ist.

Diese Auffassung wird von Dewey bereits in seinem frühen Werk prozessual ausdifferenziert. Dabei kommt der Erfahrungsbegriff ins Spiel. Zum Verständnis eines mit dem Leben verbundenen Lernens gehört, wenn wir uns dem *Prozess* des Lernens zuwenden, die Vorstellung, »dass wir durch Erfahrungen [...] lernen« (Dewey 2002a, S. 31; *i..O.: »that we learn from experience«; die Verf.*) und dass es deshalb aus pädagogischer Sicht darum geht, Kindern zu ermöglichen, Erfahrungen zu erwerben.

In *Demokratie und Erziehung* führt Dewey dieses Verständnis des Lernprozesses weiter aus: »Durch Erfahrung lernen heißt, das, was wir den Dingen tun *[i. O.: »what we do things«; die Verf.]*, und das, was wir von ihnen erleiden *[i. O.: »what we enjoy or suffer from things in consequence«; die Verf.]*, nach rückwärts und vorwärts miteinander in Verbindung bringen« (Dewey 2000, S. 187). Dass die passiven Erfahrungsanteile freudvoll und leidvoll sein können, geht in der Übersetzung verloren, soll hier jedoch nicht unterschlagen werden. Aktive und passive (freud- oder leidvolle) Anteile der Erfahrung werden im Lernprozess in Beziehung gesetzt. Etwas miteinander in Beziehung zu setzen, heißt, etwas selbständig zu tun. Das Lernen selbst ist aus Sicht Deweys offensichtlich ein aktiver Vorgang, ein Meta-Handeln. Aktive und passive Anteile der Erfahrung werden mittels Lernen meta-handelnd aufeinander bezogen.

Als Meta-Handeln rückt Lernen nahe an Denken heran. In Deweys Auseinandersetzung mit dem von Platon im *Menon* aufgeworfenen Dilemma wird dies noch deutlicher. Platon fragt, wie wir lernen können, wo wir doch entweder schon wissen, was wir suchen, dann allerdings nicht lernen müssen, oder nicht wissen, was wir suchen, dann jedoch auch nicht wissen, worauf wir uns zubewegen müssen und worauf wir zu achten haben. Platon selbst antwortet darauf bekanntlich mit der Lehre der Wiedererinnerung an in früheren Leben Gewusstes, definiert also Lernen als Wiedererinnern. Dewey hingegen antwortet mittels einer In-Frage-Stellung des Dilemmas selbst. Dessen Fehler, so Dewey, liege darin, dass nur zwei Möglichkeiten vorausgesetzt werden: volle Erkenntnis oder völlige Unkenntnis. »In Wirklichkeit aber besteht außerdem das Zwielichtgebiet des Forschens, des Denkens [...] Während für die Griechen fertige Erkenntnis höher stand als der Vorgang des Erkennens und Lernens *[i. O.: »while the Greeks made knowledge more than learning«; die Verf.]*, betrachtet die moderne Wissenschaft die abgeschlossene Erkenntnis nur als ein Mittel zum Lernen, zu neuen Entdeckungen *[i. O.: »conserved knowledge only a means to learning, to discovery«; die Verf.]* (Dewey 2000, S. 199). Die Begriffe des Lernens, Denkens, Entdeckens und Forschens rücken hier ganz nahe aneinander. Damit wird Lernen allerdings vorzugsweise kognitiv gefasst. Lernprozess und Denkprozess fallen in eins. Mögen Phantasie und Imagination im Zwielichtgebiet noch vonnöten sein, wiewohl sie nicht ausdrücklich erwähnt werden, Emotion, Leiblichkeit und Mimesis jedenfalls bleiben ausgeschlossen bzw. scheinen nur dann in einen Lernprozess eingebunden werden zu können, wenn sie kognitiv reflektiert werden. Mimetisches Lernen scheint unvorstellbar.

Dies stimmt jedoch nicht ganz. Dewey schließt solche Lernformen nicht grundsätzlich aus, weist ihnen jedoch eine historische Stellung zu. Im Laufe der fortschreitenden Zivilisation weitet sich, so Dewey, die Kluft zwischen den Fähigkeiten der Jüngeren und den Belangen der Erwachsenen. Deshalb wird, abgesehen von ganz einfachen Beschäftigungen, »das Lernen durch unmittelbare Teilnahme an den auf bestimmte Zwecke gerichteten Tätigkeiten der Erwachsenen« (Dewey 2000, S. 23; *i. O.: »learning by direct sharing in the pursuits of grown-ups«; die Verf.*) immer schwerer. Dewey sieht also durchaus auch Mimesis als eine Form des Lernens an, hält sie allerdings in der modernen Gesellschaft kaum mehr für möglich. Lernen muss heute systematisiert und intendiert erfolgen. Hierzu ist die Schule erforderlich. Allerdings, und hier schließt sich der Kreis unserer Ausführungen zu Deweys Lernbegriff, kann die Schule ihre Aufgabe nur erfüllen, wenn sie eine Verbindung zwischen dem in ihr und dem außerhalb von ihr stattfindenden Lernen ermöglicht.

Im Kern, so lässt sich Deweys Lernbegriff zusammenfassen, ist dieser in zweierlei Hinsicht bestimmt: In inhaltlicher Hinsicht ist das von Dewey gemeinte Lernen mit dem sonstigen Leben, in prozessualer Hinsicht mit Erfahrung verbunden.

Einen gleichermaßen ausdifferenzierten Lernbegriff findet man in den klassischen europäischen Reformpädagogiken seiner Zeit, wie etwa den Ansätzen von Maria Montessori, Georg Kerschensteiner, Rudolf Steiner, Peter Petersen oder auch Celestin Freinet nicht. Dennoch lohnt auch ein Blick auf diese Ansätze.

Zuvorderst liegt ein Blick auf Georg Kerschensteiners (1854–1932) Werk nahe, da er von den Genannten – und innerhalb der deutschsprachigen Reformpädagogik jener Zeit – derjenige ist, der Deweys Arbeiten am ausführlichsten rezipiert und auch vielfach zitiert. Seine Begründung der Arbeitsschule beruft sich anfangs ausdrücklich auf Dewey. Die Schule der Zukunft, so Kerschensteiner 1908, müsse – im Unterschied zur herkömmlichen Vorstellung schulischen Lernens – dem gesamten Seelenleben des Kindes entgegenkommen, »eine Lernschule, die nicht nur seiner Rezeptivität, sondern auch seiner Produktivität, die nicht nur seiner passiven, sondern auch seiner aktiven Natur angepasst ist, eine Lernschule, die nicht bloß seinen intellektuellen, sondern besonders auch seinen sozialen Trieben gerecht wird. Sie muß eine Lernschule sein, in welcher man nicht durch Worte und Bücher, sondern vielmehr durch praktische Erfahrung lernt« (Kerschensteiner 1968, S. 26 f.). Diese enge Anlehnung an Dewey hatte in der deutschen Pädagogik keinen Bestand, wie Bittner (2001) exzellent zeigt. Zum einen ist dies sicherlich auf die unterschiedlichen gesellschaftlichen Hintergründe zurückzuführen. Die demokratische Grundhaltung Deweys und seine stets auch soziologische Begründung der Pädagogik sind im Kaiserreich suspekt. Zum anderen ist der Lernbegriff aus Sicht der Reformpädagogik durch die alte, eben als »Lernschule« kritisierte Schule negativ besetzt.

Die in der Pädagogik des Idealismus angelegte Option, der schlechten Praxis der Lernschule die gute Theorie der Bildung gegenüberzustellen, wird in der deutschsprachigen reformpädagogischen Bewegung gerne genutzt (und ist einem pädagogischen Verständnis von Lernen bis heute abträglich). Die Subsumtion des Pragmatismus Deweys unter die Tradition des Utilitarismus wirkt in die gleiche Richtung, damit kann Lernen als nur nützlichkeitsorientiert abgelehnt werden bzw. als Negativfolie für die Idee zweckfreier Bildung dienen. Bildung, Entwicklung, Entfaltung, aber nicht Lernen, so lauten die zentralen Begriffe der deutschen Pädagogik jener Zeit.

Selbst bei Autoren wie Ernst Meumann (1862–1915), dem Begründer der experimentellen Pädagogik, bleibt der Lernbegriff marginal, taucht nur als Unterpunkt in einem Abschnitt des Gedächtnisses auf, und zwar – dies erinnert an die platonische Auffassung

– als durch das Gedächtnis ermöglichte »Wiederlernen« des früher Erlebten (Meumann 1914).

Rudolf Steiners (1861–1925) Kritik an der experimentellen Pädagogik ist charakteristisch für viele Akteure der deutschen Reformpädagogik und bestimmt auch die geisteswissenschaftliche Pädagogik in der Nachfolge Diltheys. Man müsse den werdenden Menschen innerlich verstehen, statt in Laboratorien Regeln über sein Gedächtnis aufzustellen: »Wir brauchen nicht eine Pädagogik, die auf Experimentalpsychologie gebaut ist, wir brauchen als Erzieher eine Erweckung der lebendigen Menschennatur, die in sich das ganze Kind wieder erlebt, indem sie mit ihm in geistige Beziehung tritt« (Steiner 1958, S. 26). Die hier zu erkennende Betonung der Ganzheit des Menschen und seiner Lebensprozesse scheint auch in einer der seltenen Passagen auf, in denen Steiner von Lernen spricht: »Lehrt man die Dinge so, dass einseitig der Intellekt des Kindes und nur ein abstraktes Aneignen von Fertigkeiten in Anspruch genommen werden, so verkümmert die Willens- und Gemütsnatur. Lernt dagegen das Kind so, dass sein ganzer Mensch an seiner Betätigung Anteil hat, so entwickelt es sich allseitig« (ebd., S. 10). Wie dieses Lernen geschieht, wird von Steiner allerdings nicht ausgeführt. Stattdessen neigen weitere Äußerungen dazu, Lernen als normative Forderung, als Pflicht zu verstehen. Ausdrücklich kritisiert er dabei die von den Philanthropisten so geschätzte Vorstellung des Lernens als Spiel. »Man kann nicht immer als Lehrer es so einrichten, dass die Schüler alles nur wie im Spiele lernen. Ihr werdet das Lernen nicht bloß zu einem Spiel gemacht finden. Ihr werdet es auch schwer haben [...] Immer mehr müsst ihr lernen durch dasjenige, was ihr in der Waldorfschule erlebt, was das Wort ›Pflicht‹ auch heißt, wie die Pflicht hineinspielt in die Liebe zur Arbeit. Das müsst ihr in der Waldorfschule schon lernen« (ebd., S. 92 f.). Lernen erscheint hier beinahe als Drohung, zumindest als normativer Wink.

Zu Beginn seiner 1919 gehaltenen Vorträge betont Steiner ähnlich wie der frühe Dewey die Bedeutung innerer Bilder, fragt jedoch im Gegensatz zu Dewey nicht nach deren eigenaktiver Formung, sondern nach ihrer Vermittlung. In der für ihn eigentümlichen Mischung innerorganismischer Prozesse schreibt er: »Wenn Sie dem Kinde möglichst viele Imaginationen beibringen, wenn Sie es möglichst so ausbilden, dass Sie in Bildern zu ihm sprechen, dann legen Sie in das Kind den Keim zum fortwährenden Sauerstoffbewahren, zum fortwährenden Werden [...]« (Steiner 1951, S. 42). Sieht man von der für Steiners Ausführungen charakteristischen Vermengung von psychischen und romantisch aufgefassten Stoffwechsel-Prozessen ab, so lässt das Zitat die hohe Bedeutung erkennen, die Steiner dem Lehrer und der Art des Lehrens beimisst. Dementsprechend enden viele seiner Vorträge (Steiner 1958) mit der Aufforderung an die Schüler, ihre Lehrer zu lieben.

Dies, wie auch Steiners neoromantische Vorstellung von der menschlichen Entwicklung, finden wir auch bei Maria Montessori (1870–1952). Montessori gründet ihre Pädagogik auf einem Bild vom Kind – Jugendliche und Erwachsene geraten nur in ihren Blick, soweit sie erzieherisch tätig sind –, das von biologischen Prämissen geprägt ist, etwa vom Vergleich der kindlichen mit der pflanzlichen Entwicklung und der darauf bauenden Annahme eines inneren Bauplans, dessen jeweils erforderliche Schritte in den Aktivitäten des Kindes zu Tage treten und zwecks Bereitstellung der geeigneten pädagogischen Umgebung resp. Materialien beobachtet werden müssen. Der Entwicklungsbegriff – von großer Bedeutung für die damalige pädagogische Diskussion insgesamt, meist eher weniger sorgfältig von Darwin übernommen – wird von Montessori in ein bei allem Biologismus stark von neo-romantischen Zügen geprägtes Bild vom Kind eingebaut und ist in weiten Bereichen ihres Werkes im romantischen Sinne von Entfaltung zu verstehen. Aber weder Entwicklung (bzw. entwickeln, bei Montessori: *sviluppare*) noch Entfaltung (bzw. entfalten, bei Montessori: *svolgere*) werden von ihr systematisch mit Lernen verbunden.

Das heißt keineswegs, dass sie nicht von Lernen spricht. Auch dass das Sachverzeichnis der deutschen Ausgabe ihres Hauptwerks *Die Entdeckung des Kindes* (Montessori 1987) den Begriff des Lernens nicht enthält, trügt. Richtig ist allerdings, dass Montessori die beim Kind stattfindenden Prozesse häufiger mit anderen Begriffen belegt. Es spricht einiges dafür, dass sie Lernen als etwas Äußerliches ansieht, das der inneren Entwicklung nachgängig ist. So schreibt sie mit Blick auf die Materialauswahl und den Materialgebrauch kleiner Kinder, die dutzende Male die gleiche Tätigkeit mit dem Ding wiederholen: »Es ist das mit der inneren Entwicklung *[i. O.: »sviluppo interiore«; die Verf.]* verbundene Phänomen der Konzentration und der Wiederholung. Niemand kann sich aus Nachahmungstrieb konzentrieren, denn der Nachahmungstrieb bindet nach außen [...] Nicht einmal ein Interesse am Lernen *[i. O.: »interesse di apprendimento«; die Verf.]* oder an einer äußerlichen Zielsetzung ist dabei von Einfluss [...] Es ist also eine rein innerliche Angelegenheit [...]« (Montessori 1987, S. 110). Die Dynamik kommt also von innen, aber die Vorstellung eines Lerntriebs, wie er im Philanthropismus formuliert und noch in pädagogischen Lexika von Montessoris Zeitgenossen referiert wird (Rein 1906, S. 572 ff.), liegt ihr offensichtlich fern. Sie drängt hier allerdings noch mehr zur Seite, denn dieses Zitat entstammt einer der seltenen Passagen, in denen Montessori von »apprendimento«, von Lernen im Sinne von Erfahrung spricht. Ansonsten benutzt sie in der Regel den Begriff »imparare«, was eher das Erlernen der Kulturtechniken und Sprachen meint. Die Übersetzung verwischt diese Differenz. Dass Montessori der Möglichkeit des Lernens durch Erfahrung in Deweys Sinne nicht nachgegangen ist, ist festzuhalten.

Mit dem Begriff »imparare« wiederum geht sie überraschend unreflektiert um. So schreibt sie: »Es hat nicht nur die Stille gelernt *[i. O.: »imparato«; die Verf.]*, sondern auch sie einzuordnen: in der Kirche ist es schweigsam. Es hat nicht nur die Kniebeugung gelernt *[i. O.: »imparato«; die Verf.]*, sondern auch ihre Einordnung vor dem Altar. Es hat nicht nur gelernt *[i. O.: »imparato«; die Verf.]*, auf verschiedene Weise zu grüßen, sondern auch davon Gebrauch zu machen, je nachdem, ob es einem Kind, einem Verwandten, einem Fremdem oder einer ehrwürdigen Persönlichkeit gegenübersteht« (Montessori 1987, S. 107). Auf den ersten Blick ähnelt dies der heutigen Auffassung, es gebe ein rituelles Wissen, das mimetisch erlernt werde. Die durchgängige Verwendung des Begriffs »imparare« spricht jedoch dagegen. Nicht zufällig beginnt der zitierte Passus mit den Worten: »Alles muß gelehrt werden« *[i. O. »si deve tutto insegnare«; die Verf.].*

Auch wenn hier nicht behauptet wird, dass Montessori Lernen und Lehren in der Weise traditioneller Schulpädagogen ihrer Zeit ansieht, erscheint ihre fehlende Reflexion des Begriffs des Lernens (imparare, apprendere) doch problematisch. Ihr Konzept bleibt in dieser Hinsicht hinter Dewey zurück.

Von den deutschen Reformpädagogen ist es nach Kerschensteiner am ehesten Peter Petersen (1884–1952), der an Dewey anschließt und dessen Lernbegriff zur Kenntnis nimmt (Petersen 1973, S. 159). Allerdings greift er die Bedeutung der Erfahrung für Lernen kaum auf, sondern spricht vorzugsweise vom natürlichen Lernen, bleibt also in der rousseauistischen Tradition, wobei er – typisch für die deutsche Pädagogik jener Zeit – den Bildungsbegriff zumindest mitführt. So schreibt er, »[…] dass der Ausgangspunkt aller unterrichtlichen Arbeit das natürliche Lernen, der freie Bildungserwerb ist, dass sich alles Kunstlernen oder Aufgabelernen soweit irgend möglich an das natürliche Lernen anzuschließen, dessen Formen und Situationen nachzubilden hat« (Petersen 1955, S. 43). Schulisches Lernen soll also den Formen des natürlichen Lernens folgen. Diese sieht Petersen, ohne allerdings in seiner Begründung über knappe historische Verweise hinauszugelangen, in Gespräch, Spiel, Arbeit und Feier, die er als die »vier Urformen des Lernens und Sich-Bildens« (Petersen 1955, S. 6) bezeichnet.

Wie diese Lernprozesse verlaufen, wird ihm zum Problem, und zwar, dies ist neu, zum dezidiert pädagogischen Problem. So stellt er in den 1930er Jahren fest: »Die Untersuchung des Lernvorgangs ist trotz allem, was Psychologen bisher geleistet haben, dennoch ganz und gar in den Anfängen, weil nur der Pädagoge, der mitten in der pädagogischen Lernsituation steht, mitlebt und beobachtet, imstande ist, diese Situation aufzunehmen, zu erklären und zu deuten […]« (Petersen 1973, S. 130). Konsequenterweise fordert und entwickelt er die »pädagogische Tatsachenforschung« (Petersen 1965), eine nicht auf Untersuchungen im psychologischen Laboratorium, sondern auf Beobachtungen alltäglicher pädagogischer Situationen basierende Methodologie, deren Stärke allerdings eher in der Beschreibung von Unterrichtsinteraktionen als in der Klärung von Lernprozessen liegt.

Die in den 1960er und 1970er Jahren entstandenen *neuen Reformpädagogiken* setzen die Umstellung auf einen forschenden Zugang zum kindlichen Lernen fort. Die Pädagogen verlassen sich nun nicht mehr wie Steiner, Montessori und davor schon Pestalozzi auf je eigene Anthropologien, die wie normative Setzungen wirken, sondern orientieren sich an Sozialisationsbedingungen und begreifen die Entwicklung der Kinder, auch des einzelnen Kindes in sich, als ungleichzeitig und nicht-standardisierbar. Allerdings sind auch in den neuen Reformpädagogiken Unterschiede zu konstatieren. Während die insbesondere von Loris Malaguzzi inspirierte Reggiopädagogik tatsächlich die pädagogische Forschung voranzutreiben sucht, finden sich in Publikationen zum Offenen Unterricht, im angloamerikanischen Raum *open education* bzw. *informal education* genannt, doch noch eher Setzungen bestimmter Grundannahmen, die dann zumeist mit Rückgriff auf psychologische Studien – vorzugsweise auf die entwicklungspsychologischen Studien Piagets, und, soweit es sich um angloamerikanische AutorInnen handelt, unter Rückgriff auf Dewey – behauptet werden.

So schreibt Wendla Kernig, eine der Protagonistinnen der englischen Informal Education: »Das Kind ist ein lernender Organismus. Es gibt eine regelmäßige Abfolge im Lernen. Jedes Kind hat seinen eigenen charakteristischen Lernstil, Interessen und

Neigungen. Kinder initiieren aktiv ihr eigenes Lernen. Kinder haben weit größere Lern-fähigkeiten, als Erwachsene leicht zugeben würden. Kinder lernen, indem sie mit Mate-rialien, erwachsenen Leuten, anderen Kindern und der Umgebung interagieren; sie lernen am besten, wenn alle Grenzen von Zeit, Raum und zugängigen Materialien flexi-bel und ausdehnbar sind« (Kernig 1997, S. 43). Diese Grundannahmen führen zu einer Umgestaltung der pädagogischen Rahmenbedingungen. So wurden in Kernigs Londo-ner Schule beispielsweise Stundenpläne weitgehend reduziert, um extern bedingte Rich-tungswechsel im Lernprozess eines Kindes zu minimieren. Die einzige strenge Regel war, dass jedes Kind so kontinuierlich wie möglich und entsprechend seines Optimums arbeiten soll.

In Curriculum-Treffen des Kollegiums wurden Beobachtungen der Kinderaktivitäten ausgetauscht und reflektiert. »So beschäftigte sich eine Serie mit mathematischem Den-ken. Mitglieder des Kollegiums diskutierten detailgenau, was sie beobachtet hatten, als die Kinder mit Zahlen arbeiteten. Es gab große Übereinstimmung darin, dass jedes Kind Experte im Umgang mit den vier Grundrechenoperationen werden sollte. Würde das im Laufe der von Kindern frei gewählten Arbeit gelernt und ausreichend geübt werden? […] Im Lauf der Zeit begannen wir, den Fortschritt jedes Kindes zusammen zu erkun-den, indem wir die sorgfältig aufbewahrten Arbeitsbeispiele und verschiedene Berichte zu Hilfe nahmen […]« (ebd., S. 45 ff.). An dem Zitat lassen sich mehrere Punkte ver-deutlichen. Zunächst kündet es davon, dass hier Forschung, nämlich pädagogische Handlungsforschung durch die LehrerInnen selbst, stattfindet. Zweitens zeigt es, dass die schulischen Lerninhalte auch aus Sicht der Informal Education nicht beliebig sind, sondern gesellschaftlichen Anforderungen (hier: Grundrechenoperationen) folgen. Drittens macht es deutlich, dass Lernen aus dieser Sicht nicht im Üben aufgeht, sondern ihm eher im Sinne einer Neuerung vorausgeht. Und viertens weist es schließlich implizit darauf hin, dass sich Lernen pädagogisch anhand der Tätigkeiten und Werke des Lerners – die dementsprechend sorgfältig zu dokumentieren sind – und nur bei Einbeziehung zumindest zweier verschiedener Zeitpunkte erforschen lässt.

Eine solche pädagogische Erforschung kindlicher Lernprozesse wurde und wird seit den 1970er Jahren insbesondere von den reggianischen PädagogInnen betrieben. Die Dokumentation der Projekte, der darin stattfindenden Lernprozesse wie auch des ggf. lernunterstützenden oder -behindernden pädagogischen Tuns ist ein zentraler Bestand-teil der Reggiopädagogik (Göhlich 2005).

Lernen erscheint darin als Sprechen mit der Welt, deren Dinge und Ereignisse zu den Kindern sprechen. Der Gestaltung der Lernumgebung kommt dementsprechend große Bedeutung zu. Der Raum wird von Malaguzzi als dritter Erzieher (neben den beiden GruppenerzieherInnen) bezeichnet. Aber die pädagogische Umgebung wird nicht – wie bei Rousseau – totalitär und nicht – wie bei Montessori – hochgradig strukturiert, son-dern – ähnlich wie bei Dewey – in enger Verbindung mit der nicht-pädagogischen Rea-lität, mit dem alltäglichen Leben der Kinder außerhalb der pädagogischen Institution, angelegt und für kindliche Imagination offen gehalten.

Ein Beispiel aus der Dokumentation des Projekts »Schuh und Meter« (Comune di Reggio Emilia 1997), an dem fünf Jungen und ein Mädchen im Alter von fünf bis fünfeinhalb Jahren beteiligt waren, mag den Lern- und Lernunterstützungsbegriff der Reggiopädagogik wie auch ihr Verständnis von pädagogischer Forschung verdeutlichen. Ausgangspunkt des Projekts ist, dass die Kindergartengruppe, zu der diese Kinder gehören, einen weiteren Arbeitstisch haben will, der genau so groß sein soll wie der erste. Auf die Frage, was zu tun sei, um den Tisch zu bekommen, schlagen die Kinder vor, einen Schreiner zu holen. Der Schreiner kommt und sagt, er könne einen solchen Tisch bauen, aber er brauche die Maße. Einige Kinder rufen sofort: »Die machen wir.« Der Schreiner fragt die Kinder, ob sie wirklich messen können. Einige Kinder sagen, das sei schwer, andere meinen, man müsse einfach anfangen. Insgesamt überwiegt die Abenteuerlust, die Sache auszuprobieren. Auf die Frage der Erzieherin, wer das Messen übernehmen will, melden sich die oben genannten sechs Kinder, die von da an zehn Tage lang, täglich etwa 40 bis 50 Minuten, an dem Vorhaben arbeiten. Sie werden dabei nicht nur von einer Erzieherin, sondern auch von einer mittels Fotoapparat und Audiorecorder dokumentierenden Kunstpädagogin begleitet. Dieser Beginn des Projekts zeigt bereits die oben angesprochene Verbindung der pädagogischen Institution mit dem Leben außerhalb ihrer selbst.

Um den impliziten, an einer Stelle jedoch auch ausdrücklichen Lern- und Lernunterstützungsbegriff der Reggiopädagogik zu verdeutlichen, werden wir im Folgenden einen Ausschnitt aus der Dokumentation, allerdings nur den Text, d. h. ohne Wiedergabe der Fotos, zitieren: »Alan [eines der 6 Kinder; die Verf.] bringt die Sache ins Rollen: ›Man zählt und man misst mit dem Finger, man legt einen Finger nach dem anderen, mit dem Finger zählt man bis fünf und dann bis zehn.‹ Die Idee von Alan scheint in die richtige Richtung zu gehen. Die ›compagni‹ verstehen sie jedenfalls. Während die Diskussion weitergeht, entfernen sich Tommaso und Daniela plötzlich. Sie kommen mit einigen rechteckigen Papierblättern zurück und sagen: ›Um den Tisch zu verstehen, müssen wir ihn zeichnen.‹ Hier sind die von Tommaso und Daniela gezeichneten Tische. Es sind ›bewohnte‹ Tische, die ihrer normalen Funktion dienen, Flaschen, Gläser und einen Computer tragen. Die erste Entscheidung der Pädagoginnen, veranlasst durch die Zeichnungen der Kinder, ist, den vorhandenen Tisch außerhalb des Kontexts des Gruppenraums als Modell anzubieten, so dass er in seinen wesentlichen Formen wahrgenommen werden kann. Die Kinder probieren nun Alans Idee aus: Man zählt und misst mit dem Finger, man legt einen Finger nach dem anderen. Es ist der Körper, der die Elemente zum Messen bereit hält, den Finger, die offene Hand, die Faust, den Unterarm, das Bein und sogar den Kopf. Die Kinder sind sich dessen nicht bewusst, dass sie die antiken Gesten des Messens wiederholen. Die ersten Messungen, die die Kinder vornehmen, richten sich nach dem Augenmaß und werten die Körperteile visuell aus: lang, weniger lang, höher, weniger hoch, etc. Die Maße erscheinen irgendwie verkörperlicht. Vielleicht nutzen wir deshalb noch Körperteile, wenn wir Maße kommunizieren. Für die Kinder halten die Körperteile sofort verfügbare Messinstrumente bereit und ermöglichen zugleich eine freudvolle Betätigung, den Spaß des Mittuns. Die Kinder verlassen den Finger, probieren es mit der Hand, lassen das sein, versuchen es mit der Handspanne und kommen schließlich bei der Nutzung ihrer Beine an. Es scheint, als hätten sie entdeckt, dass eine längere Maßeinheit die Arbeit ökonomischer gestaltet. Als die Körperteile ausgehen, finden die Kinder andere Typen von Messinstrumenten. ›Ich gehe in die Küche, um einen Schöpflöffel zu holen.‹ ›Ich versuche es mit einem Buch.‹ Vielleicht bemerken sie, dass es leichter ist, Gegenstände zu handhaben und einzusetzen, die außerhalb des eigenen Körpers liegen, und dass diese frei gewählt werden können. Grundvoraussetzungen der Messinstrumente sind, dass sie kleiner sind als das zu Messende, dass sie sich replizieren und zählen lassen, bis das zu Messende vollständig gemessen ist, wobei anzumerken ist, dass es sich oft um unsichere, ungenaue Operationen handelt. Ein Prozess, der von den Kindern fordert, analytischer zu lernen [i. O.: »apprendere«; die Verf.]: dass das Produkt des Vergleichs (die Zahl, die die Messung ausdrückt) von der Größe des gewählten Messinstruments abhängt; dass sie den Wert der Invarianz beherrschen müssen, wenn sie ein identisches Ergebnis mehrerer Messungen derselben Größe finden wollen [...] Die Kinder haben nun verschiedene Maßeinheiten ausprobiert, ohne bisher eine definitive Wahl zu treffen. Nun ist der Augenblick gekommen, in dem sie das Hindernis überwinden müssen, das sich aus der fehlenden Entscheidung ergibt; sie beginnen die Notwendigkeit zu bemerken, ein Maß zu finden, das von allen geteilt und verwendet werden kann. Wie können wir als Pädagogen den Lernprozess [i. O.: »processo conoscitivo«; die Verf.] unterstützen, der hier stattfindet? Was nun geschieht, um ihnen zu helfen, ist paradoxerweise, die Verwirrung zu bestärken, die sie schon geschaffen haben: vielleicht kann die Verschiebung des problematischen Kerns von dem bisherigen Kontext in einen anderen dazu beitragen, die Widersprüche zur Explosion zu bringen. Die Pädagogin schlägt vor, Weitsprünge zu machen und sie zu messen zu versuchen. ›Wie könnt ihr eure Sprünge messen?‹ Die Antwort der Kinder lautet: ›Man braucht zwei Markierungen, eine für den Start und eine für die Landung und man misst mit den Füssen‹« (Comune Reggio Emilia 1997, S. 20 ff., Übers. M. G.).

Diese Dokumentation arbeitet an etwas, was in der Pädagogik selten ist: an einem kommunikativen Gedächtnis pädagogischer Praxis. Dokumentiert wird sowohl das Tun der Kinder und der Erzieherin als auch deren und ihrer dokumentierenden Kollegen Reflexion. So wird die alltägliche Funktionalität des Tisches als Lernhindernis bemerkt, worauf sich die pädagogische Intervention gründet, den Tisch aus dem alltäglichen Kontext herauszunehmen. Der Darstellung der zweiten pädagogischen Intervention – auch hier geht es um eine Kontextverschiebung, nämlich um die Verlagerung des Messproblems auf den den Kindern aus anderen Zusammenhängen bekannten Kontext »Weitsprung« – wird gar eine Problematisierung vorausgestellt, die die Intervention selbst von vornherein auf die Probe stellt. Die pädagogische Praxis gründet hier auf der Beobachtung und Reflexion von Lernschwierigkeiten.

Interessant ist, dass die reggianischen PädagogInnen – im Unterschied zu Montessori – nicht den Begriff »imparare«, sondern die Termini »apprendere« und »conoscere« verwenden, also von Lernen im Sinne von Erfahren (im Sinne Deweys) und von Kennen- bzw. Erkennen-Lernen (im Sinne Piagets und Jerome Bruners, mit dem die reggianischen PädagogInnen zusammenarbeiten) sprechen. Die pädagogische Kernfrage ist nun nicht mehr, wie gelehrt werden kann, was gelernt werden soll, sondern wie unterstützt werden kann, was als Lernprozess im Gange ist.

4   Anthropologie

Raum

Lernen geschieht in Raum und Zeit. Die räumliche und zeitliche Kontextuierung des Lernens ist bedeutsam. Sie beeinflusst das Lernen nicht nur in Form des Gegenstandes, an dem der Lernende die Welt erfährt, sondern weit darüber hinaus. Sichtbar wird dies etwa in den Schwierigkeiten des Transfers von in einem bestimmten Kontext erworbenen Wissen und Können in einen anderen Zusammenhang. Sichtbar wird dies auch darin, dass bestimmte Rahmungen offenbar eher Lernen fördern als andere. Insbesondere die Schule (Schulzeit und Schulraum) erscheint als ein solcher Rahmen, hat sie sich doch als von der jeweiligen Gesellschaft für das Lernen der nächsten Generation vorgehaltener inzwischen universal durchgesetzt (vgl. Adick 1992). Zu dieser universalen Durchsetzung gehört allerdings von Beginn an auch die Kritik an der Schule, die bis zur Forderung der Entschulung der Gesellschaft (vgl. Illich 1983) führt, in der Regel jedoch auf eine Umgestaltung der Schule oder auf deren Ergänzung durch anders ausgerichtete Lernräume (z. B. Lehrwerkstätten, die im Unterschied zur Schule weniger auf Wissen-Lernen als auf Können-Lernen zielen; Heime bzw. betreute Wohngruppen, die vor allem auf Leben-Lernen ausgerichtet sind) drängt. Wiewohl im Alltag ineinander verzahnt (z. B. in der Schule: Zuordnung von Klassen- und Fachräumen zu bestimmten Stunden im Stundenplan), haben sich Lernraum und -zeit je eigen ausdifferenziert und werden deshalb im Folgenden separat behandelt. Zunächst wird die Bedeutung des Raumes als Lernraum anthropologisch, historisch und systematisch dargelegt sowie auf Chancen und Risiken hin befragt.

Anthropologie des Raumes als Lernraum

Während die pädagogische Geschichte reich an Konzeptionen von Lernräumen ist (s. u.; vgl. Göhlich 1993; Jelich/Kemnitz 2003), ist die Anthropologie des Lernraumes ein Desiderat. Wer es zu schließen versucht, muss auf die allgemeine Raumanthropologie, etwa auf die Arbeiten von Bollnow und Dürckheim zurückgreifen (vgl. Plöger 1993; Göhlich 1999). Mit Bollnow können zunächst erlebter und mathematischer Raum voneinander unterschieden werden. Ist im mathematischen Raum kein Punkt vor dem anderen und keine Richtung vor der anderen ausgezeichnet, so gibt es im erlebten Raum einen ausgezeichneten Mittelpunkt (durch den Ort des erlebenden Menschen) und ein ausgezeichnetes Achsensystem (durch die aufrechte Haltung des menschlichen Körpers), damit qualitativ unterschiedene Orte und keine Wertneutralität. Der erlebte Raum ist der Raum, wie er für den Menschen da ist.

Folgt man der These, dass das ursprüngliche Verhältnis des Menschen zum Raum das
des Wohnens und nicht das der Intentionalität ist (Bollnow 1989, S. 304) und das Kind
nur in die Welt hineinwachsen kann, weil es im Haus verwurzelt ist (ebd., S. 148), so
muss der pädagogisch verantwortete Lernraum so beschaffen sein, dass der Lernende
dort »Mensch sein, ... heißt: wohnen« (Heidegger, zit. n. Bollnow 1989, 126) und als
Lernender Wurzeln schlagen kann.

Aus dieser Sicht erscheint etwa die in den letzten Jahrzehnten zumindest im Bereich
der Grundschule zu beobachtende Wohnlichmachung von Klassenzimmern wün-
schenswert. Eine bloße Ästhetisierung des Raumes greift allerdings zu kurz. Wurzeln
schlagen können muss der Lernende auch und gerade in den Anfängen seines Lernens,
die ihm in interessanten Gegenständen, Personen und Geschehnissen begegnen. Wo
diese Begegnung zur Erfahrung wird, wird Lernen möglich. Erfahrung ist dabei nicht
nur Widerfahrnis, sondern auch Tun, Aktivität, Handeln.

Problematisch an der Perspektive Bollnows ist, dass der Raum zwar nicht nur real und
gestimmt, sondern auch als Handlungsraum thematisiert wird, als solcher jedoch als
etwas Abgeleitetes und Späteres erscheint. Damit ist keineswegs in Abrede gestellt, dass
Bollnow wichtige Hinweise für eine pädagogische Anthropologie des Raumes liefert. So
weist Girmes darauf hin, dass die drei von Bollnow beschriebenen Merkmalskomplexe
(Realraum/Raumgestalt, Handlungsraum/Raumausstattung, gestimmter Raum/Raum-
ausgestaltung) den von Rittelmeyer auf Basis seiner Untersuchungen zum Schulraum-
empfinden von Kindern und Jugendlichen formulierten Qualitätskriterien (freilassend,
anregend, warm/freundlich) weitgehend entsprechen (Girmes 1999, S. 95). Allerdings
erscheint uns der Handlungsraum gerade aus pädagogischer Sicht nicht als Späteres. Der
pädagogische Raum ist kein Raum des So-Seins, sondern ein Raum voller, in Einrichtung und Materialien eingelassener und mit ihnen verknüpfter Handlungen und Hand-
lungserwartungen, kurz: ein inszenierter Raum.

Deshalb führt uns die über zwanzig Jahre ältere Studie Dürckheims weiter als die
Arbeit Bollnows. Dürckheim (1932) unterscheidet zwischen objektivem Weltraum und
persönlichem Raum, die er beide als ineinander verzahnte, potentielle Gerichtetheiten
eines den Raum lebenden Subjekts auffasst. Der objektive Weltraum lässt sich ausdifferenzieren als tatsächlicher Raum (exakt fixierbare Größe u. ä.), Wesensraum
(Anmutungsqualitäten) und Zweckraum (Nutzungshinweise), ist also etwas anderes als
der oben genannte mathematische Raum und umfasst mehr als das Messbare. Dürckheims Begriff entspricht eher Walter Benjamins Annäherung an die eigene Sprache der
Dinge. An sein experimentell gestütztes Postulat, dass »von jedem konkreten Raum [...]
ein spürbarer Anspruch ausgeht, sich seinem Sinn gemäß zu verhalten« (Dürckheim
1932, S. 307), kann die Anthropologie des Lernraums anknüpfen.

Dabei ist nicht allein nach Gestaltung, Einrichtung und Ausstattung des Raumes zu
fragen, sondern auch nach dessen gedachter und praktisch vollzogener Nutzung. Hier
greift Dürckheims Begriff des persönlichen Raumes, der sich in Handlungsraum,
Selbstraum und persönlichen Lebensraum ausdifferenzieren lässt. Der Handlungsraum ist für uns, sowohl im Hinblick auf die Spezifika pädagogischen Raums als auch
im Hinblick auf die Verzahnung von objektivem Weltraum und persönlichem Raum,

von besonderem Interesse. An experimentellen Untersuchungen zur Suchhandlung belegt Dürckheim: »In dem Augenblick aber, da ich wirklich in die Handlung eintrete, ›aktiviert‹ sich der Raum und dieser sich im Vollzuge der Handlung bildende ›aktive Raum‹ hat eine Gegenständlichkeit ganz anderer Art als der einem möglichen Zweck zugeordnete funktionale Raum« (ebd., S. 462). Nun lässt sich darüber streiten, ob Lernen Handeln ist; wo jeglichem Handeln Intentionalität unterstellt wird, erscheint dies fraglich, da Lernen nicht notwendig einer Intentionalität folgt, ja ihr womöglich gar nicht folgen kann. Aber zum einen setzen wir einen weiten Handlungsbegriff an, der Intentionalität als optionales, jedoch nicht notwendiges Element von Handeln begreift (vgl. Göhlich 2001, S. 182), zum anderen wird selbst von Autoren, die den Widerfahrnis-Charakter des Lernens stark machen (vgl. Meyer-Drawe 2005, S. 31), die aktive Seite des Lernens nicht in Abrede gestellt. Dementsprechend ist Dürckheims Begriff des Handlungsraums von einer Anthropologie des Lernraums aufzugreifen und zu präzisieren: Ein Raum, der zum Zwecke des Lernens bzw. zu dessen Anregung und Förderung gestaltet wird, wird erst und nur insoweit zum Lernraum, wie er und seine Gegenstände sich im Vollzug des Lernens aktivieren. Deshalb ist ein Lehrraum noch lange kein Lernraum.

Geschichte der Gestaltung des Raums als Lernraum

Die Geschichte pädagogisch gestalteter Räume zeigt, dass diese anthropologische Einsicht in der Regel fehlt. Räume erscheinen in der Geschichte der Pädagogik vorrangig als Lehrräume, als Orte externer Intention linear folgender Erziehung und (Aus-)Bildung, kaum hingegen als vom Lernenden selbst erst zu aktivierender Raum.

Dass der Raum erzieherisch und bildend wirken kann, weiß bereits Erasmus, der Wandinschriften als »stumme Lehrer« fordert (Michael 1963, S. 30). Aber er wird eben vom Lehren und Erziehen und nicht vom Lernen her bedacht, obwohl bereits im späten Mittelalter pädagogische Raumpraxen zu erkennen sind, die eine Aktivierung durch den Lernenden ermöglichen. Während die Räume der Domschulen durch die der Lehre dienende Kanzel sowie durch Orte des »Behörens« bestimmt sind, sitzen nämlich Rechenmeister und -lehrlinge um einen Tisch, der mittels Linien und Rechenpfennigen den Lernenden die Möglichkeit eigener Operationen eröffnet (vgl. Göhlich 1993, S. 156 f.). Die Unterschiede der räumlichen Praxen verkörpern unterschiedliche Bilder vom Menschen und seiner gesellschaftlichen Aufgabe. Dom- und Klosterschüler werden auf orthodoxe Lehrmeinungen und kircheninterne Hierarchie vorbereitet, Rechenschüler – zumeist Nachwuchs der Kaufleute (v. a. freier Reichsstädte) – hingegen auf betriebswirtschaftliche Flexibilität, Vertraglichkeit und Gleichrangigkeit innerhalb der Zunft. Das *hidden curriculum* des Raumes ist dementsprechend ganz folgerichtig im ersten Fall lehr-, im zweiten lernorientiert. In den nachfolgenden Jahrhunderten durchgesetzt hat sich bekanntlich die Lehrorientierung.

Ein weiteres Problem – neben der Lehrorientierung – ist der Ausschluss der Welt aus dem pädagogischen Raum, der mit der Reformation rapide zunimmt (vgl. Göhlich 1993, S. 185 ff.). So dringlich Luther Schulen fordert, so sehr weist er darauf hin, dass diese die lasterhafte Welt auszuschließen haben. Leben und Lernen (das mit Lehren in einem gedacht wird) werden voneinander getrennt.

Das Verhältnis von Leben und Lernen ist ein Dauerthema des pädagogischen Diskurses. Zieht sich die Befürwortung des Ausgrenzung des (sündig, nutzlastig, ablenkend oder sonstwie kritisierten) alltäglichen Lebens von Luther über die pietistische Pädagogik und die auf Humboldts Bildungsbegriff und Schulreform basierende Gymnasialpädagogik bis zum aktuell in der ADHS-Debatte verbreiteten Plädoyer für eine reizarme Umgebung durch, so findet sich andererseits etwa bei Dewey, der deutschen Reformpädagogik des frühen 20. Jahrhunderts und der Reggiopädagogik des späten 20. Jahrhunderts eine vehemente Befürwortung einer engen Verbindung von Leben und Lernen.

Wie geschlossen oder offen der räumlich-materielle Übergang von Leben und Lernen auch immer gestaltet wird, die mit jedem pädagogischen Raum gesetzte Nicht-Identität von Leben und Lernen führt zur Frage, wie Leben im Lernraum lernbar wird. Selbst wo das außerpädagogische Leben als sündig oder sonstwie abträglich erscheint, muss das Erlernen einer besseren Lebensweise, eines gläubigeren oder vernünftigeren, zupackenderen oder liebevolleren Lebens doch an irgendeinem (pädagogisch zubereiteten) Weltausschnitt erfolgen. Die Frage der Ausgrenzung der Welt aus dem pädagogischen Raum bzw. des pädagogischen Raums aus der Welt geht somit in diesem (üblichen) Fall in die Frage über, wie die Welt in den pädagogischen Raum hereingeholt und dort pädagogisch dargeboten werden kann.

So taucht schon ein Jahrhundert nach Luther die Welt in neuer Form, als materialisierter Lerngegenstand, im Schulraum auf. Der *Orbis pictus* und gegenständliche Materialien wie z. B. das Skelett, die Comenius unterrichtlich einsetzen will, sind der Anfang der bewussten Verwandlung des Unterrichtsraums in eine Lehrlandschaft. Die comenianische Konzeption ist zwar kein Vorläufer offener Klassenzimmer und Lernlandschaften (insofern kaum Möglichkeiten der Selbsttätigkeit eröffnet werden), aber ein Hinweis auf die dann einsetzende Simulation der (natürlichen, kultürlichen, abenteuerlichen) Welt.

Das Bewusstsein der Differenz zwischen institutioneller Innen- und alltäglicher Außenwelt nimmt in der Barockzeit zu und damit auch der Versuch, Außenwelt im Innenraum zu simulieren. Ein noch heute zu bewunderndes architektonisches Beispiel ist die fünfzig Jahre nach Comenius' Tod entstandene Dorfkirche von Steinhausen, an deren Innenwänden täuschend echte skulpturale Nachbildungen von Vögeln, Spinnen und anderen Tieren in ihrem entsprechenden Lebensraum (Vogelnester, Spinnennetze etc.) angebracht sind. In den zu der Zeit von Francke in Halle aufgebauten pädagogischen Einrichtungen wird die Außenrealität nicht mehr nur bildlich in den Innenraum geholt: Das erste pädagogisch eingesetzte Naturalien- und Realienkabinett entsteht. Dass es als Raum beschrieben wird, in den die Schüler »zuweilen geführt« und ihnen die Stücke »gezeigt« werden (Francke 1964, S. 90), legt die Vermutung nahe, dass die Nutzung eher museal und archivarisch als simulatorisch ist. Das Hallenser Naturalien- und Realienkabinett ist, soweit überhaupt pädagogisch genutzt, Lehrraum und nicht Lernraum.

Wie gebrochen die Hinwendung zur Welt bei Francke bereits ist, zeigt sich in seiner Begründung für die in Halle unterrichtlich eingesetzten Drechselbänke. Fünf Drechselbänke werden gebaut und die Knaben daran von einem Meister unterwiesen, aber nicht, um später das Handwerk des Drechslers ausüben zu können, sondern »damit es nicht an motu corporis fehlen sollte« (ebd.). Hier wird so getan, als ob; es sind die Anfänge einer Simulation der abenteuerlichen Welt im pädagogisch gestalteten Raum.

Dieser Trend setzt sich in der Folge fort (und hat in den heutigen virtuellen Lernwelten einen neuen Höhepunkt erreicht). Wie so oft in der technologischen Entwicklung ist es der Krieg, dem wir diese Weiterentwicklung des pädagogischen Raumes zu verdanken haben. Die kriegerische Etablierung der Territorialstaaten erfordert militärische Kenntnisse, die in den Ritterakademien des 17. und 18. Jahrhunderts mittels der Simulation der Schlacht, der Burgeroberung und -verteidigung am Modell erworben werden sollen.

Rousseau radikalisiert diesen Trend, indem er in seinem *Plan für die Erziehung des Herrn de Sainte-Marie* die Einrichtung eines »vernünftigen Zimmers« (Rousseau 1967a, S. 147) und im über zwanzig Jahre später publizierten *Emile* die Einrichtung der »ganzen Umgebung« (Rousseau 1998, S. 74) »für die Belehrung« (ebd., S. 105) fordert. Die Welt soll selbst – als Natur und in Form von Dingen und Geschehnissen – lehren bzw., da Rousseau sich der Bedeutung der Selbsttätigkeit des Lernenden bewusst ist, zum Lernraum werden. Hierzu entwirft Rousseau ein für den Lernenden unsichtbares Netz fingierter Situationen. Er anthropomorphisiert die Welt, indem er sie nach »vernünftigen« Gesichtspunkten ordnet und als Lernraum neu zusammensetzt. Er ähnelt darin dem ein Jahrzehnt nach seinem Tod geborenen Landschaftsplaner Lenné. Erst wenn das gesamte Erdreich von Menschenhand bewegt worden ist und schließlich eine Neu-Konstruktion vorliegt, die dem gleichkommt, was er sich unter Natur vorstellt, erst dann hält Lenné die Umgebung dem Menschen, seiner Vernunft und Natur zugleich, für angemessen. Das gilt im übertragenen Sinne auch für Rousseaus Konzeption. Der Lernraum in seinem Sinne ist eine durch und durch pädagogisch konstruierte und vom Pädagogen bestimmte Welt.

Mit Rousseau wächst, ein Motiv für die Verschiebung vom Lehr- zum Lernraum, die pädagogische Aufmerksamkeit für das lernende Individuum. Bereits vor Rousseaus Publikation des *Emile*, in den bereits genannten Ritterakademien des Absolutismus, erlangt das Individuum pädagogisch neue Aufmerksamkeit, da im Absolutismus alle Fäden der Macht bei einem Einzigen, dem Fürsten, zusammenlaufen, der als Prinz in der Ritterakademie seine Ausbildung erfährt und dessen zukünftige Alleinstellung dort entsprechend zu beachten ist. Lehren gewinnt einen dienenden Charakter. In der Folge liegt nahe, Lernen mit Autonomie zu verknüpfen.

Wo der pädagogische Diskurs Lernen mit Autonomie verbindet – Ansätze hierzu finden wir vor Rousseau bereits bei Locke, nach ihm in der philanthropistischen Pädagogik, schließlich bei den klassischen und neuen Reformpädagogiken des 20. Jahrhunderts –, finden sich Bemühungen, den Raum als Lernraum zu gestalten, indem seiner Architektur, Einrichtung und Ausstattung Möglichkeiten der Selbsttätigkeit, Selbststeuerung und Selbstkontrolle eingeschrieben werden.

Bleibt der Lernraum Rousseaus Fiktion, so wird die an ihm orientierte Lernraumkonzeption philanthropistischer Pädagogen in den Philanthropinen, etwa in Salzmanns

1784 gegründeter Schnepfenthaler Anstalt, real. Hier kommen erstmals mehrere Elemente dessen, was heutige reformpädagogisch motivierte Lernräume ausmacht (s. u.), zugleich zum Tragen. Der Einbezug der Außenwelt, ja des Lebens mittels der Hereinnahme nicht nur toter (präparierter), sondern auch lebender Pflanzen und Tiere in den Schulraum ermöglicht nicht nur eine Klassifizierung, wie sie auch bei totem oder Bildmaterial möglich ist, sondern die Beobachtung von Lebendigem (wenngleich außerhalb seines Ökotops, zu dessen Erkundung die Schnepfenthaler Zöglinge allerdings Wanderungen unternahmen). Die von den Zöglingen selbst bearbeiteten kleinen Gärtchen kommen sowohl dem – mit dem zeitgenössischen Glückseligkeitsziel und Sensualismus einhergehenden – Bemühen um ein sinnesfreudiges Körper- und Naturerlebnis als auch dem – dem Nützlichkeitsdenken der Zeit entsprechenden – Streben nach anwendbaren Fertigkeiten, eigenem Besitz und fortwährender fleißiger Arbeit entgegen.

Auch im Hinblick auf das – aus anthropologischer Sicht nahe liegende (s. o.) – Kriterium der Wohnlichkeit des Lernraums, der Eröffnung von Möglichkeiten, in ihm zu Hause zu sein, sind in den Philanthropinen neue Anstrengungen erkennbar. So finden sich im Schnepfenthaler Philanthropin Unterrichtsräume mit kleingruppenbetonenden Tischen, Materialschrank, bequemen Stühlen, Sofa. Die Familiarität des pädagogischen Raums (die in den allerdings noch nicht im engen Sinne familiären, sondern gemeindeorientierten pietistischen Einrichtungen, etwa der Erziehungsanlage der Herrnhuter Brüdergemeine einen Vorlauf hat; vgl. Lost 2003) wird auch durch dessen jährliche Schmückung anlässlich des Geburtstages von Frau Salzmann, die als »Mutter« der Zöglinge gilt, unterstrichen. Mit dem von den Worten »[…] freu der Ernte Deiner Mutterfreude Dich!« begleiteten Gang der Kinder durch den geschmückten Raum wird dieser als gemeinsames Zuhause aufgeführt (vgl. Göhlich 1993, S. 263).

Interessanterweise ist in der Yverdoner Anstalt des etwa zeitgleich wirkenden Pestalozzi, dessen ideengeschichtlich wirksame Betonung der Wohnstubenkräfte eine Verwohnlichung des Lernraums erwarten lässt, zumindest in Einrichtung und Ausstattung der Räume keine solche Tendenz zu erkennen. Die dortige zentrale Organisation des Raumes auf den Lehrer bzw. auf für alle zugleich sichtbare Anschauungstafeln hin lässt Pestalozzi eher als Vorläufer heutigen Frontalunterrichts denn als Vorläufer eines reformpädagogisch offenen Lernraums erscheinen.

Im 19. Jahrhundert greift der pädagogische Raum nicht mehr auf Muster einer kirchlich, höfisch oder zünftig kultivierten Welt zurück, sondern wird – die vielen einzelnen Auszubildenden und zu Erziehenden als Masse – zum militärisch ordnenden Raum. Schulisch setzt sich, was bauliche Gestalt und Inneneinrichtung angeht, der Typus der Schulkaserne durch, unterrichtlich eng mit ihm verbunden ein durch und durch formalisierter Frontalunterricht. Das Lernen tritt dabei wieder völlig hinter das Lehren zurück. Die militärische Ordnung prägt bis weit ins 20. Jahrhundert auch berufspädagogische Räume wie die Lehrwerkstatt (vgl. Schütte 2003, S. 370) und sozialpädagogische Räume wie das Erziehungsheim.

Die Reformpädagogik (zur Problematik dieses Terminus vgl. Oelkers 1996, Göhlich 1997) Anfang des 20. Jahrhunderts entdeckt den Raum neu. In ausdrücklicher Abgrenzung gegenüber wilhelminischer Schulkaserne und militarisierter Besserungsanstalt werden nun die Kriterien der Selbsttätigkeit, und damit das lernende Individuum, der Gemeinschaft als Lebens- und Lerngemeinschaft und der Lebensnähe betont. Sozialpädagogisch steht hierfür etwa das von Franz Wilker geleitete Heim »Lindenhof« der 1920er (vgl. Müller 1999), das ohne Zäune auszukommen und so einen Raum zu bieten sucht, in dem die Jugendlichen selbst und gemeinsam ihr Leben bestimmen. Kleinkindpädagogisch steht hierfür vor allem Montessoris Kinderhaus, das ausdrücklich selbstkontrollierbare Materialien enthält (vgl. Montessori 1987). Schulpädagogisch stehen hierfür z. B. die Räume der Hamburger Lebensgemeinschaftsschulen, in die Natur und Leben in Form lebender Tiere und Pflanzen Einzug halten (vgl. Rödler 1987, S. 242 f.), oder Willy Steigers »S'blaue Nest«, in dem die Volksschule durch Blumen, Wandschmuck, Kerzen und Sitzkissen zum trauten Heim erklärt wird (vgl. Bilstein 2003, S. 35).

Diese reformpädagogischen Raumgestaltungstendenzen sind auch in den Bemühungen der neuen Reformpädagogiken seit den späten 1960er Jahren zu erkennen. Hauptsächlich folgende vier Tendenzen lassen sich dabei ausmachen: 1. Dezentralisierung (u. a. durch Tischgruppen), 2. Simulation von Abenteuer und Natur (Herstellung einer Lern*landschaft*; pädagogischer Raum als Erfahrungsraum), 3. Simulation von Heimat, Familiarität, Geborgenheit, Zuhause (Herstellung eines Wohncharakters des Raums; pädagogischer Raum als Lebensraum), 4. Selbstorientierung (u. a. durch Bereitstellung selbstkontrollierbarer Lernmaterialien) (vgl. Göhlich 1993, S. 8–107).

Chancen und Risiken der pädagogischen Gestaltung von Raum

Dass der Raum lehrt und erzieht, ist ein pädagogikgeschichtlich alter Topos. Aus einer pädagogischen Perspektive, die nicht der Lehre oder der Erziehung, sondern dem Lernen das phänomenale Primat einräumt und Lehre wie Erziehung vom Lernen her zu bestimmen sucht, scheint die pädagogische Gestaltung des Raumes jedoch nicht mehr so einfach, etwa in akustischer und visueller Konzentration und Veranschaulichung, aufzugehen. Ob die Gestaltung, Ausstattung und Nutzung des Raumes dem potentiellen Lerner Anschlussmöglichkeiten eröffnet, welche bei aller im Anschluss erfolgender Bestätigung des Status Quo zugleich über diesen hinausweisen (und zwar so, dass dies den Lernenden zugleich für weiteres Lernen öffnet), wird aus dieser Sicht zur pädagogisch entscheidenden Frage.

In der pädagogischen Gestaltung von Räumen liegen sowohl Chancen als auch Risiken. Im reformpädagogischen sowie im unterrichtstechnologischen Diskurs stehen die Chancen gelegentlich so im Vordergrund, dass der Blick auf die Risiken verstellt wird.

Dass die Hoffnungen der Pädagogen, aber auch der Eltern, Architekten, Bildungs- und Sozialpolitiker auf die den Räumen und Materialien innewohnenden (Lern-)Chancen häufig übergroß sind, mag darin begründet sein, dass Lernräume – so wichtig das Lernen nicht nur für das lernende Individuum, sondern für den Fortbestand und die Prosperität der Gesellschaft insgesamt auch ist – im Unterschied zu Produktionsräumen (und auch zu Unterhaltungsräumen) einen deutlich höheren Legitimationsaufwand benötigen, da in ihnen keine unmittelbar verzehr- oder verkaufbaren Produkte (oder unterhaltsamen Produktionen) entstehen. Das gesellschaftliche Verlangen nach Legitimation führt immer wieder aufs Neue zum Versprechen, dass ein bestimmter Raum, ein bestimmtes Material Lernen beschleunigt oder den Erfordernissen der Zeit anpasst.

Ob Kuschelecke oder Computerraum, ob Werkbank oder virtuelle Welt, ob nichtrechtwinklige Gebäude und farbige Wände oder selbstkontrollierbare Materialien, ob Turnhalle oder Theatersaal, ob Schulgarten oder Café eines Jugendhauses: All diese Räume und Materialien mussten bzw. müssen als verheißungsvolle Reformen pädagogischer Einrichtungen propagiert und bildungs- resp. sozialpolitisch erkämpft werden, damit die Gesellschaft dem Lernen überhaupt Raum lässt.

Die gewünschte Garantie der Beschleunigung oder sonstiger Optimierung kann jedoch nie eingelöst werden, da es keine lineare Ursache-Wirkungs-Beziehung zwischen pädagogischer Umgebung und Lernen geben kann. Andere haben dies als »Technologiedefizit« der Pädagogik gebrandmarkt (vgl. Luhmann/Schorr 1988). Wir erkennen darin hingegen die der pädagogischen Praxis notwendig eigene Humanität. Das heißt nicht, dass auf die pädagogische Gestaltung des Raumes zu verzichten sei. Es bedeutet jedoch, dass die pädagogische Gestaltung des Raumes um die Autonomie des Lernens weiß und mit ihr statt gegen sie zu arbeiten sucht.

Chancen wie Risiken der pädagogischen Gestaltung des Raumes liegen also im Verhältnis des Raumes (und seiner Materialien) zum Selbst des Lernenden. Ein Raum wird zum Lernraum im besten Sinne des Wortes, wenn er nicht nur – was er durchaus auch soll – das Interesse des Lernenden weckt, an dessen Vorwissen anschließt, das Tätigwerden und die Eigenkontrolle des Lernenden ermöglicht, sondern darüber hinaus dem Selbst – genauer: der kontingenten, über den Status Quo hinausweisenden Identität des Lernenden – Raum zur Findung eigener Erneuerung bietet. Da menschliches Lernen im engeren Sinne Umlernen ist, bedingt es die Transformation der Identität des Lernenden. Konzeptionen und Realisationen von Lernräumen haben dies zu berücksichtigen.

Chancen wie Risiken der pädagogischen Gestaltung des Raumes liegen zudem in dessen Verhältnis zum Leben des Lernenden. Wie wir bereits in der Skizze der Geschichte der Konzeptionen von Lernräumen angemerkt haben (s. o.), führt die mit jedem pädagogischen Raum gesetzte Nicht-Identität von Leben und Lernen zur Frage, wie Leben im Lernraum (dennoch und gerade deshalb) lernbar wird. So chancenreich hierfür die Simulation zu sein scheint, birgt sie doch das Risiko, vom Lernenden als nicht authentisch und in der Folge als Täuschung entlarvt oder als auf das »echte« Leben nicht übertragbar wahrgenommen zu werden. So chancenreich umgekehrt das Konzept zu sein scheint, alltägliche Lebenspraxen als Lernräume zu nutzen (was derzeit unter dem Label »informelles Lernen« insbesondere in der beruflichen Bildung propagiert wird), so birgt es doch das Risiko, das Lernen den räumlichen, materiellen und zeitlichen Zwängen alltäglichen (ggf. betrieblichen) Handelns zu unterwerfen und damit zu behindern.

Dass sich in der Pädagogik der letzten Jahrzehnte Versuche finden, das Lernraum-Selbst- und das Lernraum-Leben-Verhältnis ausdrücklich miteinander zu verbinden, sei zumindest angedeutet. International stehen hierfür etwa Paulo Freires Konzept der Grenzsituation und der generativen Themen, im deutschsprachigen Raum etwa Jürgen Zimmers an Freire angelehnter, vor allem in Kindertagesstätten aufgegriffener Situationsansatz, aber auch das in der Tradition Deweys stehende Konzept Hartmut von Hentigs, das Schule als Erfahrungsraum und Polis zu gestalten sucht. Auch für diese Ansätze gelten allerdings die oben genannten Risiken.

Zeit

Im Folgenden wird die Zeit nicht als eine objektive naturwüchsige Kategorie, sondern als eine Konstruktion des Menschen verstanden. Die Menschen schaffen sich Zeitvorstellungen, die sie nutzen bzw. unter denen sie dann auch selbst leiden können. Zeit lässt sich verstehen als »›In-Beziehung-Setzen‹ von Positionen oder Abschnitten zweier oder mehrerer kontinuierlich bewegter Geschehensabläufe« (Elias 1997, S. XVII), die selbst nicht wahrnehmbar sind, aber durch Zeitsymbole (z. B. Uhren) wahrnehmbar gemacht werden können. Somit stellt Zeit eine symbolische Synthese dar, mit deren Hilfe Veränderungen im physikalischen Naturgeschehen und in gesellschaftlichen und kulturellen Prozessen einerseits und Abläufe des individuellen Lebens andererseits in eine geordnete Beziehung zueinander gebracht werden können (ebd., S. XXIV). Zeit ist ein symbolisches Medium einer sozial erlernten Synthese zur Orientierung in der sozialen und natürlichen Welt und zur Regulierung im Zusammenleben der Menschen. Dabei ist nicht nur zu beachten, dass sie ein Konstrukt ist, d. h. in soziale und kulturelle Zusammenhänge eingebettet ist und von diesen nicht unabhängig interpretiert und diskutiert werden kann, weil die Ausformulierungen von Zeit in den jeweiligen Kulturen recht unterschiedlich ausfallen, sondern auch, dass die Zeit eine »Geschichte« hat, die eben die Geschichte ihrer Konstruktionen und Interpretationen darstellt. Und schließlich: Weil die Zeit nicht (nur) etwas Natürliches, sondern etwas Künstliches, Soziales und Kulturelles ist, muss sie, wie alle anderen wesentlichen kulturellen Inhalte, gelernt werden. Denn die Zeit dient dazu, individuelle und soziale Erfahrungen und Erwartungen in Deckung bringen zu können, Entwicklungen zu prognostizieren, Unwahrscheinliches zu begrenzen, Risiken zu minimieren, sich der Traditionen zu erinnern, ein kollektives Gedächtnis auszubilden, die wünschenswerten Möglichkeiten zur Geltung kommen zu lassen etc.

Zeit verlieren

Zeit wird in Kindheit und Jugend in der Familie und dann vor allem in der Schule erlernt. Die Zeit spielt hier in fast allen Belangen eine wesentliche Rolle: bei der Ordnung, Koordination, Integration und Synchronisierung pädagogischer Prozesse, bei didaktischen und methodischen Fragen der Dauer, Reihenfolge, Geschwindigkeit, Intensität, bei Anfängen und Enden – sei es in Form von Stundenplänen, Bewertungen und Prüfungen, Planungen, Schullaufbahnen im Zusammenhang mit Didaktiken, Biographien, Verwaltungen und Organisationen. Dabei ist die Zeit der Schule seit dem Mittelalter unmittelbar an die Uhrenzeit gebunden. Sie ist in »rechnerisch gleiche Einheiten zerlegbar und

wird als Quantität wahrgenommen, die man auf Zeitfenster verteilen und einander aus-
schließenden Aktivitäten zuteilen kann, die sich als finite Ressource manipulieren und
als abstraktes Tauschmittel einsetzen lässt« (Adam 2005, S. 92 f.). Die Forschungen zur
Zeit haben herausgearbeitet, dass das moderne Zeitreglement bis ins frühe Mittelalter
zurückreicht, in dem in den Klöstern ein Erlernen und Internalisieren zweckmäßiger
und nutzenorientierter Zeitvorstellungen einsetzte (vgl. Benediktinerregel XLVIII;
Benedikt 1926, S. 89 ff.). Es galt und gilt die »objektiven« Begrenzungen einer zunächst
natürlichen (Tages- und Nacht-)Zeit, dann der abstrakteren Uhrenzeit, mit multiplen
Zeitprozessen religiöser, kultureller, sozialer, ökonomischer Zeit ebenso zu koordinieren
wie mit den Zeiten der am pädagogischen Prozess Beteiligten und den impliziten Zeit-
modellen der Pädagogik selbst. Im Mittelpunkt steht dabei das Erlernen von pädagogischer kollektiver Temporalität, von temporalem theoretischen und praktischen Wissen,
von Habitualisierungen und Traditionen, von allgemeingültigen zeitlichen Erwartungen
sowie die zeitliche Organisation von Lehr-Lernprozessen.

Seitdem kann für die westliche Welt – *grosso modo* – eine normative Dimension der
Zeit anschließen: Mit der Zunahme von Individualität und der Abnahme von religiös
verankerten Gemeinschaften, mit der Zunahme von Selbstbewusstsein und Autonomie
und der Abnahme von Schicksalsergebenheit, mit der zunehmenden Betonung der
Zukunft und der zunehmenden Infragestellung von Überlieferungen und Traditionen
und mit den Prozessen der Ökonomisierung (»Zeit ist Geld«, meint Benjamin Franklin
1748), der Technisierung und Verstädterung rückt ein Imperativ immer mehr in den
Mittelpunkt: Nutze deine Lebenszeit! Lerne deine – zunächst gottgegebene, dann ökonomische verwertbare – Zeit sinnvoll zu gebrauchen! Dass die (schulischen) Lernkon-
zeptionen dann Zeitimplikationen aufweisen, die das richtige Alter, Grundlagen und
Anfänge, Reihenfolge und Ziele, Lernfortschritte und -rückschritte festlegen, liegt auf
der Hand. Lernen selbst wird dabei oftmals als zeitlicher Prozess verstanden, der teleologisch, kumulativ, irreversibel und stetig von der Vergangenheit über die Gegenwart in
die Zukunft verläuft und weniger als Prozess, der ganz eigenwillige, biographisch eigen-
sinnige, historisch und kulturell recht variable und je nach Institution und Organisation
höchst differentielle Geschwindigkeiten, Intensitäten, Rhythmen, Wiederholungen und
Fragilitäten aufweist.[46]

Vor diesem Hintergrund erscheint die von Jean-Jacques Rousseau stammende
Maxime, beim Lernen Zeit zu verlieren, zunächst einmal merkwürdig. Er hält in seinem
Erziehungsroman *Emile* fest: »Ob ich es wage, hier die größte, wichtigste und nützlichste

---

46 Barbara Adam (2005, S. 100 ff.) macht zu Recht deutlich, dass die temporalen Problematiken
des Wann, Wie, Wie lange, Wie oft, In welcher Reihenfolge, In welcher Geschwindigkeit, Wo
beginnen, Wo enden auch für pädagogische Forschungsvorhaben von eminenter Bedeutung
sind. Diese Fragen tangieren nicht nur die Phase der Erhebung, sondern auch die der Auswertung und Interpretation der Daten, insofern hier Vorher-Nachher-Vergleiche, die Herstellungen
von Kausalzusammenhängen, die Bedeutungen von Vergangenheit, Gegenwart und Zukunft
oder auch die Zeit, die der Untersuchung eingeräumt wird, berücksichtigt werden müssen.

Regel jeglicher Erziehung darzulegen? Sie heißt Zeit verlieren und nicht gewinnen« (Rousseau 1990, S. 212). Mit dieser »Pädagogik des Verweilens« (Zirfas 1993, S. 359 ff.) soll die Zeit der Entwicklungslogik des Zöglings angepasst werden, soll seine Vollendung soweit verzögert werden, dass sie als Mittel für die natürliche Eigenlogik des Lernens benutzt werden kann. Denn dass diese pädagogische Maxime eben nicht so evident ist, wie sie aussieht, lässt sich daran festmachen, dass man auch in der Moderne gemeinhin ein alternatives Modell vorschlägt: Die aktuelle Leistung des Schülers wird ihm das zukünftige Glück, die Karriere, sichern. Schule, so heißt es, zwingt Kinder und Jugendliche, »gegenwärtige Lebenszeit als Investition für die Zukunft« (Diederich 1982, S. 67) zu sehen; Leistung befähigt erst zum Glück, Bildung degeneriert vom Zu-sich-selbst-Kommen zur Ausbildung, zur Brauchbarkeit. Andererseits scheint aber auch die rousseausche Kritik durch: Die Kinder erfassen jene Zukunftsorientierung der Schule nicht und erleben nur die »Lerngeschwindigkeiten« eines linearen Zeitdenkens, das die kindliche Aktualität einer Zukunft der Bildung unterordnet, so dass Kindheit zum Durchgangsstadium und Katalysator für Zukunft degeneriert: Kindheit erscheint als »Zukunftskindheit« (Hentig 1985, S. 34).[47]

Dass die Betonung der Eigenzeit des Kindes in der Moderne keine Selbstverständlichkeit ist, ja, dass man im Grunde genommen bei der Pädagogik der Neuzeit von einem Programm der Zeitgewinnung sprechen muss, kann man sich daran verdeutlichen, dass sich seit der Renaissance, etwa ab 1500, eine neue Zeitumgangsmoral herauszubilden beginnt. Von nun an lässt sich ein Zivilisierungsprozess beobachten, der zunehmend auf ein Verhalten drängt, das die Pünktlichkeit, die intensive Zeitnutzung, die Differenzierung von Lern- bzw. Arbeitszeit und Freizeit, die Ausrichtung des Lebens am Diktat der Uhrzeit in den Mittelpunkt rückt. Das Erlernen der richtigen (Uhren-)Zeit wird »von oben« verordnet, durch humanistische Intellektuelle, frühkapitalistische Kaufleute, Handwerkerzünfte und städtisches Magistrat. (Zeit-) Lernen ist ein elitäres Planungsprodukt, das zunächst in Schulordnungen festgehalten wird, die fast unisono mit der Maxime der Schulpflicht beginnen. Bereits gegen Ende des 15. Jahrhunderts lässt sich von einer deutlichen Zunahme des Zeitreglements in den Schulen sprechen. Problematisch erscheint den frühneuzeitlichen Pädagogen dabei vor allem die Einpassung der Körper der Kinder in das neu auftauchende Zeitmaß. Denn erst die Habitualisierung der Zeit, der zeitgemäße Umgang mit Launen und Lüsten, ermöglicht eine intensive, nutzenorientierte Lernzeit. Zeit wird zur knappen Ressource, die nutzbringend in die Lern- und Bildungsprozesse investiert werden muss. So wird auch die »protestantische Ethik« (Weber) sich nach der Maßgabe entwickeln, dass Zeit (himmlisches) Geld darstellt, das

---

47 Zur Kritik an dieser Kritik vgl. H. Giesecke (1997, S. 42 f.): »Die Schule ist allenfalls mehr und mehr an der Gegenwart der Kinder interessiert und immer weniger an deren Zukunft oder besser: sie ist so organisiert und in dieser Weise wirksam, denn selbstverständlich behauptet die offizielle Ideologie das Gegenteil. [...] Wenn ›Zukunft‹ als soziale Kategorie verblaßt, geraten individuellen Zukunftsvorstellungen in einen luftleeren Raum.«

auf Erden erworben werden kann. Im 18. Jahrhundert beginnt das, was sich moralisch als Selbstkontrolle, als Zwang zur Selbstbeobachtung und als permanentes Sicherheitsdenken, als Kultur des Aufschubs, systematische Lebensführung und Zeitfixierung am Ende des 20. Jahrhunderts ausgeprägt hat: Lebe Dein Leben pünktlich, spare Zeit! (Neumann 1993).

Das für dieses pädagogische Zeitsparprojekt einer richtigen Zeitökonomie notwendige allgemeingültige Zeitmodell entsteht als lineare Zeit im Rahmen der klassischen Mechanik, die sich mit der Definition der »absoluten, wahren und mathematischen Zeit« der *Philosophiae naturalis principia mathematica* (1687) von Isaac Newton gegenüber der Natur immunisiert, indem sie Zeit als »an sich und vermöge ihrer Natur gleichförmig und ohne Beziehung auf irgendeinen äußeren Gegenstand« unabänderlich weiter verlaufend denkt (Newton, zit. n. Ewers 1988, S. 60). Mit einem Schlag gibt es ebenso nur eine einzige Zeit für alle Menschen, wie es auch nur eine einzige Zeit für alle Handlungen eines Menschen gibt. Indem Zeit auf das rein quantitative Maß einer Summierung von Zeiteinheiten gebracht wird, wird die Zeit total: Die lineare Zeit wird gleichsam zur säkularisierten Variante einer theologisch ewigen Zeit als Maß aller Maßstäbe mit gleichwohl höchst irdischen Folgen. Denn Zeitvergeudung oder Pünktlichkeit können nur von einem Menschen verlangt werden, der in der Lage ist, Zeitpunkte zu identifizieren und die Umstände seines Handelns zu kontrollieren. Dadurch zeigt er nicht nur Souveränität im Umgang mit der Zeit – an der er sich gleichwohl messen lassen muss –, sondern vor allem Souveränität als Mensch: Mit ihm kann man rechnen.

Ziel der neuen (moralischen) Zeitökonomie ist eine intensive Zeitnutzung, die die Einteilung in immer kleiner werdende Zeitsegmente dazu benutzt, ständig größere Fähigkeiten zu produzieren, zu kumulieren und zu organisieren, um an der Vervollkommnung des Menschengeschlechts ebenso zu arbeiten wie an der Vervollkommnung des Individuellen. Eine »Mikrojustiz der Zeit« (Foucault) wacht nun darüber, dass Verspätungen, Abwesenheiten und Unterbrechungen im Hinblick auf den projektierten Fortschritt der Aneignung von Wissen und der moralischen Entwicklung sowie dem kollektiven Konkurrenzkampf der beteiligen Individuen mit Blick auf eine maximale Zeitökonomie minutiös sanktioniert werden.

Auch aus heutiger Sicht spielt die (Herrschaft der) Zeit als »bemessene Zeit« in der Schule eine subjektiv und objektiv hervorragende Rolle, als »Schulpflicht, Schuljahr und Jahrgangsklasse, Tagesablauf nach dem Stundenplan, immer setzten Daten, Kalender und Uhren dem Handeln Grenzen; nur in wenigen Berufen dürfte der Mangel an Zeit so schwer mit der Fülle der Aufgaben und der gebotenen Sorgfalt und Geduld zu einem vertretbaren Ausgleich zu bringen sein wie in dem des Lehrers« (Diederich 1982, S. 51). Während Jürgen Diederich ausdrücklich von der Zeit des Lehrers – bzw. seinem Umgang mit ihr – spricht, ist Rousseaus Thematik die der Zeit des Kindes: Wie kann es in der Zeit trotz der Zeit glücklich sein und werden? Angesichts des modernen Zeitdrucks, der auf den Schülern lastet (und der sich natürlich teilweise mit dem des Lehrers deckt), und der beim biographischen Zeitrahmen beginnt und über die von Schule und Curricula vorgegebenen Zeitnormen bis hin zu Hausarbeiten und Prüfungen (in denen die Herrschaft der Zeit sozusagen manifest wird) reicht – und der als Zeitdruck einen enormen

Leistungs- und Leidensdruck erzeugt, ist Rousseaus Frage nach der Zeit (und dem Glück) in der Zeit der Erziehung durchaus aktuell.

Indem Rousseau Pädagogik als das Verweilen im Gegenwärtigen bestimmt, entgeht er der gesellschaftlichen Widersprüchlichkeit und Zerstreuung durch jene Sammlung, der das Glück des Augenblicks innewohnt. Doch durch die Rücknahme des pädagogischen Bezugs zur Zukunft auf die Gegenwart wird zunächst nur der negative Bezug fassbar. Diese Form des Bezugs erscheint auch dann, wenn man die gesellschaftliche Relevanz einer Pädagogik des Verweilens betrachtet, denn sie will der gesellschaftlichen Erziehung »zuvorkommen«. Rousseau folgt damit seiner Idee einer natürlichen Erziehung insofern, als das Kind keine Beziehung zur Zukunft hat (Rousseau 1990, S. 242, 837). Der Sinn dieser Pädagogik ist es nicht nur, die schlechte Verwendung von Zeit in der Erziehung neu zu regeln (ebd., S. 239, 883), sondern Glück, Freiheit und Zeit in einen Zusammenhang zu bringen, in dem das Glück nicht einer ungewissen Zukunft aufgeopfert wird (ebd., S. 348).

Denn die antizipierte glückliche Zukunft kann durchaus nicht eintreten; somit wären Kindheit und Jugendalter Zeiten des Unglücks, da sie die Gegenwart einer ungewissen Zukunft opferten (ebd., S. 184).[48] Rousseaus pädagogisches Paradies ist somit ein zeitloser Raum in der Zeit, der wiederum zeitliche Entwicklungen zulässt. Wenn man überhaupt sinnvoll über das Vorhaben sprechen kann, Zeit zu verlieren, um sie zu gewinnen, und wenn man überhaupt Erziehung in der Zurücknahme von Zukunft als Ort der ewigen Präsenz bestimmen kann, dann nur mit Hilfe einer Instanz, die beides ist: Status quo und Entwicklung – i. e. *die* Natur. Obwohl im *Emile* allenthalben von Entwicklungsfortschritten die Rede ist, wird nie deutlich, *wie* denn die Schritte im Einzelnen aussehen.[49] Das bleibt das Geheimnis der Natur. Sicher ist nur, dass sie eintreten, wenn die pädagogische Umgebung die notwendigen Bedingungen bereitstellt – denn die Natur verliert keine Zeit.

Das pädagogische Modell für Gegenwärtigkeit, das die Präsenz des Lebensvollzugs mit der Zukunft einer Erziehung verklammert, gewinnt Rousseau somit mit seiner Anthropologie des Natürlichen, konkret mit seinen Ideen einer natürlichen Entwicklung und der Parallelität von ontogenetischer und phylogenetischer Kindheit. Im Sinne Rousseaus – und dann der Spätromantiker (Brentano, die Brüder Grimm) – erscheint Kindheit als verlorenes, archaisches Zeitalter, das vom Erwachsenen aus betrachtet als

_____

48 Damit mag pädagogisch anklingen, was Ernst Weniger (1952, S. 134, 364) meint, wenn er von dem »Verzicht auf die pädagogische Utopie, das Wunschbild einer durch Erziehung zu erreichenden absoluten Vollkommenheit und inneren Harmonie des Menschen« und der »Fragwürdigkeit der Kategorien Totalität, Universalität und Harmonie« spricht; darin mag auch anklingen, dass das geglückte Unterrichtsgeschehen nicht immer auf die Vollständigkeit aller Bedingungen zielen sollte; und damit sollte auch gemeint sein, dass das »Ideal der Gegenwart«, die Zeitlichkeit menschlichen Daseins unterschlagend, das Kind zu einer echten Zukunftsbestimmung nicht mehr fähig macht, »[...] weil Zukunft stets nur in der gelebten Gegenwart begriffen wird« (Bittner 1964, S. 32 f.).

49 P. Burgelin drückt dies so aus: Émile habe keine Geschichte, sondern nur eine »évolution« (Burgelin 1952, S. 477).

unrettbarer Verlust gewertet werden muss; Kindheit geht so seiner utopischen Dimension verlustig, wird aber als Denkmodell nur mehr notwendig, um der ungeheuren Beschleunigung der Zeit in der Rückbesinnung auf das archaische goldene Zeitalter mit einem pädagogischen Bremseffekt zu begegnen, indem man sich auf die Elemente in den sozialen, kulturellen, politischen und pädagogischen Praxen besinnt, die noch an diese Zeit der Gegenwärtigkeit erinnern. Die Natur-Kindheit erscheint als die »doppelte Zeit der Utopie«: zugleich als Vergangenheit und Zukunft (Richter 1987, S. 254), weil in ihr die Vollkommenheit der Präsenz deutlich wird.

Ziel einer Pädagogik des Verweilens ist somit »Präsenz«, das unmittelbare Gefühl der Authentizität, des Bei-sich-selbst-Seins, des »sentiment de son existence actuelle«, das es dem Menschen ermöglicht, in sich selbst zu leben (Rousseau 1984, S. 110, 269). Präsenz meint die Zeit der Fülle und Intensität, die durch eine Koinzidenz von Innen und Außen zustande kommt. Das Bewusstsein reiner präsentischer Existenz ist nur möglich, indem Vergangenheit und Zukunft aus dem Zeitbewusstsein ausgeblendet werden, so dass Gegenwart als reine Dauer erscheint, in der keine Erinnerung, keine Antizipation Raum haben und in der die praktische Aufforderung zum Handeln entfällt. »Was soll man daher von dieser barbarischen Erziehung denken, die die Gegenwart einer ungewissen Zukunft opfert, die ein Kind mit allen möglichen Fesseln bindet und es allmählich unglücklich macht, um ihm für eine ferne Zukunft irgendein angebliches Glück zuzubereiten, das es höchstwahrscheinlich nie genießen wird?« (Rousseau 1990, S. 184) Die Idee einer natürlichen Erziehung erscheint als der Versuch, der Herrschaft der Zeit ins Zeitlose und die Ewigkeit zu entkommen. Denn die Natur kennt keine Zeit.[50]

Zeitmanagement

Seit Rousseau ist die Zeit ein wesentlicher Aspekt von Lerntheorien. Seine Maxime, dass es in der Erziehung darum gehe, Zeit zu verlieren, wird spätestens dann problematisch, wenn man sich die Frage stellt, inwieweit es überhaupt legitim erscheint, die Zeit der Kinder für pädagogische Hoffnungen in Anspruch zu nehmen. Schleiermachers pädagogische Überlegungen knüpfen an dieser Frage an. Er verbindet sein pädagogisches Zeitmodell, das sich durch Sicherung, Wiederholbarkeit, Planung und Steigerung des bisher Erreichten durch die pädagogischen Inhalte des Lehrens und Lernens auszeichnet, mit einem anthropologischen Zeitmodell, das das Gegenteil, nämlich die Begrenztheit und Endlichkeit des menschlichen Lebens, mit einem Wort: die Zeitlichkeit, betont. Während das pädagogische Modell die Bewegung und die Reversibilität favorisiert, impliziert das anthropologische Modell Entstehung, Verfall und Irreversibilität, d. h.

---

50 Damit zielt Rousseau auf die Aufhebung des pädagogischen Paradoxons, das sich für Dietrich Benner folgendermaßen darstellt: »[...] den Zu-Erziehenden zu etwas aufzufordern, was er – noch – nicht kann, und ihn als jemanden zu achten, der er – noch – nicht ist. [...] Die Identität, welche der Zu-Erziehende durch pädagogische Praxis und eigene Selbsttätigkeit erlangt, beruht gerade auf seiner Nicht-Identität in der Zeit« (Benner 1991, S. 71).

Schleiermacher verknüpft Dauer und Endlichkeit, Vergangenheit und Zukunft.[51] So kommt man mit ihm pädagogisch nicht umhin, Anfang, Dauer und Ende von Lernprozessen festlegen zu müssen, um nicht nur die pädagogischen Aspirationen zu konkretisieren, sondern auch Lernen selbst operationalisierbar und funktional gestalten zu können.[52] Und vom Zeitbewusstsein des Kindes hängt es schließlich ab, ob und wie es sich symbolische, soziale und kulturelle Traditionen aneignet, wie es sich selbst im Augenblick begreift und versteht und wie es seinen Selbstentwurf in die Zukunft hinein bestimmt (Mollenhauer 1981). Leitend für Schleiermachers Lerntheorie ist die ethische Theorie einer Förderung jedes Lebensmoments, denn die Gegenwart – als einzelner Moment, aber auch als eine zeitliche Reihe betrachtet – darf nicht der Zukunft geopfert werden. Wenn Schleiermacher die Aneignung eines Zukunftsbewusstseins durch das Kind plausibel zu machen versucht, setzt er voraus, dass Bewusstsein wesentlich temporales Bewusstsein ist, das sich symmetrisch vom Gegenwarts- sowohl in Vergangenheits- als auch in Zukunftsbewusstsein erweitert (Schleiermacher 1983, S. 83).

Wenn man nicht mehr auf eine natürliche Entwicklung sowie auf den Gedanken einer natürlichen Authentizität setzt und wie dennoch die pädagogische Vermittlung des Gedankens einer glücklichen Gegenwart mit einer ebenso glücklichen Zukunft im Lernprozess zu leisten ist, hat Friedrich Schleiermacher gezeigt. »Die Lebenstätigkeit, die ihre Beziehung auf die Zukunft hat, muß zugleich auch ihre Befriedigung in der Gegenwart haben; so muß auch jeder pädagogische Moment, der als solcher seine Beziehung auf die Zukunft hat, zugleich auch Befriedigung sein für den Menschen, wie er gerade ist« (Schleiermacher 1957, S. 48). Diese Lebenstätigkeit ist für Schleiermacher das Spiel, »die Befriedigung des Moments ohne Rücksicht auf die Zukunft« (ebd., S. 50), in dessen Rücken doch gleichsam die »List der Zukunft« in Gestalt der Übung als Funktionalität

---

51 Mit dem Gedanken der Erziehung als Generationenverhältnis sichert sich Schleiermacher gleichsam eine anthropologische Basis für seine pädagogische Theorie, die die Kontinuität schlechthin repräsentiert: nämlich die Kette der Natalität und der Sterblichkeit des Menschen, mithin das Ineinander der Endlichkeit des Menschen und der Unendlichkeit der Gattung. Wäre der Mensch unsterblich, er bräuchte keine Erziehung, da er ja immer noch genügend »Zeit« hätte, alles zu lernen. Diese Feststellung trifft auch für die Pädagogik zu: Nur in der Ewigkeit der Unsterblichkeit hätte man die »Zeit«, alle alles allumfassend (Comenius) zu lernen, wohl wissend, dass ein Lernen im Sinne eines zeitlichen Ablaufens, der Zeitfolgen von Erziehungsmaßnahmen oder der sog. fruchtbaren Momente im Hinblick auf zukünftige Qualifikationen eben dort sinnlos erscheint, wo es die Zeit im Sinne von Vergangenheit, Zukunft und Gegenwart nicht gibt, nämlich in der Ewigkeit. Nur die Sterblichkeit zwingt den Menschen, sein Leben in den Griff zu bekommen, es lernen zu müssen, indem Vergangenes bewahrt wird, um Zukunft zu gestalten.

52 Weil der Pädagogik bis heute keine eindeutige Identifizierung von Lernanfängen und -enden gelungen ist, haben (mittlerweile) Medizin und Justiz diese Anfänge und Endpunkte definiert, etwa in der Frage, wann das Leben eines Menschen anfängt oder wann er schulreif bzw. ein mündiger Bürger ist. So kann man sich die Frage stellen, ob nicht das Konzept des lebenslangen Lernens auch den Ausdruck einer temporalen Verlegenheit seitens der Pädagogik darstellt und ob die bekannte Personifizierung des Erziehers als Sisyphos nicht nur der Ausdruck einer systematischen, sondern vor allem einer temporalen Problematik ist.

der Wiederholung und vor allem als Potentialität der Entwicklung präsent ist. »Ist der Mensch sich der Entwicklung bewußt, so ist das zugleich Befriedigung der Gegenwart und der Zukunft« (ebd., S. 51).

Mit und in dem Spiel betreibt Schleiermacher ein Zeitmanagement, das die Pädagogik als Befriedigung des Daseins konzipiert. »Entweder liegt die Befriedigung unmittelbar in dem Moment [Gegenwart; die Verf.] oder in der Zustimmung [zur Zukunft; die Verf.]. Die ganze Erziehung ist eine Reihe solcher befriedigten Momente, deren einer in den anderen übergeht« (Schleiermacher 1957, S. 49). Der Lernprozess ist hier, wie in Rousseaus *Emile*, idealisierend definiert als die Zeit ohne Frustrationserlebnisse; das Kind kann zu jeder Zeit seinen Willen mit seinem Können zu einem harmonischen Gelingen vereinbaren, ohne jemals das Gefühl der Abhängigkeit vom Willen anderer oder der Zukunft erfahren zu müssen. Wobei Schleiermacher durchaus zwischen der Zeit, in der das Kind keine Beziehung zur Zukunft hat, und derjenigen, in der es den »Wert der Zeit« erkennt, unterscheidet. Er beschreibt das Auseinandertreten der Befriedigung als Vorbereitung auf die Zukunft, die zugleich Befriedigung der Gegenwart ist, und das Erlebnis der aktuellen Befriedigung, da die Zustimmung zur Zukunft schon vom Kind selbst geleistet wird, als Prozess: »Das, was in dem Fortgang der Erziehung bestimmt auseinandertritt, nämlich die Beschäftigung, die auf die Zukunft sich bezieht, und die unmittelbare Befriedigung der Gegenwart, das ist im Anfang der Erziehung nicht getrennt, sondern ineinander. Die Trennung dieser verschiedenen Momente geschieht allmählich« (ebd., S. 50).

Dabei hat es Schleiermacher vermieden, »den Erziehungs- und Bildungsprozeß einer zeitlichen Strukturierung zu unterwerfen, die Lern- und Zeitquanten strikt aufeinander bezieht«, so dass bei ihm »jedes Ereignis im Bildungsprozeß des Kindes immer nur als Funktion ›wechselseitiger‹ Einwirkungen« erscheint (Mollenhauer 1981, S. 70). Lernen tritt bei Schleiermacher immer als unabhängig von einer chronologischen Zeit und situiert in einer Sphäre freier wechselseitiger Einwirkungen auf. Oder anders formuliert: Lehren und Lernen sind auch, vielleicht sogar wesentlich, Prozesse der wechselseitigen Verschränkung von Temporalitäten, d. h. Verschränkungen des Temporalbewusstseins des Erziehers mit dem des Kindes, um die angestrebte Mitgesamttätigkeit, oder modern: eine symmetrische Kommunikation, auch über temporale Horizonte zu erzielen.

So sind die Erfahrungen, die Erwachsene mit dem archaischen Zeitverhalten von Kleinkindern – bis zum Alter von drei Jahren – machen, in der Regel von Konflikten geprägt, die mit den Unterbrechungen und Störungen von Tätigkeiten zu tun haben. Die Beobachtungen, die man mit Kleinkindern machen kann, laufen darauf hinaus, dass man bei Kindern in viel stärkerem Maße das Modell der zyklischen Zeit finden kann, bei dem Anfang und Ende noch ineinander gehen; Kinderspiele sind für diesen Befund ausgezeichnete Beispiele (Sichtermann 1981). Kleinkinder werden aber nicht nur durch einen Wiederholungstrieb zu einem präsentischen Spielen angetrieben, sondern betreiben selbst *action research*, indem sie Experimente mit der Welt der Erwachsenen durchführen – und hierbei werden sie in vielen Fällen durch eben diese unterbrochen. Man kann hier durchaus von einer Pflicht zur Unterbrechung sprechen, insofern Kinder durch die Einteilung und Strukturierung von Zeit auch etwas über einen selbstbestimmten Umgang mit diesem Medium lernen – wie auch die Erwachsenen etwas aus dem Unterbrochenwerdenkönnen durch das Kind lernen können, nämlich dass die zweckrationale Beendigung einer Handlung durchaus der Spontaneität, der Selbstkritik und den experimentellen Möglichkeiten im Wege stehen kann. Neben den Unterbrechungen sind Aufschub und Gleichzeitigkeit mögliche pädagogische Umgangsweisen mit der Zeit. Die Alltagsmoral des Aufschubs verlangt Organisation, Planung und Gedächtnis, sollen gewisse Handlungsprozesse doch noch irgendwann zu einem Ende gebracht werden. Anders verhält es sich mit der Gleichzeitigkeit bei der Kompression von Handlungen; hier fordert der Augenblick unmittelbar seine Notwendigkeiten: Das Kind muss gefüttert und getröstet werden. Der Moment fordert nicht aufschiebbare Möglichkeiten.

Deutlich wird an diesen Beobachtungen ein spezifischer Lernzusammenhang von Zeit und Moral. So schafft sich das Kind mit der rituellen Wiederholung im Spiel in der Strukturierung seines Alltags Momente der Stabilität, der Gewissheit und des Vertrauens; es erarbeitet sich durch die Wiederholungen seine Wahrnehmung des Alltags, eine »Wohnung in der Zeit« (Bollnow), der man als Pädagoge gelegentlich nur mit Gelassenheit begegnen kann.

Folgt man im Zusammenhang eines ontogenetischen Lernens der Zeit den Überlegungen von Jean Piaget, so sind Kinder vor dem siebten oder achten Lebensjahr aus kognitiven Gründen nicht in der Lage, zeitliche und intellektuelle Operationen in einer Weise zu vollziehen, die den Zeitvorstellungen von Erwachsenen nahe kommen. In seinem Werk über die *Bildung des Zeitbegriffs* betont Piaget vor allem die Entwicklung von der sensomotorischen über die unkoordinierte zur anschaulichen bzw. operativen Intelligenz (Piaget 1955, S. 172 ff.). Aufgrund relativ einfach anmutender Versuche mit Kindern von fünf bis elf Jahren – aus zwei ungleichförmigen Wasserbehältern fließt Wasser aus dem einen in das andere Gefäß, zwei Figuren werden auf einem Tisch bewegt, es wird auf den Tisch geklopft, zwei Lampen angezündet, Sanduhren zum Messen verwendet, die Lebensalter von Menschen und Pflanzen geschätzt, Striche gezeichnet, Geschichten erzählt – sowie deren Variationen in Ausgangs- und Endpunkten, Dauer, Geschwindigkeiten etc. kann Piaget zeigen, dass Kinder im Alter von fünf und sechs Jahren vermeinen, Zeit quasi sehen zu können. Für sie korreliert Zeit mit räumlichen Gegebenheiten: Derjenige, der später stehengeblieben ist, ist länger gelaufen, oder auch: Derjenige, der älter ist, ist größer als der Jüngere.

Zwischen sechs und sieben Jahren kommt es dann zu einer Loslösung von dieser räumlich-anschaulichen Vorstellung der Zeit, in der das Kind in seiner egozentrischen Sichtweise den gerade erlebten Bewusstseinszustand ins Zentrum setzt, zu einer allerdings zunächst instabilen, weil noch nicht genügend koordinierten Vorstellung der Zeit, in der die Kinder entweder erkennen, dass Zeit und Geschwindigkeit in einem umgekehrten Verhältnis zueinander stehen, ohne zu berücksichtigen, dass die Zeit sich durch eine Gruppierung der Zeitstrecken ergibt, oder aber in der sie erkennen, dass die Zeit eine gewisse Reihenfolge besitzt, ohne zu einer richtigen Einschätzung der Dauer zu kommen. D. h. Kinder dieses Stadiums verstehen, dass bei gleichzeitigem Losgehen von Figuren diejenige mehr Zeit in Anspruch nimmt, die später stehengeblieben ist, aber sie begründen diesen Sachverhalt nicht damit, dass sie gleichzeitig losgegangen sind, sondern damit, dass der später Stehengebliebene zu spät kam oder langsamer ging. Oder Kinder dieses Alters begreifen, dass derjenige, der später stehenbleibt, eine längere Strecke zurückgelegt hat, glauben aber, dass das längere Gehen damit zusammenhängt, dass diese weiter war (ebd., S. 132 ff.). Bezogen auf die Thematik des Alterns verstehen Kinder dieser Stufe, dass es einen Altersunterschied zwischen ihnen und ihren Brüdern gibt, meinen aber, dass man die Brüder je einzeln fragen müsse, um zu entscheiden, welcher von ihnen zuerst geboren sei. Oder Kinder erkennen die richtige Reihenfolge von Geburten (Anfängen), doch seltsamerweise entspricht die richtige Einschätzung der jetzigen Reihenfolge der Lebensalter nicht der zukünftigen, so dass der jüngere Bruder in der Zukunft durchaus als gleichaltrig angesehen wird (ebd., S. 287 ff.).

Erst im dritten Stadium, ab sieben Jahren, kommt es nach Piaget zur Herausbildung einer stabilen operativen Zeitvorstellung mit ihren Merkmalen der Homogenität, Kontinuierlichkeit und Einförmigkeit, die sich durch die Momente der Synchronizität und vor allem der Reversibilität auszeichnet. Insgesamt verläuft die Entwicklung von einer pragmatischen, einer Handlungszeit, einer Zeit, die an bestimmte inhaltliche Vorgänge gebunden ist und von diesen aus verstanden wird, zu einer abstrakten, homogenen Zeit, einer Zeit für alle sukzessiven Ereignisse, die sich durch die Koordination der Momente: Dauer, Reihenfolge, Gleichzeitigkeit, Geschwindigkeit, Umkehrbarkeit, Additivität (zwei Zeitstrecken bilden wieder eine Zeitstrecke) und Assoziativität (die gesamte Zeit bleibt unabhängig von der Zusammenstellung der einzelnen Zeitstrecken erhalten) auszeichnet. Dazu kommt die Fähigkeit der objektiven Messung der Zeit durch die Operationen der Umstellung und der Teilung (ebd., S. 385). Zeit erscheint als Koordination von Bewegungen und Geschwindigkeiten, als symbolische Synthese von Geschehensabläufen.

In der Moderne herrscht, was den Zusammenhang von Lernen und Zeit betrifft, allerdings nicht mehr der romantische Gestus eines Rousseau, der auf pädagogische Gelassenheit angesichts einer natürlichen und somit verlässlichen zeitlichen Strukturierung der Entwicklungen der Kinder setzen konnte und auch der dialektische Optimismus eines Schleiermacher, der im Ineinanderübergehen von Spiel und Übung, von Gegenwart und Zukunft sich den menschlichen Lernprozess als einen ständigen Befriedigungsgang vorstellen konnte, scheint verflogen zu sein.[53] In den Mittelpunkt der pädagogischen Lerntheorien rücken Beschleunigungsszenarien. Denn seit der Aufklärung, die darauf drängt, die vergangenen Versäumnisse aufzuholen, geraten die Menschen

---

53 Plausibel erscheint, dass man sich in modernen, komplexen Gesellschaften der *clockwork social order* nicht absolut den Anforderungen der sozialen Zeit entziehen kann. Briod listet mögliche Folgen einer Zeitflucht auf: »Insufficient awareness and use of clock- and calendar-time. – Frequent failure to meet appointments and deadlines. – Inadequate social arrangements and agendas. – Failure to keep pace with the tempo at work and other key social settings. – Little sense of social timing. – Unwise or thoughtless allocation of time. – Failure to synchronize activities well with other key individuals« (Briod 1978, S. 270). Mit dem Hinweis darauf, dass die Uhrzeit selbst keine unmittelbare Gewalt generiert, plädiert Briod im Rahmen eines »Synchronization Learnings« für einen möglichst individuellen Gebrauch sozialer Zeitstrukturen (ebd., S. 274, 276).

immer stärker unter Zeitdruck. »Beschleunigung heißt«, so Blumenberg (1986, S. 218 f.), »daß der Zeitverbrauch als steuerungsfähige Größe wahrgenommen wird«. Und schon im 19. Jahrhundert zeigte sich, dass die Beschleunigungsmechanismen die Möglichkeiten des Menschen selbst zu überbieten scheinen. Die Beschleunigung erscheint als ein Selbstzweck, der – verschwistert mit ökonomischen und technischen Möglichkeiten – das Erbe der Aufklärung angetreten hat, um dieses »alt« aussehen zu lassen. Die Beschleunigung wird zum Modell und zum Ziel zugleich: Dinge, Menschen, Informationen, die Materie und das Leben – schließlich das Denken und das Lernen – werden beschleunigt um der Beschleunigung willen.[54]

Vor dem Hintergrund einer sozialen Entwicklung der Verstädterung, einer kulturellen Entwicklung des exponentiellen Wachstums des Wissens, einer ökonomischen Entwicklung der Intensivierung der Arbeitszeit[55] sowie einer lückenlosen Pädagogisierung des Lebenslaufes sollen die Folgen der Beschleunigung für das Lernen hier summarisch dargestellt werden (vgl. Zirfas 2004, S. 62 ff.): So erscheinen pädagogische Beschleunigungen in folgenden Zusammenhängen:

1. Weil die Fülle des Wissenswerten nicht mehr mit der Kürze des Lebens in Deckung gebracht werden kann, werden didaktische Beschleunigungen unternommen (de Haan 1996).
2. Doch die didaktischen Systematiken, mit Erasmus beginnend, bei Comenius im *Orbis sensualium pictus* deutlich werdend und schließlich bei Tenorth auf einem Lernminimum angekommen, haben die Schwierigkeiten einer repräsentativen Auswahl der Bildungsgüter und der Kultivierung der Lernfähigkeit angesichts des lebenslangen Lernens nicht letztlich gelöst (Tenorth 1994).
3. Weil die Zukunft paradoxerweise seit der Aufklärung dadurch entwertet wurde, dass sie nicht mehr als vergangene betrachtet wird, sondern als offene funktioniert, deren Bedeutungen immer schneller veralten, wird andererseits ein stetiges, flexibles Umlernen notwendig (Koselleck 1995).

---

54 Dass eine Flexibilisierung von Zeit nicht unbedingt einer Flexibilisierung von Lebens- und Lernbedürfnissen Rechnung trägt, hat jüngst Richard Sennett für die »Flex-Zeit« des postindustriellen Kapitalismus festgehalten, in der Stabilität als Hindernis und das bloße Versäumen des Wechsels als Zeichen des Misserfolgs interpretiert werden. Nach Sennett korrespondiert somit dem kapitalistischen »Zeit-light« eine Anthropologie des flexiblen Menschen, der sowohl Bindungen familiärer, moralischer und ökonomischer Art als auch die eigene Biographie immer stärker als Zumutung erlebt (Sennett 1998).

55 Vgl. Levine (1998, S. 109 ff.), der deutlich macht, wie mit Frederick Taylor (1856–1915), dem Vater des modernen Managements und der rationalen Betriebsorganisation, das *efficiency engineering* auf die Spitze getrieben wurde. Zunächst filmte man die Bewegungen der einzelnen Arbeiter, um sie in ihre Komponenten zu zerlegen, für die dann Standardzeiten festgelegt wurden. Nach der Trennung der überflüssigen Bewegungen (Reden, Gähnen etc.) von wirtschaftlichen Zeiten bekamen selbst die kleinsten Bewegungen eine perfektionierte, stromlinienförmige Standardzeit, die bis auf die Zehntausendstelminute perfektioniert war: das Setzen auf einen Stuhl: 0,033 Minuten, das Öffnen der mittleren Schublade des Schreibtischs: 0,026 Minuten, das Drehen des Drehstuhls: 0,009 Minuten.

4. So führt die Verinselung von Kindheit und Jugend zu immer längeren Wegen der Kinder und Jugendlichen zur Schule und zur Freizeit, deren Erreichbarkeit nur durch Zeitverdichtung und lückenloses Zeitmanagement kompensiert werden kann (Rabe-Kleberg/Zeiher 1984).

5. Die längere Verweildauer in pädagogischen Institutionen bedeutet ein intensives Lernen einer dort vorherrschenden starken Rationalisierung der zeitlichen Abläufe, einer beschleunigten und abstrakten Zeit der Curricula und Prüfungsordnungen (Prange 1995).

6. Durch die bis in die früheste Kindheit hinein verlängerten Prüfungen, die den Kindern einen vernünftigen Start der Bildungschancen sichern sollen und dementsprechend Alter und Bildungsaspirationen immer stärker korrelieren lassen, erhöht sich der Zeit- und Prüfungsdruck.

Körper und Leib

Menschliches Lernen ist – zumindest als individueller Vorgang (zu kollektivem und organisationalem Lernen s. Kap. 5 und 6) – ein leibliches Phänomen, es ist stets leiblich gerahmt. Geburt und Tod, Wachstum, Reifung und Gedeihen ebenso wie Rückbildung, Schwäche und Verfall, Lust, Unlust und Schmerz sind als Bezugspunkte und Bedingungen des Lernens vorgegeben, wiewohl zum Teil durch das Lernen beeinflussbar. Deshalb erscheint uns ein anthropologisches Verständnis des Leibes vonnöten, bevor wir die Geschichte des pädagogischen Zugangs zum Verhältnis von Lernen und Leib sowie die Chancen und Risiken pädagogischer Praxis als leiblicher Praxis erörtern.

Im öffentlichen wie auch im wissenschaftlichen Diskurs ist heute eher vom Körper die Rede als vom Leib. Diese, die Begriffe »Körper« und »Körperlichkeit« verwendenden Diskurse gehen dementsprechend in die folgenden Ausführungen ein. In der Rede vom Leib, die insbesondere von phänomenologisch orientierten Philosophen und Pädagogen bis heute praktiziert wird, kommt die Auffassung zum Ausdruck, dass dieser Begriff sich gegen die dem Körperbegriff eigene Reduktion auf Materialität sperrt und somit das betreffende Phänomen in seiner menschlichen Wesenheit erfasst.

Anthropologie des Leibes als Lernleib

Dass der Mensch sich nicht in Leib und Seele bzw. Körper und Geist aufteilen lässt, sondern der menschliche Leib immer schon beseelt bzw. geistig und menschliche Empfindung nur mittels eines solchen, selbst geistigen Leibes möglich ist, wird schon in der Antike, etwa von Lukrez, betont. Die moderne – Leib und Seele trennende – Sicht ist wesentlich von der Anthropologie René Descartes' geprägt. Descartes unterteilt den Organismus in einen einem Automaten ähnlichen Körper und eine autonome Seele und weist damit den Weg zur modernen, sich als Naturwissenschaft (und nicht als Geistes- oder Kulturwissenschaft) verstehenden Medizin. In Verbindung mit den in der Zeit der

Aufklärung rapide zunehmenden mechanischen und hydraulischen Modellen verschiedenster Phänomene setzt sich die Trennung von Körper und Geist durch.

Eine besondere Rolle im Zusammenhang von Körper und Geist wird gerade in dieser Zeit den Sinnen zuerkannt. Nur wenige Jahrzehnte nach Descartes stellt John Locke sein viel zitiertes Postulat »Nihil est in intellectu quod non fuerit in sensu« (Nichts ist im Verstand, was nicht in einem Sinn gewesen ist) auf und begründet damit den Empirismus. Die Sinne gelten als jene Organe (später: Systeme) des Körpers, die den Übergang zwischen Welt und Ich ermöglichen. Kommen die Sinne schon im Barock kraftvoll zum Ausdruck, so werden sie im Rokoko zur Sinnlichkeit verfeinert. Die Verfeinerung geht einher mit ihrer Zivilisierung, die seit der Aufklärung rapide fortschreitet und paradoxerweise nicht den Zusammenhang, sondern die Distanz zwischen Ich und Welt erhöht (vgl. Elias 1989). Gelten den aufkommenden Naturwissenschaften die Sinne des Menschen als zwar zum Erfahrungsaufbau und zur Welterkundung notwendig, dabei jedoch als Quelle zahlreicher, nur mittels der Vernunft zu erkennender Täuschungen, so gilt das Sinnliche insgesamt als vom Menschen zu überwindender animalischer Anteil seiner selbst. Das moderne Individuum definiert sich über den Verstand, dem die Möglichkeit der Kontrolle des eigenen Tuns wie des Weltgeschehens zugeschrieben wird. Noch Freuds Plädoyer für eine fortgesetzte Selbstanalyse steht in solch aufklärerischer, rationalistischer Tradition, in der zugleich das alte religiöse Motiv der Sündigkeit des Körpers (»Das Fleisch ist schwach«) mitschwingt.

So ist kein Zufall, dass es gerade der Verkünder der Botschaft vom Tode Gottes, Friedrich Nietzsche, ist, der die Kraft des Leibes neu entdeckt und würdigt. »Leib bin ich ganz und gar und nichts außerdem«, schreibt Nietzsche (1968, S. 35) und fährt fort: »[…] und Seele ist nur ein Wort für ein Etwas am Leibe. Der Leib ist eine große Vernunft, eine Vielheit mit einem Sinne, ein Krieg und ein Frieden, eine Herde und ein Hirt. Werkzeug deines Leibes ist auch deine kleine Vernunft, mein Bruder, die du ›Geist‹ nennst, ein kleines Werk- und Spielzeug deiner großen Vernunft. ›Ich‹ sagst du und bist stolz auf dies Wort. Aber das Größere ist – woran du nicht glauben willst – dein Leib und seine große Vernunft: die sagt nicht Ich, aber tut Ich« (ebd.). Insbesondere der dem Leib mögliche dionysische Weltzugang wird von Nietzsche als Chance begriffen. Geht Nietzsche zunächst von einer Dualität von Apollinischem und Dionysischem – d. h. von Rationalität und Emotionalität, von intellektueller Abstraktion und leiblicher Symbolik, von Traum und Rausch – aus, so erscheint ihm Erkenntnis in seinem späteren Werk gar nur noch als unmittelbare, körperliche möglich. Dabei gilt ihm die Musik als zentrales Medium, da durch sie das Göttliche in seiner Erscheinung wahrgenommen werden kann. Die unmittelbare Erkenntnis wird dann insbesondere im Tanz möglich. Lernen erscheint aus dieser Perspektive als Anders- bzw. Ein-Anderer-Werden, Pädagogik als Kunst, dies zu ermöglichen.

Die Auffassung vom Menschen als Leib, der »Ich tut« und mit der Welt mitschwingend diese unmittelbar erkennt, wirkt im späten 20. Jahrhundert in den Arbeiten Foucaults und in der Theorie des Performativen (vgl. Wulf/Göhlich/Zirfas 2001) nach.

Zur heute gängigen Anerkennung (allerdings unter Verwendung des Körper- und nicht des Leibbegriffs) der Bedeutung des Körpers für die menschliche Entwicklung trägt vor allem die in der ersten Hälfte des 20. Jahrhunderts entwickelte und inzwischen zu Lehrbuchwissen kanonisierte Entwicklungspsychologie Jean Piagets bei. Auch wenn Piaget meist von Entwicklung spricht und den Lernbegriff, nicht zuletzt zur Abgrenzung gegenüber behavioristischen Positionen, kaum verwendet, ist sein Ansatz für eine Anthropologie des Leibes als Lernleib von Interesse. Obwohl Piaget auf das Verständnis nicht der körperlichen, sondern der kognitiven Entwicklung abzielt und ihm die Missachtung von Dimensionen jenseits der Kognition (etwa des Sozialen) vorgeworfen werden kann, bietet seine Theorie mit dem Assimilationsbegriff und dem Postulat der lebenslangen Wirkung sensomotorischer Intelligenz zwei Mosaiksteine auf dem Weg zur Wertschätzung des Körpers.

Die Assimilationsthese besagt bekanntlich, dass die menschliche Weltwahrnehmung durch das organisch vorhandene Schema bestimmt und die Welt (bzw. das Bild von der Welt) an dieses angeglichen wird, wobei sich das Assimilationsschema allerdings zugleich auch an die Gegebenheiten akkomodiert. »So scheint, vom einfachsten Lernen bis zur Intelligenz, der Erwerb neuer Verhaltensweisen eine assimilatorische Tätigkeit vorauszusetzen, die für die Strukturierung der passivsten Formen der Gewohnheit (bedingte Verhaltensweisen und assoziativer Transfer) ebenso notwendig ist wie für die offensichtlich aktiven Äußerungen (gerichtete Versuche)« (Piaget 1974, S. 112). Heute, da der Unterschied zwischen Piagets Ansatz und dem Behaviorismus außer Frage steht, können wir Piagets Theorie durchaus auch als eine Theorie des Lernens begreifen. Lernen erscheint aus dieser Sicht als Assimilation und damit immer auch als körperlicher Vorgang.

Dies wird vom Postulat der lebenslangen Wirkung sensomotorischer Intelligenz unterstrichen. Die sensomotorische Phase ist Piagets Auswertung der Beobachtungen an seinen Kindern zufolge die erste Phase der (kognitiven) Entwicklung eines jeden Menschen. In ihr differenzieren sich, ausgehend von angeborenen Reflexen wie etwa dem Saug- und dem Greifreflex, sinnliche und motorische Schemata aus und werden zu ersten Zweck-Mittel-Zusammenhängen und zu Schemata permanenter Objekte koordiniert. Immer wieder betont Piaget, dass die Entwicklung der Intelligenz sensomotorisch beginnt und von sensomotorischen Prozessen lebenslang geprägt wird. »Die sensomotorische Intelligenz steht zweifellos am Ursprung des Denkens, und sie wird das ganze Leben lang durch Wahrnehmungen und praktische Verhaltensweisen weiter auf das Denken einwirken« (ebd., 135 f.). Der Einfluss der Wahrnehmungen – die er stets als Aktivitäten ansieht – auf das Denken wird von Piaget auch an anderen Stellen hervorgehoben, wohingegen die im vorgängigen Zitat zu findende Rede vom Einfluss »praktischer Verhaltensweisen« – die Verknüpfungsmöglichkeiten zu Bourdieus Habitustheorie (s. u.) eröffnet – bei Piaget eher selten zu finden ist.

Hinweise für eine Anthropologie des Leibes als Lernleib finden sich auch in der Phänomenologie des 20. Jahrhunderts, nicht zuletzt in Maurice Merleau-Pontys Arbeit über Leiblichkeit und Wahrnehmung. Merleau-Ponty interessiert die vorsprachliche leibliche Erfahrung, in der er – gegen die cartesische Tradition – die Wurzeln der Rationalität sieht. Im Unterschied zum bloßen Körper begreift er den Leib als lebendig und beseelt und macht dies, da es den Begriff des Leibes im Französischen nicht gibt, durch Hinzufügung eines Adjektivs (le corps vivant) deutlich. Die Sinne, das wird aus phänomenologischer Sicht deutlich, sind selbst schon reflexiv. Der Mensch kann nicht nur die sichtbare Welt, sondern auch sich selbst als Sehenden sehen und mittels dieser leiblichen Erfahrung in dem, was er gerade sieht, die andere Seite seines Sehvermögens und so schließlich auch sich selbst als Anderen erkennen. Der Mensch ist sich aus dieser Sicht eben keine äußerliche Verbindung von Geist und Körper im Sinne einer Subjekt-Objekt-Relation, sondern eine lebendige Einheit. Deutlich wird dies etwa am Schmerz, der wie eine Welle erscheint, die »von Augenblick zu Augenblick in der Bewegung der Existenz selbst« (Merleau-Ponty 1966, S. 114) leiblich-seelisch erfahren wird. Lernen ist aus phänomenologischer Sicht schon insofern als leibliches Phänomen zu verstehen, als jedem menschlichen Lernprozess die vorreflexive Wahrnehmung des Anders-Werdens inhärent ist. Einer phänomenologisch orientierten Pädagogik geht es um die Wiederentdeckung der Bedeutung des Leibes für Lern- bzw. Bildungsprozesse, zuvorderst um die Ermöglichung, in einer sinnes- und sinnverarmten Gesellschaft wieder wahrnehmen zu lernen.

Für eine Anthropologie des Leibes als Lernleib bedeutsam ist auch der Habitusbegriff, der aus dem kunsthistorischen Diskurs stammt, bereits von Elias sozialhistorisch eingesetzt wird und in der Pädagogik heute zumeist unter Bezug auf Pierre Bourdieus sozialwissenschaftliche Ausarbeitung des Begriffs verwendet wird. Der Terminus des Habitus als System von aus kollektivem Erbe in individuell Inkorporiertes verwandelten Handlungsmustern ermöglicht, »im Zentrum des Individuellen selber Kollektives zu entdecken« (Bourdieu 1994, S. 132). Der menschliche Körper führt so gesehen immer schon das Soziale, die Gesellschaft, die Kultur mit. Bourdieu legt mit seinem Rückgriff auf Marichals Beispiel des Kopisten (ebd.) nahe, der Habitus würde mittels Wiederholung des immergleichen Vorgehens erworben. Eine solche Erklärung lässt allerdings einige – für eine Anthropologie des Leibes als Lernleib bedeutsame – Fragen offen, etwa wie es zur für eine Wiederholung ausreichend deutlichen Form des Vorgehens kommt, wie der Transfer der Form in einen anderen Kontext erfolgt und inwiefern eine Kontextübereinstimmung gegeben sein muss. Eine mögliche Antwort hierauf liefert der Begriff des Musters. Das sozialsystemische Prozessieren in welcher Gemeinschaft resp. Gesellschaft auch immer (der bei Bourdieu noch zu erkennende klassentheoretische Determinismus ist zu überwinden) verdichtet sich zu Mustern, die von der Gemeinschaft als solche aus dem Fluss alltäglichen Geschehens herausgehoben und in ähnlicher Weise wieder aufgeführt und dabei reaktualisiert werden. An diesen Mustern kultureller Praxis nimmt das Individuum teil und erwirbt sich dabei allmählich einen spezifischen Habitus. Dieser Habitus bestimmt im Weiteren, wie das betreffende Individuum sich in einer bestimmten Situation, gegenüber einem bestimmten Menschen, Gegenstand oder Ereignis verhält. Da Lernen in Situationen stattfindet, und auf Gegenstände, Ereignisse und/oder Menschen bezogen ist, bestimmt der Habitus auch Inhalt und Form resp. Modalität des Lernens.

Um der im Habitusbegriff virulenten Gefahr des Determinismus zu entgehen, um die individuelle Leiblichkeit nicht als einmal sozialisatorisch entstandenes Fixum zu betrachten, in dessen Konsequenz Lernen ja nur als Auf-der-Stelle-Treten von Mensch und Menschheit vorstellbar wäre, gilt es, den Habitusbegriff mimesistheoretisch zu wenden. »Selbst wenn wir uns in vielen, vielleicht sogar den meisten Fällen frei entscheiden können, welchen der sich prinzipiell bietenden Wege wir einschlagen wollen, entscheiden wir uns selten bewusst für eine der Möglichkeiten, sondern handeln gemäß eines Modells, Vorbilds, einer Vorstellung, die uns sagt, welche Dinge wir zu tun haben; wir handeln ohne weitere Reflexion. Dabei verzichten wir keineswegs auf die eigene Gestaltung der Welt, wir handeln eigenständig, aber wir verhaken uns zugleich, wie beim Schließen eines Reißverschlusses, mit einer anderen Welt« (Gebauer/Wulf 1998, S. 9). Dieses eigenständige Verhaken mit einer anderen Welt bezeichnen Gebauer und Wulf als Mimesis bzw. als mimetisches Handeln. Mimetisches Handeln sind eigenständige Bewegungen, die auf andere Bewegungen Bezug nehmen und als körperliche Aufführungen betrachtet werden können, also Darstellungs- und Zeigeaspekt besitzen. Wichtig ist, die Eigenständigkeit der Bewegung anzuerkennen. Als mimetische Praxis ist der Habitus eben nicht einfach determiniert, sondern selbst schöpferisch. Die Leiblichkeit menschlichen Lernens ist aus dieser Sicht keine Beschränkung, sondern eine Quelle des Neuen.

Geschichte des pädagogischen Zugangs zum Verhältnis von Lernen und Leib

Das Verhältnis von Lernen und Leib ist seit alters her problematisch. *Manulum ferulae subducere* (die Hand für die Peitsche hinhalten) bezeichnet im alten Rom das Zur-Schule-Gehen. Wiewohl schon im ersten Jahrhundert Zweifel an dieser Methode laut werden und stattdessen für ein den Leib in anderer Weise (spielerisch, anschaulich, z. B. durch Gebäck in Form von Buchstaben) einbeziehendes Lernen plädiert wird (vgl. Marrou 1977, S. 503), hält sich die Vorstellung, Lernen bedürfe der Prügel, das Neue müsse sozusagen eingebläut werden, als pädagogisch vertretene Konzeption bis ins 18. Jahrhundert und als Praxis im Einzelfall gar bis heute.

Nach der cartesischen Trennung von Leib und Seele bzw. Körper und Geist und Lockes Begründung des Empirismus erreicht die pädagogische Problematik des Umganges mit dem Leib – nun reduziert zum Körper – einen Gipfel an Ambivalenz. Einerseits gelten die Sinne nun als grundlegend für jegliches Lernen, andererseits gelten sie als Täuschungsquellen und der Körper insgesamt als ruhigzustellendes Hindernis für die – nicht leiblich gedachte – Vernunft. Etwas Vernünftiges kann aus dieser Sicht nur gelernt werden, wenn Körperregungen ausgeschlossen sind. Die Bewegung wird – idealerweise – in den in der Aufklärungspädagogik entstehenden Turnunterricht und in Exkursionen verbannt. Zur Rückstellung des Körpers für das sonstige (schulisch oder familial organisierte) Lernen werden in der Folgezeit eine Fülle von (v. a. Sitz-)Apparaturen erfunden, in die Kinder und Jugendliche in der Erwartung gesteckt werden, dass dies die Lernfähigkeit erhöhe und in vernünftige – d. h. körperfeindliche Bahnen – lenke. Die Moderne ist die Zeit der Disziplinierung des Körpers. Sie setzt an den ausgegrenzt organisierten Rändern der Gesellschaft ein und durchdringt nach und nach die Gesellschaft insgesamt. Neben Organisationen wie der Psychiatrie und dem Gefängnis ist es insbesondere die Schule, die zu dieser Disziplinierung der Körper beiträgt, den Körpern der Kinder und Jugendlichen die gesellschaftliche Ordnung, z. B. die Ökonomie und Metrik der Zeit, einschreibt und sie so an Funktionserfordernisse der entstehenden modernen Organisationen und deren Modus von Produktivität anpasst (Zirfas 2004, S. 86 ff.).

Auch die sich ausdrücklich gegen die Trennung von Kopf, Herz und Hand richtende Pädagogik Johann Heinrich Pestalozzis trägt mit ihrer – der Didaktisierung der Gegenstände impliziten – Standardisierung des Weltzugangs und mit ihrer Methode des Zusammenunterrichts und des Zugleich-Sprechens der Schüler zur Disziplinierung des Lernens bei. So berechtigt ein Verweis auf Pestalozzi hinsichtlich der gewachsenen Anerkennung der Bedeutung von Emotion, Zuneigung, Vertrauen und Liebe für Lern- resp. Bildungsprozesse ist (vgl. Göhlich 1996), so fragwürdig ist der unter reforminteressierten Pädagogen heute gängige Verweis auf Pestalozzis Postulat eines Lernens mit Kopf, Herz und Hand als Vorlauf heutiger Bemühungen um praktisches Lernen.

Erst in einigen der unter dem Begriff »Reformpädagogik« keineswegs widerspruchsfrei zusammengefassten Ansätze des frühen 20. Jahrhunderts ist ein ernsthaftes Bemühen um Rückgewinnung bzw. Reformulierung der Leiblichkeit als pädagogisch-anthropologische Voraussetzung des Lernens zu erkennen. Die Aufwertung des Leibes kommt u. a. im Wandervogel, im Ausdruckstanz und ähnlichen damals entstehenden Bewegungen zum Ausdruck. Im Hinblick auf die explizit pädagogische Aufwertung des Leibes ist die Landerziehungsheimbewegung und aus ihr wiederum der Ansatz Kurt Hahns hervorzuheben, der sich heute hierzulande als Erlebnispädagogik insbesondere in Angeboten außerschulischer Jugendverbandsarbeit durchgesetzt hat. Hahn betont nicht nur die Bedeutung des Erlebnisses für die Persönlichkeitsentwicklung, sondern hebt auch hervor, dass Erlebnisse nicht gelehrt, sondern höchstens inszeniert werden können, jedenfalls selbst erfahren werden müssen. Sowohl körperliches Training als auch leibliches Erleben sind feste Bestandteile der von Hahn gegründeten pädagogischen Einrichtungen wie etwa der Internate in Salem und Gordonstown oder der Outward Bound-Einrichtungen. Zu nennen ist aber auch die – in vielerlei, hier nicht zu erörternder Hinsicht umstrittene – Pädagogik Rudolf Steiners, zumal heutige Waldorfpädagogen ausdrücklich vom »Lernleib« sprechen (vgl. Wiechert 2005). Das individuelle Werden stellt sich aus Steiners Sicht als im Siebenjahresrhythmus erfolgende Leibestransformation dar, die die Lernweise jeweils grundsätzlich ändert. Im ersten Lebensjahrsiebt entwickelt sich der physische Leib, das Kind ist hier ganz Sinnesorgan. Im zweiten Lebensjahrsiebt tritt dann der »Ätherleib« hervor. Nun erst kann aus Steiners Sicht schulisches Lernen beginnen, da sich der Leib erst dem Lernen widmen kann, wenn er von den Aufgaben des leiblichen Aufbaus frei wird (vgl. ebd.).

In jüngster Zeit sind es neben sportpädagogischen Ansätzen, denen es um Körperlernen im engeren Sinne, also um den Erwerb von Körperbeherrschung und körperlichem Können, geht, vor allem gesundheitspädagogische Überlegungen, die angesichts von Bewegungsarmut, Fehlernährung und Mediatisierung vieler Kinder für eine Aufwertung des Leibes bzw. Körpers plädieren.

Pädagogische Praxis als Unterstützung leiblich gerahmten Lernens

Abschließend geht es nun darum, auf dem skizzierten pädagogisch-anthropologischen und historisch-pädagogischen Hintergrund darzulegen, wie heutige pädagogische Praxis als Unterstützung leiblich gerahmten Lernens verstanden und konzipiert werden kann.

Zunächst ist darauf hinzuweisen, dass sich die Tragfähigkeit von Lernkonzepten gleich welcher Couleur am Verhältnis zum Leib resp. Körper erweist. Was und wie auch immer gelernt wird, geschieht – soweit es sich um individuelles Lernen handelt – in jedem Fall in, mit und durch den Leib. Dies gilt es pädagogisch zu berücksichtigen. So ist auf Zeichen der Erschöpfung, der Ermüdung, der Unaufmerksamkeit und des Schmerzes ebenso zu achten wie auf glänzende Augen, Zeichen von Freude, Flow- und Aha-Effekten.

Als Flow-Effekt gilt der Zustand, in dem ein Mensch in seiner Tätigkeit aufgeht, in dem er so konzentriert ist, dass er sich selbst vergisst, mit der Umwelt verschmilzt und sich schließlich in neuer Form, selbsterweitert, sozusagen als Gelernt-Habender aus dem Geschehen herausgehoben, erfährt, was ein Gefühl des Glücks mit sich bringt (vgl. Csikszentmihalyi 1992). Anforderungen des Lernprozesses und Fähigkeiten des Lernenden müssen aufeinander abgestimmt sein. Überforderung macht Angst und verhindert Flow, Unterforderung erzeugt Langeweile und verhindert damit ebenfalls Flow. Entscheidend für den Flow ist die Hingabe an die Auseinandersetzung mit sich selbst und der Umwelt, die Lernsituationen potentiell mit sich bringen. Pädagogisch gilt es, Hingabe zuzulassen, sie wo sie gegeben ist, nicht zu behindern und sie, wo sie nicht gegeben ist, durch eine pädagogische Diagnostik der individuellen Grenzsituationen und generativen Themen (vgl. Freire 1973) und eine darauf aufbauende Gestaltung der Lernsituation zu ermöglichen und wahrscheinlich werden zu lassen.

Andererseits ist pädagogisch auch auf Zeichen des Schmerzes zu achten. Lernen erfolgt nicht strikt intentional, vom Individuum selbst bewusst geplant und allzeit gesteuert, sondern ist zugleich, ja primär, ein passiver Vorgang, ein Erleiden, das durchaus schmerzvoll sein kann, insoweit der Leib die Transformation als Belastung und Identitätsgefährdung erfährt. Insbesondere erfahrungsorientierte Pädagogen weisen seit geraumer Zeit auf die Bedeutung der passiven Momente des Lernens hin. Wir wirken auf den Gegenstand, mit dem wir uns lernend auseinandersetzen, nicht nur ein, sondern der Gegenstand wirkt auf uns zurück (vgl. Dewey 2000, S. 186), ja er ist es, der sich dem Lernenden kundtut und diesen zur Auseinandersetzung und zum Lernen auffordert (vgl. Buck 1967, S. 16). Lernen ist so gesehen als primär passivisches aktiv-passiv-Dual zu verstehen. Dementsprechend geht es in pädagogischer Praxis darum, wenn nicht in jeglicher Hinsicht systematisch zu wissen, so doch zumindest eine konkrete Ahnung davon zu haben, welcher Gegenstand, welche Umgebung, welche Situation den als lernend Vorgestellten zum Lernen auffordert.

Wenn wir von pädagogischer Praxis als Unterstützung leiblich gerahmten Lernens sprechen, meinen wir also vor allem einen pädagogischen Modus operandi, der den – den Lernenden in seiner Gesamtheit transformierenden – Erfahrungscharakter, insbesondere den Widerfahrnischarakter des Lernens anerkennt und zu verstehen sucht. Mit klassischen und neuen Reformpädagogiken (vgl. Göhlich 1997) verbundene Konzeptionen wie »Lernen mit allen Sinnen«, »entdeckendes Lernen« und »praktisches Lernen« gehen in diese Richtung, finden allerdings allzu oft in technologischer Reduktion (Sinnesschulung), individualistisch-kognitiver Reduktion (Lernen als Planung und Durchführung eines Experiments) oder produktionsbezogener Reduktion (Lernen als Etwas-Herstellen) ihre Grenzen und können dann dem hier vorgestellten pädagogischen Lernbegriff nicht genügen.

Weiter kommen wir mit dem Ansatz, Lernen als mustermimetischen Vorgang zu verstehen. Die Muster pädagogischer Praxis – d. h. im pädagogischen Alltag bzw. im Alltag pädagogischer Institutionen und Organisationen (wie der Familie, der Kindertagesstätte, der Schule, des Jugendfreizeitheimes, der Heimerziehung, der betrieblichen Ausbildung, der Hochschule, der Erwachsenen- und Weiterbildung, der Altenhilfe) durch wiederholte Aufführung tradierte Weisen des Umgangs mit Mensch und Welt und nicht zuletzt deren in ihnen mit aufgeführte Transformationsfähigkeit – liefern Vorbilder für die sich dazu mimetisch verhaltenden, d. h. einerseits davon geprägten, andererseits damit schöpferisch spielenden Lernprozesse der an der besagten pädagogischen Praxis Beteiligten. Das Individuum schließt vorreflexiv, eben leiblich, an diese Muster an. Zur pädagogischen Professionalität gehört einerseits, sich der Wirksamkeit der Muster pädagogischer Praxis – etwa einer charakteristischen Zugangsweise zu bestimmten Fragen und Gegenständen oder eines bestimmten, z. B. dokumentarischen Umgangs mit dem Lernweg – bewusst zu sein und sie dementsprechend, soweit dies bewusst möglich ist, als leibliche Erfahrungswelt zu gestalten und andererseits, sich dessen bewusst zu sein, dass Lernende mit dem Muster schöpferisch spielen können und dementsprechend keine sture Wiederholung vorgeführter Weltzugänge und Lernwege zu erwarten, sondern eigenständige Lernweisen als Ressourcen zu verstehen und aufzugreifen.

Dabei gilt es die über die Lebensspanne hinweg gegebene Verschiedenheit der leiblichen Verfassung zu berücksichtigen. Wir wissen heute, dass wir lebenslang lernen. Lernen beginnt vor der Geburt und reicht bis zum Tode. Aber das Lernen modifiziert sich in diesem Werdegang über die Lebensspanne hinweg. Geht es in der Jugend auch bei auf ganz andere Themen bezogenen Lernvorgängen darum, mit dem aufblühenden Körper und den eigenen überbordenden Kräften zurecht zu kommen, so geht es im mittleren Lebensalter darum, gesund leben zu lernen, etwa Distress zu minimieren, und im Alter schließlich darum, mit dem Rückgang der Kräfte und dem Verfall des Leibes umgehen zu lernen. Dass es hierbei nicht um ein von Seele, Geist, Verstand o. ä. getrenntes körperliches Lernen, sondern um leibliches Lernen im umfassenden, stets zugleich geistigen Sinne geht, wird insbesondere in der Altenpädagogik bzw. Geragogik deutlich, die die Bedeutung geistiger Betätigung für den Erhalt von leiblicher Verfassung und Lebenskraft heute erkennt und nutzt. Zwar können alte Menschen, so ein Ergebnis der Berliner Altenstudie (vgl. Etzold 2002), im Alltag nicht mehr so viel dazulernen wie jüngere, da sie einen größeren Teil ihrer intellektuellen Kapazität in die Regulierung und Koordination sensorischer Prozesse investieren müssen, aber im Bereich der sozialen Interaktion sind Ältere in einer besseren Position, da Menschen in diesem Bereich lebenslang dazulernen und ein tieferes Verständnis Anderer weniger eine rasche Auffassungsgabe, denn die Bereitschaft und Fähigkeit, sich Zeit zu lassen, erfordert. In diesem Sinne können alte Menschen, nicht zuletzt aufgrund ihrer leiblichen Verlangsamung, weise werden. Insofern spricht aus Sicht einer die Leiblichkeit des Lernens bedenkenden Pädagogik viel dafür, zum einen, wie bereits angedeutet, alte Menschen zu körperlicher und geistiger Aktivität anzuregen, zum anderen aber auch alte Menschen selbst als Lernunterstützer in die pädagogische Praxis einzubeziehen, insbesondere dort, wo es um die Förderung zwischenmenschlichen Verstehens geht.

Subjektivität und Fremdheit

Unter dem Titel »der Fremde« bzw. »das Fremde« kann man zunächst den Sachverhalt verstehen, dass etwas nicht auf das Eigene bezogen ist bzw. nicht auf das Eigene bezogen werden kann. Der/das Fremde kann dementsprechend mehrere Qualitäten annehmen, es kann unbewusst, unbekannt, unerkannt, unerkennbar, nicht verfügbar, unverfügbar, noch nicht zugänglich oder gänzlich unzugänglich usw. sein. Versteht man unter dem anderen Fremden ganz allgemein die Nichtbezüglichkeit bzw. Unbezüglichkeit, so erscheint es in der doppelten Matrix zum Eigenen und zum Fremden als eigenes und fremdes Fremdes. Als eigenes Anderes[56] sind hier Momente zu nennen, die in der (geisteswissenschaftlichen) Tradition als »Natur« (des Menschen) bezeichnet werden: Körperlichkeit, Sexualität, Zeitlichkeit, Kulturalität, Kindlichkeit etc.; als fremdes Anderes steht prototypisch der Fremde, das Fremde oder die Fremde, mit seiner/ihrer jeweiligen Topologie, kulturellen Erfahrungs- und Bewertungsstrukturen sowie unterschiedlichen Handlungspraxen.

Die Erfahrung des Anderen bzw. des Fremden erscheint paradigmatisch für das Zustandekommen von Lernprozessen (vgl. Meyer-Drawe 1996, 2003). Der Erwerb neuen Wissens – und darüber hinausgehend neuer Wissensstrukturen – wird in Situationen möglich, in denen die Erfahrung des Anderen den Menschen zu einer anderen Erfahrungsform bewegt. Das Andere, Fremde ist Ausgangspunkt eines Lernens als Erfahrung, insofern das Andere in die Erfahrung einbricht und diese modifiziert. Nicht jedes Andere und jedes Fremde bewirkt einen Lernprozess, doch wenn es zu diesem kommt, so verläuft er als Infragestellung des Eigenen durch das Fremdwerden der eigenen Erfahrungsmuster. Die Grundsituation des Lernens ist somit die Erfahrung eines Anderen, auf die das Subjekt eine Antwort finden muss. Erfahrungen machen bedeutet Transformationen von Erfahrungsmustern bewirken. Erfahrungen mit dem Fremden sind, wie ästhetische, theoretische, praktische oder moralische Erfahrungen, Momente von Lernprozessen. Die mit dem Lernen verbundenen Fremdheitserfahrungen sollen hier im ausgezeichneten Sinne jene Erfahrungen sein, die nicht nur einen Bruch mit den üblichen Wahrnehmungen, sondern einen mit sich selbst markieren. Sie haben einen

---

56 Die Termini Anderer und Fremder werden hier synonym verwendet.

kontemplativen, reflexiven, dekonstruktiven Charakter, der das Neue und Ungewusste zur Entfaltung bringt. Das Fremde wird in der Erfahrung zum Ausdruck einer möglichen Welt (Musil); die Fremdheitserfahrung dekonstruiert die ontologische Statik, weil mit ihr Möglichkeitsspielräume verknüpft sind.

Indem das Fremde Menschen in den angesprochenen Formen irritiert, fasziniert oder verstört, können Lernprozesse in mehrfacher Hinsicht angestoßen werden: in aisthetischer und ästhetischer Weise, da selbstverständliche Geschmackskriterien modifiziert werden, in moralischer Perspektive, da neue – und ggf. inkommensurable – Positionen verhandelt werden müssen, im habituellen Bezug, da andere Formen von Körperlichkeit und Emotionalität zum Ausdruck gebracht werden, in ritueller Hinsicht, da andere Umgangsformen Umformungen der eigenen nahe legen, im zeitlichen und räumlichen Blickwinkel, da andere temporale oder territoriale Erfahrungen die eigenen brüchig werden lassen usw.

Paradigmatisch lassen sich im Lernen am Fremden drei Momente ausdifferenzieren: Etwas über seine eigene Selbstfremdheit lernen: *das eigene Fremde*; etwas am Kind als dem *fremden Eigenen* und etwas am Anderen, am *fremden Fremden* lernen. Dabei lassen sich am Anderen ebenso Möglichkeiten wie Grenzen lernen. Mit dem Lernen am oder vom Anderen können Lerninhalte und -formen wieder erinnert werden, die eine Erweiterung der Möglichkeiten des Wissens und des Umgangs mit ihm möglich machen.

Interkulturalität als Ebene des Erlebens des Anderen und des Fremden, die die Beteiligten und deren Perspektiven verändert, mithin Interkulturalität als Lernprozess wird von Burkhardt Müller unter dem Blickwinkel der Förderung von Fremdheitskompetenz thematisiert (Müller 2002). Im Unterschied zu multi- oder plurikulturellen Situationen, die das möglichst reibungslose Nebeneinander und störungsfreie Zusammenwirken der Kulturen betreffen, bezieht sich das interkulturelle Lernen auf Situationen, in denen ein vertieftes, die eigene Selbst- und Weltsicht veränderndes Verständnis der anderen Kulturen befördert wird.

Müller macht nun in seiner psychoanalytischen wie entwicklungspsychologischen Interpretation vor allem sensu Erdheim und Winnicott deutlich, dass der Erwerb der Fremdheitskompetenz zentral mit den Erfahrungen in der frühen Kindheit zusammenhängt. Denn das Kind erlebt die Welt zunächst als fremde und nur, weil es in der Lage ist, durch die Phantasie diese Fremdheit zu negieren und diese in seinen omnipotenten Machtphantasien gleichsam zu kompensieren, kann es in ihr überleben. Erst wenn dann die ersten permanenten Objektrepräsentationen gelungen sind, können der Andere und das fremde Objekt als eigenständige Wesen anerkannt werden. Das Fremdeln ist dafür der bedeutsamste Ausdruck: »Das Bild dessen, was fremd ist, entsteht im Subjekt schon sehr früh, fast gleichzeitig mit dem Bild dessen, was am vertrautesten ist, der Mutter. In seiner primitivsten Form ist das Fremde die Nicht-Mutter, und die bedrohliche Abwesenheit der Mutter lässt Angst aufkommen. Angst wird immer, mehr oder weniger, mit dem Fremden assoziiert« (Erdheim, zit. n. ebd., S. 128 f.). Dem Kind, wie später dem Erwachsenen, wird die Integration des Fremden und der bereichernde Umgang mit ihm nur dann gelingen, wenn es in seiner frühen Kindheit die Erfahrung des Urvertrauens (Erikson) und einer heilen Welt gemacht hat, die die Ängste, einsam und verlassen in der Fremde sich zu verlieren und/oder von der Fremde umfangen und verschlungen zu werden, aufzuheben in der Lage ist. In frühester Kindheit versucht das Kind, seine Ängste durch Wut und Ärger, d. h. durch die phantastische Zerstörung der Objekte zu bewältigen. Das Fremde ist dann nicht lebensbedrohlich oder todesängstigend, sondern faszinierend und bereichernd, wenn das Kind die Erfahrung gemacht hat, dass das fremde Objekt seine phantasmagorische Zerstörung überstanden hat und trotzdem freundlich bleibt. Der Fremde hat die Zerstörung überlebt und kann trotzdem – bzw. gerade deswegen – als für die eigene Entwicklung förderlich erachtet werden.

Müller identifiziert diese frühkindliche Situation nun mit allen späteren interkulturellen Begegnungen, da es in ihnen ebenso wie »damals« 1. um ein fremdes Gegenüber geht, welches anerkannt werden will und gleichzeitig anerkennungsfähig ist; dieses ist 2. eine Person mit eigenem Recht, die das Eigenrecht ggf. bedrohen können und die 3. aber auch durch ihre Andersartigkeit die Möglichkeit bietet, diese zur Vervielfältigung des Eigenen zu verwenden (ebd., S. 130 f.). In interkulturellen Situationen taucht die Ursituation des Fremdelns immer wieder auf: Insofern lässt sich die Fremdheitskompetenz als Lernkompetenz, als differenzierten und differenzierenden Umgang, als Erfahrungs- und Reflexionsprozess am Anderen verstehen. Die Differenzierung von Multikulturalität und Interkulturalität aufgreifend, propagiert Müller abschließend einen Interkulturalismus auf der Basis von Multikulturalität. In diesem Sinne plädiert er für ein multikulturelles Nebeneinander, in dem die Möglichkeiten für interkulturelle Begegnungen angelegt sind, 1. weil dort die Chancen für die Erfahrungen geboten werden, dass die anderen nicht nur mit uns beschäftigt sind und uns somit Freiräume einräumen, 2. weil man sich auf die Beobachterposition der Konflikte der anderen zurückziehen kann und 3. weil sich dort unterschiedliche Facetten des Andersseins überschneiden und sich so interessante kulturelle Gemengelagen erzeugen lassen (ebd., S. 138 f.). Pädagogisch-methodisch liegt dann die Aufgabe nahe, einen multikulturellen Rahmen zu erschaffen, der eine Pluralität an Zugehörigkeiten und Identifizierungen möglich macht, weil er gleichzeitig von der Zustimmung aller Beteiligten getragen wird. So lassen sich einerseits multikulturelle Gemeinsamkeiten pädagogisch inszenieren und gleichwohl interkulturelle Herausforderungen zur Entfaltung bringen.

Das eigene Fremde

Vor allem die Psychoanalyse – namentlich Sigmund Freud – hat sich die Frage nach der Selbstfremdheit gestellt: In seiner kleinen Schrift *Das Unheimliche* von 1919 macht Freud deutlich, dass das eigentliche Fremde nicht außen, sondern innen herrscht. Indem das Fremde integraler Bestandteil des eigenen Selbst wird, verliert es seinen extraterritorialen Charakter, seine genuin pathologischen Züge, seine rassistischen Konnotationen sowie seinen ethnischen Hintergrund. Denn das Fremde ist – so Freud – das eigene Unbewusste. So wird das Unheimliche, Schreckliche, Angst- und Grauenerregende zum Bestandteil des eigenen Selbst. Lernprozesse, die an der Aufklärung des Unbewussten ansetzen (»Wo Es war, soll Ich werden«), zielen auf einen (therapeutischen) Erinnerungs-, Wiederholungs- und Durcharbeitungsprozess, der dem Einzelnen seine ggf.

durch neurotische oder psychotische Erkrankungen verlorengegangene Lebenskompetenz, Arbeitstüchtigkeit und Liebesfähigkeit wiedererlangen helfen soll. Als bestimmenden Lernhintergrund geht es Freud um einen realistischeren Umgang mit den eigenen Ängsten.

Über die etymologischen Analysen des Begriffs des Unheimlichen, in denen Freud die Ambivalenz dieses Begriffes zeigt, der seinen Gegensatz supplementiert, und die psychoanalytischen Interpretationen von E. T. A. Hoffmanns *Der Sandmannn* und F. Schillers *Ring des Polykrates* kommt Freud dann auf den Punkt: »Wenn die psychoanalytische Theorie in der Behauptung recht hat, dass jeder Affekt einer Gefühlsregung, gleichgültig welcher Art, durch die Verdrängung in Angst verwandelt wird, so muß es unter den Fällen des Ängstlichen eine Gruppe geben, in der sich zeigen lässt, dass dieses Ängstliche etwas wiederkehrendes Verdrängtes ist. Diese Art des Ängstlichen wäre eben das Unheimliche, und dabei muß es gleichgültig sein, ob es ursprünglich selbst ängstlich war oder von einem anderen Affekt getragen« (Freud 1981, S. 263 f.). Folgt man dieser Psychoanalyse des Unbewussten, so erscheint zunächst bemerkenswert, dass es Freud gelingt, Figurationen des Unbewussten herauszuarbeiten, die gleichsam die Ursprünge des fremden Selbst repräsentieren. Wir diskutieren im Folgenden, ohne den Anspruch auf Vollständigkeit erfüllen zu wollen, sechs dieser Figurationen: Kastration (Abtrennung), Differenzlosigkeit von Leben und Tod, Doppelgängertum, Tod, Wahnsinn und das weibliche Genitale.

1. So zeigt Freud an der Hoffmannschen Erzählung *Der Sandmann*, wie sich der Student Nathaniel durch ein Kindheitstrauma von einem Apotheker verfolgt fühlt und dass verdrängte Kinderängste und -wünsche und insbesondere die *Kastrationsangst* Auslöser unheimlicher Gefühle sein können. Das Unheimliche wird hier vor allem mit sexuellen Ängsten konnotiert.

2. Auch wenn es keine gesicherte Erkenntnis über den vitalen Status des Gegenüber gibt und es unentschieden bleibt bzw. bleiben muss, ob etwas *lebendig ist oder nicht* (die automatische Puppe Olimpia in der Erzählung von Hoffmann, Wachsfiguren etc.), lösen diese Situationen Angstgefühle aus. Diese Angst bringt Freud in Zusammenhang mit dem animistischen Stadium der Kindheit, in dem es die strikte Trennung zwischen Lebendigkeit und Leblosigkeit noch nicht gibt; indem der Kinderglaube oder der Kinderwunsch nach einer Vitalisierung der Außenwelt unterdrückt und verdrängt wird, erzeugt er bei seiner Wiedererweckung Angst.

3. Ein wiederkehrendes Motiv für das Unheimliche ist nach Freud auch das »Doppelgängertum [...] also das Auftreten von Personen, die wegen ihrer gleichen Erscheinung für identisch gehalten werden müssen, [...] die Identifizierung mit einer anderen Person, so dass man an sein Ich irre wird oder das fremde Ich an die Stelle des eigenen versetzt, also Ich-Verdoppelung, Ich-Teilung, Ich Vertauschung« (ebd., S. 258). Freud bringt das *Doppelgängertum* an dieser Stelle in eine Verbindung mit dem Spiegel- und Schattenbild, mit dem Schutzgeist und der Todesfurcht. Entwicklungspsychologisch betrachtet ist der Doppelgänger zunächst eine Versicherung gegen die Vernichtung, eine Art imaginärer Koloss, der (z. B.) als unsterbliche Seele die Macht des Todes gebrochen hat. Doch mit der Überwindung des narzisstischen und animistischen Stadiums wandelt

sich der Doppelgänger vom Garanten des ewigen Lebens zum Schreckbild: Er wird unheimlich, weil er der Vorbote des Todes ist. Mit der Entwicklung einer distanzierten Haltung gegenüber dem eigenen Ich und einer kritischen Selbstbeziehung wird der Doppelgänger mit anstößigem Inhalt, unterbliebenen Lebensmöglichkeiten und unterdrückten Willensentscheidungen »aufgeladen«. Der Doppelgänger ist nun der Wiedergänger der als überwunden erachteten seelischen Urzeiten, ein vergessen geglaubtes Gespenst, das dem Subjekt die permanente Regressionsmöglichkeit vor Augen führt.

4. Auch das Unheimliche und Fremde wird oft in Verbindung mit dem *Tod*, oder figürlich: mit *Leichen, Toten und Gespenstern*, in Verbindung gebracht. Das Unheimliche ist hier in einer Grauzone, in einem Zwischenreich von Sein und Nichtsein, Realität und Schein angesiedelt, ein diabolisches Übergangsphänomen. Das Fremde ist hier der Repräsentant für ein anderes Sein – das Nicht-mehr-Sein, das Anders-als-Sein-Sein. Und weil, so Freud, das Unbewusste den Gedanken des Todes nicht akzeptieren will, kann es den Gedanken einer zeitlichen Limitierung nicht »denken«; der Tod macht als Endgültigkeit im Sinne einer absoluten temporalen Grenze dem Menschen Angst. So lässt er sich als Repräsentant des Fremden sehen, da er für einen anderen Ort und eine andere Zeit steht. Denn der Tod ist – wie der Fremde – in einem strengen Sinne nicht erfahrbar; es gibt ebenso wenig ein Erleben des Todes wie es eine genuine Erfahrung des Fremden gibt, außer man ist tot oder der Fremde.

5. Selbst der *Wahnsinn* gehört in dieses Kaleidoskop der Repräsentanten des Fremden, widerspricht er doch der Hoffnung, tatsächlich Herr im eigenen Hause zu sein, denn der Mensch ist in der Lage, die Regungen des Wahnsinns »in entlegenen Winkeln der eigenen Persönlichkeit dunkel zu spüren« (ebd., S. 266). Der Wahnsinn ist das innere, eigene Ausland, das von der zivilisierten Kultur der Aufklärung des vernünftigen Selbstbewussten kolonisiert werden soll, gemäß dem Diktum: Wo Es war, soll Ich werden.

6. Und schließlich ist die wohl merkwürdigste Figur des Unheimlichen bzw. Fremden das *weibliche Genitale* als Ort der Heimat, in der »jeder einmal und zuerst geweilt hat« (ebd., S. 267). Warum aber ist dieser Ort angstbesetzt, so fragt sich der der Psychoanalyse Kundige, ist doch Freud zufolge die intrauterine Existenz die Chiffre für Glück, ein Ort, nach dem sich jeder Mensch im Grunde seines Herzens wieder zurücksehnt? Im hier thematisierten Grenzbereich zwischen Phantasie und Wirklichkeit erscheint das Genital als Verschlingung des Selbst, als Verlust der eigenen Ich-Grenzen. Wenn von Anfang an die vollständige Befriedigung eines Wunsches und seine phantasierte Wiederholung an den Anderen (Mutter) geknüpft ist, so lässt sich von einer Spaltung des Ichs *ab ovo* sprechen; der Wunsch als Bild der lustvollen Phantasie der vollständigen Befriedigung deckt lediglich jene Spaltung, die Angst erzeugt, zu. Die wunschbesetzte Identität ist damit eine Metapher, die durch die Metonymie des Begehrens zwischen zwei Varianten des Mangels zum Oszillieren gebracht wird: unvollständige Identität und Mangelhaftigkeit des Begehrens.

Lernen heißt demnach, den Mangel organisieren zu können. Dass das weibliche Genital mit der Fremdheit in Verbindung gebracht wird, zeigt genau dies: dass der Mensch noch nicht in der Lage ist, die ursprünglich heile Welt der intrauterinen Existenz mit dem Realitätsprinzip in einen, natürlich immer vorläufigen und prekären, Einklang zu bringen. Das Genital bringt uns in Erinnerung, dass auch wir Ortlose und Entsprungene sind und dass unsere Topographie eine alteritäre ist. Selbstfremdheit konfundiert hier mit Fremdfremdheit, da sich alle Menschen an einem Ort aufhalten, dessen Befriedigungsstruktur mit dem wunschbesetzten Mythos der vollständigen Erfüllung nicht konkurrieren kann. Vom Standpunkt der paradiesischen Existenz der Gebärmutter aus sind wir alle Exilierte. Und noch eines signalisiert das genitale Fremde: Den Zustand des Glücks, der Spannungslosigkeit und vollkommenen Ruhe wird der Mensch niemals im Leben, sondern nur im Tod finden. Mit der Geburt strebt demnach der Mensch unmittelbar, getrieben vom Thanatos, dem Todestrieb, seinem Ableben entgegen. Als eigentliches Leben erscheint der Tod, die Geburt dagegen als ein Sündenfall, der die paradiesische Existenz des Embryos mit der harten Wirklichkeit der *Ananké* vertauscht, was für die Menschen die Konsequenz mit sich bringt, zu lernen, ihr Lustprinzip gegen ein Realitätsprinzip einzutauschen. Der Tod ist die zweite und eigentliche Geburt, die den Menschen wieder in die Seligkeit der Spannungslosigkeit eingehen lässt. Daher macht die Vision des weiblichen Genitals als Ausgangspunkt des Lebens Angst und diese Angst ist Angst vor der Fremdheit, der Freiheit. Diese Angst wird dann verdrängt und doch sind die Menschen nach Freud zur Fremdheit, zur Freiheit und damit auch zur Angst verurteilt.

Aus dem Blickwinkel einer Lerntheorie zeigt die Psychoanalyse, wie alteritär, prekär und »intersubjektiv« strukturiert Lernen ist, selbst wenn es um das Erlernen des Umgangs mit der eigenen Fremdheit und den eigenen Ängsten geht. Denn das Verstehen der Generationen und Kulturen umspannenden Sprache des Unbewussten, die nichtauflösbare Fremdheit des Eigenen, die Bedeutung der anderen für die Ich-Entwicklung, der Umgang mit den Figurationen der Angst, das auf das Begehren des Anderen zielende Begehren, das immer auch ein Begehren des Anderen ist etc, verweist auf wesentlich unverfügbare Dimensionen des Lernens. Lernen heißt sich mit dem differentiellen Anderen und dem sich entziehenden Fremden in ein Spiel- bzw. Experimentierfeld und in eine Auseinandersetzung zu begeben. Über das *alteritäre* Lernen am eigenen Fremden hinaus lässt sich mit Meyer-Drawe von einem *intersubjektiven* Lernen sprechen, wenn wir es nicht nur mit psychischen Repräsentationen, sondern mit konkreten (körperlichen) Menschen, ihren Erfahrungsmöglichkeiten und ihren sozialen und kulturellen Symbolisierungen zu tun haben: »Lernen ist ein intersubjektiver Vollzug, in dem sich Erfahrungsmöglichkeiten begegnen und gegeneinander durchsetzen, in dem der Sinnüberschuß, den ich durch die Mehrdeutigkeit meines Sagens und Handelns hervorbringe, vom anderen aufgegriffen und zur Sprache gebracht werden kann« (Meyer-Drawe 1996, S. 95).

Das fremde Eigene

Steht, vor dem Hintergrund einer therapeutisch orientieren Aufklärung des Unbewussten, im Mittelpunkt der psychoanalytischen Theorie des Lernens die Problematik der Angst, so erscheint die Frage nach dem Verstehen von Kindern als Frage nach dem Lernen am eigenen Fremden im Kontext des Erlernens von Möglichkeiten. »Das fremde

Kind« (Richter 1987) kann dabei ganz unterschiedlich in den Blickwinkel geraten: als natürliches, authentisches Lebewesen Rousseaus, dessen natürliches Entwicklungspotential nur durch einen, die sozialen Einflüsse eliminierenden, inszenierten Lernraum sicher gestellt werden kann; als noch nicht disziplinierter und gebildeter, quasi tierischer *homo educabilis* Kants, der für ein zukünftiges Reich der Autonomie erzogen werden soll; als Freuds polymoph perverses Wesen, dessen sexuelle Dispositionen nicht auf eine definitive Genitalorganisation festgelegt sind und das noch keine Balance zwischen Lust (Es), Moral (Über-Ich) und Realität (Ich) gefunden hat; als heiliges Kind Montessoris, dem die Menschheit als ihrem Erlöser zu folgen hat; als Piagets Chaot und Egozentriker, dem die erwachsene Ordnung formaler Rationalität abgeht; als freies Kind von Jaspers, dessen Memento von den Toren des Gefängnisses der Konvention der Erwachsenenwelt ertönt; als mimetisches Wesen Adornos, das noch in einer magischen Beziehung zur Welt steht; als Benjamins und Lyotards Wesen der Möglichkeit, an dem die Erwachsenen ihre eigenen Entwicklungen nachlernen können etc.

Betrachtet man in diesem Zusammenhang das *Wie* des Lernens, so fällt zunächst auf, dass Lernen eine grundsätzlich lethale Struktur hat. Lernprozesse sind eben nicht systematisch-kumulative Bewusstseinsentwicklungen, sondern durch ein strukturelles Vergessen gekennzeichnet. Denn – in der Regel – vergessen wir, dass, was und wie wir gelernt haben. Lernen ist ein aktiver Vollzug, der sich selbst unsichtbar macht, indem er sich als Prozess vergisst. Das Ende des Lernens wird durch die Selbstverständlichkeit markiert: Man vergisst das Lernen, wenn und weil man es kann.[57] Das Vergessen des Vollzugs des Lernens erscheint insofern als ein sinnvolles, weil ökonomisches und lebenspraktisches Prinzip, muss doch, um das Bekannte anzuwenden, der Prozess des Bekanntwerdens nicht mehr präsent sein. Wenn die Kompetenz eines Wissens erlangt wurde, braucht man sich nicht mehr des Erlangens der Kompetenz ständig zu versichern. Gute Lehrer – und das wusste schon Platon – sind daher diejenigen, die sich gut an die frühere Situation erinnern können bzw. daran, wie sie etwas gelernt haben. Umgekehrt können Erwachsene bzw. Lehrer von Kindern und Jugendlichen lernen, was sie an Lernprozessen vergessen haben; Voraussetzung ist hier, dass Erwachsene wie Kinder einen gemeinsamen Erfahrungs- und Wissenshintergrund haben.

Das fremde Fremde

Diese Überlegungen führen pädagogisch gewendet zu Konzepten, die die fremde und die eigene Fremdheit in Bildungs- und Lernprozessen stärker berücksichtigen. Natürlich

---

57 Vgl. Comenius' »Kleine« oder auch »Analytische Didaktik«: *Methodi Linguarum Novissimae fundamentem, Ars DIDACTICA*: »Ubicunqve [...] aliqvid discitur, ibi tria concorrunt. (1) Ignotum aliqvid, ad qvod tenditur. (2) Notum aliqvid, per qvod ad ignotum illud veniri potest. (3) Transeundi conatus, adeoqve transitus ipse [...] Ignotum, non nisi discendo discitur« (Canones; Wo immer gelernt wird, treten drei Momente zusammen: 1. etwas Unbekanntes, das angezielt wird, 2. etwas Bekanntes, mit dessen Hilfe man zu jenem Unbekannten hinkommen kann, 3. der Versuch des Übergangs bzw. der Übergang selbst). – Den Hinweis auf Comenius und die Übersetzung verdanken wir einem Manuskript von Wolfgang Sünkel.

führt die Wahrnehmung dieser Fremdheiten nicht unmittelbar zu Lernprozessen bzw. zu einem verantwortlichen und vernünftigen Umgang mit dem konkreten Fremden; und selbstverständlich bleibt auch bei der Wahrnehmung und Reflexion von eigener und fremder Fremdheit weiterhin die Gefahr, das Fremde gewaltsam auf das Eigene zu verkürzen. Trotzdem erscheint der Versuch, den Umgang mit der Fremdheit als Lernprozess zu immer allgemeiner, reflexiver und differenzierter werdenden Strukturen wechselseitiger Anerkennung zu beschreiben, als sinnvolles, wenn auch prekäres Projekt. Theorien und Konzepte zum interkulturellen Lernen setzen hier an. Dabei bündeln sich unter dem Titel »interkulturelles Lernen« viele, teilweise sich überschneidende, aber auch divergierende Projekte: Sensibilisierung für den Anderen, Erziehung zur Toleranz, Abbau von Fundamentalismus, Stereotypen und Vorurteilen, Anerkennung der Differenz, heterogenes, polylogisches Alteritätsdenken, Verstehen des Nicht-Verstehens, Integration von Migranten, Erwerb einer multikulturellen bzw. transkulturellen Identität bzw. eines ebensolchen Habitus, Reaktion auf die multikulturelle Situation in Deutschland, den europäischen Einigungsprozess oder das globalisierte Dorf, Internationalisierung, Lernen im Dialog oder im Diskurs, Vermittlung von Menschenrechten, einer universellen Moral etc. (Göhlich u. a. 2006).

In der Fremdheitserfahrung wird somit nicht nur der eigene Erfahrungshorizont, sondern auch das eigene Selbst fremd (Waldenfels 1999, S. 10). Die Fremdheitserfahrung tangiert in besonderer Weise den Selbst-, den Fremd- und den Weltbezug und kann diese in mehrfacher und graduell abgestufter Weise irritieren bzw. unterminieren (ebd., S. 35 ff.; vgl. Schäffter 1991). Je nach Steigerungsgrad sind die Lernprozesse und -effekte anders zu gewichten. So lässt sich ein erster Grad von Fremdheit als alltägliche, normale Fremdheit oder Anonymität – etwa eines Postboten oder Verkäufers – verstehen, die man noch mühelos in den eigenen Vertrautheitshorizont integrieren kann. Ein zweiter Grad wäre das ausländische oder auswärtige Fremde, das (noch) Unbekannte, dem man mit den eigenen herkömmlichen Mitteln von Erfahrungsmustern (noch) gerecht werden kann. Einen dritter Grad von Fremdheit bildet das als unpassend oder nicht dazugehörig empfundene Fremdartige, das im Gegensatz zum Eigenen und Normalen verstanden wird und sich gegen Vereinnahmungen und Identifizierungen sperrt. Davon ausgehend wiederum lässt sich viertens von einer strukturellen Fremdheit sprechen, bei der es kaum, wenn überhaupt, Möglichkeiten des Kennenlernens und Verstehens gibt, und darüber hinaus fünftens von einer radikalen Fremdheit, die jeden Interpretationszugang unmöglich macht, wie wir sie in anthropologischen Zusammenhängen in den Phänomenen Tod, Rausch oder Schlaf oder in historisch-sozialen Kontexten wie Revolutionen oder in individuellen Krisensituationen wie Konversionen erleben können. Diese außerordentliche Fremdheit, in der das Außen einer Ordnung – das Außerordentliche – immer noch auf diese bezogen bleibt, wird dann – sechstens – von einer absoluten oder totalen Fremdheit überboten, die durch ihre Absolution jeden Zugang unmöglich macht: Hiermit sind religiöse Erfahrungen »benannt«, die sich am Rande der sprachlichen Repräsentation bewegen und die – etwa in der Erfahrung Gottes oder des Heiligen – stets in der Gefahr schweben, nur klischeehaft, kryptisch und mystisch dem zu Explizierenden Gewalt anzutun. Und letztlich ist das Fremde das Unheimliche, das eine

Entwicklung vom Vertrauten zum Unvertrauten durchlaufen hat: Hier ist das Fremde das unheimlich Vertraute.

In verschiedenen Studien ist immer wieder gezeigt worden, dass die Begegnung mit dem Anderen nicht unmittelbar oder mittelbar zu den gewünschten Lerneffekten geführt hat, sondern im Gegenteil dazu, dass sich die etablierten und als veränderungs-würdig empfundenen Wahrnehmungs- und Verhaltensmuster noch verstärkt haben.[58] Die Verarbeitungsprozesse der als unverträglich empfundenen kulturellen Validierun-gen, die mit den Kulturkontakten einhergehen können, zeigen, dass diese im hohen Maße von Interkulturalitätsstrategien und kulturell andersartigen Habitus abhängig sind.

In dieser Perspektive verweist die »Prozessanalyse der Akkulturation deutscher Stu-dienreferendare in multikulturellen Klassen« (Bender-Szymanski u. a. 1998) darauf, dass und wie dem Lernen am Anderen auch – kognitive und affektive – Grenzen gesetzt sind. Im Mittelpunkt dieser empirischen Studie, die 20 deutsche Studienreferendare untersucht, welche noch nicht dauerhaft mit Schülern anderer kultureller Orientierun-gen vertraut sind und nunmehr drei Jahre ihr Referendariat an einer multikulturellen Schule absolvieren müssen, steht die Evaluation von Lernverläufen, die die erwünschten Veränderungen durch den Kulturkontakt ebenso umfassen wie die Frage nach den Stra-tegien für den Umgang mit Menschen anderer Kulturen, die Einschätzung, Legitimie-rung, Bewertung des Handelns durch die Probanden und schließlich die Veränderungen, die durch den Kontakt zustande gekommen sind.[59] Die Untersuchung zeitigte zwei divergierende Einstellungsmuster: die Synergieorientierung und die Ethnoorientierung.

Interessant erscheint, dass sich beide Muster durch einen dreiphasigen Prozessverlauf herauskristallisiert haben. Zunächst stehen bei Lernen im Kulturkontakt Situationen des Befremdens, des Ärgers, der Wut oder des Erstaunens. In der Reflexion auf diese Erfah-

---

58 Vgl. neben der unten dargestellten Studie von Bender-Szymanski u. a. z. B. Wilterdink (1993), der gezeigt hat, dass sich unter den akademischen Mitarbeitern des European Institutes in Flo-renz keine Angleichung der Sichtweisen ergeben hat und somit keine Konstituierung zu einer internationalen Gruppe gelungen ist, sondern vielmehr der Rekurs auf nationale Perspektiven und eine Betonung der Differenzen und Stereotypen zu beobachten war. Interkulturelle Begeg-nungen können durchaus bestehende kulturelle Identifizierungen bestärken, indem deren Be-deutung und Funktion für die Individuen in diesen Situationen besonders wahrnehmbar er-scheinen. Vgl. auch Hildebrand/Sting 1995.

59 Wir gehen im Folgenden nicht auf die Methodologie dieser Studie ein, verweisen aber an dieser Stelle auf ihre inhärenten Unschärfen: Was meint ein erstmaliger kontinuierlicher Kontakt? Aus welchen sozio-kulturellen Milieus stammen die Referendare? Reicht es, die Lernergebnisse le-diglich durch einen intraindividuellen Vergleich der Erwartungen der Referendare vor dem Kulturkontakt und ihrer Beurteilung nach diesem Kontakt zu bemessen? Lassen sich die beiden kulturellen Verarbeitungsmuster (synergieorientiert und ethnoorientiert) nicht noch weiter ausdifferenzieren? Wird nicht mit der Konzentration der Untersuchung auf die rationale, kognitive Ebene (Wissen, Erkennen, Reflektieren, Hinterfragen, Verstehen, Bewerten) der habi-tuellen, performativen und körperlichen Dimension zu wenig Beachtung geschenkt? Die Stärke dieser Arbeit liegt darin, dass sie anhand einer kleinen Stichprobe idealtypisch kognitive und affektive Einstellungen von kulturellen Begegnungsprozessen rekonstruiert.

rungen werden allerdings die konträren Positionen deutlich. Die um wechselseitiges Verstehen und Annäherung bemühten Referendare reflektieren über ihr eigenes Wertesystem, während die ethnoorientierten Referendare, die das Muster der Adaption an die eigene Kultur favorisieren, das Wertesystem der Mitglieder der anderen Kultur in Frage stellen. In die synergetischen Reflexionsbemühungen gehen im Einzelnen die Versuche ein, den Standpunkt des Anderen nachzuvollziehen, die kulturell gebundene und reziproke Konstruktivität der Situationen zu hinterfragen und eigene Kulturstandards neu zu bewerten. Entscheidend ist für Lernprozesse in den kulturellen Kontakten die biographische Erschütterung: »Die Reflexionsprozesse lassen sich als Indikatoren für intensiv erlebte kognitive Irritationen mit starker Ich-Betroffenheit interpretieren« (ebd., S. 686). Diese führt wiederum – drittens – dazu, die bisherigen Erfahrungs- und Handlungsmuster abzuändern, d. h. Lernzieländerungen vorzunehmen, Selbstsensibilisierungen in Gang zu setzen, Konfliktphrophylaxe zu betreiben und kulturelle Differenzierungsprozesse anzubahnen. »Ihr Lernen stellt sich dabei durch die Erfahrung wechselseitigen Bemühens um Verständigung und Annäherung nicht nur als individueller Veränderungsprozess dar, sondern auch als Teil von Veränderungen in den soziokulturellen Beziehungen im schulischen Kontext« (ebd., S. 688).

Führt der Kulturkontakt der Synergieorientieren zur Ent-Stellung des Eigenen, so führt der Kulturkontakt der Ethnoorientierten zur Fest-Stellung des Eigenen. Hier setzt im zweiten Schritt keine Selbstreflexion, sondern eine Fremdreflexion ein, die mit fundamentalen Defizithypothesen in Bezug auf die fremden Kulturen arbeitet, d. h. hier werden mangelnde Fähigkeiten der Organisation der Migrationen, mangelnde Sozialisationsbemühungen, mangelnde geistige und psychische Fähigkeiten unterstellt. Konsequenterweise führen diese »Erkenntnisse« in einem dritten Schritt dazu, die Realitätsmodelle fremdkultureller Personen zu ändern, um diese an das eigene Modell anzupassen. Eingeklagt werden im Einzelnen Gehorsam gegenüber der Lehrerautorität, unabänderliche Zwänge im Schulsystem, existentielle Bedrohungen oder auch die normative Setzung ihres eigenen, als universell gültigen Maßstab zu betrachtenden Wertehorizontes. Deutlich wird eine fremdkulturelle Lernresistenz, die auf »Abwehrmechanismen zur Wiederherstellung der Konsistenz des Selbstbildes« (ebd., S. 696) zurückgeführt werden kann.

Lässt sich das Lernen im Kulturkontakt im positiven, synergetischen Sinne als ständigen Differenzierungs- und Relativierungsprozess, als Steigerung von Komplexität und Kontingenz, als Dekontexualisierung, als Verfremdung des Eigenen, als Perspektivenübernahme sowie als Entängstigung verstehen, so verweist die ethnoorientierte Haltung dagegen auf eine widerständige Beharrlichkeit, auf die Reduktion von Komplexität und auf eine existentielle Betroffenheit, die es fast unmöglich macht, neue Bilder der eigenen Selbstdarstellung zu entwickeln, in interkulturellen Situation zu vermitteln, (Frustrations-)Toleranz auszubilden oder Ambiguitäten auszubalancieren. Im Mittelpunkt dieser Problematik steht die Frage, wie es gelingen kann, eine kulturelle als eine komplexe Identität zu erlernen, die eine Vielzahl von kulturellen Bezugssystemen zu integrieren in der Lage ist. Karl-Heinz Flechsig umreißt in seinem Aufsatz *Kulturelle Identität als Lernproblem* (2002) in diesem Zusammenhang sechs Lernfelder: 1. Der Heranwachsende soll mit der Vielfalt kultureller Validitäten und Hinweise, mit deren Implikationen und Verbindlichkeiten bekannt gemacht werden. 2. Kulturelle Selbstreferenz, Bewusstwerden und Infragestellen kultureller Stereotypen sollen eingeübt werden. 3. Das Verstehen und die Akzeptanz fremder Kulturen sowie die Fähigkeit zu interkultureller Kommunikation und Dialog sollen gefördert werden. 4. Die zentralen Konzepte »Kultur« und »Identität« sollen diskutiert werden. 5. Lernerfahrungen mit unterschiedlichen kulturellen Bezugsgruppen sollen ermöglicht werden. 6. Es soll eine Neubestimmung des Verhältnisses von individueller und kollektiver Identität unternommen werden.

Es geht im (interkulturellen) Lernen darum, sich selbst, seine Beziehung zum Anderen und zur Welt zu verändern, indem man Antworten gibt. Man sucht eine Antwort auf die Fragen eines (eigenen und fremden) Fremden, ohne zu wissen, auf was oder wen man antwortet. »Dieses Antworten ist ganz und gar vom Getroffensein her zu denken, in der Nachträglichkeit eines Tuns, das nicht bei sich selbst, sondern beim anderen beginnt, als eine Wirkung, die ihre Ursache übernimmt. Der Antwortende tritt primär auf als der, dem etwas widerfährt und widerfahren ist« (Waldenfels 2002, S. 59). Lernen heißt dementsprechend, dem Widerfahrnis des Fremden und Anderen eine nachträgliche Antwort zu geben, die das Eigene in Frage stellt.

5   Institutionen

Familie

Zwar bildet die Familie den zunächst ersten und vermutlich auch wichtigsten Ort für das Lernen von Heranwachsenden, doch ist dieser – trotz historischer Rollen wie Hofmeister, Hauslehrer, Gouvernante u. ä. sowie heutigen medialen Bemühungen einer Pädagogisierung durch Super-Nannies – bislang kein professionell etabliertes pädagogisches Arbeitsfeld; lediglich im Rahmen von Familienbildungsarbeit, Beratung und sozialpädagogischer Familienhilfe sind Pädagoginnen und Pädagogen *für* Familien tätig. Bezeichnenderweise ist für die Tätigkeit als Familienhelfer, also gerade für die einzige Hilfeform, in der pädagogische Arbeit durch Externe *in* der Familie geleistet wird, rein rechtlich keinerlei pädagogische Ausbildung erforderlich. Zu dieser pädagogischen Nichtprofessionalisierung von Familien trägt bei, dass es für die diversen Familienformen keinen einheitlichen Familienbegriff gibt: Man spricht von biologischer und sozialer Elternschaft, gleichgeschlechtlichen Elternpaaren, alleinerziehenden Eltern, bikulturellen Familien, nicht ehelichen Lebensgemeinschaften mit Kindern, postmodernen Ehen ohne Kinder, binuklearen Familien etc. (BMFSFJ 1995; Hettlage 1998). Eine allgemeine Definition von Familie liegt nicht vor, auch wenn man in der Regel von einer Familie dann spricht, wenn man es mit einer biologischen, sozialen, ökonomischen und emotionalen, verwandten bzw. befreundeten Lebensgemeinschaft zu tun hat.[60] So verwundert es nicht, dass nicht nur das Lernen in der Familie, sondern auch die Familie selbst in den Erziehungswissenschaften unter pädagogischen Gesichtspunkten eine kaum erforschte Institution darstellt. Der pädagogische Lebensalltag von Familien mit ihren Kindern und Jugendlichen, vergleichende Untersuchungen von familialen Lernformen und Lernleistungen – auch in Differenz und Übereinstimmung mit öffentlichen Lernformen und -leistungen – liegen bislang nicht vor.

Die folgenden Ausführungen können daher lediglich skizzenhafte Hinweise auf bestimmte familiale Lernmomente geben, ohne dass diese in einem geordneten systematischen Zusammenhang entfaltet werden können. Im Mittelpunkt stehen dabei nicht die mit den historischen Veränderungen von Familie einhergehenden Veränderungen von Lernformen, die vom »Ganzen Haus« über die bürgerliche Familie bis hin zur mul-

---

60 Das Statistische Bundesamt definiert Familie wie folgt (vgl. Zimmermann 2000, S. 74): »Als Familie im Sinne der amtlichen Statistik zählen […] Ehepaare ohne und mit Kind(ern) sowie alleinerziehende ledige, verheiratet getrenntlebende, geschiedene und verwitwete Väter und Mütter, die mit ihren ledigen Kindern im gleichen Haushalt zusammenleben.« – Nach aktuellen Schätzungen wachsen 75–80 % aller Kinder zusammen mit den leiblichen Eltern auf (Kaufmann 2005, S. 126).

tikulturellen Familie reichen; zudem geht es auch nicht um die Thematisierung des Lernens vor dem Hintergrund je verschiedener familientheoretischer Zugänge (Psychoanalyse, Strukturfunktionalismus, Sozialökologie, Ressourcentheorie etc.).

Familiale Lernwelt

In einer Studie von Mollenhauer, Brumlik und Wudtke aus den siebziger Jahren (Mollenhauer et al. 1975), die sich der Grundlage des symbolischen Interaktionismus verdankt, kommt auch die Thematik des familialen Lernens, oftmals sehr stark auf kognitive Lernprozesse bezogen, in den Blick. Familie erscheint hier mit Burgess als Interaktionssystem: »This study of the patterns of personal relationships in the family led directly to the conception of the family as a unity of interacting persons. By unity of interacting personalities it meant a living, changing, growing thing. [...] At any rate the actual unity of family life has its existence in the interaction of its members. For the family does not depend for its survival on the harmonious relations of its members, nor does it necessarily disintegrate as a result of conflicts between its members. The family lives as long interaction is taking place and only dies when it ceases« (Burgess 1926, S. 3– 9; vgl. Burgess et al. 1963, S. 265 ff.). Familien werden hier als universale Formen gemeinsamen Lebens verstanden, die als historisch und lokal spezifische Figurationen jeweils unterschiedlich strukturiert sind. Die Lernprozesse in Familien sind fundamental, weil sie die Perspektiven der einzelnen Familienmitglieder zentral beeinflussen und individuelles Verhalten über gemeinsame Formen der Kommunikation ausprägen. Kommunikation meint hier die notwendige Verständigung der Familienmitglieder untereinander, die für den Erhalt und für die Befriedigung der Bedürfnisse der Familie notwendig ist. Betrachtet man Familien als lebendige soziale Gebilde, dann müssen sie ihre Einheit durch gemeinsame Interaktionen permanent herstellen. Dementsprechend betonen die Autoren, dass das primäre Lernmilieu der Familie als ein »Ensemble interagierender Personen« anzusehen sei (Mollenhauer et al. 1975, S. 52). Zentral sind in diesem Ensemble die Regeln und Normen (räumliche, zeitliche, soziale, moralische etc.), die alltäglich gelebt werden. Das Kind lernt diese Regeln, so lässt sich an dieser Stelle weiterfolgern, weil sie sich in den alltäglichen Interaktionen stetig wiederholen und das Kind sie irgendwann einmal nachvollzieht und verinnerlicht. Die den Interaktionen impliziten Normen und Werte bilden den Horizont der alltäglichen Lebenswelt, den das Kind erlernt bzw. zu erlernen hat. Diese Lebenswelt vermittelt dem Kind über ihre Symbolizität eine Vorstellung dessen, was es selbst als Vorstellung und Darstellung zu übernehmen hat. Die familiale Lernwelt ist so gekennzeichnet durch eine spezifische Semantik, eine besondere Syntaktik und eine individuelle Pragmatik; denn durch die interaktive Verwendung bekommen Handlungen und Gegenstände eine Bedeutung (Semantik), die dem Kind in verbaler und nonverbaler Kommunikation in einem situativen Zusammenhang gezeigt wird (Syntaktik), wobei das Zeigen selbst in einem Handlungszusammenhang situiert ist (Pragmatik) (vgl. ebd., S. 73 f.).

Versteht man unter Familie einen symbolischen Interaktionszusammenhang, oder, stärker auf die körperlichen und szenischen Aspekte fokussierend, eine performative

Gemeinschaft (Audehm/Zirfas 2000), so bezieht man sich nicht auf eine vorgängige, organische, emotionale oder natürliche Einheit bzw. Zusammengehörigkeit etc., sondern auf die (rituellen) symbolischen und praktischen *patterns* der Behandlung von Differenzen, die die Konfliktsituationen der Familie regeln und die dadurch verbundenen impliziten Muster der Integration und Solidarität deutlich machen. Unter Familie als Gemeinschaft versteht man in diesem Sinne einen Handlungs- und Erfahrungsraum, der sich durch inszenatorische, mimetische, ludische und Machtelemente auszeichnet. Diese Perspektive kann auch verdeutlichen, warum in familialen Lernmilieus nicht nur homogene, sondern durchaus diffuse, kontroverse, unbestimmte, unvollständige und kontradiktorische Interaktionen statthaben können. Nicht nur gleichartige Interaktionszusammenhänge prägen die Lernkultur einer Familie, sondern auch Ambivalenzen, Inkonsistenzen und Antinomien. Das Kind lernt nicht nur an den Übereinstimmungen der Eltern (und der Geschwister), sondern auch an Meinungsverschiedenheiten und am Streit. Es lernt auch – und vielleicht gerade dann – wenn es ungerecht behandelt wird[61]; es lernt, wie seine Bedürfnisse ihre Befriedigung finden, wie es auch den Umgang mit der Versagung lernt. Dabei unterstellt eine kognitive Konzeption des Lernens, dass das »Subjekt im aktuellen Handeln laufend sein Vorwissen rekonstruiert und die Folgen seiner Handlungen hypothetisch vorwegnimmt, um aus dem Scheitern wie aus dem Erfolg zu lernen« (Mollenhauer et al. 1975, S. 133).

Mimetisches Rollenlernen

Die zu sozialen Erwartungsmustern und dauerhaften Verhaltenspraktiken kondensierten »Rollen« lernen Kinder von ihren Eltern, ihren Geschwistern, Lehrern, Mitschülern, ihrer peer group etc. Allerdings liegt die Vermutung nahe, dass das Erlernen von Rollen

---

61 Instruktiv ist hier das bekannte Beispiel aus Rousseaus *Confessions* (1781); der kleine Jean-Jacques hatte im Alter von zehn oder elf Jahren folgendes Erlebnis: »Ich machte eines Tages meine Schulaufgaben in einem mit der Küche in Verbindung stehenden Zimmer. Das Dienstmädchen hatte die Kämme des Fräuleins Lambercier zum Trocknen auf die Herdplatte gelegt. Als sie sie zu holen kam, fand sich, dass bei einem der Kämme die ganze Zinkenreihe ausgebrochen war. Wen sollte man für diesen Schaden verantwortlich machen? Niemand außer mir war in dem Zimmer neben der Küche gewesen. [...] Aber das Geständnis, das man forderte, konnte man mir nicht entreißen. Ich wurde immer wieder vorgenommen und in den scheußlichsten Zustand versetzt, blieb aber unerschütterlich. [...] Seit diesem Abenteuer sind nun mehr als fünfzig Jahre verstrichen, und ich habe keine Furcht, für dieselbe Tat noch einmal bestraft zu werden: und so erkläre ich dann vor dem heiligen Angesicht des Himmels, dass ich unschuldig war, dass ich den Kamm weder zerbrochen noch berührt, noch der Herdplatte nahe gekommen, noch überhaupt daran gedacht habe. [...] Dieses erste Fühlen der Gewalt und der Ungerechtigkeit hat sich so tief in meine Seele eingegraben, dass mich alle meine Gedanken, die darauf zurückgreifen, wieder in die gleiche Aufregung versetzen, und dieses in seinem Ursprunge nur mich selber betreffende Fühlen hat eine solche Festigkeit an sich bekommen und sich von jedem persönlichen Interesse losgelöst, dass mein Herz beim Anblick oder Bericht jeder ungerechten Handlungen sich entflammt, welches auch immer ihr Gegenstand oder der Ort sei, an dem sie geschieht, so, als ob ihre Wirkung auf mich selber zurückfallen könnte« (Rousseau 1985, S. 54 ff.).

sehr stark an die Voraussetzungen gebunden ist, die im frühen Eltern-Kind-Zusammenhang erworben werden. Insofern das *role making* einen wesentlichen Bestandteil einer familialen Lernkultur darstellt (Zirfas 2004b), wird deutlich, wie wichtig die frühen Lernprozesse sind, die ein *taking the role of the other* (Mead) ermöglichen. Rollenübernahme, Rollendistanz, Ambiguitäts- und Frustrationstoleranz, Empathie, Inszenierungstechniken etc. – alle diese Komponenten werden zentral durch die familialen Interaktionen mit bedingt. Dabei kann nicht von einer blinden Übernahme oder bloßen Reproduktion der von den Erwachsenen entworfenen Rollenvorbilder ausgegangen werden. Lernen bedeutet vielmehr, Rollenvorbilder *mimetisch* zu verändern. Unter Mimesis werden dabei unter Berücksichtigung der Theorien von Gebauer und Wulf (1992; 1998; 2003) mimetische Prozesse verstanden, die 1. auf andere Bewegungen Bezug nehmen, die 2. als körperliche Aufführungen betrachtet werden können, die also einen Darstellungs- und einen Zeigeaspekt besitzen und die 3. sowohl eigenständige Handlungen darstellen, die aus sich selbst verstanden werden können, als auch auf andere Akte oder Arrangements Bezug nehmen. In mimetischen Prozessen, in der kreativen Nachkonstruktion vollzieht sich eine nachahmende Veränderung und Gestaltung vorausgehender Rollen und Interaktionsformen. Die Eltern bieten lediglich wichtige mimetische Andere, an denen man lernen kann, wie man selbst zu einem Anderen wird. Hierin liegen das innovative Moment mimetischer Akte und ihre Bedeutung für die Inszenierung und Aufführung von Handlungen. Handlungen werden durch die Entstehung praktischen Wissens im Verlauf mimetischer Prozesse möglich. Denn der *mimetische* Charakter dieser kulturellen Lernprozesse stellt sicher (Tomasello 2002), dass in ihnen nicht eine bloße Kopie ritueller Handlungen erzeugt wird, sondern dass es sich stets um die *kreative* Wiedererzeugung ritueller Interaktionen handelt. Diese Praxis hat einen historischen und kulturellen Charakter und ist für zukünftige Veränderungen offen. Das für Handlungen relevante praktische Wissen ist körperlich und ludisch sowie zugleich historisch und kulturell; es bildet sich in face-to-face-Situationen und ist semantisch nicht eindeutig; es hat imaginäre Komponenten, lässt sich nicht auf Intentionalität reduzieren, enthält einen Bedeutungsüberschuss und zeigt sich in den (rituellen) Inszenierungen und Aufführungen des alltäglichem Lebens der Familie. In diesem Sinne liegt die Hypothese nahe, dass ein optimales familiales Lernmilieu einen stabilen und ludischen Rahmen zugleich liefert, der auch die Möglichkeit bietet, »Verhalten und Beziehungen auszuprobieren, sich an Interaktionen spielerisch, ohne ernsthafte Folgen, zu beteiligen« (Mollenhauer et al. 1975, S. 103).

Dass die Lernkultur der Familie grundsätzlich durch den Alltag strukturiert ist, bedeutet auch, dass sie keine genuin pädagogische Systematik aufweist; ihre (implizite wie explizite) Intentionalität geht mit kontingenten und anomischen Momenten einher. So lernt das Kind im Wesentlichen »durch Teilhaben an der Praxis des familialen Lebens, d. h. in unserer Terminologie: Es lernt dadurch, dass es Teilnehmer der Interaktion ist, die zum Zweck der Aufrechterhaltung dieser Haushaltsgruppe, der Befriedigung der Bedürfnisse ihrer Mitglieder tagtäglich stattfindet« (ebd., S. 89). Das hier bezeichnete Lernen ist vor allem durch seine Unbewusstheit gekennzeichnet, insofern (in der Regel) weder Wissensbestände noch normative Erwartungen, Interaktions- und Kommunikationsstrukturen, Rollendefinitionen etc. explizit zu Bewusstsein gebracht werden.[62] Das alltägliche Handeln, das alltägliche (familiale) Lernen umfasst immer einen größeren Sinn- und Bedeutungszusammenhang als denjenigen, dessen sich der Einzelne bewusst ist. Erst Krisensituationen (Krisenexperimente) oder auch (wissenschaftliche) Reflexionen schaffen die Distanz, um das alltägliche Lernen in seinen vielfältigen Facetten in den Blick zu nehmen.

Familiale Erziehung, die man in diesem Sinne als unbewusstes Lernarrangement verstehen kann, das einen mimetischen Nachvollzug nahe legt, arbeitet dabei nicht mit großen Worten, begrifflich-reflexiv, sondern körperlich-habituell oder in der sprachlichen Interaktion, im szenischen Mit- und Nachvollzug. Denn man ahmt zunächst keine Vorbilder nach (hierin liegt das kognitivistische Vorurteil), sondern die Handlungen von anderen. Man lernt im alltäglichen Erziehungsgeschehen – gleichsam nebenbei – grundlegende Einstellungen zu Moral, Politik, Geschlecht und Generation, die über unscheinbare Handlungen wie auch über eine pädagogische Atmosphäre erzieherisch vermittelt werden und ihren Niederschlag finden in Sätzen wie: »Halt dich gerade«, »Nimm das Messer nicht in die linke Hand«, »Sei pünktlich«. Erziehung wird hier als arrangiertes Lernen im unscheinbaren Netz von alltäglichen Interaktionen verstanden. Diese verschaffen über die »scheinbar unbedeutendsten Einzelheiten von *Haltung*, *Betragen* oder körperliche und verbale *Manieren* den Grundprinzipien« der Institutionen von Moral und Gesellschaft Geltung und entziehen sie damit gleichfalls einem reflexiven Wissen und wechselseitiger Erklärung (Bourdieu 1997, S. 128), so dass sich fast zwangsläufig die Vermutung einstellt: So wie es ist, ist es natürlich. Die diesen pädagogischen Prozessen zugeschriebenen und in ihnen erlernten individuellen und sozialen (Rollen-)Eigenschaften werden nicht mehr als kontingent und willkürlich, sondern als natürlich, legitim und legal wahrgenommen.

Zur Bedeutung von Ritualen für Lernprozesse

Die für Lernprozesse im beschriebenen Sinn entscheidenden familialen Praktiken sind die Rituale. Unter einem Ritual wird im Folgenden eine symbolische Inszenierung verstanden, die einen räumlichen und zeitlichen Rahmen hat und deren Praktiken mit der Differenzsetzung und -bearbeitung des Sozialen zu tun haben. Rituale sind *normative Inszenierungen*, denn sie begründen Werte, Normen und Regeln einer Gemeinschaft in einem doppelten Sinn: Sie setzen sie in Kraft und legitimieren ihre (relative) reflexive Unbegründbarkeit zugleich durch ihren Vollzug. Dabei nehmen sie *kollektive Identitäts-*

---

62 Der mit dem schulischen Lernen verbundene Bruch zum familialen Lernen besteht nicht nur in einen neuen Lernperspektive, die auf die Normen der Unabhängigkeit, Leistung, Universalität und Spezifizität abhebt (Dreeben 1980), sondern zunächst darin, dass er die unbewusste, sinnvolle Alltagswelt der Familie durch ihren Bezug zur wissenschaftlichen Rationalität bewusst außer Kraft setzt. Sind familiale »Muster des Verstehens, Deutens, der Zuwendung und Abkehr, der Erzählung, der Isolierung [...] zutiefst eingespielte ›Pläne‹ und ›Bilder‹, die leibliche und bildliche Bewegungen in mir hervorrufen« und liegt in ihnen eine »bedeutsame und geordnete Welt« (Mollenhauer et. al. 1975, S. 143), so können diese durch das schulische Lernen eine – manchmal nachhaltige – Erschütterung erfahren.

bildungen vor, indem sie die Grenzen einer Gemeinschaft bezeichnen und diese zugleich potenziell unverfügbar machen, da diese als natürlich und selbstverständlich erscheinen. Darüber hinaus tragen sie wesentlich zur Herausbildung *subjektiver Handlungskompetenz* bei, denn im Vollzug der rituellen Interaktionen werden die Konstruktionsprinzipien der kollektiven *Autoritäts- und Anerkennungsbeziehungen* individuell *inkorporiert.* Schließlich verstehen wir unter Ritualen komplexe *körperliche Aufführungen*, deren Wirkungen sich nicht auf die Intentionen der Handelnden reduzieren lassen (Audehm/ Zirfas 2005; Wulf et al. 2001). Familienrituale dienen gleichsam als Fenster, durch das man die Einführung der Jüngeren durch die Älteren in die Kultur beobachten kann. Denn für die Jüngeren gibt es nach wie vor das Erfordernis, spezifisches soziokulturelles (praktisches) Wissen lernen zu müssen, und für die Älteren gibt es ebenfalls nach wie vor das Erfordernis, die Jüngeren bei der Hineinführung in die gleichberechtigte Mitarbeit im Sozialleben vorbereiten und sie beim Wissen-Lernen, Können-Lernen, Lernen-Lernen und Leben-Lernen unterstützen zu müssen (vgl. Kap. 6). Lehr- und Lernprozesse zeigen sich dementsprechend nicht vorrangig an den Themen, die miteinander diskutiert werden, sondern an der Art und Weise, ob und wie die Eltern die Kinder auffordern und unterstützen, sich zu bestimmten, normativ formulierten Sachverhalten adäquat in Beziehung zu setzen (Audehm/Wulf/Zirfas 2007).

Intergenerationelles Lernen

Zentriert man Familie um den Generationenbegriff, so stellt sich nicht nur die Frage nach dem intra-, sondern vor allem die nach dem intergenerationellen Lernen. Auch für diese Form des Lernens bildet einerseits der alltägliche familiale Hintergrund die Ausgangssituation; andererseits spielen hier auch Einflüsse der Sozialisation durch die Schule, die peer group oder die Medien eine wichtige Rolle. Welt- und Selbstkonzepte sowie Konzepte vom Anderen bilden sich unter generationellen Vorzeichen aus den Interaktionen und Kommunikationen von Eltern, Geschwistern, Verwandten und Freunden heraus. Jutta Ecarius (2003) hat im Blickwinkel der Biographieforschung anhand so genannter Familienthemen den Versuch unternommen, die Kontinuitäten und Differenzen intergenerationellen Lernens empirisch zu rekonstruieren. Unter »Familienthemen« fasst sie relativ gleichbleibende, doch im Laufe des Lebens durchaus modifizierbare Handlungskonfigurationen, die als alltagsweltliche Orientierungstypen Möglichkeiten der Lebensgestaltung und dementsprechend auch der biographischen Strukturierung eröffnen. »Die neue Generation erlernt im Erziehungs- und Sozialisationsprozess Handlungs- und Verhaltensmuster sowie ein Sanktions- und Belohnungssystem« (ebd., S. 539). Ohne jetzt im Einzelnen auf das Untersuchungsdesign einzugehen[63], soll hier für die Thematik des familialen Lernens festgehalten werden, dass sie

---

63 Den Rahmen für die Konzeptualisierung des biographischen Lernens anhand von Familienthemen bildet ein von Ecarius durchgeführtes empirisches Projekt, in dem Menschen aus 27 Generationenlinien in Sachsen-Anhalt mit themenzentrierten Leitfadeninterviews nach Erziehungserfahrungen befragt wurden. Die Befragung richtete sich an drei Generationen (1908– 1929, 1939–1953, 1967–1975), wobei die mittlere Generation als diejenige, die nach 1945 in die DDR hineingewachsen ist, den Schnittpunkt bildete.

intergenerationelle bzw. biographisch diachrone Lernprozesse diskutiert, die über die familiale Situation Bestätigung und Veränderung zugleich erfahren; der familiale Rahmen bildet den entscheidenden Kontext für elementare Lernprozesse, die die Bedingungen der Voraussetzung für weitere Lernprozesse bieten, Lebensperspektiven eröffnen, aber auch verschließen, Korrekturen, Alternativen und Innovationen vorantreiben sowie Anknüpfungspunkte und Traditionen sichern können. Entscheidend erscheint hier nicht, was, sondern vor allem, wie gelernt wird. Denn die wichtigen Lernprozesse beziehen sich darauf, 1. wie das Subjekt vorgegebene Konstellationen aufgreift und Handlungen darauf abstimmt; 2. wie es Lernprozesse aus inneren Überlegungen vorantreibt; 3. wie es Lernprozesse spontan eröffnet und 4. wie es rekonstruktiv, in der Rückschau, für die Biographie relevante Lernprozesse ausmacht (ebd., S. 547).

Darüber hinaus erscheint es sinnvoll, auch die – wenn man so will – synchronen intergenerationellen Lernprozesse einer Betrachtung zu unterziehen. So wird von der Sozialisations- und Kindheitsforschung immer wieder betont, dass Kinder heute schon sehr früh soziokulturelle, technische und mediale Kompetenzen – oftmals vermittelt über die peer-group, die Medien oder auch autodidaktisch – erwerben; doch dürfte sich damit die Bedeutung des Generationenlernens wohl nur relativiert haben. Denn im Generationenkontext lernen die Kinder nicht nur spezifische Inhalte und erwerben dementsprechende Kompetenzen, sondern sie lernen vor allem die Lernformen. So müssen sich die Eltern nicht nur – wenn auch nicht immer in bewusst-reflexiver Form – die Frage beantworten, *was* sie den Kindern präsentieren und repräsentieren, sondern vor allem auch, *wie* sie die Erziehungsverhältnisse gestalten möchten. Und entscheidend sind hier die Formen, in denen die Eltern mit ihren Kindern von- und miteinander lernen.

An dieser Stelle werden Theorien des Performativen wichtig (Wulf/Göhlich/Zirfas 2001). So ist es gerade der Blick auf das Performative, der die über pädagogisch Intendiertes hinausgehende Vielschichtigkeit intergenerationeller Praxis in der Familie – und damit familialer Sozialisation – offenzulegen und interpretierbar zu machen vermag. Denn nicht nur die Intentionalität sozialer Handlungen hat Lernwirkungen; kaum weniger wirksam ist die Art und Weise, in der soziale Handlungen inszeniert und aufgeführt werden. Wenn vom performativen Charakter die Rede ist, so liegt der Fokus auf der Inszenierung und Aufführung sozialer Handlungen, oder hier: auf der Gestaltung und Formung von Lernprozessen. Diese Inszenierungen und Gestaltungen sind Teil der Lernwirkungen und verdienen daher stärkere Beachtung als bisher. Für die Entstehung eines solchen praktischen Wissens (Bourdieu 1997) und die sich in ihm verdichtenden Lernwirkungen spielen Sprachlichkeit, Körperlichkeit und Sinnlichkeit der Handelnden, die Inszenierung und Aufführung ihrer Handlungen sowie die mimetische Inkorporation des Ensembles von Handelnden und ihren Handlungen eine wichtige Rolle. Mit der Akzentuierung des performativen Charakters finden die an die körperlich-sinnliche, sprachlich-kommunikative und szenisch-situative Seite sozialen Handelns gebundenen Lernwirkungen besondere Aufmerksamkeit (vgl. Wulf et al. 2007).

Kinderkrippe und Kindergarten

Die seit vier Jahren heftig geführte PISA- bzw. IGLU-Diskussion hat nun auch den Kindergarten erfasst, insofern von einem Kindergarten die Rede ist, der auf die Informations- und Wissensgesellschaft vorbereiten soll. Diskutiert wird in diesem Zusammenhang nicht nur ein früherer Einschulungsbeginn, sondern vor allem die Idee, Englisch als Zweitsprache – nicht als Fremdsprache (wie auch immer dies möglich sein soll) – einzuführen, pädagogische Konzeptionen so zu gestalten, dass Unternehmungsgeist, *entrepreneurship* »produziert« wird, der Feststellung von sozialer Kälte und Fremdenfeindlichkeit in unserer Gesellschaft die Vermittlung einer »belastbaren Solidarität« gegenüberzustellen. Die Qualität der Kindergärten wird so einerseits in Verbindung gebracht mit den für die moderne Gesellschaft wichtigen Schlüsselqualifikationen (Lernen lernen, Teamfähigkeit, Unternehmergeist, Kreativität etc.) und andererseits mit der Profilierung als modernes Dienstleistungsunternehmen, das im Wettbewerb mit Konkurrenten vor Ort bestehen muss. Damit kommen auf den Kindergarten eine Fülle von Aufgaben zu: die sprachliche Förderung, die Erweiterung der mathematischen, technischen und naturwissenschaftlichen Grundbildung, Medienerziehung, ästhetische Bildung, Bewegungs- und Gesundheitsförderung, soziale und interkulturelle Erziehung, Wertevermittlung, Integration behinderter und hochbegabter Kinder, Integration von Kindern mit und ohne Migrationshintergrund, Eltern- und Gemeinwesenarbeit, Vorbereitung des Übergangs auf die Grundschule. Die Förderung der Kinder rekurriert dabei auf folgenden Grundprinzipien: einem frühen Lernbeginn, der als Basis für lebenslanges Lernen angesehen wird, einer Orientierung am individuellen Entwicklungsstand des Kindes, einer Betonung des Spiels, das neben (!) das Lernen tritt, und einer professionalisierten Erzieherin, die das Kind als gleichwertige Person versteht, mit der sie gemeinsam Bildungs- und Lernprozesse anstößt (vgl. BEP 2006).

Man konstatiert vor diesem Hintergrund zunächst dreierlei:

1. Es gibt dafür noch kein bedarfsgerechtes Angebot;
2. eine gründliche Evaluation der Kindergärten steht noch aus; man weiß schlicht wenig darüber, was am Kindergarten an der Ecke »läuft«; da es bundesweit wegen der Zuständigkeit der Länder keine einheitlichen Rahmenbedingungen gibt, bedarf es dringend einer Qualitätsoffensive;
3. eine verstärkte Weiterbildung der Kindergärtnerinnen ist dringend erforderlich (überwiegend arbeiten Frauen in den ca. 500 000 Arbeitsplätzen in Krippen, Kindergärten und Horten).

Der moderne Kindergarten als Institution des Lernen-Lernens

Historisch betrachtet erwuchs der Kindergarten aus zwei Motiven: der Entlastung der Eltern und dem Angebot zur Unterstützung der elterlichen Erziehungsarbeit. Der Trend geht hier von Konzeptionen der Betreuung zu solchen der Erziehung und Bildung. Bildung erscheint zum einen als Humankapital, das gefördert und gefordert werden muss, und zum anderen als Selbstbildungsfähigkeit, der man Raum zur Entwicklung geben sollte. Damit stehen die von der Pädagogik konstatierten Lernprozesse im Kindergarten nunmehr seit rund 200 Jahren in einem Spannungsfeld von sozialpädagogischen und bildungstheoretischen Ansprüchen. Geht es einerseits um ein kompensatorisches Lernen, das die Defizite der familiären Situation bzw. die mit der Arbeitstätigkeit der Mutter verbundenen Problematiken auszugleichen sucht, steht dem andererseits das Erlernen von Qualifikationen und Bildungsperspektiven gegenüber, die die Entwicklungsmöglichkeiten der Kinder entfalten und sie auf das Leben in der Gesellschaft vorbereiten sollen. Noch heute findet sich dementsprechend in Paragraph 1, Absatz 1 des 1990 verabschiedeten Kinder- und Jugendhilfegesetzes folgender Passus: »Jeder junge Mensch hat ein Recht auf die Förderung seiner Entwicklung und auf Erziehung zu einer eigenverantwortlichen und gemeinschaftsfähigen Persönlichkeit« (KJHG).

Heute verlieren die historischen Beweggründe für den Kindergarten an Aufmerksamkeit, da eine Dimension des Lernens in den Mittelpunkt rückt, die als universeller Qualifikations- und Gestaltungsschlüssel moderner Gesellschaften erscheint: das Lernen Lernen. Als wichtigste Basiskompetenz erscheint nunmehr die Entwicklung von Lernkompetenz. »Vorschulische Lernprozesse sind so zu organisieren, dass Kinder bewusst erleben und mit anderen reflektieren, dass sie lernen, was sie lernen und wie sie es gelernt haben. [...] Lernmethodische Kompetenz ist [...] der Grundstein für seelisches und lebenslang selbst gesteuertes Lernen« (BEP 2006, S. 66 f.). Die Erzieherinnen und Erzieher sollen dementsprechend Prozesse anregen, in denen das erworbene Wissen der Kinder von diesen flexibel angewendet werden kann, in denen kreative Lösungsmöglichkeiten von den Kindern erforderlich werden und in denen metakognitive Lernkompetenzen selbsttätig erworben werden können.

Im Folgenden soll die Geschichte des Kindergartens anhand des Lerngedankens kurz skizziert werden.

Die Ursprünge institutioneller Kleinkinderbetreuung

Philippe Ariès hat in seiner – bahnbrechenden wie umstrittenen – Studie zur »Geschichte der Kindheit« (Ariès 1985) deutlich gemacht, wie das Lernen der Kinder seit dem Mittelalter bis in die Aufklärung hinein ins Zentrum der sozialen und pädagogischen Aufmerksamkeit rückte. Vom Humanismus (eines Erasmus von Rotterdam) und der Renaissance (z. B. Montaigne) über das barocke Denken (eines Comenius) und den Pietismus (von Francke) bis hin zur Aufklärung (in Gestalt von Locke, Rousseau und den Philanthropen) werden das Kind und seine Lern- und Bildungsmöglichkeiten immer dezidierter pädagogischen Maßnahmen ausgesetzt. So erscheint es folgerichtig, dass man am Ende des 18. Jahrhunderts im Elsass die ersten Kleinkinderschulen als »Strickschulen« für Kleinkinder (aber auch für Schulkinder) von Friedrich Oberlin (1701–1770) findet. An ihnen wird neben dem Stricken Französisch, Heimat- und Naturkunde und körperliche Ertüchtigung gelehrt.

1802 gründet Robert Owen (1771–1858) die »Infant Schools«, die den Kindern die Bestrafungen der herkömmlichen Erziehung sowie die falsche Erziehung von ungebildeten Eltern ersparen sollen, indem man die Kinder an einen sicheren Ort bringt, an dem die notwendigen sozial-moralischen Prinzipien und Gewohnheiten erlernt werden können. Neben Spiel, Tanz und Gesang, Geographie und Naturkunde spielen auch körperlich-militärische Übungen in den Infant Schools eine Rolle. Samuel Wilderspan (1792–1866), der Leiter der Zentral-Kinderschule in London, skizziert für seine Kleinkinderbewahranstalt folgendes, drei Punkte umfassendes Programm: Sie dienen erstens der Verbrechensprävention, weil sie der Verwahrlosung vorbeugen; zweitens dienen sie dem Schulbesuch älterer (nicht mehr schulpflichtiger) Kinder, die ihre Geschwister mit in diese Anstalten begleiten, und drittens dienen sie der christlichen Erziehung, wozu der Lehrplan vor allem biblische Geschichte, dann aber auch die Zeitfolge der Könige, Lesen und Rechnen vorsieht.

Julius Fölsing (1818–1882), der sich als Gründer und Leiter von Kleinkinderschulen einen Namen machte, setzt auf eine nach sozialen Klassen getrennte pädagogische Konzeption: Für die Kinder der Proletarier geht es um das Erlernen zivilisatorischer Standards, für die Kinder des Bürgertums um das Erlernen von Qualifikationen, die für den Besuch der Schule förderlich sind. Im Mittelpunkt von Friedrich Fröbels (1782–1852) Pädagogik, die für die Geschichte des Kindergartens recht folgenreich war, steht dann das spielerische Lernen, das die Entwicklungen in den kognitiven, emotionalen und motorischen Bereichen fördern soll. Das Spielen mit den von ihm entworfenen Spielgaben bietet Grunderfahrungen für die Entwicklung, dient der Übung und Vorbereitung für die weiteren Lebensstufen und ermöglicht das Erlernen gesetzmäßiger (mathematischer) Zusammenhänge der Natur. Mit den Lernzielen der allseitigen Entfaltung und der Selbstbestimmung blieb Fröbels Kindergarten allerdings eine Bildungsstätte des Bürgertums.

Hilfe, Anpassung, Ertüchtigung und spielerische Entwicklung

Im Reichsjugendwohlfahrtsgesetz (RJWG) von 1922 wird der Kindergarten als Teil der Jugendhilfe verankert. Im Mittelpunkt stehen hier gesundheitspädagogische Überlegungen, Gesundheitsbewusstsein und Wohlfahrt, die den Kindergarten zu einer Bewahranstalt werden lassen, in der umfassendere Erziehungs- und Lernaspekte gegenüber der Pflege der Kinder in den Hintergrund treten.

Mit den dann sich allmählich durchsetzenden Theorien der Psychoanalyse Sigmund Freuds (1856–1939) – insbesondere der Idee eines austarierenden, nicht verdrängenden Umgangs mit Begierden und Wünschen – sollen auch Kindergartenkinder einen nicht zur Neurose führenden Triebverzicht erlernen: Sie sollen im Kindergarten lernen, sich an die potentiell versagende Realität anzupassen, sich von ihren zu starken Elternbindungen zu lösen und sie sollen dort auch die Defizite der familiären Erziehung ausgleichen. Um diese Lernziele zu erreichen, setzt eine psychoanalytische Pädagogik (z. B. Anna Freud, Nelly Wolffheim) auf eine Pädagogik der Liebe, des Taktes und der Stärkung des Selbstbewusstseins, um so die notwendigen Einschränkungen durch eine positive

Übertragung zwischen Kindern und Erzieherinnen zu vermitteln. Im Umgang mit den Gleichaltrigen und den sich in diesen Beziehungen ergebenden Identifizierungsprozessen sollen die Kleinkinder ihre sexuellen und aggressiven Konflikte besser ausagieren und schneller überwinden lassen.

Mit der Pädagogik Maria Montessoris (1870–1952) geht (wiederum wie bei Fröbel) eine Konzentration auf das kindliche Spielen einher[64], in dem sich Lernen als Entwicklung aufgrund eines vorgegebenen Bauplans der Seele in so genannten Phasen der Polarisation der Aufmerksamkeit vollzieht. Zur Veranschaulichung dieser These des Lernens als Entwicklung soll hier eine oft zitierte Beobachtung von Maria Montessori (1992, S. 124) dienen:

»Die erste Erscheinung, die meine Aufmerksamkeit auf sich zog, zeigte sich bei einem dreijährigen Mädchen, das damit beschäftigt war, die Serie unserer Holzzylinder in die entsprechenden Öffnungen zu stecken und wieder herauszunehmen. Diese Zylinder ähneln Flaschenkorken, nur haben sie genau abgestufte Größen, und jedem von ihnen entspricht eine passende Öffnung in einem Block. Ich erstaunte, als ich ein so kleines Kind eine Übung wieder und wieder mit tiefem Interesse wiederholen sah. Dabei war keinerlei Fortschritt in der Schnelligkeit und Genauigkeit der Ausführung feststellbar. Alles ging in einer Art unablässiger gleichmäßiger Bewegung vor sich. [...] Auch wollte ich feststellen, bis zu welchem Punkt die eigentliche Konzentration der Kleinen gehe, und ich ersuchte daher die Lehrer, alle übrigen Kinder singen und herumlaufen zu lassen. Das geschah auch, ohne daß das kleine Mädchen sich in seiner Tätigkeit hätte stören lassen. Darauf ergriff ich vorsichtig das Sesselchen, auf dem die Kleine saß, und stellte es mitsamt dem Kinde auf einen Tisch. Die Kleine hatte mit rascher Bewegung ihre Zylinder an sich genommen und machte nun, das Material auf den Knien, ihre Übung unbeirrt weiter. Seit ich zu zählen begonnen hatte, hatte die Kleine ihre Übung zweiundvierzigmal wiederholt. Jetzt hielt sie inne, so als erwachte sie aus einem Traum, und lächelte mit dem Ausdruck eines glücklichen Menschen.«

Die Lehrerin soll nur dann eingreifen, wenn die Lernprozesse (=Entwicklungsprozesse) in irgendeiner Form gestört sind, was sich daran festmachen lässt, dass das so genannte Montessori-Material nicht in der vorgesehenen Weise von den Kindern benutzt wird.

Mit der Machtübernahme der Nationalsozialisten halten charakterliche und körperliche Lernziele (»kerngesunde Körper«) und mit ihnen verstärkt Turnen, Gymnastik und Freilufterziehung, oftmals in Formen von Konkurrenzveranstaltungen und Wettbewerben, auch im Kindergarten Einzug. Gelernt werden sollen: absoluter Gehorsam (gegenüber dem Führer), Unterordnung, Friedfertigkeit, Dankbarkeit, Rassebewusstsein, Furchtlosigkeit, Abhärtung – oder bei den kleinen Mädchen Vorbereitung auf die Mutterschaft. Leitend bleibt dabei die Wehrertüchtigung schon im frühesten Alter. Der

---

64 Das kindliche Spiel versteht Montessori als Arbeiten, um ihren erwachsenen Lesern den Ernst der Aufgabe des Erwachsenwerdens für die Kinder deutlich zu machen. Allerdings führt diese Perspektive u. a. dazu, dass Montessori annimmt, dass das »normale« Kind nicht nur nicht spielt, sondern sich gleich wie ein »richtiger« Erwachsener benimmt.

Reichsjugendführer Baldur von Schirach bringt diesen Gedanken implizit auf den Punkt, wenn er äußert: »Mit ›Kinder‹ bezeichnen wir die nichtuniformierten Wesen niederer Altersstufen, die noch nie einen Heimatabend oder einen Ausmarsch mitgemacht haben« (zit. nach Aden-Grossmann 2002, S. 119).

Im Nachkriegsdeutschland tritt die Idee von Fröbel und Montessori wieder in den Mittelpunkt – die Entwicklung und das Lernen des Kindes durch endogen gesteuerte Schritte, die wiederum auf eine optimale Lernumgebung, d. h. auf Spielpflege abheben. Grundlegende Fähigkeiten und Verhaltensweisen, auf die die Schule aufbauen kann, sollen sich durch spontane Reifung und Entwicklung ergeben. Zu verhindern sind Frühreife und ausbleibende Reife. In dieser Perspektive wird die den Kindern attestierte Individualität und Spontaneität in ein enges gemeinschaftliches und disziplinierendes Konzept gepresst. Zudem wird mit der Rezeption der (angloamerikanischen) Sozialisationsforschung »erkannt«, dass die Lernmöglichkeiten in der Familie, d. h. das Erlernen von bestimmten Rollen und Verhaltensmustern – und damit das Kennenlernen von Einstellungsalternativen – durchaus beschränkt sind. Diese Einstellungs- und Verhaltensweisen werden jetzt kollektiv im Kindergarten eingefordert.

Leben lernen in Einrichtungen der frühen Kindheit

Die mit der Anti-Autoritären Erziehungsdebatte und den Kinderläden in den sechziger Jahren verbundenen Ideen des schöpferischen Kindes, der Demokratisierung und neuer Formen selbstbestimmter Kollektivität, der Emanzipation der Arbeiterkinder und des proletarischen Klassenkampfes fokussieren dann auch bei den Kleinen das politische und das spontane Lernen. Da aber der politischen Erfahrung der Kinder, die als Ausgangspunkte für dieses Lernen betrachtet wurden, enge Grenzen gesetzt sind, da spontane Lernprozesse keine langfristigen pädagogischen Planungen zulassen, da kaum beobachtbar war, welche Lernprozesse die Kinder in den Kindergärten vollzogen haben und da die Arbeiterkinder selbst sich kaum in diesen Einrichtungen wiederfanden, geriet diese pädagogische Konzeption bald in die Kritik. Dieser pädagogische Ansatz, der, von den Erfahrungen der Kinder ausgehend, soziales, emanzipatorisches und kompensatorisches Lernen ermöglichen sollte, ließ eine optimale Organisation von Lernprozessen insofern nicht zu, weil systematisches (sozusagen verschultes) Lernen von Anfang an abgelehnt wurde. Erst die anschließende Reform zielte darauf ab, den Kindern nicht nur ein unbeschwertes Zusammenleben zu ermöglichen und die Entfaltung ihrer Möglichkeiten und ihrer spontanen Kreativität zu fördern und sozial bedingte Defizite zu beheben, sondern auch Begabungen frühzeitig zu erkennen und systematisch in Bezug auf Orientierungs- und Konzentrationsfähigkeiten, Wahrnehmungs- und motorische Fähigkeiten sowie begriffliche und sprachliche Fähigkeiten zu entwickeln: »Dabei geht man von der Vorstellung aus, dass das schulische Lernen als der Beginn eines Kontinuums geplanter Lernprozesse konzipiert werden soll« (ebd., S. 184).

Obwohl schon vor dem ersten Weltkrieg von Rudolf Steiner (1861–1925) entworfen, bekommt die so genannte »Waldorfpädagogik« bzw. bekommen die Waldorfkindergärten erst in den siebziger Jahren für viele Eltern eine enorme Anziehungskraft: als eine Pädagogik vom Kinde aus, die auf ganzheitliche Menschenbildung, auf Leib, Seele und Geist abzielt. Lernprozesse betonen in diesem Sinne die Kräfte der Imagination, der Inspiration und Intuition, zielen auf die Hingabe an die Natur und auf das Spiel als Nachahmung alltäglicher Ereignisse, fokussieren einen experimentellen und zweckfreien, künstlerischen und sinnlichen Umgang mit den (Lehr-)Gegenständen und versuchen das soziale Engagement als Vorbereitung auf das Leben zu fördern. Intellektuelles Lernen ist bis zum siebten Lebensalter als verfrüht abzulehnen, geht man doch davon aus, dass das Lernen in dieser Zeit durch (körperliches) Nachahmen bestimmt wird. Intendiert ist eine möglichst umfassende Teilhabe am alltäglichen Leben, die ein Leben-Lernen von Anfang an möglich macht. So sollen folgende Tätigkeiten im Kindergartenplan einen Platz finden: »*Häusliche Arbeiten*, wie Kochen, Backen, Spülen, Waschen, Bügeln, Fegen, Wischen, Blumenpflege. *Spielzeugherstellung und -pflege*: Dazu gehören unter anderem Sägen, Raspeln, Schnitzen, Leimen, Reparaturen jeder Art, Nähen, Stopfen. *Gartenarbeit*: Graben, Säen, Pflanzen, Gießen, Jäten, Mähen, Ernten. Hinzu kommen Erlebnisse auf Spaziergängen, z. B. Müllautos, Straßenbauer, Holzfäller, Kaminfeger, die Frau in der Heißmangelstube, die Arbeiter in der benachbarten Gärtnerei« (Jaffe, zit. nach ebd., S. 157). Im Zentrum der Pädagogik des Waldorfkindergartens steht das produktive, problemlösende Leben-Lernen, das durch die Sinnlichkeit und die Phantasie des Kindes ermöglicht wird.[65]

Neuere Konzeptionen

Mitte der siebziger Jahre rücken dann drei bis heute prominente Ansätze der Kindergartenpädagogik in den Mittelpunkt: der funktionsorientierte Ansatz, das wissenschaftsorientierte Curriculum und der Situationsansatz. Der *funktionsorientierte* Ansatz ist im Kern ein Qualifikationsansatz, der mittels Trainings- und Übungsprogrammen eine Verbesserung der kindlichen Leistungen und Fähigkeiten in verschiedenen Persönlichkeitsbereichen sowie eine Förderung benachteiligter Kinder vorantreiben will. Doch weder haben sich durch diese Programme die Erwartungen bestätigt, dass unterprivilegierte Kinder durch ein stimulierendes Milieu zu besseren Leistungen imstande wären, noch ließ sich auf Dauer die mangelnde Berücksichtigung selbstbestimmten, spielerischen Lernens in den Kindergärten durchsetzen.

Die Programmatik des *wissenschaftlichen* Curriculums des Kindergartens rekurriert auf basale, grundlegende Begrifflichkeiten, die in einführender Weise vermittelt werden sollen. Im durchgehenden methodischen Zugang des Spiels sollen allgemeine Lern- und Aktivitätsfelder wie Leben in sozialen Bezügen, Gespräch, Spielen oder auch spezielle Lern- und Aktivitätsfelder wie Natur- und Sachwelt, Mathematik, Musik, Erziehung und Sport vermittelt werden.

---

65 Zum Kindergarten in der DDR und seinen pädagogischen (Lern-)Konzeptionen vgl. Rabe-Kleberg 1997; Aden-Grossmann 2002, S. 248 ff.

Der unbestritten wichtigste Ansatz – neben dem, hierzulande allerdings vergleichsweise weniger umgesetzten Ansatz der Reggiopädagogik (vgl. Göhlich 2005a; s. auch im vorliegenden Band: Kap. 3) – ist der *Situationsansatz*, in dem die Lebenssituation für die Kinder real erfahrbar sein soll, so dass sie befähigt werden, in Gegenwart und Zukunft möglichst kompetent und autonom denken und handeln zu können. Wichtig ist dabei eine enge Kooperation zwischen Kindergarten und Gemeinwesen. Hohe Anforderungen an Einsatzbereitschaft, Kooperationsfähigkeit und Kreativität der Kindergärtnerinnen voraussetzend (fehlen doch in aller Regel konkrete methodische und didaktische Hinweise), geht es um das Ziel, den Kindern bei der Bewältigung und Gestaltung gegenwärtiger wie zukünftiger Situationen zu helfen: Die Stärkung des Selbstbewusstseins sowie Kenntnisse über Umwelt und Kooperation und Kommunikation in der Gemeinschaft sollen dabei gelernt werden; hinzu kommen in jüngster Zeit die interkulturelle Kompetenz, die Akzeptanz fremder Kulturen, Vorurteilsfreiheit und das Handeln in multikulturellen Situationen und Institutionen.

Zusammenfassend lässt sich festhalten, dass der Kindergarten sich in seiner nunmehr zweihundertjährigen Geschichte von einer Bewahranstalt zu einer Lern- und Bildungseinrichtung entwickelt hat, in der sich die Erziehungs-, Betreuungs-, Bildungs- und Entwicklungsaufträge gleichrangig nebeneinander wiederfinden. Von einem eigentlichen Lernauftrag ist in der Moderne – mit Ausnahme der oben skizzierten jüngeren Debatte – immer weniger die Rede, obgleich man weiß, dass zentrale Grundlagen für Lernmotivation, Lernfähigkeiten und Lernerfolge in der Kindheit gelegt werden. In diesem Sinne soll abschließend Renate Thiersch zitiert werden (nach ebd., S. 319): »Natürlich wird über das Lernen im Kindergarten intern heftig diskutiert, allerdings unter einem ganz anderen Titel: Es geht um verschiedene methodische Ansätze. [...] Der Begriff Lernen wird dabei fast verschämt behandelt, so als sei Lernen überhaupt nicht Thema des Kindergartens – aber das ist ein Irrtum. [...] Kinder brauchen Lust auf Lernen, Lust auf Erfahrungen, auf Nachdenken, auf Aushandlungen unterschiedlicher Ansichten. [...] Kinder brauchen Anregungen und Räume zur Entfaltung ihrer Fähigkeiten, und zwar ihrem Alter entsprechend Spielräume, die natürlich auch Lernräume sind.« Es ist zu vermuten und deutet sich z. T. bereits an, dass die Lerndiskussion in den nächsten Jahren zu erheblichen Veränderungen der pädagogischen Einrichtungen der frühen Kindheit führt.

Schule

Wenn vom Lernen die Rede ist, liegt der Gedanke an die Schule besonders nahe. Die Schule ist seit Jahrhunderten die gesellschaftliche Einrichtung, die als Stätte des Lernens schlechthin gilt. Schon als Sechsjährige bekommen wir vor und bei der Einschulung zu hören, dass wir nun in die Schule kommen, wo wir etwas bzw. vieles lernen können. Das Lernen wird, so könnte man sagen, biographisch erst durch die Beteiligung an der Schule zum großen Thema. Von der Schule aus und auf die Schule bezogen rankt sich das

Thema Lernen dann durch den familiären und auch durch den kinder- bzw. jugendkulturellen Alltag. Die enge diskursive Verzahnung von Schule und Lernen ist problematisch, führt sie doch in der Praxis unter Umständen über negative Schul- und Unterrichtserfahrungen zur grundsätzlichen Ablehnung des Lernens. Pädagogisch gilt es dementsprechend, die Schule als Institution bzw. Organisation sorgfältig zu reflektieren und sich die Schulkritik, aber auch den Wert der Schule, das Ideal der Schule als Lebensort und Haus des Lernens sowie die Schulentwicklung vor Augen zu führen.

Schule als Institution bzw. Organisation des Lernens

Die im engeren Sinne erst im 20. Jahrhundert einsetzende – die bis dahin vorliegenden, von Schulgründern resp. Praktikern formulierten Konzeptionen von Schule theoretisch und/oder empirisch überschreitende – Schultheorie fasst die Schule als Institution. Das Lernen rückt aus dieser Sicht zunächst in der Hintergrund, wo die Schultheorie nach allen möglichen Funktionen der Schule für die Gesellschaft fragt und insbesondere drei solcher Funktionen ausmacht: Qualifikation, Selektion, Integration (Fend 1980), eine bis heute in Lehrbüchern viel zitierte und repetierte Ausdifferenzierung, deren gelegentliche Ergänzung (z. B. Kulturüberlieferung, vgl. Klafki 1989; Personalisation, vgl. Wiater 2002) nicht die Präzision und Kraft der Ausgangsthese erreicht.

Die erstgenannte Funktion, die Qualifikation, wird noch am ehesten mit Lernen – wenn auch nicht vom Lernenden, sondern vom Unterrichtenden und von der den Unterricht vorhaltenden Gesellschaft her gedacht – verbunden. In dieser Hinsicht erscheint Lernen allerdings nur bei gesellschaftlicher Nützlichkeit des Gelernten als bedeutsam. Schule ist dann die Institution, in der sich Menschen, indem sie lernen, für den Arbeitsmarkt der Gesellschaft qualifizieren.

Dass die Qualifikation aufgrund der buchorientierten Tradition der Schule bis heute überwiegend in Form von Wissen-Lernen und kaum in Form von Können-Lernen erfolgt, wurde lange Zeit verdeckt von der Selektionsfunktion (euphemistisch: Allokationsfunktion) der Schule. Der Arbeitsmarkt orientierte und orientiert sich vielfach immer noch an der in Form des Abschlusszertifikates (Abitur, mittlere Reife, Hauptschulabschluss) erworbenen Qualifikation. So konnte und kann die Schule ihre Buch- und Wissensorientierung immer weiterführen, da es der Schule überlassen ist, wie die in ihr Lernenden das abschließende – ihnen ggf. den Eintritt in eine »höhere« Schule und letztlich in bestimmte Berufe, wir sind geneigt zu schreiben: Berufsstände, ermöglichende oder eben versperrende – Zertifikat erlangen. Die PISA-Studie (Baumert u. a. 2001) und die mit ihr verbundene Debatte haben daran wenig geändert, haben dieses Problem möglicherweise sogar eher vergrößert, sind doch die als bildungspolitische Konsequenz eingeführten permanenten Tests und die so genannte Output-Steuerung im Grunde nichts als eine Vorverlagerung und Vervielfältigung der bislang nur am Ende durchgeführten Leistungstests. Die Institution Schule verleiht also unterschiedliche Zutrittsberechtigungen zur (mehr oder weniger »feinen«) Gesellschaft.

Schließlich wird der Schule auch die Funktion der Integration (Legitimation) zugeschrieben. Damit sind zunächst nicht hehre Ideale wie die Integration von Migranten oder von Menschen mit Behinderungen gemeint, sondern die Integration des einzelnen Schülers in die Gesellschaft. Der Schüler lernt in der Schule und durch sie, dass alles so ist wie es ist und er sich da hinein zu finden hat.

Schulkritik

Hatten die strukturfunktionalen Schultheoretiker der 1950er und 1960er Jahre die von ihnen erkannten Funktionen noch als zu begrüßende Tatsache konstatiert, so entzündete sich an ihnen Ende der 1960er eine heftige, bis in die 1980er Jahre anhaltende und bis heute nachwirkende Schulkritik.

In Form von mehr oder weniger neo-marxistisch argumentierender Schultheorie richtet sich die Kritik gegen die Selektionsmechanismen, mittels derer die Schule die (Lern- bzw. Bildungs-)Chancen eines bestimmten, sozioökonomisch und soziokulturell bestimmbaren Teils (Klasse, Schicht, Milieu) der Bevölkerung nachweislich schwächt (vgl. Rolff 1967; Bourdieu/Passeron 1971; neuerlich bestätigt durch die PISA-Befunde, vgl. Baumert u. a. 2001). In Form interaktionistischer Schultheorie richtet sie sich gegen den heimlichen Lehrplan (vgl. Jackson 1968; Zinnecker 1975) und die Stigmatisierung Abweichender (vgl. Brumlik/Holtappels 1987; Wellendorf 1973) und die mit beidem verbundene, den gesellschaftlichen Status Quo erhaltende Sozialisation der Schüler durch die Schule.

Neben dieser wissenschaftlichen, v. a. soziologisch ausgerichteten Schulkritik – und im Ton noch schärfer – ist die zeitgleich zu beobachtende bildungspolitische und nicht zuletzt pädagogisch argumentierende Kritik, die auf eine Entschulung der Gesellschaft zielt (vgl. Illich 1983), zu nennen. Kritisiert werden insbesondere der Zwangscharakter von Schule, der mit ihrem staatlich verbrieften Monopol als Lernort (für Kinder und Jugendliche) einhergeht, die Fremdbestimmung des Lernens in der Schule, deren anti-demokratische Binnenstruktur sowie die lebensweltliche Irrelevanz des in der Schule Gelernten. Exemplarisch sei dafür eine Schilderung des entschiedenen Schulkritikers George Dennison wiedergegeben. José, ein zwölfjähriger Analphabet, mit dem Dennison in New York arbeitete, »konnte zum Beispiel nicht glauben, dass alles, was in Büchern stand oder in Klassenzimmern gesagt wurde, sein rechtmäßiges Eigentum war oder auch nur zu der Welt im Allgemeinen gehörte, so wie Bäume und Laternenpfähle ganz einfach zu der Welt gehören, in der wir alle leben. Er glaubte dagegen, dass Dinge, mit denen man es in der Schule zu tun hatte, irgendwie zur Schule gehörten [...] Es war ihm nie deutlich gemacht worden, dass er an ihnen teilhaben konnte, sondern vielmehr, dass er an ihnen gemessen und für zu leicht befunden würde. Außerdem sah er keinerlei Verbindung zwischen der Schule und seinem Leben zu Hause und auf den Straßen. [...] Eines Tages blätterten wir ein Bilderbuch über die Pilgerväter durch. José verstand, dass sie den Atlantik überquert hatten, doch irgendetwas an der Art, wie er das sagte, ließ mich an seinem Verständnis zweifeln. Ich fragte ihn, wo der Atlantik sei. Ich dachte, er würde vielleicht aus dem Fenster zeigen, da die Küste nicht weit entfernt war. Doch sein Gesicht nahm einen niedergeschlagenen Ausdruck an, und er fragte mich leise: ›Wo?‹ Ich fragte ihn, ob er jemals in Coney Island schwimmen gewesen sei. Er sagte: ›Klar,

Mann!‹ Ich sagte ihm, dort sei er im Atlantik geschwommen, in eben dem Ozean, den die Pilgerväter überquert hätten. Die Freude hellte sein Gesicht auf und er warf den Kopf zurück und lachte. Es war ein befreiender Klang in seinem Gelächter. Er hatte offensichtlich mehr als nur Information gewonnen. Er hatte etwas entdeckt. Er und der Atlantik gehörten derselben Welt an! Die Pilgerväter waren Teil seines tatsächlichen Lebens« (Dennison, zit. nach Holt 1999, S. 33 f.).

Wert der Schule

Die Schulkritik führt zu Versuchen, das Lernen in der alltäglichen Welt des Lernenden zu würdigen und dort zu fördern zu suchen. Exemplarisch ist hier etwa das US-amerikanische City-As-School-Modell zu nennen, das hierzulande in der Stadt-als-Schule Berlin realisiert wird. Zu nennen ist auch das Konzept des informellen Lernens, das – zum Teil über die Dritte-Welt-Pädagogik bzw. Freires Befreiungspädagogik – heute insbesondere im Bereich der beruflichen Bildung Beachtung findet (vgl. Dehnbostel 2005; Overwien 2007). Dass dort versucht wird, informelles Lernen mittels Portfolios zu fassen (vgl. Kellner 2005), zeigt die Schwierigkeiten einer nicht-formalisierten gesellschaftlichen Organisation von Lernunterstützung.

Zum anderen führen die Schulkritik und das Postulat der Entschulung keineswegs nur zum Konzept des informellen Lernens im Alltag, sondern auch immer wieder zu Gründungen von Gegenschulen, Freien Schulen, Alternativschulen, d. h. zu Versuchen, die Schule an sich als gesellschaftliche Organisation des Lernens zu erhalten, ihr jedoch eine neue Form zu geben (vgl. Göhlich 1997, S. 127 ff.). Tatsächlich hat die Schule, abgesehen davon, dass sie für die Gesellschaft offenkundig die ökonomisch tragfähigste Form der Organisation von Lernen bietet, eine Reihe von Vorteilen sowohl gegenüber der Informalität einer alltäglichen Lerngelegenheit (die nicht ohne weiteres und auf Dauer sichergestellt werden kann) als auch gegenüber der Individualität einer Hofmeistererziehung bzw. eines Hausunterrichts durch die Eltern (dem die Chance der Schule als Gesellschaft im Kleinen entgeht).

Schon Quintilian, der Rhetoriklehrer im alten Rom, wies auf diesen Wert der Schule hin. Der Geist des jungen Menschen würde, wenn er zu Hause unterrichtet würde, einerseits ermatten und einrosten und andererseits von eitlem Eigendünkel aufgeblasen. »[…] wie wäre es auch anders möglich, da der, welcher sich mit niemandem vergleicht, zu viel auf sich selbst hält […]« (Quintilian 1970, S. 38). Der erste Wert der Schule, auf den Quintilian hinweist, ist also, dass sie dem Lernenden vielfältigere Anregungen und genauere Bilder von sich selbst als Wissendem und Könnendem zur Verfügung stellt als etwa der familiäre Kontext.

Der zweite Wert liegt in der Herstellung einer unter Umständen lebenslang haltenden Gemeinschaft durch die Schule. Die Schule stiftet »Freundschaftsbündnisse, welche bis zum Greisenalter von festester Dauer sind und durch das Band einer höheren Weihe zusammengehalten werden. Denn es ist ebenso heilig, in dieselben Studien als in denselben Gottesdienst eingeweiht zu werden« (ebd.). Auch wenn uns die Vorstellung der Heiligkeit des Studierens heute abgehen mag, ist angesichts der bis heute praktizierten

Klassen- und Schultreffen ehemaliger Mitschüler/innen die Stiftung von – wenn nicht durchweg Freundschaftsbündnissen, so doch zumindest – Verbindungen durch die Schule nicht zu leugnen.

Als weiterer Pluspunkt wird schon von Quintilian die Ermöglichung des mimetischen und des informellen Lernens durch die Schule selbst angedeutet. Zuhause könne man nämlich nur das lernen, was an einen selbst, in der Schule »auch das, was an Andere gerichtet wird« (ebd., S. 39). So bietet der schulische Unterricht Lerngelegenheiten auch über die im engeren Sinne intentionale Lehrer-Schüler-Interaktion hinaus.

Ideale Schule: Lebensort, Erfahrungsraum und Haus des Lernens

Wie die Schulkritik der Geschichte der Schule inhärent ist und zu Recht und notwendigerweise immer wieder anschwillt, so ist der Geschichte der Schule auch der Entwurf von idealen Schulen eigen. Wer die oben dargelegte Schulkritik ernst nimmt und dennoch, sei es aus dem referierten Wert der Schule oder aus anderen Gründen, für die Einrichtung von Schule plädiert, zielt auf eine Schule, die Lebensort, Erfahrungsraum und Haus des Lernens ist.

Schule als Haus des Lernens, so formuliert es etwa die Bildungskommission NRW (1995, S. 86) in ihrem Gutachten zur Schule der Zukunft,

»ist ein Ort, an dem alle willkommen sind, die Lehrenden wie die Lernenden in ihrer Individualität angenommen werden, die persönliche Eigenart in der Gestaltung von Schule ihren Platz findet,

ist ein Ort, an dem Zeit gegeben wird zum Wachsen, gegenseitige Rücksichtnahme und Respekt vor einander gepflegt werden,

ist ein Ort, dessen Räume einladen zum Verweilen, dessen Angebote und Herausforderungen zum Lernen, zur selbsttätigen Auseinandersetzung locken,

ist ein Ort, an dem Umwege und Fehler erlaubt sind und Bewertungen als Feedback hilfreiche Orientierung geben,

ist ein Ort, wo intensiv gearbeitet wird und die Freude am eigenen Lernen wachsen kann,

ist ein Ort, an dem Lernen ansteckend wirkt.«

Die Schule – respektive die an Schule Beteiligten, zuvorderst die professionell in ihr Tätigen – muss es mit den lebendigen, lebensweltlichen und Lebensfragen der Schüler aufnehmen, bevor sie ihr Lernen anregen und zur Lösung ihrer ggf. auftretenden Lernprobleme beitragen kann. Der Aufenthaltsort, der die Schule für einen Großteil der Lebenszeit der Kinder und Jugendlichen ist, muss ihnen auch ein Lebensort sein können, an dem das Leben lebenswert ist. »Und wenn er Lebensort ist, dann muß man in ihm nicht nur wirklich leben können, sondern auch die wichtigsten Lebenserfahrungen machen – mit den Schwierigkeiten und Versprechungen, die unsere Gesellschaft für uns bereithält«, schreibt Hartmut von Hentig und fährt mit einer Bemerkung fort, die wir unterstreichen wollen: »Zur Schule wird man jedoch nur kommen, wenn sie weiterhin auch deutlich ein Lernort ist« (Hentig 1993, S. 191).

Die Institutionalisierung des Lernens erscheint damit als heikle Aufgabe. Schon um der Identität der Lernenden und der Authentizität des Lernens willen muss Leben, Alltag, Informelles in der Schule willkommen sein und von ihr gepflegt werden. Andererseits wird sie nur Bestand haben, wenn sie sich unterscheidet vom sonstigen alltäglichen Leben. Der Unterschied, der hier den Unterschied macht (vgl. Bateson 1985, S. 274), ist die permanente Vorhaltung – und damit notwendigerweise bis zu einem gewissen Grade auch Standardisierung und Kanonisierung – von Lerngegenständen, Lernzeit sowie, last not least, Menschen, welche der Gegenstände und möglicher Perspektiven auf sie, Zugangsweisen zu ihnen und Umgangsweisen mit ihnen kundig und für die Besonderheiten der Lernenden, ihre Lebensfragen wie ihre Zugänge zu den Gegenständen sensibilisiert und offen sind.

Schulentwicklung

Nun weist Jürgen Oelkers (1997b, S. 785) zu Recht darauf hin, dass Schule sich zwar beliebig kritisieren, aber nicht beliebig verändern lässt. Ihre »Grammatik« (vgl. Tyack/ Tobin 1994) steht der Veränderung entgegen. Offenbar, so Oelkers (1997b, S. 786), »ist das Schulsystem eher der interessierte Beobachter als wirklich der Adressat dieser Kritik, wenigstens erfolgt der Wandel langsamer als alle Prognosen, geht andere als die vorgeschlagenen Wege und ist doch nicht erfolglos«. Die letzte Bemerkung erscheint uns wichtig. Bei allem Beharren auf dem Status Quo gibt es doch Bewegung.

Zu dieser Bewegung tragen die Debatten und ausdrücklichen Bemühungen um Schulentwicklung bei. Zum Teil reflektiert der Schulentwicklungsdiskurs auch die angesprochene Komplexität einer Entwicklung der Schule zu einem lernförderlichen Lebensort. In der Praxis vorherrschend sind allerdings Schulentwicklungskonzepte, die diese Komplexität stark reduzieren und auf lineare Planbarkeit und Machbarkeit von Schulentwicklung setzen. Schulentwicklung wird als »Programmplanung« (Rolff 1993, S. 160) vorgestellt. Wenn nur ein Leitbild sowie die Ist-Soll-Differenz, also die Differenz von Anspruch und Wirklichkeit, präzise genug benannt werden, muss nur noch eine zu installierende Steuergruppe die Abarbeitung der erkannten Differenz sicherstellen. In diesem Konzept eines Institutionellen Schulentwicklungsprozesses (vgl. Dalin u. a. 1996) wird sozialreformerische Motivik in eine Vision organisationaler Technologie überführt. Letztlich liegen dem ISP-Modell fünf Annahmen zugrunde: 1. dass Schulentwicklung in Bedürfnisbefriedigung gründet; 2. dass die Bedürfnisse (mittels eines skalierten Fragebogens) verbalisiert und gemessen werden können; 3. dass die Bedürfnisse rational-planerisch in Handlungsziele überführt werden können; 4. dass Handlungsziele das Handeln leiten; 5. dass dieses Handeln dann die Schule entwickelt.

Die hier zu erkennende grundlegende Vorstellung eines auf Zweckrationalität gründenden Handelns ist allerdings durch die neuere Handlungs- und Organisationstheorie längst fragwürdig geworden. In der Regel verlaufen weder Handlungsentscheidungen noch Handlungsvollzüge linear oder folgen gar strikt einer Vorabplanung. Dennoch haben in der Schulentwicklungspraxis Modelle großen Zulauf, die die instrumentelle

Simplifizierung und Technologisierung noch entschieden weiter treiben als das ISP-Modell. Zu nennen ist hier zuvorderst Klipperts Vorstellung vom »Haus des Lernens« bzw. der Entwicklung der Schule zu einem solchen, die im Kern aus vorgefertigten Trainingsbausteinen zum Erwerb von Methoden- und Sozialkompetenz sowie der Fähigkeit zum eigenverantwortlichen Arbeiten besteht (vgl. Klippert 2000).

Uns hingegen erscheint es, so sehr auch wir uns eine Schule im Sinne einer lebendigen, lernunterstützenden Einrichtung wünschen und entsprechende Ansätze in jeder Schule begrüßen, sinnvoller, die einzelschulische Praxis als komplexe, spannungsreiche, aber auch stets bereits in Bewegung befindliche kulturelle Wirklichkeit anzuerkennen und ihr ggf. durch Rückspiegelung der bereits in ihr stattfindenden Bewegung Entwicklungsmöglichkeiten aufzuzeigen. Wir verstehen Schulentwicklung als *mustermimetischen Prozess* (vgl. Göhlich 2005b, 2005c). Aus dieser Sicht wird die jeweilige Schulkultur als Spiel fein gestalteter Wiederholungen bestimmter Muster sichtbar, wobei deren feine Gestaltung ein kreatives Potential birgt, das einerseits dem einzelnen schulischen Akteur die Mitwirkung an der schulischen Wirklichkeit – und damit nicht zuletzt individuelles Lernen – und andererseits der einzelnen Schule institutionelles bzw. organisationales Lernen, d. h. spezifischen Wandel hin zu einem lebendigen Haus des Lernens, ermöglicht.

Betrieb

So alt die Institution »Betrieb« ist, gehört sie doch nicht zu den Einrichtungen, denen von Beginn an die Aufmerksamkeit der Pädagogik resp. Erziehungswissenschaft gilt. Zwar finden sich in der Geschichte der Pädagogik relativ früh ausdrücklich produktions- und ökonomieorientierte Schulen wie etwa die Göttinger Industrieschule des späten 18. Jahrhunderts, aber dabei handelt es sich eben primär um Schulen und nicht um Betriebe. Im Zuge der gymnasialen Verortung des Bildungsbegriffs erscheint im 19. Jahrhundert der Betrieb weniger denn je als pädagogischer Ort denkbar. Das zuvor verbreitete Ineinander von elementarer, gymnasialer und beruflicher Bildung wird mit dem Niedergang des Zunftwesens – incl. z. B. der Zunft der Rechenmeister – nicht nur praktisch aufgegeben, sondern auch nicht historisch-reflexiv von der pädagogischen Wissenschaft als Erkenntnischance genutzt. Die – nicht nur von Humboldt vertretene, aber mit ihm pädagogikhistorisch eng verbundene – strikt konsekutive Anordnung von Allgemein- und Berufsbildung und die, mit ihr und der Selektionsfunktion des allgemeinbildenden Schulwesens verbundene, entschiedene Höherschätzung der Allgemeinbildung tragen zur Missachtung nicht-akademischer Berufe und ihrer Arbeitsstätten durch die Pädagogik bei. Erst die Arbeitsschulbewegung in der reformpädagogischen Zeit des frühen 20. Jahrhunderts bringt zumindest in das Verhältnis von Pädagogik und Beruf einige Bewegung. Der Betrieb bleibt der Pädagogik aber auch nach Gründung der Berufsschule und der damit einhergehenden allmählichen Ausbildung einer Berufspädagogik fremd.

Entdeckung des Betriebs als Lernort

Erst in den 1970er Jahren, ausgerechnet in einer Zeit also, in der sich die Kritik am Betrieb als Ort der Ausbeutung neu formiert, wird der Betrieb – auch – berufspädagogisch als »Lernort« entdeckt. Mit Einführung des Lernort-Konzepts (Deutscher Bildungsrat 1974, S. 69), das Lernen nicht nur zeitlich, sondern auch lokal gliedert, werden (Berufs-)Schule, Lehrwerkstatt, Studio und eben auch der Betrieb als in ihrer pädagogischen Funktion unterscheidbare Orte begriffen.

Auch dann noch ist der Betrieb zunächst nur indirekt – nämlich über die Thematisierung des Berufs bzw. der beruflichen Aus- und Weiterbildung – Gegenstand der Pädagogik. Dies ist darin begründet, dass die Pädagogik – als Disziplin selbst erst mit dem aufkommenden öffentlichen, staatlich verfassten Interesse an Erziehung, Bildung und Lernen entstanden – die Unterscheidung zwischen öffentlicher und privater Sphäre voraussetzt, der Betrieb als eine Form einzelwirtschaftlichen Handelns jedoch der Privatsphäre zugerechnet wird. Dementsprechend interessiert sich die Pädagogik zunächst nicht für den Betrieb, sondern für die Herstellung und Gestaltung öffentlicher Räume, denen die Aufgabe zugeschrieben wird, die Partikularität der Normen und Standards des Betriebs auszugleichen. »Die klassische [...] [*pädagogische; die Verf.*] [...] Bezugnahme auf den Betrieb ging deshalb von der Berufsausbildung aus und richtete sich auf die erzieherische Gestaltung des Jugendzyklus. Der pädagogische Gehalt der Arbeit wurde vor allem im Beruf gesehen. Diese vor allem für die Zeit des Kaiserreiches vor und nach der Jahrhundertwende [...] und dann noch einmal am Ende der sechziger Jahre typische Fokussierung des Berufs hat mittlerweile längst an Bedeutung verloren« (Harney 2002, S. 190).

Seit den 1980er Jahren – mit dem rapiden Bedeutungsgewinn der Personal- und Organisationsentwicklung – wird der Betrieb von der Pädagogik auch selbst als Gegenstand und als mögliches Einsatzfeld ausgebildeter Pädagogen und Pädagoginnen wahrgenommen (vgl. ebd., S. 187).

Aufgaben des Betriebs als Lernort

Der oben dargelegten Entwicklung der pädagogischen Aufmerksamkeit entsprechend kommt dem Betrieb heute aus pädagogischer Sicht nicht nur, ja nicht einmal mehr grundsätzlich vorrangig, die Aufgabe der beruflichen Ausbildung zu. Zur zentralen Aufgabe wird die Weiterbildung, die nun nicht mehr notwendigerweise als berufliche, sondern eben als betriebliche Weiterbildung erscheint.

Die Rede von Qualifikation und Kompetenzerwerb im Diskurs der betrieblichen Weiterbildung ist vor dem Hintergrund zu betrachten, dass die betriebliche Handlungslogik nicht primär auf persönlichen Kompetenzbegriff, sondern auf ökonomischen Gewinn und einzelwirtschaftliches Überleben zielt. So sehr der Betrieb heute zum Lernort geworden ist, erfolgt die Unterstützung individueller Lernprozesse in und durch ihn stets vor diesem Hintergrund. Dies ist heute ausdrücklich anzumerken, ist doch die ehemals harsche Kritik am Partikularinteresse betrieblichen Handelns längst verstummt und geradezu einer Begeisterung für den Betrieb als Ideal gesellschaftlicher Organisation gewichen.

Das Individuum wird als Betriebsmensch gedacht, als im betrieblichen Rahmen und auf ihn bezogen Lernender vorgestellt. Allerdings, dies stärkt die Position der Pädagogik und der PädagogInnen im Feld der Wirtschaft, wird das individuelle Lernen angesichts der beschleunigt wiederkehrenden technologischen und strukturellen Änderungen im Betrieb andauernd notwendig. Der Betrieb hat sich, wie Harney (ebd., S. 192) treffend bemerkt, »zum Einfallstor für die Pädagogisierung des Lebenslaufs entwickelt«.

Arnold und Gonon warnen gar – in Gegenüberstellung zur Angst vor dem Eindringen ökonomischen Kalküls in die Sphäre des Pädagogischen – vor der Gefahr, »dass weite Bereiche der Wirtschaft und Gesellschaft pädagogisiert werden« (Arnold/Gonon 2006, S. 16). Dabei weisen sie insbesondere auf die mit einer solchen Pädagogisierung drohenden Tendenzen von Verschulung, egalistischem Gerechtigkeitsfuror und Didaktisierung hin. Dies ändert allerdings nichts daran, dass die Pädagogik tatsächlich in ihr zunächst nicht zugeordnete gesellschaftliche Bereiche hineinwächst. Die »Entgrenzung des Pädagogischen« (Lüders u. a. 2000) mag man beklagen oder befürworten, sie ist jedenfalls eine Tatsache. Eine mögliche Erklärung für sie ist, dass die Pädagogik gesellschaftliche Probleme in Lernfragen übersetzt, somit pädagogisch lösbar erscheinen lässt und gesellschaftlich beruhigend wirkt (vgl. Arnold/Gonon 2006, S. 26).

Als Lernort kommt dem Betrieb die Aufgabe zu, die sich mit der (technologischen, strukturellen, organisationalen, ethischen etc.) Änderung der Arbeit bildenden Probleme in Lernfragen, Lernsituationen und Lernangebote zu überführen. Nicht nur neue Techniken, sondern auch Schlüsselqualifikationen wie Teamfähigkeit oder die Fähigkeit der Selbststeuerung sind am Lernort Betrieb zu erwerben. Die Frage ist: Wo und wie kann dies im Betrieb geschehen?

Elemente des Lernorts Betrieb

Der traditionelle Ort des Lernens im Betrieb ist die Lehrwerkstatt. Wie der Name schon sagt, geht die Konzeption dieses Ortes auf die Lehre zurück. Er ist historisch eben keine »Lernwerkstatt« (vgl. Ernst/Wedekind 1993), sondern ein Ort, für den sozusagen ein Lehrplan praktischer Aufgabenstellungen existiert, die von Lehrmeistern und Auszubildenden curricular abgearbeitet werden. In großen Betrieben etwa der Automobilbranche gibt es nach wie vor betriebsinterne Lehrwerkstätten. Auszubildende kleinerer Betriebe können und müssen heute vielerorts auf überbetriebliche Lehrwerkstätten – etwa der Industrie- und Handelskammer – zurückgreifen.

Im Blick auf das uns hier interessierende Phänomen des Lernens ist trotz Lehrplan und Lehrmeister festzuhalten, dass in der Lehrwerkstatt zweifellos gelernt wird. Die Lehre erscheint hier insbesondere als Vorbild und Vormachen, welches vom Lernenden nachgemacht, nachgeahmt wird. Hierbei geht es vor allem um Können-Lernen. Tätigkeiten werden, insbesondere mittels Wiederholung, bis zur Inkorporation und Automatisierung eingeübt.

Ist die Lehrwerkstatt noch ein, wenn auch ggf. zum Betrieb gehörender, berufsbezogener Lernort, so zeigen Inhouse-Schulungen die Verschiebung von der Berufs- zur Betriebsorientierung an. Inhouse-Schulungen werden idealerweise nach den Erfordernissen des jeweiligen Betriebes in Lerninhalt, -ziel und -zeit maßgeschneidert. Dies, wie auch der Begriff »Schulung«, macht deutlich, dass auch hier ein dem Lernenden externer Lehrplan vorgegeben wird.

Dies gilt in der Regel auch für Computer Based Training, d. h. für den innerbetrieblichen Lernort Intranet. Zwar liegt hier die konkrete Lernplanung vergleichsweise stärker beim Auszubildenden bzw. beim sich weiterbildenden Mitarbeiter, die Lernziele werden jedoch weiterhin von den Trainern definiert. Der Vorteil liegt in der Transparenz und der Zugänglichkeit des Lernorts. Bei entsprechend ausgebauter Intranet-Lern- bzw. Informationsplattform können alle Mitarbeiter alle Schulungsangebote auf einen Schlag sehen und selbst bestimmen, wann sie wo und wie lernen. Dennoch handelt es sich bei den Angeboten eben um Schulungen, die einem vorgegebenen, überindividuell standardisierten Curriculum folgen.

Ganz anderes verheißt das Konzept des Lernens am Arbeitsplatz, das in den letzten Jahren enorm an Bedeutung gewonnen hat. Gründe für diesen Bedeutungszuwachs liegen u. a. in der mangelnden zeitlichen Flexibilität herkömmlicher (externer, aber auch interner) Seminare. Die Organisation gemeinsamer Lernzeit wird durch die Flexibilisierung der Arbeitszeiten, Freistellung durch die Intensivierung der Arbeit erschwert. Auch der auf den individuellen Arbeitsplatz spezifizierte, Qualifizierung erschwerende Lehrgangscharakter herkömmlicher Seminare begründet die Wendung vom Seminarlernen zum arbeitsplatznahen Lernen.

Der Arbeitsplatz, der Ort alltäglicher betrieblicher Praxis, soll nun unmittelbar als Lernort genutzt werden. Als Vorteile solchen Lernens gelten die Nähe zur Ernstsituation, die unmittelbare Einsichtigkeit der Relevanz von Arbeitsschritten, die Erfahrung mit Abweichungen von der Lehrbuchnorm und mit Improvisation in unvorhergesehenen Situationen, die Förderung fachübergreifender Qualifikationen wie etwa Kostenbewusstsein, kurz: dass Lernen als Bewältigung von Herausforderungen erscheint. Von Erfahrungslernen am Arbeitsplatz ist die Rede (vgl. Schelten 1995, S. 159).

Damit der Arbeitsplatz für den Mitarbeiter zu einem Erfahrungsraum wird, werden im betriebspädagogischen Diskurs Bedingungen gefordert: Der Mitarbeiter muss auf die informelle Lernphase durch eine formelle vorbereitet und über den gesamten Lernprozess pädagogisch begleitet werden. Der Arbeitsplatz muss besonders geeignet und sicher sein, um ein möglichst effektives und gefahrenreduziertes Arbeiten zu gewährleisten. Die dem Mitarbeiter gestellten Aufgaben müssen Handlungsspielräume aufweisen, um qualifikationsförderlich zu wirken (vgl. Tenberg 2001). In diese Richtung ist etwa das Konzept der Lerninsel angelegt. Die auch im betrieblichen Lerninsel-Umfeld zu bearbeitenden Aufgaben werden in der Lerninsel selbständig, aber mit mehr Zeit sowie unter pädagogisch qualifizierter Begleitung durchgeführt.

In welchem Grade diese Forderungen in der betrieblichen Praxis umgesetzt werden, wäre allerdings noch zu klären. Hier ist durchaus Skepsis angebracht, wird doch in vielen Unternehmen darauf gesetzt, dass sich Lernen bei der Arbeitstätigkeit nebenher einstellt (vgl. Severing 2003, S. 2). Dabei sind der Qualifizierungswirkung der Arbeit enge Grenzen gesetzt: die u. a. mit der Mediatisierung der Produktion gewachsene Komplexität und Abstraktion der Arbeit; die mit der Verdichtung der Arbeit fehlenden (Lern-)Zeitnischen; die Nach- und Unterordnung des Lernens und der für Lernen notwendigen Komplexitätsreduktion und die Verlangsamung hinter bzw. unter die Erledigung aktueller Arbeitsaufgaben (vgl. ebd.). Auch die oben genannten Vorteile arbeitsplatznahen Lernens haben bei genauerer Betrachtung ihre Schattenseiten: So bringt die als Vorteil genannte Improvisation bei Unvorhergesehenem das Risiko einer hohen Fehlerquote und damit verbundener Demotivation und Lernwiderstände mit sich.

Die Eignung von Arbeitsplatz und Arbeitsprozess für das (Er-)Lernen betrieblicher resp. beruflicher Handlungskompetenzen darf also keinesfalls als gesichert gelten. Falls diese Eignung aber nicht gesichert ist, bringt die betriebliche Hinwendung zum Modell des Arbeitsplatz-Lernens den Rückzug von grundlegender beruflicher Bildung und Kompetenzvermittlung mit sich, was letztlich als Rückgang von Qualifikationsreserven auch auf die Betriebe selbst zurückschlägt. Statt auf Vorrat, wird dann nur noch *just in time* gelernt.

Formen des Lernens im Betrieb

Lernorte und Lernformen hängen eng miteinander zusammen. Dass beiden Aspekten jeweils ein eigener Abschnitt gewidmet wird, ist dem Anliegen geschuldet, den Lernort Betrieb in die unterschiedlichen innerbetrieblichen Lernorte auszudifferenzieren. Die Lernformen liegen quer zu diesen Lernorten, können also in der Regel an allen betrieblichen Lernorten vorkommen. Ausnahmen, wie das mit dem Lernort Intranet einhergehende E-Learning, bestätigen die Regel.

Im betriebspädagogischen Diskurs unterschieden werden vor allem zwei, neuerdings auch drei Formen des Lernens: formal bzw. formell und informell sowie, sozusagen als Zwischenform, nonformal bzw. nonformell. Insbesondere die Papiere der Europäischen Kommission wirken hier definitorisch (vgl. Overwien 2007).

Als formales bzw. formelles Lernen gilt Lernen, das üblicherweise in einer (Aus-)Bildungseinrichtung stattfindet, in Bezug auf Lernziele, -zeit und -förderung strukturiert ist und zu einer Zertifizierung führt. Als nonformales bzw. nonformelles Lernen gilt Lernen, das zwar in Bezug auf Lernziele, -zeit und -mittel strukturiert ist, aber nicht in einer (Aus-)Bildungseinrichtung stattfindet und üblicherweise nicht zu einer Zertifizierung führt. Als informelles Lernen gilt im Alltag, z. B. am Arbeitsplatz, stattfindendes Lernen, das nicht strukturiert ist, üblicherweise nicht zu einer Zertifizierung führt, zwar zielgerichtet sein kann, in den meisten Fällen jedoch nichtintentional bzw. beiläufig geschieht.

Die traditionelle Dominanz des formellen Lernens scheint – im Verbund mit der oben dargelegten Tendenz zum Lernen am Arbeitsplatz, aber auch mit der Explosion von bzw. der Zugangserleichterung zu Information durch Inter- und Intranet – verloren zu gehen. Mit der im Gegenzug wachsenden Bedeutung des informellen Lernens geht das Paradox einher, dass nun das informell Gelernte zumindest insoweit zu formalisieren ist, dass es für Außenstehende, z. B. zukünftige Arbeitgeber, erkennbar ist. So sind in den letzten Jahren verstärkt Bemühungen um eine Zertifizierung des informellen Lernens zu erkennen (z. B. Europäischer Qualifikationsrahmen, Portfolio, Europass, Profilpass). Derzeit spricht viel dafür, dass das informelle Lernen in der betrieblichen Bildung auf lange Sicht zur dominanten Lernform wird. Ob dies allerdings tatsächlich so eintritt und inwiefern dies dann auch für die berufliche Bildung im Allgemeinen gilt, bleibt offen.

Lernen des Betriebs

Schließlich ist darauf hinzuweisen, dass nicht nur im Betrieb gelernt wird, sondern dass der Betrieb auch selbst lernt. Dabei kann die Form individuellen Lernens im Betrieb das organisationale Lernen des Betriebs beeinflussen. So scheint eine betriebsspezifische Ausbildung, wie oben im Modell des Lernens am Arbeitsplatz vorgestellt, das Lernen des Betriebs als Organisation zu erleichtern (vgl. Friedrich-Ebert-Stiftung 1999). Aber auch umgekehrt ist eine Wirkung anzunehmen: Das organisationale Lernen, das Lernen des Betriebes oder seiner Abteilungen, dient dem Mitarbeiter als Muster, auf das er sich mimetisch bezieht.

Was seit den 1960er Jahren mit interventionistischem Interesse insbesondere von Beraterseite in den Blick genommen wird und dem damals vorherrschenden Organisationsentwicklungsansatz als von oben und ggf. von außen planbare, programmierbare und als Schrittfolge linear umsetzbare Entwicklung organisationaler Strukturen sowie der Persönlichkeit der Organisationsmitglieder galt, erscheint mit Aufkommen des Begriffes des organisationalen Lernens als eigendynamischer, nicht ohne weiteres oder gar extern plan- und programmierbarer Prozess. Organisationales Lernen setzt zunächst voraus, dass Mitglieder einer Organisation etwas als problematisch erleben und im Namen der Organisation untersuchen. »Um organisational zu werden, muss das Lernen, das sich aus Untersuchungen in der Organisation ergibt, in den Bildern der Organisation verankert werden, die in den Köpfen ihrer Mitglieder und/oder den erkenntnistheoretischen Artefakten existieren, die im organisationalen Umfeld angesiedelt sind« (Argyris/Schön 1999, S. 31f). Beim organisationalen Lernen geht es weniger um den Erwerb von Fachwissen oder individueller Schlüsselqualifikationen als vielmehr um die Transformation organisationstypischen Deutungswissens. Das gilt für Organisationen jeglicher Art, aber eben auch für Betriebe.

Das Lernen des Betriebs besteht somit vor allem in der eigendynamischen Ausbildung und Weiterentwicklung seiner Lernkultur. Hierzu gehören heute schon als ein »must« Instrumente interner und externer Evaluation sowie Maßnahmen zur Qualitätsentwicklung und Qualitätssicherung. Benchmarking bzw. Orientierung an Best Practises, also die Suche nach dem, was andere, insbesondere erfolgreiche, Betriebe anders machen, spielen hierbei eine große Rolle. Allgemeiner gesprochen erfordert betriebliches Lernen öffnende, die innerbetriebliche Transparenz fördernde Rituale der Präsentation, des Nachfragens und des Austauschs.

Heim

Das Heim ist eine Institution des Leben-Lernens. Von der Gesellschaft als Ersatz für die
– ggf. fehlende oder versagende – Institution Familie geschaffen, ist das Heim eine
geradezu typische sozialpädagogische Institution (vgl. Mollenhauer 1979, S. 117). Die
Typologie des Heims reicht vom familienanalog strukturierten Waisenheim über
gruppenweise organisierte Erziehungsheime bis zum aktivitätsbezogen strukturierten
Jugendfreizeitheim. Im Zuge der demographischen Entwicklung wird zunehmend auch
das Alten(pflege)heim als Feld pädagogischer Professionalität entdeckt. Im Folgenden
werden die Entwicklungslinien der Institution Heim nachgezeichnet, die Konzeption
von Heimen im Hinblick auf den ihnen eigenen Lernbegriff untersucht und das Lernen
im Heim aus Sicht seiner Bewohner beschrieben.

Das Heim als Institution des Leben-Lernens. Eine historische Skizze

Im Mittelalter Sache der Kirche, der Klöster und (bestimmter) Orden, von der
Renaissance an allmählich auch von der jeweiligen Stadt eingerichtet, ist es zunächst
das »Hospital«, das neben Kranken auch Alte und Kinder aufnimmt, für die niemand
sonst sorgt. Über die Versorgung geht die Leistung des Hospitals in der Regel nicht
hinaus. Um Lernen geht es im Hospital nicht; es hat keinen Erziehungs- oder Bildungs-
auftrag.

Das ändert sich im deutschen Sprachraum, früher schon etwa in den Niederlanden,
vor allem mit der pietistisch motivierten Waisenhausgründung August Hermann Franckes in Halle Ende des 17. Jahrhunderts. Sie bringt nicht nur – über den von Francke
zum Bauleiter bestimmten und zuvor mit einem ausführlichen Fragebogen nach Hol-
land geschickten Theologiestudenten Neubauer – aus hygienischer Sicht den Stand der
Kunst nach Deutschland, sondern setzt auch organisatorische sowie inhaltliche Maßstäbe: So werden z. B. wöchentliche Konferenzen der Inspektoren, heute würde man
sagen: Teamsitzungen abgehalten, und die Versorgung der Kinder erscheint nur noch als
Basis, während Erziehung und Bildung zur eigentlichen Aufgabe werden. Die logische
Konsequenz besteht in der Einrichtung von Schulen in unmittelbarer Nähe und Verbindung mit dem Waisenhaus. Letztlich hat das Waisenhaus in Franckes »Schulstadt« vor
allem imagefördernde und (damit) Privilegien und Zuschüsse sichernde Bedeutung,
sind doch nur ein Bruchteil der in den Franckeschen Anstalten insgesamt Betreuten
Waisenhauszöglinge und andererseits ein Großteil der Waisenhauszöglinge keine
(Voll-)Waisen aus armem Hause, sondern Kinder, v. a. Jungen, von Pfarrerswitwen (vgl.
Jacobi 2003). Trotz der Verbindung von Waisenhaus und Schule wird mit Lernen weiterhin nicht das Heim, sondern die Schule assoziiert.

Ende des 18. Jahrhunderts sind weitere Schritte in der Entwicklung des Heims als
pädagogischer Institution zu konstatieren: zum einen der aufklärerische »Waisenhaus-
streit«, in dem aus scharfer Kritik an hygienischen Missständen (und entsprechend
hoher Kindersterblichkeit) und rigiden (v. a. körperlich züchtigenden) Erziehungsmethoden die Auflösung der Anstalten und die Überführung der Kinder in eine familiale

Betreuung gefordert werden, was die zeitgenössischen Anstalten zumindest unter einen gewissen Reformdruck setzt; zum anderen der in Pestalozzis *Stanser Brief* publizierte, idealistische Bericht über seine knapp einjährige Zeit als Waisen»vater«, mit dem sich der (sozial-)pädagogische Anspruch an die Institution Heim etabliert (vgl. Göhlich 1993, S. 275 f.; Hansbauer 1999, S. 30). Will Pestalozzi »seinen« Kindern »alles in allem sein«, wird das – damals Anstalt genannte – Heim zu einem am Modell der Familie orientierten Ort, an dem der Pädagoge Vater- und Mutterrolle übernimmt, die Kinder Geschwisterrollen übernehmen und so nicht nur miteinander leben lernen, sondern auch Kenntnisse und Fertigkeiten voneinander lernen.

Johann Hinrich Wicherns knapp vier Jahrzehnte später erfolgender Gründung des Rauhen Hauses ist – wiewohl in ideeller Hinsicht ein Rückfall in religiös motiviertes Sünde- und Schulddenken – praktisch erheblich mehr Erfolg als Pestalozzis Stanser Heim beschieden, existieren doch verschiedenste Einrichtungen des Rauhen Hauses, nicht zuletzt (teil-)stationäre Hilfen zur Erziehung, bis heute fort. Auch wird mit Wicherns Einrichtung einer Begleitung der Heimabgänger in die Betriebe erstmals auch berufliches Lernen vom Heim nachhaltig unterstützt.

Im Wilhelminischen Kaiserreich werden die Umrisse eines öffentlich organisierten Fürsorgewesens geschaffen. Mit dieser Säkularisierung des Sozialen verschiebt sich das Lernziel der betreffenden Anstalten vorerst endgültig von dem des guten Christen zu dem des guten Bürgers. Zugleich etabliert sich der Begriff »Heim«. Nicht nur, aber – neben seiner enormen Bedeutung für Erwachsenenbildung (»Heimvolkshochschule«) und Schulreform (»Landschulheim«, »Schullandheim«) – eben auch für sozialpädagogische Einrichtungen (»Erziehungsheim«, »Fürsorgeheim« oder einfach nur »Heim«) verwendet, verweist der Begriff mit den Anklängen an Daheim, Heimat, trautes Heim etc. auf ein romantisches Muster des Zusammenlebens, dem Gemeinschaft, Nähe und Geborgenheit zugedacht wird.

Die Realität der Heime sieht allerdings zumeist anders aus. Im Zuge der Heimkritik der 1970er Jahre werden Armut, Verwaltungsdominanz, institutionelle Totalität sowie stigmatisierende Wirkung als Merkmale der Heime angeprangert (vgl. Thiersch 1977). Mit der Forderung, das Heim müsse individualisierende Verhaltens-, Schul- und Arbeitsmöglichkeiten anbieten sowie Übergänge zur Außenwelt institutionalieren (ebd., S. 86), erscheint das Heim selbst als lernbedürftig. In der Folge entwickelt es sich zum Glied im Verbund vielfältiger Jugendhilfemaßnahmen und ambulanter Dienste.

Von der zeitweiligen Idee der Auflösung aller Heime ist allerdings nicht viel geblieben. Unmittelbarer als etwa die Institution Schule orientiert sich die Institution Heim an der Nachfrage. Wenn geschlossene Unterbringung gefragt ist, werden geschlossene Gruppen eingerichtet (vgl. Wolffersdorff u. a. 1996, S. 65). Von den Kindern und Jugendlichen, bei denen im Jahr 2004 Hilfen zur Erziehung neu begannen, wurden nur 3589 in einer Wohngemeinschaft und 1194 in einer eigenen Wohnung, hingegen 22154 in einem Heim untergebracht (vgl. Statistisches Bundesamt 2005).

Lernen im Heim. Konzeptionelle Hinweise

Zu fragen ist nun, was in dieser beharrlichen Institution Heim heute gelernt werden soll und wie es gelernt werden soll. Das Kinder- und Jugendhilfegesetz, inzwischen in das Sozialgesetzbuch integriert, benennt die Aufgaben des Heims folgendermaßen: »Hilfe zur Erziehung in einer Einrichtung über Tag und Nacht (Heimerziehung) oder in einer sonstigen betreuten Wohnform soll Kinder und Jugendliche durch eine Verbindung von Alltagserleben mit pädagogischen und therapeutischen Angeboten in ihrer Entwicklung fördern. Sie soll entsprechend dem Alter und Entwicklungsstand des Kindes oder des Jugendlichen sowie den Möglichkeiten der Verbesserung der Erziehungsbedingungen in der Herkunftsfamilie 1. eine Rückkehr in die Familie zu erreichen versuchen oder 2. die Erziehung in einer anderen Familie vorbereiten oder 3. eine auf längere Zeit angelegte Lebensform bieten und auf ein selbständiges Leben vorbereiten. Jugendliche sollen in Fragen der Ausbildung und Beschäftigung sowie der allgemeinen Lebensführung beraten und unterstützt werden« (SGB VIII, § 34). Dass hier drei alternative Ziele benannt sind, lässt schon die Schwierigkeit der Zielsetzung für Lernprozesse im Heim erahnen.

Lernen im Heim erfordert also eine fallbezogene Entscheidung. Angesichts der Tatsache, dass die weitaus meisten der im Heim betreuten Minderjährigen zwischen 12 und 18 Jahre alt und damit ohne Chance auf Aufnahme in eine Pflegefamilie sind, geht es um die Entscheidung zwischen dem Ziel der Rückkehr in die eigene Familie und einer möglichst kurzen Heimaufenthaltsdauer und dem Ziel selbständiger Lebensführung nach einem längeren Heimaufenthalt. Das sind zwei sehr verschiedene Ziele, deren Erreichen unter Umständen sehr verschiedene Lernprozesse erfordert. Abgesehen von der Tatsache, dass die Rückkehr auch Änderungen in der betreffenden Familie notwendig macht, konvergieren die verschiedenen Ziele praktisch in der »Normalisierung« als »Generalpräferenz der Heimerziehung« (Hansbauer 1999, S. 71). Hilfe und Kontrolle sind dabei zwei Seiten einer Medaille. Als sozialpädagogische Institution soll das Heim die Jugendlichen auf die Beine helfen und sie dabei in die Schranken sozialer Kontrolle verweisen (vgl. Hörster/Müller 1996, S. 616).

Eine wichtige Rolle wird dabei heute einerseits der gemeinsamen Planung der Hilfe durch Mitarbeiter des Jugendamts, Eltern, Jugendliche und ggf. Mitarbeiter der betreffenden Einrichtung (»Hilfeplan«, vgl. SGB VIII § 36) sowie andererseits – im Alltag des Heims – der Gruppe zugewiesen. In der Gruppe und durch die Gruppe leben lernen, so könnte die Grundidee nicht nur des Heims im engeren Sinne, sondern auch seiner Außenwohngruppen auf den Punkt gebracht werden. Was Leben-Lernen dabei im Einzelnen heißt, ist fraglich. Stellen wir die Bedeutung Thierschs im Diskurs um Heimerziehung in Rechnung, so mag einiges dafür sprechen, dass seine Auffassung sich in einzelnen Heimkonzeptionen niederschlägt: »Leben-Lernen bedeutet, in den Verhältnissen, in den komplexen Erfahrungen von Raum, Zeit und sozialen Bezügen seinen Platz zu finden, sich mit den Vorgaben, Selbstverständlichkeiten und impliziten Erwartungen in den Verhältnissen auseinander zu setzen, um darin den eigenen Lebensweg zu finden« (Thiersch 2004, S. 4). Abgesehen davon, dass diese Definition unseres Erachtens nicht alle Aspekte des Leben-Lernens systematisch einfängt, liegt bislang keine diesbezügliche Untersuchung von Heimkonzeptionen vor. Ob Leben-Lernen in Heimkonzeptionen vorrangig als Überleben-Lernen, als Lebensbefähigung-Lernen, Lebensbewältigung-Lernen oder Lebenskunst-Lernen etc. konzipiert wird (vgl. Göhlich/Zirfas 2007; Kap. 6.), wäre eine interessante Forschungsfrage. Der jüngste Kinder- und Jugendbericht, der sich dem Bildungsbegriff verschreibt und darüber die Hilfen zur Erziehung aus dem Auge verliert, vermag in den angesichts der insgesamt 600 Seiten des Berichts geradezu beschämenden zwei Sätzen, die er den stationären Hilfen zur Erziehung widmet, nicht mehr, als festzustellen, dass diese Hilfseinrichtungen die Chance eröffnen, »Kindern und Jugendlichen gegenüber den oft problematischen Herkunftskonstellationen vielfältige andere Bildungserfahrungen und Lerngelegenheiten zu ermöglichen. Allerdings sind entsprechende Effekte bislang kaum untersucht worden« (BMFSFJ 2005, S. 123).

Was wird wie im Heim gelernt? Heime aus Sicht ihrer Bewohner

Darüber, was und wie in der Realität des Heims gelernt wird, lässt sich mehr sagen. Insbesondere aus Studien zum Alltag des Heims aus Sicht der (z. T. ehemaligen) Bewohner liegen hierzu Befunde vor (vgl. Hamberger 2001; Landenberger/Trost 1988).

Dabei sind neben den Bedingungen des Heimes selbst – wie etwa Finanznot, Verwaltungsdominanz, Totalität und/oder Stigmatisierung (s. o.) – die Vorerfahrungen zu bedenken, die die Kinder und Jugendlichen als individuelle Voraussetzungen mitbringen. Dabei lassen sich vier Muster unterscheiden: 1. Armut, Not, Vernachlässigung; 2. Gewalt, Ausbeutung, Missbrauch; 3. Ablehnung, Zurückweisung, Enttäuschung; 4. Krankheit, Behinderung, seelische Störung (vgl. Hamberger 2001, S. 16). Einen eindeutigen Grund für die Herausnahme der Kinder bzw. Jugendlichen aus ihrer Familie gibt es nicht. Wenngleich in jedem Fall Schwerpunkte der Belastungen zu erkennen sind, kann nicht grundsätzlich gesagt werden, was die Ursachen und was die Folgen sind. Zudem erleben die Kinder bzw. Jugendlichen die Trennung von den Eltern resp. der Familie sehr unterschiedlich. Von der Wahrnehmung der Trennung als selbst gewollter, richtiger Schritt bis zur Wahrnehmung der Trennung als Ablehnung und Strafe ist alles möglich. Insofern ist dem Postulat – und damit kommen wir doch noch einmal auf die konzeptionelle Ebene zurück – zuzustimmen: »Wenn Heimerziehung den jungen Menschen Unterstützung bieten will, dann kommt sie nicht umhin, sich der Themen und Vorerfahrungen immer wieder zu vergewissern« (Hamberger 2001, S. 31).

Das individuelle Leben gilt damit zum einen als Ausgangspunkt des Lernens im Heim. Zugleich gilt es jedoch auch als dessen Ziel und Weg. »[…] letztlich zeigt sich der Erfolg der Hilfe und die Zufriedenheit der jungen Menschen in den meisten Fällen darin, inwieweit es (ihnen, den jungen Menschen und den MitarbeiterInnen in der Jugendhilfe) gelingt, die belastenden Erfahrungen zu verstehen, zu bearbeiten, einen Umgang damit zu finden und einzelne prägende Themen der Lebensgeschichte miteinander in Verbindung zu bringen« (ebd.). Zum Weg des Lernens im Heim gehört also – zumindest konzeptionell – wesentlich die (ggf. therapeutische) Bearbeitung der Vorerfahrungen.

Nicht nur die Vorerfahrungen und die Wertung des Übergangs ins Heim, sondern auch der Rückblick auf den Alltag im Heim fällt äußerst unterschiedlich aus. In den Interviews mit Ehemaligen finden sich äußerst positive Bilder von Heimerziehung ebenso wie Beschreibungen, in denen durchgängig negative Erlebnisse im Vordergrund stehen (vgl. ebd., S. 33 f.).

Von Lernen wird dementsprechend in unterschiedlicher Weise berichtet. Ist die eine rückblickend der Meinung, dass sie aus dem Heim, das sie als Zuhause tituliert, »recht viel mitgenommen« hat und zwar »praktisch meinen inneren Frieden« (ebd., S. 40), so beschreibt ein anderer den von ihm erlebten Heimalltag als »Krieg alle gegen alle«, in dem er lediglich versucht und bis zu einem gewissen Grad gelernt hat, sich »so gut wie möglich zu arrangieren« (ebd., S. 43). Wirkt der erste Fall fast schon wie Lebenskunst-Lernen, so findet im zweiten Fall kaum mehr als Überleben-Lernen statt.

Gelegentlich finden sich in den Berichten auch Hinweise auf ein – aus pädagogischer Sicht unerfreuliches – Wissen-Lernen, etwa im Bericht einer Jugendlichen von ihren Erfahrungen in der Jugendschutzstelle, der Übergangseinrichtung vor der Aufnahme ins Heim: »[…] auf einmal war ich – wie soll ich das denn sagen – war ich von unserer Wohnung, in der puren Realität, wie es am schlimmsten kommen kann. Ich meine, ich hatte halt keine Ahnung von nichts; ich wußte nicht mal, wie man S-Bahn fährt und bin dann da reingekommen; ich wußte dann auch nicht, was gut ist und was nicht gut ist; ich hatte keine Ahnung von Drogen, ich hatte – es war wirklich der Sprung ins kalte Wasser, ja« (ebd., S. 48). Im Hinblick auf solche praktischen Wissensbestände wird das Primat des Überleben-Lernens deutlich. So fasst die betreffende Jugendliche rückblickend zusammen, die Zeit in diesen Einrichtungen, sei es nun Jugendschutzstelle oder Heim, habe ihr nicht in dem Sinne geholfen, dass sie sich verändert oder irgendetwas Neues gelernt habe; »ich hab nur gelernt, damit ich selbst auf eigenen Füßen stehen kann« (ebd., S. 50).

Vielfalt der Heime als Vielfalt des Lernens?

Wir haben uns in der Erörterung des Heims als Institution des Lernens auf einen bestimmten Typ von Heim konzentriert, eben auf die ehemals Waisenhaus, Fürsorge- und Erziehungsheim genannte Einrichtung. Schon der Alltag solcher Heime wird, wie wir oben gezeigt haben, von den Bewohnern sehr unterschiedlich wahrgenommen und fällt wohl auch aus Sicht von Evaluatoren unterschiedlich aus.

Die Vielfalt der Heime geht aber weit über diese Unterschiede zwischen einzelnen Einrichtungen des gleichen Typs hinaus. Denn, wie eingangs erwähnt, gibt es nicht nur diesen Typ von Heim, sondern auch Landschulheime, Altenheime, Jugendfreizeitheime und anderes mehr.

Ohne nun auch diese noch im Einzelnen zu erörtern, sei die Frage gestellt, ob in diesen Einrichtungen ähnliches ähnlich gelernt wird (wie in dem oben erörterten Typ Heim). Wir meinen, diese Frage tendenziell bejahen zu können, ohne damit die Intensität und Existentialität der Erfahrung in den verschiedenen Typen von Heim nivellieren zu wollen. Es geht in all diesen Einrichtungen in erster Linie nicht darum, Wissen oder Können, sondern Leben zu lernen.

Landschulheimen ist zwar üblicherweise eine Schule angegliedert, die Wissen und ggf. auch Können vermittelt. Zum Landschulheim wird die Einrichtung jedoch erst durch das Internat, das eigentliche Heim, und dieses zielt auf Leben-Lernen. Bei Jugendfreizeitheimen ist zunächst wiederum eine Differenz zu erkennen, sind dies doch Einrichtungen, in denen sich die Jugendlichen in der Regel nur stundenweise aufhalten. Auch zeigt der Begriff Jugendfreizeitheim an, dass es um das Angebot eines Ortes für die »freie Zeit« der Jugendlichen geht, um einen Ort also, dessen Zeit den Jugendlichen frei zur Verfügung steht, dessen Zeitstruktur keine Macht über die Zeitgestaltung der Jugendlichen hat. Aber einerseits gilt dies nicht durchgängig, da viele personelle, sachliche und räumliche Angebote der Jugendfreizeitheime nur zu ganz bestimmten Zeiten zur Verfügung stehen; und zum anderen zielen auch diese Heime ausdrücklich darauf ab, die Jugendlichen zur Selbsttätigkeit anzuregen, Möglichkeiten zum Erlernen solidarischen Handelns zu schaffen und den Jugendlichen zu vermitteln, die Meinungen und Rechte anderer zu achten (vgl. Welling o. J., S. 3). Auch hier geht es also um die Unterstützung von Lernprozessen, und zwar nicht um Wissen- oder Können-, sondern um Leben-Lernen. Bleibt schließlich noch die Frage, ob auch das Altenheim eine Institution des Lernens ist und was dort wie gelernt wird. Ersteres lässt sich etwa mit Blick auf die Selbstdarstellung eines deutschlandweit vertretenen Altenheim-Trägers, man treffe in diesen Heimen Menschen, »die sich ihre Eigenständigkeit und Lebensqualität bewahren, ja sie sogar noch steigern wollen« (Augustinum 2006), zumindest für bestimmte Altenheime zweifellos bejahen. Die ebenda zu findende Selbstdarstellung der Augustinum-Akademie als »Antwort auf das neue Selbstverständnis älterer Menschen: lebenslanges Lernen, Auseinandersetzung mit aktuellen Entwicklungen, Verbesserung der Lebensqualität durch aktive Vorsorge« zeigt allerdings an, dass man sich unter Lernen in diesem – allerdings nur einem vergleichsweise kleinen Kreis zahlungskräftiger und meist akademisch gebildeter Senioren zugänglichen – Heim kein alltägliches informelles Leben-Lernen in einer Wohngruppe, sondern eher Lernen im Sinne einer Verfeinerung individueller Lebenskunst sowie der Sorge um sich bis hin zum Sterben-Lernen vorzustellen hat. Aber gehört nicht auch Sterben-Lernen zum Leben-Lernen dazu? (vgl. Zirfas 2007b).

Beratung und Weiterbildung

Spätestens seit Klaus Mollenhauers Aufsatz von 1965 gilt Beratung als pädagogisches Phänomen. Die Notwendigkeit der Institutionalisierung pädagogischer Beratung ergibt sich aus der gesellschaftlichen Enttraditionalisierung im 20. Jahrhundert, die u. a. das Generationenverhältnis neu formt und dabei die überkommene Ratgeberrolle der Alten bzw. Älteren in Familie und Gemeinde schwächt oder gar außer Kraft setzt. Was zu lernen ist, also eben das, was die Alten über die Jahrhunderte hinweg vorhersagen zu können glaubten, erscheint angesichts der Geschwindigkeit gesellschaftlichen und insbesondere technologischen Wandels unbestimmbarer denn je; wie zu lernen ist, erscheint nicht von den Alten erfahrbar, sei es dass sie sich nicht in den Modus des Lernenden zu versetzen vermögen, sei es dass sie der neuen, heute erst möglichen Lernformen (z. B. E-Learning, Blended Learning, informelles Lernen) gar nicht kundig sind. Insbesondere die Erziehung selbst ist, so Mollenhauer, zu einem schwierigen Geschäft geworden, zu dessen Bewältigung die naturwüchsigen Regeln tradierter Erziehungspraxis nicht mehr ausreichen. Erziehung muss heute erlernt werden und dieses Lernen muss durch Beratung unterstützt werden. Die Erziehung ist allerdings nur eine der verschiedenen lebenspraktischen Fähigkeiten, deren Erwerb heute mittels Beratung unterstützt wird.

Im Folgenden wird deshalb zunächst grundsätzlich zu klären sein, was Beratung ist und inwiefern sie als Lern(-unterstützungs-)praxis zu verstehen ist. Anschließend werden die Institutionalisierungsformen, die Phasen sowie die Grenzen von Beratung bzw. des Lernens in der Beratung aufgezeigt, bevor schließlich das Verhältnis von Beratung und Weiterbildung beleuchtet wird, das mit der immer dringenderen Notwendigkeit lebenslangen Lernens enorm an Bedeutung gewinnt.

Beratung als Lern(-unterstützungs-)praxis

Der Begriff der Beratung kann sowohl im Sinne von »jemanden beraten« als auch im Sinne von »sich (gemeinsam) beraten« verwendet werden. So schwingt bei der Verwendung des Wortes in dem einen Sinne die andere Bedeutung jeweils mit. Die pädagogische Beratung jedenfalls wird – wiewohl es sich offensichtlich um die Beziehung zwischen einem professionellen Berater und einem Klienten bzw. Klientensystem handelt und dabei der Klient als Ratsuchender und der Pädagoge als Berater erscheint – als Dialog, als Gemeinschaftshandlung von Pädagoge bzw. Pädagog/inn/en und Adressat/inn/en vorgestellt. Insbesondere im sozialpädagogischen Diskurs wird – wenngleich seit der Etablierung der systemischen Perspektive nicht mehr in der Schärfe wie zur Zeit des vorrangig gesellschaftskritischen Sozialpädagogikverständnisses der 1970er Jahre – von Beratung gefordert, »parteinehmende Praxis [zu] sein, die [...] das Unterworfensein von Menschen unter belastende Situationen verändern will« (Frommann/Schramm/Thiersch 1976, S. 739). Dass die Kriterien Dialog und Parteinahme ein überhöhtes Bild von Beratung zeichnen, welches auch ein schiefes Bild vom Lernprozess in der Beratung mit sich führt, sei vorerst lediglich angemerkt. Wir kommen darauf zurück.

Wenn wir Beratung als Lern(-unterstützungs-)praxis bezeichnen, ist zu klären, was und wie in der Beratung gelernt wird bzw. wie Lernen unterstützt wird, und damit auch, was das Eigene der Beratung gegenüber anderen Lern(-unterstützungs-)praxen wie etwa dem schulischen Unterricht oder der betrieblichen Lehre ausmacht.

Gegenstand pädagogischer Beratung ist in erster Linie nicht ein bestimmtes Fach- und Sachwissen wie im schulischen Unterricht oder ein bestimmtes fachliches Können wie in der betrieblichen Lehre, aber auch keine als psychische oder organische Störung behandelte Symptomatik wie in der Therapie, sondern die individuelle Konkretion einer typischen, d. h. bei einem bestimmten Personenkreis ähnlich auftretenden, lebenspraktischen Problemsituation. Pädagogische Beratung ist eine bestimmte Form des Umgangs mit lebenspraktischen Problemsituationen. Vorrangiges Ziel der pädagogischen Beratung ist es, eine Perspektive zu einer Wirklichkeitssicht wiederzugewinnen, welche zu einer handlungspraktischen Problem- resp. Lebensbewältigung befähigt. Es geht in der Beratung darum, das schwierig, überkomplex und ggf. unerträglich gewordene Leben wieder meistern zu lernen, kurz: leben zu lernen.

Beratungsrelevantes Wissen ist deshalb auch nicht einer spezifischen Berufskultur zuzuordnen, sondern umfasst alltägliche Deutungsmuster sozialer Wirklichkeit. »Die spezifische Leistung pädagogischer Beratung ist m. E. also darin zu sehen, zur problembezogenen Erweiterung des Horizontes an Deutungsmöglichkeiten beizutragen, vor dessen Hintergrund der Klient selbst seine Situation interpretiert und Handlungsalternativen entwirft. Die hier geforderte Kompetenz von PädagogInnen ist folglich nicht reduzierbar auf die Verfügung über Techniken der therapeutischen Gesprächsführung, vielmehr ist ein sozial- und erziehungswissenschaftlich fundiertes und ›erfahrungsgesättigtes‹ Wissen über die Lebenssituation spezifischer Klientengruppen und der für sie sozial typischen Problemsituationen und sozial gültigen Strategien der Problembearbeitung gefordert« (Dewe 2002, S. 125). Beratung als Lebenslernunterstützung setzt also, das macht die zitierte Rede vom erfahrungsgesättigten Wissen über die Lebenssituation spezifischer Klientengruppen deutlich, die persönliche Kenntnis der Lebenswelt der Klienten voraus und kann durch entsprechende eigene (Sucht- o. ä.)Erfahrung begünstigt werden.

Institutionalisierung(sformen) der Beratung

Die Palette des Leben-Lernens in der Beratung ist sehr groß. Sie reicht von der Bewältigung existentieller Krisen, etwa im Ablöseprozess Jugendlicher von ihrer Herkunftsfamilie oder in der Arbeitslosigkeitserfahrung eines Erwachsenen, bis zur Optimierung des Bildungsganges und zur Verfeinerung des Lebensgenusses. Im pädagogischen Diskurs schlägt sich diese Vielfalt in Systematisierungsversuchen nieder, beispielsweise in dem Versuch von Eckard König und Gerda Volmer (1996), vier Felder pädagogischer Beratung – offenbar v. a. nach dem Kriterium der Systemgröße – zu unterscheiden, nämlich die psychosoziale Einzelberatung (die im einzelnen als Drogen- bzw. Suchtberatung, Gesundheitsberatung, Schuldnerberatung, Krisentelefon, Wohnungslosenberatung, Seniorenberatung u. ä. erscheint), die Bildungs- und Berufsberatung (bei der es um das individuelle Zurechtfinden und Zurechtkommen in und mit dem Bildungs- und Berufssystem geht), die Familienberatung (zu der die Erziehungsberatung ebenso zu rechnen ist wie die Ehe- und ggf. Scheidungsberatung), sowie schließlich die Organisationsberatung (bei der es um die Unterstützung individuellen Lernens in Organisationen, etwa durch Mentoring, Coaching oder Supervision, ebenso gehen kann wie um die Unterstützung kollektiver und organisationaler Lernprozesse, etwa in Teamsupervisionen).

Die Institutionalisierung der heute Beratung genannten Praxis hängt eng mit Fürsorge- resp. Wohlfahrtseinrichtungen der Moderne zusammen. Schon im frühen 20. Jahrhundert wird der Beratungsbegriff in deren Aufgabenkatalogen verwendet, etwa bei der Seemannsfürsorge die Beratung in Gesundheits- und Rechtsfragen oder bei der Gesundheitsfürsorge die Sexual- und Eheberatung; auch Institutionen der Auswandererberatung, Rechtsberatung und Berufsberatung entstehen bereits in den ersten beiden Jahrzehnten des 20. Jahrhunderts (vgl. Bäuerle 1980, S. 65), wenngleich der Begriff der Beratung zu jener Zeit noch nicht als methodisches Instrument der Sozialarbeit reflektiert wird.

Sowohl als Institution wie als Begriff erscheint Beratung als interdisziplinäres Phänomen. Ihre Wurzeln finden sich in der Jugendfürsorge ebenso wie in der Pädiatrie (zu nennen ist hier etwa die 1917 an der Heidelberger Kinderklinik gegründete heilpädagogische Beratungsstelle), in der Sonderpädagogik ebenso wie in der Psychoanalyse (zu nennen hier v. a. die in den 1920er Jahren unter Mitarbeit der Psychoanalytiker Adler und Aichhorn in Wien eingerichteten und dabei erstmals so genannten Erziehungsberatungsstellen). Zur Etablierung der Beratung in Deutschland trägt das Reichsjugendwohlfahrtsgesetz von 1922 entscheidend bei, demzufolge in Städten über 10 000 Einwohner Jugendämter eingerichtet werden sollen, deren Aufgabe die Beratung in Angelegenheiten der Jugendlichen ist.

Nach dem Missbrauch des Beratungswesens durch das nationalsozialistische Regime ist die Erneuerung der Beratung zunächst vor allem von US-amerikanischen Vorbildern und Konzeptionen geprägt. Dies spiegelt sich im Zusammenhang von Beratung und Demokratisierung wider. Mollenhauer macht in dem oben bereits erwähnten Aufsatz darauf aufmerksam, dass Beratung kein auf Beratungsstellen beschränktes Phänomen ist, sondern sich in der gesamten Erziehungspraxis ausbreitet und bedeutsamer wird, und postuliert, dass der Bedeutungszuwachs der Beratung mit der gesellschaftlich notwendigen Veränderung des Erziehungsstils in Richtung Demokratie zusammenhängt. Beratung gilt ihm als »Sonderfall eines allgemeineren pädagogischen Phänomens« (Mollenhauer 1965, S. 27), nämlich des »Umgang[s] zwischen Erwachsenen und jungen Menschen im lenkenden Gespräch außerhalb des Kontinuums nachdrücklich erzieherischer Einwirkungen« (ebd., S. 26). Der Ratsuchende ist nicht als Erziehungsbedürftiger, sondern als Individuum zu behandeln, welches selbst über sein Tun entscheidet und zu solch selbständiger Entscheidung fähig ist. Beratung setzt demzufolge eine offene Situation, ein nicht-erzieherisches pädagogisches Verhältnis und ein demokratisches Konzept des Miteinander voraus.

In der 1970er Jahren erfährt die Beratung einen Boom, der ihre heute selbstverständliche Präsenz in unterschiedlichsten gesellschaftlichen Feldern entscheidend voranbringt. Von nachhaltiger Bedeutung ist die im Strukturplan des Deutschen Bildungsrats aufgestellte Forderung, »dem Lernenden durch sachkundige Beratung zu helfen, damit er die Bildungsangebote und Lernmöglichkeiten wählen kann, die die Entfaltung seiner Persönlichkeit fördern und ihm gleichzeitig berufliche und gesellschaftliche Chancen bieten« (Deutscher Bildungsrat 1970, S. 91). Die Bedeutung dieser Forderung wird klarer, wenn wir uns von der (im Strukturplan durchaus noch vorhandenen) Gewohnheit lösen, Lernen auf schulisches Lernen und dabei wiederum auf Wissen-Lernen zu reduzieren. In einer Gesellschaft, die sich im Zuge sich beschleunigender technologischer Entwicklung und mit der Globalisierung einhergehender Transkulturalisierung immer

deutlicher als lernende und folgerichtig ihre Mitglieder als lebenslang Lernende wahrnimmt, wird die Beratung zur nicht mehr auf Jugendliche und ggf. ihre Eltern
beschränkten, sondern alle Individuen und Gruppen jeglichen Alters im Blick habenden
Aufgabe, die zudem potentiell alle Aspekte des Lernens beleuchtet, jedoch stets unter
dem Primat des Leben-Lernens steht.

Beratungsphasen und Lernprozess

Erscheint die Diagnostik resp. Anamnese nicht zuletzt aufgrund der auch medizinischen
Wurzeln der Beratung schon früh als Teil der Beratung, so werden die weiteren Schritte
hierzulande erst im Zuge des genannten Booms der 1970er Jahre ausgearbeitet. Anne
Frommann, Dieter Schramm und Hans Thiersch (1976) unterscheiden im Wesentlichen
vier Schritte sozialpädagogischer Beratung: 1. teilnehmende Diagnose; 2. Erschließung
von – auch materiellen – Ressourcen; 3. Klärung von Abwehrmechanismen; 4. Einübung
von Selbstreflexion. Während Frommann u. a. einer dezidiert gesellschaftskritischen
Perspektive folgen, bleibt das hierzulande als Referenzansatz bis in die jüngste Zeit hinein
(vgl. Kolb 2002) dominante, humanistisch-psychologisch orientierte Konzept von Carl
Rogers pragmatisch. Rogers, der Beratung als kognitiven Umstrukturierungsprozess
versteht, beschreibt eine detaillierte Schrittfolge, die Kolb auf vier Punkte zusammen-
fasst: 1. Situations- und Beziehungsdefinition; 2. Problemdefinition und -analyse;
3. Umdeutung, Löschung, Distanzierung vom Problem, Entwicklung von Einsicht;
4. andere Lösungsmöglichkeiten und Lösungskontrollen (vgl. ebd., S. 28).

Im Hinblick auf Beratung als Institution des Lernens und der Lernunterstützung ist
dabei die Behauptung von Interesse, dass in dem Maß, wie der Berater in der zweiten
Phase den Ratsuchenden akzeptiert oder in Frage stellt, er dasselbe mit sich selbst zu tun
lernt (ebd.). Konsequenterweise wird umgekehrt auch auf das Risiko der diagnostischen
Phase hingewiesen, etwa auf die Funktion des reinen Ausfragens sowie des Etikettierens
als Sperre für weitere Kommunikation (ebd., S. 45).

Ergänzend erscheint uns allerdings erforderlich, auch die in der Beratung des
Gesprächs erkennbare Haltung des Beraters zu sich selbst als Referenz für das mimetische Lernen des Ratsuchenden zu berücksichtigen sowie den in der Beratung stattfindenden Lern(unterstützungs)prozess nicht nur, wie es Kolb (ebd., S. 28) in Anlehnung
an Rogers tut, als – ob nun auf Kognitionen oder Emotionen bezogen – reflexiven Vorgang, sondern als leiblichen und damit auch a-reflexiven Vorgang anzuerkennen.

Dabei bleibt festzuhalten, dass der Institutionalisierung der Beratung deutlicher als
anderen Institutionalisierungen von Lern(-unterstützungs-)praxen wie Kindergarten,
Schule oder Heim der Vorsatz eingeschrieben ist, Lernen als vom Lernenden verantwor-
teten und selbständig vollzogenen Vorgang zu betrachten. Andererseits ist die Beratung
jene Einrichtung, die wohl am stärksten von allen Institutionen des Lernens auf die Kraft
der Reflexion und des reflexiven Diskurses setzt und damit Gefahr läuft, sich der leiblichen und imaginären Anteile von Praxis zu entheben.

Grenzen des Lernens in der Beratung

Das lange Zeit tradierte, strikt positive Bild von Beratung – das von Klaus Mollenhauers (1965) Auffassung der Beratung als Gespräch, in dem der Ratsuchende als ein zu selbständiger Entscheidung und Lebensführung Befähigter behandelt wird, bis zu Johannes Brunners und Wolfgang Schönigs (1990) Definition der Beratung als Unterstützung des Ratsuchenden durch den Berater bei Entscheidungen, ohne dass letzterer die Entscheidung für ersteren trifft, ungebrochen tradiert wird – erscheint heute als brüchig gewordener Euphemismus.

Dies wird u. a. im Rückgriff auf organisationssoziologische Konzepte im Diskurs um Organisationsberatung sichtbar. So bieten die Arbeiten von Crozier und Friedberg (1979) einen kritischen Schlüssel für das Verständnis von Beratungsprozessen und deren Zusammenhang mit organisationalem Lernen. Für Crozier und Friedberg ist die Frage der Macht von zentraler Bedeutung. Im »strukturierten Handlungsfeld«, wie sie die Schnittstelle zwischen individuellem Akteur und dem sozialen System der Organisation bezeichnen, verfügt jeder Akteur aufgrund seines Spezialwissens über eine gewisse Menge an Macht, die er zu verteidigen und auszubauen sucht. Hierzu werden strategische Koalitionen und Allianzen mit Organisationsmitgliedern geschlossen, die ähnliche Ziele verfolgen, bzw. gegen Organisationsmitglieder, die man als hinderlich begreift. Aus dieser Perspektive wird bei näherer Betrachtung eines organisationalen Lernprozesses deutlich, dass dieser keineswegs nur einem übergeordneten Ziel folgt, sondern von einer Vielzahl von zum Teil widersprüchlichen Zielsetzungen bestimmt wird, ganz abgesehen davon, dass das Handeln der einzelnen Akteure einer »begrenzten Rationalität« folgt, d. h. von Wahrnehmungsverzerrungen geprägt wird.

Legt man diese theoretische Perspektive an einen Beratungsprozess und bemüht sich um eine Rekonstruktion der Hauptinteressen relevanter Akteure, so wird rasch deutlich, dass Beratungsthemen und Beratungsanlässe kein homogenes Ziel haben, sondern Spielball interessierter Akteure sind, zu denen auch der bzw. die Berater selbst gehören. Dies gilt erst recht, wenn die Beratung organisationsintern verläuft, der Berater also ein Mitglied der Organisation ist; aber es gilt auch im Falle einer externen Beratung. Berater werden zu Akteuren einer Veränderungskoalition. Bislang gibt es leider hierzu nur wenige empirische Studien, zumal eher soziologischer als pädagogischer Provenienz. Stellvertretend kann auf die Studie von Thomas Muhr (2004) hingewiesen werden, in der deutlich wird, dass Koalitionen zwar als Motor organisationaler Veränderung gelten, aber zugleich labile, vom Zerfall bedrohte Arrangements sind, die sich ständig mit Fragen eigener Bestandserhaltung auseinandersetzen müssen. Deutlich wird in Muhrs Studie auch, dass organisationale Modernisierungsvorhaben ein Diskriminierungspotential enthalten, das unter Umständen vom Berater als Statthalter der Modernisierung legitimiert wird.

Die in die Beratung eingehende und in ihr generierte Macht erscheint sowohl als Hindernis wie auch als Ressource für organisationales Lernen. Ähnliches gilt für Beratung, die auf individuelles Leben-Lernen in anderen Kontexten abzielt. Exemplarisch sind hier die Beratungslehrer zu nennen, die in die Interessenlage und Machtstruktur der jeweiligen Schule und Schulaufsicht eingebunden sind. Schüler und ggf. Eltern, die sich in die Beratung des Beratungslehrers begeben, treffen dort immer, wenn auch nur latent und imaginiert, auf diese Interessenlage und Machtstruktur und lernen in erster Linie, mit ihr umzugehen.

So sehr sich Beratung einem auf freiwilliger Basis gründenden partnerschaftlichen Beziehungsmodell verpflichtet und ein dementsprechendes Mit-Sich-Selbst- und Mit-einander-Umgehen-Lernen anstrebt, führt sie doch stets das Hidden Curriculum der jeweiligen Machtstruktur und Interessenlage des Einrichtungsträgers mit sich. Deshalb ist immer wieder neu zu prüfen, ob bzw. inwieweit die elementaren Bedingungen von Beratung, nämlich die Freiwilligkeit, an ihr teilzunehmen oder sie abzubrechen sowie die Glaubwürdigkeit des Beraters, gegeben sind.

Beratung und Weiterbildung.
Zur Institutionalisierung lebenslangen Lernens

Angesichts der immer dringenderen Notwendigkeit lebenslangen Lernens wollen wir abschließend zumindest kurz auf das Verhältnis von Beratung und Weiterbildung blicken. Weiterbildung ist inzwischen zu einem unübersehbaren Markt geworden, auf dem Dienstleister unterschiedlicher Art unterschiedlichste Lernmöglichkeiten – inhalt-lich von Fachkompetenzen bis zu Schlüsselqualifikationen, formal von schulisch struk-turierten Lehrgängen bis zu E-Learning- und Blended-Learning-Angeboten reichend – anbieten und in den sowohl die einzelnen Lernenden als auch ggf. die Betriebe erheb-liche finanzielle Mittel investieren. Angestrebt wird ein selbstgesteuertes Lernen in der Weiterbildung, d. h. »[...] dass das Individuum darüber entscheidet, welche selbst- oder fremdorganisierten Lernmöglichkeiten jeweils in seinen Lernprozess einbezogen wer-den. In diesem Sinne muss das Lernen in den Bildungseinrichtungen auch die persön-liche Entwicklung des Einzelnen fördern, das Lernen des Lernens ermöglichen und dazu beitragen, dass jeder Einzelne mehr Verantwortung für den Erwerb neuer Kenntnisse und Fähigkeiten übernehmen kann, von Anfang an und ein Leben lang« (KMK 2000).

Das Problem ist nun allerdings, dass die Bildungseinrichtungen dies bislang nicht zur Genüge vermögen. Der Weiterbildungsmarkt erscheint einzelnen Lerninteressierten als undurchdringlicher Dschungel, die eigene Weiterbildung als nicht selbst regulierbar. Hier kommt die Beratung ins Spiel, zumal nicht nur das Angebot äußerst vielfältig ist, sondern auch die Zielgruppen mit der Ausdifferenzierung von Milieus und Lebensläufen heterogener geworden sind (vgl. Tippelt 1997, S. 44 ff.). Die Beratungspraxis und der Beratungsdiskurs antworten auf diese Entwicklung mit neuen Formen und Bezeichnun-gen. Eine solche ist das Bildungscoaching, das jene Beratung bezeichnet, in und mittels der die individuelle Fähigkeit zum lebenslangen Lernen und insbesondere die Fähigkeit, die eigene Weiterbildung selbst zu steuern, unterstützt wird. Bildungscoaching ist – wie die oben erwähnte Organisationsberatung – ein Beispiel für die Fähigkeit der Beratung als Institution des Lernens und der Lernunterstützung, immer wieder neue Formen aus sich auszudifferenzieren. Aus professionell-pädagogischer Sicht von Interesse ist, dass damit zugleich immer neue Bereiche professioneller pädagogischer Praxis entstehen.

Medien

Im Folgenden werden unter Medien Zeichenträger verstanden, die zu Zwecken der Kodierung, Verarbeitung, Information, Kommunikation und Speicherung in sowohl analoger als auch digitaler Form dienen können. Als pädagogische Medien können Medien verstanden werden, die die Ermöglichung, Vermittlung und Veranschaulichung pädagogischer Anspruchserwartungen, d. h. die implizit oder explizit intendierten Veränderungen von Einstellungen, Meinungen, Kenntnissen, Wahrnehmungsformen, Verhaltensweisen etc. betreffen, wozu somit die allbekannten Medien wie Zahl, Schrift, Bild, Bit etc., aber auch diejenigen der Macht, Liebe, des Humors, Takts, Optimismus etc. gerechnet werden können (Treml 2000, S. 183 ff.). Dass Medien Lernprozesse initiieren, begleiten, strukturieren, kanalisieren und unterstützen können, kann als evident unterstellt werden. Als ebenso evident kann gelten, dass die differenzierenden Bewertungen von guten und schlechten Medien bzw. von guten und schlechten Medieninhalten, die auf einer allgemeinverbindlichen Grundüberzeugung ethischer und ästhetischer Normen beruhen, in der zweiten, reflexiven Moderne schwieriger geworden sind. Um Müller-Gerbes *cum grano salis* zu paraphrasieren: Die Medien können pädagogisch nutzen und schaden, doch es könnte auch umgekehrt sein.[66] Die Fragen, welche Medien welche

---

66 Die Geschichte der Medien ist, wie könnte es anders sein, auch die Geschichte der Medienkritik. So ist die Gewissheit, dass Medien nicht nur zur Promotion von Lernen und Rationalität, sondern auch zu ihrer Destruktion beitragen, in der Geschichte der Pädagogik ein allbekannter Topos, der an dieser Stelle durch einige »Schlaglichter« mit Bezug auf das Medium Schrift beleuchtet werden soll: So findet sich in Platons Schrift (!) *Phaidros* der Hinweis darauf, dass die Schrift (!) das Gedächtnis schwächt und ein fälschliches Wissen nahe legt; in Cervantes *Don Quijote* kämpft der Ritter von der traurigen Gestalt gegen die Windmühlen, weil er, durch die Lektüre von Ritterromanen verwirrt, die Realität mit der Fiktion verwechselt; Rousseaus Kritik am Buchwissen, die später von der Reformpädagogik fortgeschrieben werden wird, lässt sich in seinem Erziehungsroman *Emile* finden; dort wird behauptet, dass die frühzeitige und intensive Lektüre den natürlichen Entwicklungsgang des Zöglings aus der Bahn werfen würde, so dass Emile erst im Jugendalter zu einem einzigen Buch, nämlich dem *Robinson Crusoe* greifen darf; in der pädagogischen Debatte des endenden neunzehnten Jahrhunderts wettert man gegen die Seelenlosigkeit und Oberflächlichkeit der Schundliteratur, die unweigerlich zur Verrohung der Sitten führen soll – eine Diskussionslinie, die sich mühelos in die Bildungsdebatten um das sich im ersten Drittel des 20. Jahrhunderts etablierende Kino und dann in diejenigen um das sich in den sechziger und siebziger Jahren verbreitende Fernsehen verlängern ließe. In unseren Tagen weist Hartmut von Hentigs Kritik an der Computer- und Telekommunikation darauf hin, dass die mit ihr verknüpften Hoffnungen, sich lästige Denkoperationen zu ersparen und einen demokratischen Zugang zum Wissens- und Denkpotential der Menschheit zu erhalten, nichts weiter als Suggestionen seien. Schlussendlich sei hier Werner Sacher als Diagnostiker der Gegenwart des Lernens benannt: »Wir haben gegenwärtig einen Trend zur Oberflächlichkeit und Flüchtigkeit des Lernens zu verzeichnen: Info- und Edutainment, bloß äußerlich aufgesetzte Animationseffekte, überschätzte Multimodalität mit einer größtmöglichen Vielzahl angesprochener Sinne, die Überschätzung des Lust-Charakters von Lernen und die damit einhergehende Vernachlässigung der mentalen Anstrengung und Verarbeitung beeinträchtigen die Gründlichkeit und Nachhaltigkeit des Lernens in hohem Maße.« Denn zu dieser gehört, so führt Sacher weiter aus, die »Verknüpfung des ›Ergriffenen‹ mit der Person des Lerners, mit seiner Biographie, mit seinem Lebensplan und mit seiner Lebenswelt« (Sacher 2000, S. 145, 147; vgl. Sacher 1989) – die, so könnte man ergänzen, oftmals nur in einem leidvollen Prozess erworben werden kann.

Lernprozesse initiieren, unterstützen etc. und in welcher Weise diese Lernprozesse durch die Medien tangiert werden, sind weitgehend offene, weil empirisch noch nicht entschiedene Fragen. Oftmals bewegt sich hier der pädagogische Mediendiskurs des Lernens auf programmatischem und hypothetischem Niveau.

Aspirationen im Multimedia-Zeitalter

Die zur Zeit vorherrschende Debatte um ein effizienteres Lernen durch Multimedia, sei es in Form von Übungs-, tutoriellen, Simulations- oder Hypertextprogrammen (vgl. z. B. Schulmeister 1997; Clement/Martens 2000; Weber 2005), verdeutlicht diese Einschätzung. Im Folgenden möchten wir diese Debatte kurz skizzieren, d. h. wir werden nicht auf die oben angesprochenen pädagogischen Medien und nicht auf die Wahrnehmungsmedien (von Raum und Zeit) oder die Kommunikationsmedien (wie Sprache, Schrift, Bild, Musik etc.) eingehen, sondern vor allem auf die technischen Verbreitungs- und Lernunterstützungsmedien (Internet- und Multimedia-Lernprogramme, seien diese nun auf einem Server, einem Rechner oder einer CD-ROM zugänglich).[67] In diesem Zusammenhang wird, seit den achtziger Jahren unterstützt durch Organisationen wie UNESCO, die Europäische Kommission oder die OECD, aufgrund ökonomischer, sozialer, politischer und nicht zuletzt pädagogischer Notwendigkeiten gefordert, die lebenslangen Lernprozesse effizienter und kostengünstiger zu gestalten. Dieser Wunsch nach effizienten, rationalen Lernverfahren entspricht dem umfassenden Wunsch nach einer umfassenden ökonomischen Rationalität von Bildungsprozessen. Gegenläufig zu diesem Prozess lässt sich festhalten, dass formuliertes und zertifiziertes Wissen, isolierte Fähigkeiten und Faktenwissen (knowing that) tendenziell an Bedeutung verlieren, während im Gegenzug nicht kodifiziertes, implizites Wissen, tentatives, umfassendes Expertenwissen (knowing how) an Relevanz gewinnt; dieses Wissen aber erfordert eine methodische und didaktische Öffnung, in der Lernprozesse weniger konstruiert und induziert denn ermöglicht und eröffnet werden, um den Raum für das Erlernen der Selbstorganisation des Lernens zu schaffen. In diesem Zusammenhang verweisen die Studien von Brandsford, Franks, Vye und Sherwood (1986, 1989) darauf, dass die Promotion des prozeduralen Wissens (knowing how) sich im Unterschied zum bloßen Faktenwissen (knowing that) konstruktiv durch die Darstellung einer Problemlösung als konkreten narrativen »Anker« bewerkstelligen lässt. »Our most successful and theoretically interesting attempt to facilitate spontaneous access involves the use of problem-oriented acquisition experiences. [...] We argue that the important similarities to pursue are similarities in *requirements for problem solving*« (Bransford et al. 1989, S. 476, 493). Dieser »Anchored-Instruction-Approach« zielt damit auf die Vergegenwärtigung eines impliziten Wissens (inert knowledge), das zu einem expliziten Wissen (conditionalized knowledge) gemacht werden soll.

---

67 In der Regel finden wir hier die Begriffe wie: Lernen mit Multimedia, Lernen im oder mit dem Internet, computergestützter Unterricht, web instruction, technology based learning enviroments, e-learning etc., als deren Komponenten Text und Hypertext, Grafiken, Animationen, Ton, Videos, Bilder und Tests fungieren.

Multimedia verspricht hier die Quadratur des Kreises, insofern unterstellt wird, dass mit der Verwendung der neuen Computertechnologien Effizienz, Ökonomie und Kontrollierbarkeit von Lernprozessen mit an Interaktivität und Selbststeuerung geknüpften offenen Lehr-Lernarrangements einhergehen können, sich mithin die oben beschriebenen Notwendigkeiten mit den individuellen Freiheiten in Einklang bringen lassen. »Die – in der Wahrnehmung der Apologeten – schier universale Vielfalt der dargebotenen Informationen, die Realitätsnähe simulierter Lernsituationen, die vernetzte Wissens- und Kommunikationsstruktur sowie die Möglichkeit individualisierter Lernwege, durch die frei navigiert werden kann, all diese potentiellen Freiheitsgrade lassen Lernen mit neuen Medien als autonom, selbstgesteuert und situationsbezogen erscheinen. Gleichzeitig weckt Lernen am Computer die Vorstellung größtmöglicher Kontrollierbarkeit, denn (jedenfalls beim derzeitigen Entwicklungsstand) können in der Regel nur solche Lernwege beschritten werden, die von den Programmentwicklern vorgedacht und konzipiert wurden« (Clement/Martens 2000, S. 98 f.). Lernen mit – wie auch immer – didaktisierten Medien ist vorprogrammiertes Lernen, das die individuelle Aufnahme und Verarbeitung von Wissen nicht nur ermöglicht, sondern zugleich begrenzt, und das bedeutet, dass auch die viel beschworene Interaktivität multimedialer Angebote oder auch das »Multitasking« vorab programmiert sind. Damit werden in gewisser Weise die Lernprozesse »en passant« (vgl. Reischmann 1995) oder auch die wertvollen »Umwege« des Lernens, d. h. die bedeutsamen Serendipity-Effekte, beschnitten, i. e. die Möglichkeiten, durch Zufälle etwas Wichtiges zu lernen, während man »eigentlich« etwas anderes sucht oder will.

Neu an dieser Konstellation ist nicht der Konnex von Notwendigkeit und Freiheit des Lernens, von Selbststeuerung und Selbsttätigkeit auf der einen und Fremdsteuerung und Kontrolle auf der anderen Seite, ist diese doch schon von Immanuel Kant Anfang des 19. Jahrhunderts mit der paradoxen Formel der Erziehung zur Freiheit durch Zwang auf den Punkt gebracht und dann – medienbezogen – etwa von Maria Montessori in ihren Materialien umgesetzt worden. Neu erscheinen allerdings die mit Multimedia verknüpften immensen Hoffnungen, ein weitgehend selbstorganisiertes Lernen mit einer höchstmöglichen Effizienz, Vernetzung und potentiell unendlichen Offenheit und Vielfalt in Verbindung bringen zu können.

Zur kritischen Einschätzung der Innovationsleistungen neuer Medien

Zunächst ist allerdings zu klären, welche Veränderungen und Innovationen mit den neuen Medien verbunden sind. Mit Mike Sandbothe (2005) lassen sich vier Basisannahmen betrachten, die sich unter Bedingungen des multimedialen Lernens reformieren lassen: die geschlossenen Wissensräume, das Primat der Stimme, die mit Omnipotenz ausgestattete Lehrerautorität und die hierarchische Ordnung des Wissens. 1. Mit dem Internet werden die traditionellen (Wissens-)Räumlichkeiten verlassen, als einerseits der physische Raum in Richtung eines virtuellen Raums und andererseits dort ein komplex vernetzter, symbolischer Raum betreten wird. 2. Die traditionelle face-to-face-Interaktion wird nicht abgeschafft (in gewisser Weise wird sie sogar nötiger denn je), sondern ergänzt um die synchronen und diachronen Möglichkeiten schriftgestützter

Kommunikation, die wiederum dezentrierend und revalidierend auf diese zurückwirkt. 3. Damit ist auch die traditionelle Rolle der Lehrerin und des Lehrers tangiert, da ihr verstärkt kommunikationspragmatische Moderation und kommunikative Navigationsfähigkeiten zukommen müssen. 4. Die vierte Modifikation betrifft den vernetzten, potentiell unendlichen Verweisungszusammenhang von graphischen, piktoralen und akustischen Zeichen, der in die Richtung eines medialen Konzepts stetiger Vernetzung, selbstständiger Bewertung und pragmatischer Rückbindung verweist.

Ohne im Einzelnen die – mit Blick auf die Geschichte der Pädagogik gelinde gesagt strittigen, ja gelegentlich schlicht falschen (z. B. bei der Hypothese einer geschlossenen pädagogischen Räumlichkeit) – Annahmen von Sandbothe zu diskutieren und ohne sie durch die Hinweise auf eine modifizierte Körper- und Leiblichkeit, durch eine Veränderung von Gemeinschaft und Gesellschaft, durch eine geänderte Zeitstruktur (vgl. Bausch/Jörissen 2004) etc. zu ergänzen, soll hier lediglich seine Quintessenz für eine Theorie und Praxis des Lernens festgehalten werden. Diese lässt sich in einer Interdependenz von (neuen) Wissens- und (neuen) Lernformen sehen. Lassen sich auf der Seite des neuen Wissens – in der Tendenz – weniger hierarchische denn heterarische Wissensbestände, weniger fundamentale Kategorien denn provisorische Begriffsbestimmungen, weniger systematische Sequenzen denn Verweisungszusammenhänge und weniger fundamentales Faktenwissen denn prozedurales Umgangswissen ausmachen, so fordert diese Wissensstruktur weniger ein instruktives denn ein konstruktives, weniger ein überzeitliches denn ein flexibles, weniger ein unilaterales denn ein interaktiv-virtuoses sowie weniger ein Auswendiglernen denn ein stetiges Umlernen: ein reflexives, praktisches, intermodales, problemorientiertes Lernen.

Allerdings lassen sich die vermuteten Lerneffekte aufgrund der Komplexität der bei Lernprozessen wirkenden Einflussgrößen empirisch kaum, wenn überhaupt, valide und reliabel den Wirkungen dieser Medien insgesamt zuschreiben. Zum zweiten ist Lernen als innerpsychischer Prozess einer äußeren Beobachtung nie gänzlich zugängig, mithin jedenfalls schwer rekonstruierbar. Testaufgaben, Anwendungs- und Verhaltenssituationen und Handlungsaufforderungen lassen es gegebenenfalls zu, die Leistung (des Lernens), nicht aber das Lernen selbst zu fokussieren. Drittens erscheint es empirisch zweifelhaft, die Lernprozesse und ihre Ergebnisse mit dem Anwendungswissen in einen Zusammenhang zu bringen, geht doch Lernen nicht unmittelbar auch mit der konkreten Umsetzung des Gelernten einher. Und viertens wird es fraglich, wie man aufgrund der skizzierten Problematiken – Komplexität, Unsichtbarkeit, Anwendungsbezogenheit – Modelle und Formen des medialen Lernens und Lehrens ableiten will, die mit spezifischen (ökonomischen, sozialen, performativen etc.) Zielen verknüpft sind und nicht nur mit der pauschalen Annahme, dass mit und in ihnen »schon etwas gelernt wird«. Wie lassen sich kausalattribuierte Rückschlüsse auf das Lernen mit Medien ziehen, wenn man von einem prinzipiell offenen Lernprozess ausgeht?[68] Wie lassen sich die Verknüp-

---

68 Ein starkes Argument gegen Kausalität mit Bezug auf Medienwirkungsmodelle liefert Ralf Vollbrecht (2001, S. 112): »Denn Kausalität lässt sich streng genommen nicht beweisen, sondern nur als Ex-ante-Annahme unterstellen. Beweisen ließe sich allenfalls Nichtkausalität.«

fungen zwischen den unterschiedlichen Konstrukten von Lernen und Lernerfolgen, wie die Relationen zwischen diesen Konstrukten und den zu messenden Lerngrößen und Indikatoren des Lernens reliabel und valide beschreiben? Denn: »Eine definitive Festlegung der Kriterien und Messgrößen im Rahmen von Testverfahren ist daher – ebenso wie zugrunde liegende Lehrziele und deren Operationalisierungen – prinzipiell verhandelbar [...]« (Clement/Martens 2000, S. 107) und gerät leicht in einen rekonstruktiven Zirkel, der nur das als »Lernen« misst, was er vorab als solches definiert. Denn ob und wie der individuelle Lernerfolg zustande kam, kann durch kein »objektives« Konstrukt überprüft oder erkannt werden. Zudem lässt sich hier mit Klaus Holzkamp (1993, S. 208) die Differenz zwischen Lehrzielen und Lernzielen festhalten: »Der potentielle Lerngegenstand ist nicht zu verwechseln mit dem möglichen Ziel des Lernhandelns: ›Ziele‹ sind als solches etwas, das das Individuum selbst sich setzt [...] Lerngegenstände sind dagegen etwas, was dem Individuum auf der Weltseite gegenüber steht, dessen Aufschließung sich das Lernsubjekt zum Ziel machen kann, die aber nicht mit dem Ziel zusammenfallen.« Und schließlich stellt auch die Nachhaltigkeit von Lernprozessen aus empirischer Sicht ein Problem dar, denn ob und wieweit Lernprozesse biographisch reichen, ist ebenso kaum verifizierbar wie die Frage danach, welche Lehrmethoden und Medien die Nachhaltigkeit von Lernen am effektivsten stabilisieren. Zusammenfassend verweist Schulmeister die Ergebnisse der Evaluation von Lernprozessen daher in das »Land der Nullhypothesen« (Schulmeister 1997). Es bleibt noch zu klären, ob wir mit Multimedia tatsächlich besser, schneller und effizienter lernen können, oder ob dazu ein Stapel alter Schulbücher oder ein gemeinsames Projekt nicht sinnvoller sind.[69] Und insofern stellt sich die Frage, ob die mit den neuen Medien in Verbindung gebrachte Entgrenzung der Lernkulturen als größere Steuerung des Lernprozesses, als erweiterndes individuelles wie kommunikatives Lernen, als Steigerung des expliziten wie impliziten Lernens und als Beschleunigung und Effizienzsteigerung des Lernens *per se* behauptet werden kann.

Mediale Lerneffekte

Wenn überhaupt, so ergeben sich mediale Lerneffekte dadurch, dass:

1. das entsprechende Equipment überhaupt vorhanden ist (was ja noch immer nicht bei allen Schülern der Fall ist);
2. entsprechende Bildungsvoraussetzungen mitgebracht werden (sonst droht: *getting lost in hyperspace*);

---

69 »So ist noch nicht einmal geklärt, ob die Verwendung von Bildern und Animationen zur Visualisierung von Bewegung und Räumlichkeiten generell höhere Lern- und Behaltenseffekte bewirkt – lernpsychologische Untersuchungen schränken diese Annahme eher auf ungewohnte Lerner mit einer geringen Lernsicherheit ein« (Nolda 2002, S. 150) – was im Übrigen schon die christlichen Kleriker im Mittealter vermutet haben, die Bilder als *biblia pauperum* für ihre leseunkundigen Gemeindemitglieder einsetzten.

3. die Medien Akzeptanz finden, weil sie die Vermittlung des Stoffes und der Verfahren verständlich vermitteln, dabei verschiedene Darstellungsformen angemessen einsetzen, einfache und übersichtliche Benutzeroberflächen sowie Orientierungs- und Navigationsmöglichkeiten aufweisen und eine Selbstkontrolle der Lernenden möglich machen (vgl. Vollbrecht 2001, S. 96);

4. die Lernenden selbst gewisse Voraussetzungen mitbringen, etwa ein spezifisches technisches, schriftliches Vorwissen, räumliches Vorstellungsvermögen, bestimmte Lernstile, eine den neuen Medien entgegenkommende Einstellung etc.;

5. nicht zuletzt auch die Lehrenden sich »den routinierten Umgang mit der digitalen Lernumgebung, das selbstständige Planen und Gestalten der Lernenden und den Schwerpunktwechsel vom Darstellen zum tutoriellen Betreuen bei den Lehrenden« (Nolda 2002, S. 155) angeeignet haben.

In vielen Fällen wäre es sinnvoll, bei der Entwicklung der Lernsoftware bzw. bei ihrer Didaktisierung nicht nur eine *top down*-, sondern eine *bottom up*-Strategie zu verfolgen, d. h. die Entwicklung und Didaktisierung gemeinsam mit den Schülern zu erarbeiten. Ebenso wäre es sinnvoll, dass Lernsoftware und Didaktisierung individuelle Umwege des Lernens möglich machen. Zusätzlich sollte überlegt werden, ob diese Medien in der Lage sind, einerseits den Lernenden individuell zu fördern und sodann den *increasing knowledge gap* nicht noch unnötigerweise zu vergrößern.

Als resümierende Zusammenfassung soll hier das »Framework for the design of learning enviroments« von Collins, Brown und Newman (1989) vorgestellt werden, das das computerunterstützte Lernen explizit deswegen empfiehlt, weil es den einzelnen Schülern mehr Rechnung tragen und weil es den Lehrern die Möglichkeit gezielter Diagnosen, Hinweise und Stufenfolgen geben soll (ebd., S. 491).[70]

Dieses Modell einer Lernumgebung hebt zunächst auf eine problemorientierte, realistische Lernumgebung ab, die Lerninhalte mit Lösungsstrategien in Zusammenhang bringt; es geht einerseits um »the nature of expert pratice« und dann eben auch um »methods appropriate to learning that practice. [...] In short, tasks are sequenced to reflect the changing demands of learning« (ebd., S. 457, 459). Durch stetige Diskussionen und einen ständigen Austausch zwischen Lehrenden und Lernenden (modelling, coaching, scaffolding and fading) soll eine Steigerung der Kompetenzen insoweit erfol-

---

70 Das Modell des »cognitive-apprenticeship-approach« im Überblick (Collins u. a. 1989, S. 476):

Content	Methods	Sequence	Sociology
Domain Knowledge	Modelling	Increasing complexity	Situated learning
Heuristic strategies	Coaching	Increasing diversity	Culture of expert practice
Control strategies	Scaffolding and fading	Global before local skills	Intrinsic motivation
Learning strategies	Articulation		Exploiting cooperation
	Reflection		Exploiting competition
	Exploration		

gen, dass Hilfestellungen immer weniger notwendig werden.[71] Dabei soll der Lernprozess bei den Lernenden bewusst reflektiert werden: »Reflection is the process that
underlies the ability of learners to compare their own performance, at both micro and
macrolevels, to the performance of an expert. Such comparisons aid learners in diagnos-
ing difficulties and incrementally adjusting their performances until they reach compe-
tence« (ebd., S. 456).

Für eine pädagogische Theorie und Praxis des Lernens sind nun vor allem zwei
Momente interessant: die *Lernstrategien* und das Modell des *situierten Lernens*. Die Lernstrategien werden von den Autoren als Skala von prozeduralen Maßnahmen skizziert,
die von generellen Methoden zur Erschließung neuer Gegenstände, zu lokalen Strategien, zur Ausdifferenzierung und zum Rekonfigurieren von Wissensbeständen mit
Hinblick auf konkrete Probleme oder komplexere Aufgaben reicht (ebd., S. 479).[72] Mit
dem situierten Lernen werden insgesamt fünf Dimensionen verknüpft:

1. Das Verstehen und das Anwenden des erlangten Wissens;
2. Die Koinzidenz von Lernen und Anwendung (learning *by* doing);
3. Das Erlernen diverser Bedingungen von Anwendungsmöglichkeiten;
4. Das mit dem Lernen in multiplen Kontexten verbundene abstrahierende Wissen;
5. Der Konnex von »problem finding« und Lösungsstrategien (ebd., S. 488 f.).

Damit hebt das Modell des situierten Lernens auf ein praktisches und pragmatisches
Wissen ab, das mit seiner ständigen pragmatischen Rückbindung eine dynamische Vermittlung von sich ausdifferenzierenden Wissensformen und immer wieder neu anste-
henden Problematiken schafft. Diesem Modell entspricht das von den Autoren vorge-
schlagene Lehrmodell, das mit seinen Charakteristika – »the ready availability of models
in expertise-in-use, the presence of clear expectations and learning goals, and the integration of skill improvements and social reward« (ebd., S. 486) – Lernprozesse motiviert
und unterstützt.

---

71 »Once the learner has a grasp of the target skill, the master reduces (or fades) his participation,
   providing only limiting hints, refinements, and feedback to the learner, who practices by suc-
   cessfully approximating smooth execution of the whole skill« (Collins/Brown/Newman 1989,
   S. 456).
72 »In general, it seems clear that both the acquisition and the use of these strategies depend
   crucially on interactions between the individual's current knowledge and beliefs, the social and
   physical environment in which the problem solving takes place, and the local details of the
   problem solving itself as it unfolds« (ebd., S. 480).

6   Eine pädagogische Theorie des Lernens

Lernen als pädagogischer Grundbegriff

In diesem Band wurde vor dem Hintergrund der Allgemeinen Pädagogik der Versuch unternommen, Lernen als einen pädagogischen Grundbegriff zu rekonstruieren. Lernen ist aus pädagogischer Sicht der erfahrungsreflexive, auf den Lernenden – auf seine Lebensfähigkeit und Lebensweise sowie auf seine Lernfähigkeit und Lernweise – sich auswirkende Prozess der Gewinnung von spezifischem Wissen und Können. Inhaltlich sind dementsprechend die – im Lernprozess selbst stets verbundenen – Aspekte des Wissen-Lernens, Können-Lernens, Leben-Lernens und Lernen-Lernens zu unterscheiden. Modal verläuft Lernen erfahrungsbezogen, dialogisch, sinnvoll und ganzheitlich:

- *erfahrungsbezogen*, da Lernen immer an Erfahrungen anknüpft und in Lernerfahrungen inhaltliche oder strukturelle Modifikationen von Erfahrungen bewirkt werden, insofern der Lernende, wenn er etwas gelernt hat, etwas anderes und/oder etwas anders weiß, kann und ist, so dass er in Zukunft von einer – inhaltlichen und/oder strukturell – anderen Erfahrungsbasis ausgehen kann;
- *dialogisch*, da Lernen kein bloß individueller Vorgang, sondern eine dialogisch gelingende Auseinandersetzung mit (ggf. sich selbst: eigenem Wissen, Fähigkeiten, Fertigkeiten, Gewohnheiten etc. als) Anderem resp. Anderen ist, welche nicht nur inhaltlich, sondern auch formal resp. modal von diesem Anderen mitbestimmt wird, weshalb der Gestalt und Gestaltung des jeweiligen Anderen höchste pädagogische Aufmerksamkeit zu gelten hat;
- *sinnvoll*, da sich im Lernen selbst ein dieses weiter vorantreibender oder hemmender, ablenkender oder fokussierender, letztlich kontingenter und so Horizonte des Möglichen öffnender – wie schließender – Geschehenssinn bildet. Dieser Sinn kann auf unterschiedlichen Ebenen angesiedelt sein, auf einer körperlichen, biographischen, sozialen, kulturellen etc.;
- *ganzheitlich*, da das Lernen nicht nur Verhaltensänderung oder Änderung einer kognitiven Struktur, sondern ein sinnvoller Prozess ist, welcher aufgrund der Kontingenz von Sinn Transformationsoptionen auch jenseits des im Lernen Fokussierten eröffnet (So führt Wissen-Lernen immer auch Können-, Leben- und Lernen-Lernen mit sich und umgekehrt.) und dabei – wenngleich in unterschiedlichem Ausmaß – den gesamten Lernenden (sowie die mit ihm verbundene Welt) berührt und ggf. auch jenseits des im Lernen Fokussierten transformiert.

Die vier Dimensionen des Lernens

Die im Folgenden ausgeführte Systematik der – im Lernprozess selbst verbundenen – Aspekte des Wissen-Lernens, Können-Lernens, Leben-Lernens und Lernen-Lernens baut auf Vorarbeiten von Michael Göhlich auf (Göhlich 2001, S. 232 ff.; ähnlich, jedoch nicht in die Vorarbeiten eingegangen: Delors 1996; vgl. Göhlich/Wulf/Zirfas 2007). Sie versteht sich als historisch-systematische Heuristik von Lernprozessen, die je unterschiedliche Akzentuierungen im Lernbegriff vorschlägt. Diese Sichtweise impliziert, dass die im Folgenden dargestellten Aspekte keine Lerntypen *sui generis* darstellen, die sich in realen pädagogischen Prozessen als reine Lerntypen rekonstruieren lassen; vielmehr sind umgekehrt gerade in vielen und wohl den meisten Lernprozessen alle hier genannten Lernfacetten in irgendeiner Form beteiligt, denn indem wir etwas lernen, lernen wir etwas zu wissen, etwas zu können, etwas für das Leben und gleichzeitig lernen wir auch etwas über das Lernen selbst. In diesem Sinne dient die Strukturierung des Lernbegriffs einer Komplexitätsreduktion der vielfältigen, oftmals kaum wahrnehmbaren Formen und Prozesse des Lernens.

Dabei können die Bedeutungshorizonte des Wissen-, Können-, Leben- und Lernen-Lernens in ihren vielfältigen Horizonten natürlich nicht vollständig benannt werden. So wird schon auf den ersten Blick einsichtig, dass *Wissen* z. B. als Theorie, als Kontemplation, als Verifikation etc., oder *Können* z. B. als Praxis, *Poiesis*, Mimesis, *Techne* etc., oder *Leben* z. B. als biographisches, soziales, kulturelles eine ebenso große und oftmals auch divergierende Bandbreite an Lernbedeutungen nach sich zieht, wie *Lernenlernen* z. B. als Erfahrungs-, Methoden- oder Reflektionslernen. Insofern beansprucht die folgende Systematik eine ad hoc Plausibilität, die durch vergleichende historische, anthropologische, soziale und kulturelle Studien der Pädagogik noch untermauert werden müsste.

Wissen-Lernen

Betrachten wir zunächst den Aspekt des Wissen-Lernens. Hier geht es um die Sache. Wissen-Lernen ist idealtypisch ein rein sachlicher Prozess. Auch Körperliches, Soziales, Emotionales, Sprachliches wird als Wissen in diesem Sinne rein sachlich lernbar gedacht. Selbst durch den alltagssprachlichen Begriff des Wissens scheint die den engeren, wissenschaftlichen Wissensbegriff kennzeichnende Abgrenzung gegenüber Meinen und Glauben hindurch, welche sich insbesondere durch das Postulat und die Techniken der intersubjektiven Überprüfbarkeit (der Wahrheit) des Wissens auszeichnet.

Wissen-Lernen in diesem Sinne ist »objektiv«, es begreift das Zu-Lernende bzw. Gelernte als auch außerhalb des Lernens resp. des Lernenden vorhandenes und folgerichtig umgekehrt als vom Gelernt-Habenden entäußerbares Objekt. In dieser Äußerlichkeit und Entäußerbarkeit unterscheidet sich das im Wissen-Lernen entstehende (von der Praxis abgezogene, ggf. theoretische oder thesenhafte) Wissen von dem inzwischen häufig sogenannten »praktischen Wissen«, das wir als Können thematisieren (s. u. Können-Lernen).

Äußerlichkeit und Entäußerbarkeit des Wissens sind menschheitsgeschichtlich von entscheidender Bedeutung, wird dadurch doch dessen Weitergabe möglich. Mediale Anstrengungen des Menschen von der Keilschrift bis zum Internet zielen auf die Weitergabe von Wissen und setzen dabei das Wissen-Lernen der jeweiligen Anderen ebenso voraus wie sie es ermöglichen. Folgerichtig ist es gerade dieser Aspekt menschlichen Lernens, der schon früh außerhalb allgemeiner lebensweltlicher, insbesondere außerhalb arbeitsweltlicher Praxis eigens organisiert und pädagogisch gestaltet und reflektiert wird. Schon in Antike und Mittelalter, sich breiter durchsetzend ab der Neuzeit ist es insbesondere die heute universale Organisationsform der Schule, der die Ermöglichung und Unterstützung des Wissen-Lernens zugeschrieben wird.

Die enge Verbundenheit des Wissen-Lernens und seiner Unterstützung (resp. der »Wissensvermittlung«) mit der Schule wurzelt, wie bereits angedeutet, in zwei Gründen:

Zum einen darin, dass Wissen im Unterschied zu Können und anderen Aspekten, auf die das Lernen zielt und die mit ihm zusammenhängen, als von der Person lösbar und damit als bloßer Gegenstand (»Sache«) vermittelbar erscheint. Diese Vorstellung trägt zur Entwicklung der ersten Art von »Wissensgesellschaft«, der »gelehrten Welt« und ihrem Wissensspeicher, der nur Schriftkundigen zugänglichen Bücher und anderer schriftlicher Dokumente bei. Die breite Durchsetzung der Schule als Lernstätte setzt nicht nur Schrift und Buch, sondern auch die Erfindung des Buchdrucks voraus. Inwiefern die Schule im weiteren Fortgang der heutigen Entwicklung zu einer neuen – das Internet als Wissensspeicher und Medium nutzenden und an vergleichsweise kurzzeitigerem Wissen interessierten – Art von »Wissensgesellschaft« noch als Wissensvermittlungseinrichtung herkömmlichen Sinnes nachgefragt wird, ist fraglich. Angesichts der Verkürzung der Schul- und (mit Einrichtung der Bachelorstudiengänge) Studienzeit sowie der enormen Zunahme der für Weiterbildung verwendeten Zeit und Mittel ist jetzt schon zu konstatieren, dass Wissen-Lernen sich als fortwährender Aspekt lebenslangen Lernens erweist, dass es sich zunehmend weniger auf zeitlich überdauerndes »Allgemeinwissen« und mehr auf aktuelles und zu aktualisierendes Spezialwissen bezieht, sowie schließlich, dass Wissen-Lernen – vorerst in der Erwachsenen- resp. Weiterbildung – pädagogisch zunehmend nicht schulisch, sondern z. B. webbasiert bzw. in Form von Blended Learning ermöglicht und unterstützt wird.

Zum anderen wurzelt die enge Verbundenheit des Wissen-Lernens mit der Schule darin, dass Wissen unter Absehung von der Person nach standardisierbaren Kriterien prüfbar erscheint und die Prüfung (des Wissens als Gewusstes und damit auch des Wissenden als Gelernt-Habendem) ein zentrales Element der Organisation Schule ist. Bei der Prüfbarkeit des Wissens ist also keineswegs nur an eine – wissenschaftlichen Standards im heutigen Sinne entsprechende, z. B. experimentelle – Überprüfung der Wahrheit des Wissens zu denken. Tatsächlich spielt ein solches, auf experimenteller Erfahrung beruhendes Wissen-Lernen in der Schule – trotz aller ideellen und gelegentlich auch praktischen Bemühungen von z. B. Locke über z. B. Dewey bis z. B. Wagenschein – zumindest hierzulande bis heute keine große Rolle. Als standardisierbares Kriterium des Wissen-Lernens dient schulisch nicht etwa die Falsifikation von Hypothesen, sondern die Verfügbarkeit eines vorab bereits als wahr vorausgesetzten und damit zumindest innerhalb des schulischen Kontextes schlicht normativ gesetzten Wissens. Schule prüft, ob und inwieweit der Schüler über diesen Wissenskanon verfügt und weist den in der Prüfung festgestellten Wissensstand als solchen (und zugleich als Lernerfolg bzw. Misserfolg) aus.

Wissen-Lernen in diesem (beschränkten) Sinne heißt, sich ein kanonisiertes Wissen anzueignen. Die normative Setzung und Kanonisierung des Wissens mag heute auch auf Ergebnisse experimenteller Forschung zurückgreifen, braucht diese allerdings nicht unbedingt. Was sie benötigt, ist in erster Linie gesellschaftliche Anerkennung, die historisch mal theologisch, mal politisch, selten hingegen wissenschaftlich begründet war.

Wissen-Lernen ist schulisch deshalb eng auf den – durch Interessengruppen immer neu verhandelten, jedoch auch über mehrere Generationen hinweg tradierte Wissensbestände beinhaltenden – Lehrplan bezogen. Im Lehrplan erinnert sich die schulische Pädagogik an die Gesellschaft, der sie dient. Mittels des Lehrplans versichert sich die schulische Pädagogik der Welt aus Sicht dieser Gesellschaft und bindet zugleich das Wissen-Lernen des Lernenden (hier: des Schülers) eng an den betreffenden Kanon und diese Norm von Wissen. Der Lehrplan ist eine systematisierte und didaktisierte Version des kulturellen Gedächtnisses einer Gesellschaft. In ihm wird benannt, was die ältere Generation der jüngeren überliefern will und was diese erhalten und ggf. weiterentwickeln soll.

Interessanterweise kommt dem Lehrplan im pädagogischen Diskurs vergleichsweise wenig Aufmerksamkeit zu (vgl. Künzli 2007). Möglicherweise erhält er seltener Aufmerksamkeit, weil in ihm deutlicher als irgendwo der Anspruch der Gesellschaft (genauer: der in ihr herrschenden Kräfte) auf eine ihr dienende Haltung der Pädagogik bzw. der pädagogischen Praktiker zum Ausdruck kommt. Diese Funktionalität birgt für die Pädagogik zweierlei Probleme: Zum einen droht der Lehrplan die Gebundenheit des Lernens an den Lernenden und damit dessen Bezug auf den konkreten Anfang, Prozess und Horizont des Lernens zu torpedieren; zum anderen droht der Lehrplan als überliefertes kanonisiertes Wissen das gegenwärtige Leben und als abstrahiertes Wissen die Praxis zu entwerten, was bzw. welche dann im pädagogischen Feld Sozialpädagogen gegen Lehrer bzw. Ausbilder gegen Berufsschullehrer zu verteidigen suchen.

Wir verstehen deshalb unter Wissen-Lernen nicht die Hinführung des Lernenden zu einem fachlich systematisierten, fertig vorliegenden Menschheitswissen, plädieren jedoch auch nicht dafür, die Erfahrung und Entwicklung des Lernenden selbst zum alleinigen pädagogischen Kriterium des Wissen-Lernens zu machen. Stattdessen sehen wir – und hier schließen wir uns Dewey (2002b) an – die Erfahrung als Grundlage sowohl des zum Wissen führenden Prozesses des Lernenden als auch des bereits zu Wissen und zu Fächern des Lehrplans Geronnenen. Wissen-Lernen in seinem vollen Sinne erfolgt deshalb schulisch dort, wo traditionelle und aus Erfahrungen abstrahierte Wissensbestände des Lehrplans wieder an zeitgenössische Erfahrungen angeschlossen werden.

Bis hier haben wir das Wissen-Lernen im Sinne des Etwas-Wissen-Lernens behandelt. Selbstverständlich geht mit jedem Wissen-Lernprozess auch Lernen-Lernen einher, indem sich die jeweilige Form des Wissen-Lernens als mögliche Lernform in den Lernenden einschreibt. Auch für das Wissen selbst macht es einen Unterschied, ob wir etwas Gegebenes, sei es ein Gedicht, eine Formel oder den Aufbau einer Pflanze, mittels häufiger mündlicher oder schriftlicher Wiederholung auswendig lernen, ob wir es im Austausch mit anderen von verschiedenen Seiten betrachten, ob wir es in unserer außerschulischen Lebenswelt anwenden oder ob wir es als geronnene Erfahrung oder neuartiges Problem erkunden und durchdenken. Das Wissen ist je nach Lernform ein anderes, wenngleich auf den ersten Blick nicht vom anders Gelernten zu unterscheidendes. Folgerichtig ist pädagogisch eine Vielfalt von Lernformen anzustreben, sind erkundende ebenso wie übende Modi der Auseinandersetzung mit dem Gegenstand geboten, um souveränes Wissen zu erreichen.

Zudem ist das Wissen ein anderes, wenn es für das Wissen, für das Verständnis eines zur Frage gewordenen Gegenstands, als wenn es aus anderem Interesse gelernt wird. Wenn Wissen-Lernen auf das Verständnis eines zur Frage gewordenen Gegenstands zielt, vermag es nicht nur menschheitsgeschichtlich bereits entäußertes und als Antwort vorliegendes Wissen zu übernehmen, sondern auch, (neues) Wissen zu schaffen. Hier wird der lernende Mensch (gleich welchen Alters) zum Forscher und Schöpfer und erfüllt damit eine seiner spezifisch menschlichen Möglichkeiten. Deshalb gilt es pädagogisch die Möglichkeit zu schaffen, dass der Gegenstand dem Lernenden zur Frage wird.

Können-Lernen

Ein zweiter Aspekt des Lernens ist das Können-Lernen. Beim Können geht es um verkörperlichte und so ggf. auch reflexionslos reaktivierbare Handlungsfähigkeit. In Angleichung an den gesellschaftlich derzeit – nicht zuletzt aufgrund der neuen Speichermöglichkeiten – dominanten Begriff des Wissens wird dies häufig als »praktisches Wissen« bezeichnet. Wir verwenden den Begriff des Könnens, um die Eigenart dieses Aspekts gegenüber dem Wissen zu erhalten. Können-Lernen zielt auf Anderes und verläuft anders als Wissen-Lernen.

Beim Können-Lernen geht es um die Erlangung einer – über Routine bis zum Automatismus unter das Bewusstsein verlagerten – Prozessgewissheit. Körperliches, Sprachliches, Emotionales, Soziales etc. wird als Können nicht zur objektivierten Sache, sondern bleibt jeweils körperlich, sprachlich (hier im Sinne von Saussures »parole«), emotional, sozial, bleibt als Ensemble leiblich.

Können zeichnet sich im Unterschied zu Wissen durch seine untrennbare Anbindung an die Akteure resp. Lernenden aus. Weil Können nicht (jedenfalls nicht als Können, nur transformiert als Wissen) vom könnenden Akteur und der betreffenden Tätigkeit gelöst werden kann, kann es nicht in Sprache oder Schrift vermittelt, sondern nur in der Ausführung einer Tätigkeit auf- bzw. vorgeführt und mittels Mimesis, tastendem Versuchen, wiederholendem Üben u. ä. erlernt werden.

Können-Lernen heißt, eine bestimmte Tätigkeit(sform) ausführen zu lernen. Wie das Wissen-Lernen auf a-theoretischem Vorwissen gründet, so gründet erst recht Können-Lernen auf bereits gegebenem, wenn auch rudimentärem Können. Dies gilt bereits für existentiell notwendiges Können wie das Saugen, das auf dem Saugschema aufbaut, nichtsdestotrotz jedoch in seinen verschiedenen Bewegungsbestandteilen während des Saugens selbst im Sinne eines Können-Lernens weiterentwickelt, optimiert und verfeinert wird. Zum existentiellen Können-Lernen sind im Blick auf die Erlangung autonomer Existenz im Sinne des Für-Sich-Selbst-Sorgen-Könnens zudem das Greifen-, Trinken-, Essen-, Sich-Fortbewegen- (dies muss nicht notwendig Gehen sein) und Kommunizieren-Lernen (dies muss nicht notwendig verbales Sprechen sein) von existentieller Bedeutung. Wer dieses Können nicht lernt, wird ohne die Hilfe Anderer nicht überleben. Jeder Lernfortschritt in existentiellem Können, sei es vom Krabbeln- zum Gehen-Können oder vom Lachen-Weinen-Schreien- zum Sprechen-Können, ist ein Zugewinn an Autonomie. Die Thematik des weiteren Können-Lernen ergibt sich (wie bereits das Sprechen-Lernen, indem es im Kontext einer bestimmten Sprache auf diese hin erfolgt; zu Schwierigkeiten und Möglichkeiten mehrsprachiger Kindheit s. Göhlich 2002) aus dem kulturellen Kontext. So lernen heute hierzulande viele Kinder schon vor Erreichen des Schulalters elektronische Geräte unterschiedlichster Art zu bedienen, verschiedene Spiele, z. B. Fußball zu spielen, zu schwimmen, Rad und Ski zu fahren und damit ein je spezifisches Können. Auch dieses je spezifische Können-Lernen bringt einen Zugewinn an Autonomie mit sich. Lesen, Schreiben und Rechnen gelten heute nicht nur in unserer Gesellschaft als die klassischen Kulturtechniken, die in der Grundschule erlernt werden sollen. Lesen-, Schreiben- und Rechnen-Lernen ist (ein je spezifisches) Können-Lernen. Wir betonen dies, um deutlich zu machen, dass auch das kulturtechnische Lernen zum einen auf bereits vorhandenem Können der Lernenden aufbaut und nur im Anschluss an dieses erfolgen kann und zum anderen, bedenken wir die Möglichkeiten der Steigerung und Erweiterung des Könnens, nie abgeschlossen ist. Im Hinblick auf die genannten Kulturtechniken, etwa das Schreiben, ist dies zu erkennen, wenn wir den Schritt von der Druck- zur Schreibschrift, die Kalligraphie oder auch das Tastaturschreiben betrachten. Im Hinblick auf die Vielfalt menschlichen Könnens wird die Unabgeschlossenheit des Lernens etwa im lebenslangen Ringen handwerklicher Meister um die Weiterentwicklung ihres Könnens, im Training professioneller Sportler, im täglichen Üben der Berufsmusiker oder im Microteaching von Lehrern deutlich.

Auch wenn auf den ersten Blick ein bestimmtes Können eines Menschen so erscheinen mag, als wäre es zunächst überhaupt nicht und dann gänzlich vorhanden (z. B. das Kind »kann noch nicht« bzw. »kann« gehen), so wird doch spätestens beim Blick auf professionelles Können deutlich, dass es nicht nur den Schritt vom Nicht-Können zum Können, sondern eine Vielzahl von Stufen des Könnens gibt. Nicht ob ein Schreiner schreinern kann, sondern wie er schreinern kann, ist die im Hinblick auf sein Können zentrale Frage. Nicht ob ein Geiger geigen, sondern wie er geigen kann, nicht ob ein Lehrer unterrichten, sondern wie er unterrichten kann, nicht ob ein Chirurg operieren, sondern wie er operieren kann, kennzeichnet sein Können. Können-Lernen heißt so gesehen, sein Können zu verbessern und zu erweitern, gegebenenfalls bis hin zur »Kunst« des »Könners«.

Wir halten fest: Schon das existentielle Können-Lernen im frühesten Kindesalter geht von einem gewissen Können (z. B. Saugschema) aus. Mit jedem Lernschritt hinsichtlich eines spezifischen Könnens wächst die Autonomie des Individuums. Dabei entwickelt sich das Können je individuell. Die grundsätzliche Individualität des Könnens wird umso einzigartiger, je souveräner das Können wird. Souveränität ist eine wesentliche Voraussetzung für die Kunst des Könners, zu der das Können-Lernen letztlich führen kann. Die Performance des Könnens ist wiederum eine – und zwar die traditionelle – Möglichkeit der Ermöglichung und Unterstützung von Können-Lernen. Das vorgeführte Können dient dabei als Modell, an dem der Können-Lernende mimetisch lernt.

Damit sind wir bei der Frage, wie Können gelernt wird. Die darin implizite Unterscheidung sei zunächst ausdrücklich betont: Wie gelernt wird, hängt auch davon ab, was gelernt wird. Können-Lernen vollzieht sich in der Regel in anderer Weise als Wissen-Lernen. Auch zwischen unterschiedlichem Können-Lernen sind Differenzen zu erwarten, die sich aus der Eigenart der jeweiligen Kunst – sei diese nun zu schreiben, Rad zu fahren, zu schreinern oder zu operieren – ergeben. An dieser Stelle soll jedoch genügen, die Modi des Können-Lernens im Allgemeinen, ggf. in Abgrenzung zu denen des Wissen-Lernens, darzulegen.

Ein Modus des Können-Lernens wurde bereits angesprochen: das mimetische Lernen. Es ist die (übrigens beim Leben-Lernen bis heute dominante) traditionelle Form des Lernens. Lernende ahmen Könnende nach, genauer: Sie ahmen deren Ausführung einer bestimmten Tätigkeit nach. Dies ist selbstverständlich nur dort möglich, wo Lernende Könnende in ihrer Ausführung der Tätigkeit beobachten. In agrarischen Gesellschaften ist dies eher gegeben als in industriellen bzw. postindustriellen, was die Möglichkeiten mimetisch Können zu lernen heute erheblich einschränkt. Dementsprechend ist Können-Lernen heute auf eine professionelle pädagogische Umgebung angewiesen. Können-Lernen ermöglichende pädagogische Praxis steht ihrerseits in einer langen Tradition, nämlich der der »Lehre« des Handwerks. Mit Lehre ist hier nicht der mündliche Vortrag von (theoretischem) Wissen, sondern das Zeigen bzw. Vormachen einer bestimmten Tätigkeit, genauer: der »richtigen« (Lehre bedeutet ursprünglich auch: Richtscheit) Ausführung einer Tätigkeit sowie deren Nachahmung und Einübung gemeint. Die Schwierigkeit solch pädagogischer Unterstützung von Können-Lernen liegt darin, einerseits die genaue Nachahmung der »richtigen« Ausführung und andererseits das Spielerische, jegliches Vorbild individuell Transformierende einer über bloße Nachahmung hinausgehenden Mimesis zu ermöglichen. Ersteres ist in vielfacher Wiederholung erforderlich, um im Können souverän zu werden, letzteres, um das Können zur Kunst zu entwickeln.

Neben Nachahmung und Mimesis ist das Üben ein wichtiger Modus des Können-Lernens. Üben besteht zunächst und vor allem aus der Wiederholung einer bestimmten Tätigkeit(sform). Die Weiterentwicklung individuellen Könnens ist ohne wiederholte Ausführung der spezifischen Tätigkeit(sform) unmöglich, nicht einmal der Erhalt des Könnens ist ohne dies möglich. Übung besteht jedoch nicht nur aus Wiederholung, sondern auch aus der (Selbst-)Wahrnehmung und Prüfung der Wiederholung im Abgleich mit dem Vorbild, welches nicht notwendig die beobachtete Tätigkeitsausführung eines Könnenden sein muss, sondern auch ein inneres Bild, eine selbst erfundene Tätigkeitsform sein kann (vgl. Breakdance).

Eine besondere Form des Übens ist das Trainieren. Während das Üben es bei der – allerdings selbst wahrgenommenen und geprüften – Wiederholung der Nachahmung des Vorbilds belässt, ist Trainieren zum einen entschiedener auf ein ausdrückliches Ziel, etwa die Erlangung einer bestimmten Fertigkeit oder gar nur physischen Verfassung (z. B. eines Muskels), die ihrerseits Teil bzw. Voraussetzung einer komplexeren Tätigkeit ist, ausgerichtet und zum anderen methodisch aufwendiger. So werden beim Training Selbst- und Fremdwahrnehmung ständig rückgekoppelt und heute in vielfältigster Weise (z. B. mittels Videoaufzeichnung einer Bewegung) technisch unterstützt.

Wenn wir abschließend von den Modi des Können-Lernens auf die sich im Können-Lernenden öffenden Optionen zurückkommen, so gilt festzuhalten, dass die Entwicklung eines souveränen individuellen Könnens auch zur Entwicklung des Individuums als autonomem Souverän beiträgt. Nicht nur Wissen, sondern auch Können ist Macht.

Leben-Lernen

Der historisch zuletzt, explizit erst im 20. Jahrhundert, pädagogisch im breiten Umfang bedeutsam gewordene Aspekt ist der des *Leben-Lernens*. Der Bedeutungsumfang des Leben-Lernens lässt sich systematisch in mindestens sechs Facetten, die als nicht immer trennscharfe Stufen zu denken sind, unterscheiden: Überleben-, Lebensbewältigung-, Lebensbefähigung-, Biographisches-, Lebenskunst und Sterben-Lernen (vgl. Göhlich/ Zirfas 2007).

Beim *Überleben-Lernen* geht es darum zu lernen, wie das Leben gesichert werden kann. Es geht um das Erlernen basaler Fertigkeiten, Techniken und Ressourcenbildungen vor dem Hintergrund existentiell bedrohlicher Lebensumstände. Über viele Jahrhunderte war dies das hauptsächliche Lernen der übergroßen Mehrheit der Bevölkerung. In der Moderne greift Pestalozzis Idee der Baumwollspinnerstube als Lernraum Überlebenstechniken für den ländlichen Raum ebenso auf wie Montessoris Idee der praktischen hauswirtschaftlichen, nicht zuletzt hygienischen Übungen für das Kinderhaus im städtischen Slum Roms oder auch Paolo Freires Pädagogik der Unterdrückten, die auf grundlegende Lesetechniken oder elementare Bewusstseinsprozesse politischer Bildung setzt. Auch heute noch ist solches Lernen bedeutsam, insbesondere in Ländern, die mit großen sozialen und wirtschaftlichen Schwierigkeiten konfrontiert sind. Die entsprechend fokussierte Pädagogik thematisiert dies in der Regel unter dem Label »Informelles Lernen«. In den europäischen Sozialstaaten des 20. Jahrhunderts schien das Überleben-Lernen zunächst, abgesehen von zumeist kriegsverursachten Notzeiten, an Bedeutung zu verlieren. Es gewinnt allerdings angesichts der neu entstehenden Armut in unserer heutigen Gesellschaft als Bewältigung von Ausgrenzungserfahrungen wieder an Relevanz, worauf die Sozialpädagogik mit Perspektiven zur Erweiterung subkultureller Überlebensstrategien durch biografisch und sozial reflektierte Bildungsprozesse reagiert. Insbesondere die Infantilisierung der Armut und die Unterversorgung in unterschiedlichen Lebensbereichen wie z. B. Gesundheit, Bildung, Wohnen und Lebensumfeld gefährden die Entwicklungs- und Lernprozesse von Kindern und Jugendlichen in hohem Maße (vgl. Sting 2007).

Leben-Lernen als *Lebensbewältigung-Lernen* erfolgte vor dem Hintergrund der Flexibilisierung und Pluralisierung von Lebenspraxen in den letzen beiden Jahrhunderten vorzugsweise in jenen Bereichen des pädagogischen Diskurses, die das Leben außerhalb der Bildungseinrichtungen zu fokussieren suchen, insbesondere in der Sozialpädagogik. So fokussiert die sozialpädagogische Unterstützung, etwa die sozialpädagogische Familienhilfe (vgl. BMFSFJ 1997), weniger das Überleben-Lernen als das Erlernen der Lebensbewältigung, also der Führung eines existentiell sozialstaatlich gesicherten Lebens. Bewältigung zielt dabei auf Selbstbehauptungsmöglichkeiten und psychosoziale Handlungsfähigkeiten angesichts sozialen Drucks, sozialer Belastungen und Restriktionen. Als Grunddimensionen der Lebensbewältigung gelten die Erfahrung des Selbstwertgefühls, die soziale Orientierung, der soziale Rückhalt und die Normalisierung. Lebensbewältigung-Lernen lässt sich dementsprechend als sozialräumliche Kompetenzerweiterung verstehen, d. h. sich öffentliche Räume aneignen, in ihnen Rollen einnehmen und ausgestalten, Konflikte durchstehen, mit Regeln und Regelverstößen umgehen, Grenzen und Möglichkeiten der sozialräumlichen Umwelt kennen lernen (vgl. Böhnisch 1997). Gerade peer groups und jugendkulturelle Szenen bieten Möglichkeiten, in diesem Sinne Lebensbewältigung zu lernen.

Lebensbefähigung zu erwerben, d. h. kritisch leben zu lernen, erlangt mit der Wohlstandsgesellschaft enorme Bedeutung. Wer in der Welt des Überflusses, des Konsums und der Werbung nicht kritisch Stellung zu beziehen vermag, wird schnell zum Opfer der Interessen anderer. Emanzipation, Kernbegriff der Pädagogik der 1970er Jahre, meint nicht zuletzt diese Fähigkeit, nein sagen zu können zum gegebenen Rahmen des Lebens und seinen Möglichkeiten. Die Raffinesse der Ökonomie und der Werbung, Widerstand symbolisch konsumierbar zu machen und somit zu unterlaufen, erschwert den Erwerb solcher Lebensbefähigung. In einer Welt, die zunehmend als mediatisierte erfahren wird, weicht die ebenfalls hierzu gehörende grundsätzliche Kritik an Herrschaft und Macht einem pragmatischen Diskurs, der pädagogisch eher Überzeugungsfertigkeit als Kritik und Dekonstruktion zu fördern sucht. Nein sagen zu lernen zielt heute nicht mehr auf mediale, kulturelle oder gesellschaftliche Strukturen, sondern auf den subjektiven Umgang mit deren Folgen, etwa in Form der Prävention von Süchten jeglicher Art; an die Stelle der Kritik an den sozialen Ursachen ist die pädagogische Bearbeitung der Symptome getreten. Im Lebensbefähigungslernen sind Fragen der Emanzipation, der Chancengleichheit und der sozialen und politischen Mitgestaltung des Alltags miteinander verknüpft; zu ihm gehören neben intellektuellen Fähigkeiten auch kreative, soziale und emotionale Kompetenzen.

In der Erweiterung und Neuakzentuierung der traditionellen Fokussierung der Pädagogik auf schulische Lernprozesse verweist der Begriff des *lebensgeschichtlichen oder biographischen Lernens* auf die Bedeutung eines Lernens *in* und *mit* der Biographie, aber auch auf das Lernen *aufgrund* einer Biographie. Damit rückt das biographische Lernen die Lebensgeschichte als individuelle Lerngeschichte in den Fokus (s. o. Kap. 2). Den zentralen Gesichtspunkt bildet dabei immer die – mehr oder weniger reflektierte – Innenperspektive auf die Prozesse des Lernens in Verknüpfung mit den objektiv gegebenen, institutionalisierten Lernmöglichkeiten. Der durchgängig perspektivische Blick der Individuen auf die Wandlungen und Strukturen ihrer Lernprozesse, auf die Erzeugung von Sinn, auf den Aufbau von Identität und den Umgang mit anderen und Welt führt auch zu den Kontextbedingungen und Grundlagen des Lernens. Aus Sicht der Biographieforschung ist das a priori des Lernens das individuelle Leben, das Lernen erst möglich macht. Lernprozesse sind in einem ausgezeichneten Sinne auf Erfahrungen angewiesen, die man mit sich selbst macht. Die Lebensgeschichte erscheint als reflektierte Lerngeschichte.

Das *Lernen der Lebenskunst* betont seit der Antike einen wahrnehmungsintensiven, philosophisch-reflexiven und performativ-ästhetischen Entwurf der eigenen Endlichkeit. Ob es nun in der Antike um die Vorbereitung auf ein adliges Leben ging, in welchem sich sportliche und kriegerische Leistungen mit eleganter Muße abwechselten, ob es sich im Mittelalter um Gewissensbildung, die Vermittlung eines strengen Kanons religiöser Werte und asketischer Lebensformen handelte oder ob man sich in der Moderne auf stufenförmige Entwicklungsmöglichkeiten, die kreative Entfaltung von natürlichen Potentialen oder die individuelle Aneignung der Welt durch ein sich selbst bildendes Subjekt konzentriert – immer geht es in Erziehung, Bildung und Lernen bzw. Lernunterstützung um den Erwerb und die Vermittlung von Fähigkeiten und Wissensbeständen, die es Menschen ermöglichen, ihrem Leben eine Form zu geben. In der Moderne geht es im Lebenskunst-Lernen nicht (nur) um ein Dazulernen im Sinne einer Informationserweiterung (Datenlernen) und auch nicht (nur) um ein Umlernen im Sinne einer Neustrukturierung von Wahrnehmungs-, Denk- und Handlungsmustern (Regellernen), sondern auch darum zu lernen, sich als Individuum originell zu stilisieren. Fünf Themenbereiche skizzieren ein Lernen der Lebenskunst: die Negativität als Erschütterung vermeintlichen Wissens als Ausgangspunkt des Lernens, das Wahrnehmen von Lebensperspektiven als Neulernen, Askese, Genuss und Stilisierung als leibliches Erlernen, die Bewertung des Lebens mit Kriterien des Glücks und der Schönheit als Weiterlernen sowie das Endlich-Leben-Lernen als Umgang mit den eigenen Grenzen und der eigenen Endlichkeit. Aus pädagogischer Sicht lässt sich konstatieren, dass ein Lehren von Lebenskunst sich als besonders problematisch erweist, weil diese kaum spezifische Inhalte aufweist, die man pädagogisch-intentional, planmäßig strukturiert und wissenschaftsorientiert an einer curricularen Sachlogik ausrichten kann. Darüber hinaus bildet den Ausgangs- und Zielpunkt von Lebenskunst die Selbstsorge, das heißt ein individueller Umgang mit sich selbst, der Didaktisierungen und Methodisierungen nur sehr begrenzt zugänglich ist (Zirfas 2007a).

Sterben-Lernen bezeichnet auf den ersten Blick eine besonders merkwürdige Form des Lernens, stellt sich doch zunächst die Frage, wie man das eigene Sterben überhaupt lernen kann, wenn die dazu nötigen Erfahrungen nur im Umgang mit dem Tod selbst gewonnen werden können. Nichtsdestotrotz gilt das Sterben-Lernen über Jahrhunderte in der Geschichte der abendländischen Pädagogik als bedeutsames Ziel. Dass zum Leben auch das Sterben lernen und damit die Integration der Schattenseiten des Lebens, von Einsamkeit, Schmerzen, Angst, Melancholie und Tod gehört, war für die Antike wie das Mittelalter ein Gemeinplatz. Die Einübung in den Tod erschien deshalb notwendig, weil dieser als das immer schon zu antizipierende Ziel des Lebens begriffen wurde. Sterben-

Lernen ist in diesen Zeiträumen eine spezifische Form des Leben-Lernens, nämlich diejenige, die das das Leben unter dem Blickwinkel der Unendlichkeit fasst; Sterben lernen heißt, sich an der Ewigkeit orientieren. Denn einerseits lässt sich der Sinn des Lebens erst rückschließend vom Ereignis des Todes her begreifen, andererseits gilt es, auf den Tod hin zu leben, eine richtige Haltung ihm gegenüber einzunehmen. Es gilt, die Lebenszeit zum Sterben-Lernen sinnvoll zu nutzen, den Wert der Zeitlichkeit als Vergänglichkeit zu begreifen und sein Leben gegenwärtig, intensiv und systematisch zu leben. Schon in der Stoa, dann aber vor allem in der Renaissance bei Montaigne taucht der Gedanke auf, dass nur derjenige, der täglich bereit ist zu sterben, seine Lebenszeit konsequent ausschöpft. Im christlichen Mittelalter legt die *ars moriendi* als *ars vivendi* von einer Bildung zur Frömmigkeit bis in den Tod hinein Zeugnis ab. So ist selbst für den Sterbenden noch eine Umkehr zum ewigen Leben möglich. Im nachmetaphysischen Todesverständnis der Moderne gibt es beim Sterben nichts mehr zu lernen, denn der Tod wird lediglich als Ende der Endlichkeit begriffen und das Sterben(-Lernen) vom medizinischen Versorgungssystem geleistet. Angesichts der Radikalisierung der Endlichkeit und der Positivierung des Lebens in der Moderne kann Sterben-Lernen nur bedeuten, die Endlichkeit auszuhalten, indem man sich in Abschiede, Trennungen, Differenzen und Distanzierungen im Leben einübt (Zirfas 2007b).

Lernen-Lernen

Das Lernen zu lernen, d. h. Fähigkeiten und Fertigkeiten des Umgangs mit Lernsituationen und Lernprozessen sowie der Transformation von wie auch immer definierten Situationen in Lernprozesse zu erwerben, wird in der Geschichte der Pädagogik unter verschiedenen Begrifflichkeiten diskutiert, etwa als (Selbst-)Reflexivität, Selbstsorge, Kritikfähigkeit, Kreativität, lebenslange Lernfähigkeit, Selbststeuerung und Selbstorganisation des Lernens, Methodisierung bzw. Methodenlernen oder Effizienzsteigerung. Der Aspekt des *Lernen-Lernens* zieht sich in jeweiliger Akzentuierung dieser Begrifflichkeit quer durch die anderen Aspekte und läuft so in jeglichem Lernen mit. Wer ein bestimmtes Wissen, ein bestimmtes Können oder eine bestimme Lebensweise erlernt, lernt dabei bewusst oder unbewusst auch den Modus, die Art und Weise, in der dieses Wissen-Lernen, Können-Lernen oder Leben-Lernen geschieht. Fragt man nach dem spezifischen Zusammenhang zwischen den bereits genannten Aspekten des Lernens und dem Lernen-Lernen, so lässt sich skizzenhaft festhalten:

- dass mit dem *Wissen-Lernen* über das dabei erlernte spezifische Wissen hinaus eine Verdeutlichung der Wahrnehmung, eine Differenzierung der Reflexion und eine Systematisierung der Erinnerung und Navigation (des Wissens) einhergehen, die auch für andere Lernprozesse genutzt werden können;
- dass mit dem *Können-Lernen über das dabei erlernte spezifische Können hinaus* auch praktische Lernmethoden als Wege der Gewinnung von Handlungsmöglichkeiten und der Erweiterüng von Handlungsspielräumen inkorporiert werden, die auch für andere Lernprozesse genutzt werden können;

- dass schließlich mit dem *Leben-Lernen – wiewohl dieses selbst bereits als fundierendes quer zum Wissen- und Können-Lernen liegt –* von der stufenförmigen Erweiterung basaler Lebenstechniken über Möglichkeiten der Lebensbewältigung und -befähigung bis hin zur biographisch kohärenten und individuell-stilistischen Lebensgestaltung stets auch der jeweilige Modus des Lernens erworben wird, der dann auch für andere Lernprozesse eingesetzt werden kann.

Wenngleich das Lernen-Lernen also in jeglichem Lernen mitläuft, hat es als Generalisierung der Lernfähigkeit doch besondere pädagogische Aufmerksamkeit verdient. Zwar wird der Aspekt des Lernen-Lernens schon bei einzelnen antiken und humanistischen Autoren erwähnt, seine nachdrückliche Wertschätzung verdanken wir jedoch vor allem der Aufklärungspädagogik. Denn der reflektierte Erwerb theoretischen und praktischen Wissens verdankt sich im Wesentlichen den seit dem Ende des *ancien regime* einsetzenden Modernisierungsprozessen in sozialer, kultureller, politischer, wirtschaftlicher und technischer Hinsicht. In solcher Zeit gewaltiger Umbrüche ist generalisierte Lernfähigkeit besonders vonnöten.

Dementsprechend reagiert die Pädagogik dieses Zeitalters auf die neuen Erfordernisse: So verweist Rousseau, einer der kritischsten Betrachter von Aufklärung und Fortschritt, auf den Sachverhalt, dass das Lernen damit einhergehen müsse, keine (Lern-)Gewohnheiten zu bilden, und dass die Pädagogik vor allem dafür zu sorgen habe, dass dem Zögling die Fähigkeiten für seine natürliche Lernentwicklung erhalten bleiben. Etwa zeitgleich (1765) mahnt Friedrich der Große in einer seiner pädagogischen Schriften die Lehrer der Berliner Ritterakademie, nicht (nur) das Gedächtnis der Schüler mit Kenntnissen »anzufüllen, sondern sie müssen hauptsächlich ihrem *(der Schüler; die Verf.)* Verstand eine gewisse Beweglichkeit geben, die sie befähigt, sich mit irgend welchem Gegenstand ernstlich zu beschäftigen« (Friedrich 1885, S. 194). Basedow, Gründer des Dessauer Philanthropins und Befürworter der modernen, industriellen Entwicklung, plädiert für die Aneignung formaler Fähigkeiten des Lernens wie Fleiß, aber auch Selbsttätigkeit. Eine Generation später, in der Zeit des Idealismus und Neuhumanismus, weist Wilhelm von Humboldt in seinen Schulplänen ausdrücklich auf die Notwendigkeit, Lernen zu lernen, hin.

Dass gerade in den letzten Jahrzehnten – konkret seit den siebziger Jahren des 20. Jahrhunderts – das lebenslange Lernen in der Pädagogik so nachhaltig betont wird und seit den achtziger Jahren der Lernbegriff umgestellt wird vom Paradigma des Instruktionslernens zum Konstruktionslernen und vom Paradigma des (Fakten-)Wissens zum Paradigma des Umgangs mit den (Wissens-)Fakten, ist kein Zufall, sondern steht in engem Zusammenhang mit technologischen (Mediatisierung, Virtualisierung) und gesellschaftlichen (Pluralisierung, Globalisierung) Umbrüchen. Entschiedener noch als vor gut 200 Jahren wird nun das Lernen-Lernen betont, wird auf den Aufbau von Lernkompetenzen abgehoben, die unabhängig von allen Lebenslagen und Wissens- und Könnensdiskursen über die gesamte Lebenszeit hinweg tragfähig sein sollen.

In der als zunehmend komplexer, kontingenter, beschleunigter und unübersichtlicher erfahrenen Welt scheinen eher kreative und reflexive Dispositionen und Disponibilitäten gefragt, die in der Lage sind, Strukturierungen, transversale Bezüge und Kontingenzbe-wältigungsmechanismen zu kreieren. Je weniger man also zu sagen weiß, welche einzelne, inhaltliche Kompetenz für die Zukunft wichtig sein wird, desto eher rekurriert man auf ein Lernen des Lernens, das als universelle Schlüsselqualifikation für jedwede Form von Anforderung verstanden wird. Kurz: Die pädagogische Präferierung des Lernen-Lernens ist vor allem ein Symptom der Ungewissheit. Diese Ungewissheit kommt nicht zuletzt darin zum Ausdruck, dass die einzelnen modernen Konzeptionen des Lernen-Lernens höchst unscharf bleiben.

Übrigens entlastet sich die Pädagogik durch die Fokussierung des Lernen-Lernens in einem erheblichen Umfang, indem sie die mit diesem Lernen wesentlich verbundenen Entscheidungen hinsichtlich der Intentionalität, Thematik, Organisation, Methodik, Koordination, Medien, Interpretation und Kontrolle den einzelnen Individuen überant-wortet. Immerhin bereitet die Pädagogik diese Überantwortung vor und begleitet sie, jedenfalls konzeptionell, mancherorts auch praktisch, etwa indem ressourcenbezogene Lernstrategien oder Methoden autonomer Lernplanung und Lernkontrolle vorgestellt und eingeübt werden. Systematisch lassen sich hierbei Primärstrategien, z. B. die Orga-nisation des Lernens oder die Gestaltung der Wissensspeicherung, von Stützstrategien, mittels derer der Lernende sein Lernen günstig rahmen kann, z. B. Selbstmotivation, Konzentration und Selbstkontrolle, unterscheiden.

Das Lernen zu lernen erscheint in der Neuzeit als pädagogische Reaktion des Verhält-nisses von Modernisierungsprozessen und den mit ihr verbundenen theoretischen wie praktischen Anforderungsprofilen. Im Einzelnen lassen sich folgende Entwicklungen konstatieren:

- eine *Formalisierung* des Lernens vor dem Hintergrund immer problematischer wer-dender Kanonbildungen seit dem 17. Jahrhundert;
- eine *Elementarisierung* des Lernens vor dem Hintergrund einer als offen betrachteten Zukunft, für die nur noch wenige notwendige Lerninhalte und -formen (Stichwort: Kerncurriculum) angegeben werden können;
- eine *Flexibilisierung* des Lernens vor dem Hintergrund beschleunigter Entwicklungen in Gesellschaft, Wissenschaft und Ökonomie;
- eine *Biographisierung* des Lernens vor dem Hintergrund pluraler Lernmilieus und individueller Lernentwicklungen, der Betonung der Autonomie und Wahlfreiheit sowie der Konzeption eines lebenslangen Lernens;
- eine *Optimierung* des Lernens vor dem Hintergrund globaler ökonomischer Wett-bewerbszwänge mit dem Ziel, Lernen effizienter, intensiver, schneller und (global) anschlussfähiger zu gestalten;
- eine *Futurisierung* des Lernens vor dem Hintergrund einer Enttraditionalisierung von Lebensformen.

Mit den hier genannten Neuakzentuierungen des Lernbegriffs gehen allerdings neue Problematiken für die Pädagogik einher. So besteht die Gefahr, dass mit der starken Thematisierung des Lernen-Lernens das fast durchgängig zu beobachtende Vergessen der (spezifischen) Lernprozesse in der Pädagogik noch einmal verstärkt wird, nicht nur, weil der Aufbau von (methodischer) Lernkompetenz im Vergleich zu Sach-, Sozial- und Selbstkompetenz zu stark betont wird, sondern auch, weil der Aufbau der Lernprozesse als innere autopoietische Eigenleistung der Individuen verstanden wird, die in einem äußeren Zugriff durch pädagogische Maßnahmen nicht nur schwer beeinflussbar, sondern durch pädagogische Forschung auch kaum rekonstruierbar erscheint.

Die Konzentration auf das (eigene) Lernen des Lernens zu legen, impliziert pädagogische Entlastung von und zugleich Zunahme individueller Verantwortung für die (eigenen) Lernvoraussetzungen, -prozesse und -ziele. In dieser Überantwortung des Lernens an den Lernenden sollen gleichzeitig individuelle Entwicklungsziele, soziale Innovationen und ökonomische Erfolge gesichert werden. Hiermit gerät man in das Dilemma der (Un-)Vereinbarkeit von selbstgesteuerten Lernprozessen auf der einen und Sicherstellung der Effizienzerwartungen auf der anderen Seite.

Bei der Fokussierung des Lernen-Lernens gerät gelegentlich aus dem Blick, dass jegliches Lernen abhängig ist von Lernvoraussetzungen. Schon der Begriff des Lernen-Lernens ist – streng genommen – ein *circulus vitiosus*, denn das Lernen selbst lässt sich nur dann lernen, wenn man schon etwas gelernt hat. Wer Lernen umstellt von der Reproduktion von Herkunft auf kreative Bewältigung von Zukunft, missachtet, dass auch das Lernen-Lernen keine neutrale Kompetenz bildet, sondern abhängig bleibt von spezifischen, nur in bestimmten Milieus zu erwerbenden Habitus. Eine pädagogische Soziologie könnte daher wohl herausarbeiten, dass das Lernen-Lernen auch als eine distinktive Strategie gewisser Bildungsmilieus im Hinblick auf lernpraktische Demokratisierungsprozesse breiterer Bevölkerungsschichten zu verstehen ist, und dass sich die Bildungsbenachteiligungen mit diesem Lerntyp bezüglich der Motivation, der Lernstrategien und Weiterbildungsmöglichkeiten noch verschärfen.

Reflektieren wir dies nicht nur pädagogisch-soziologisch, sondern im engeren Sinne pädagogisch, so wird klar, dass dem Lernhabitus, der lerndienlichen Askese ebenso wie der Freude am Lernen, dem Genuss der Aha-Momente und des eigenen Lernerfolgs zum einen mehr Aufmerksamkeit zuteil werden muss und zum anderen eine pädagogische Umgebung geschaffen werden muss, die Raum und Zeit für diese lernhabituellen Momente bietet und in den Mustern ihrer Praxis eine Wertschätzung dieser Momente aufführt, auf die die Mimesis der Lernenden zurückgreifen kann. Die Lernkulturdiskussion (vgl. Meyer 2005) ist dementsprechend kritisch und konstruktiv zu ergänzen.

Die Fokussierung auf das Lernen-Lernen – ebenso wie die Betonung des Selbst im selbstgesteuerten Lernen – bedeutet nicht automatisch, dass das Lernen selbst besser, schneller, kritischer etc. vonstatten geht, da das Lernen selbst, wie oben angemerkt, wiederum von Kontextbedingungen unterschiedlichster Art abhängig bleibt. Das Lernen-Lernen alleine besagt genauso wenig über die Qualität des Lernens wie das »Selbst«. Die für moderne Gesellschaften notwendig erscheinenden Qualitätsstandards des Lernens lassen sich nur mit dem Rekurs auf Lernvoraussetzungen nicht realisieren. Die Input-Orientierung muss ebenso wie die neuerdings v. a. im Schulentwicklungsdiskurs betonte Output-Orientierung um die Theorie und Praxis von Lernprozessen und auf diese bezogene pädagogische Unterstützungsmodelle ergänzt werden.

Wer mit dem Lernen-Lernen auf die Bedingungen der Möglichkeiten für Lernen in allen potentiellen Modernisierungslagen abhebt unterschlägt, dass Lernen auch eine Zumutung sein kann, die ihre Grenzen hat. Die Störanfälligkeiten und Unverfügbarkeiten des Lernens werden dort besonders deutlich, wo es in interaktive, soziale Formen eingebunden ist. Dass (auch das Lernen) in Kleingruppen und Teams, Institutionen und Organisationen, Gesellschaften und Kulturen zu lernen ist, macht die Diversität und Komplexität von Lernvoraussetzungen, -prozessen und -zielen offensichtlich und schränkt die Gewissheit eines Lernerfolgs deutlich ein. Wo diese Unsicherheit zur Perspektivlosigkeit wird, liegen die Wahrnehmung jeglichen Lernens als Zumutung und die Verweigerung des Lernens nahe.

Dementsprechend plädieren wir für eine Konzeption des Lernen-Lernens, welche den Zusammenhang von Modernisierungsprozessen und theoretischen wie praktischen Anforderungsprofilen im Hinblick auf den Menschen als lernendes Wesen so begreift, dass Theorie und Praxis des Lernens von Modernisierungen *ausgehen*, aber nicht in ihnen *aufgehen*. Die reflexiven Momente der individuellen Bewertung und Kritik, die – nicht nur Nützlichem, sondern auch ggf. nutzlos Erscheinendem, aber etwa theoretisch oder ästhetisch Interessantem – offene Forschung und Kreativität sowie die subjektive Selbstsorge sollten in dieser Konzeption einen wichtigen Raum einnehmen.

Ausblick

Wenn wir abschließend die dargelegten Aspekte des Lernens überschauen und wieder zum Gesamtbegriff des Lernens als pädagogischem Grundbegriff zusammenführen, so geht aus dieser Gesamtschau und Zusammenführung vor allem eines hervor:

Die Pädagogik bedarf keiner Ziele jenseits des im Lernen selbst angelegten Zieles der Lernunterstützung – wenngleich die pädagogische Praxis stets durch Ziele der jeweiligen Gesellschaft bzw. gesellschaftlicher Gruppen, durch einen tradierten und gesellschaftlich ausgehandelten Kanon von Themen, Wissensbeständen und Kulturtechniken sowie andererseits durch Bedürfnisse und Interessen der an der pädagogischen Praxis unmittelbar Beteiligten mitbestimmt wird und diese Bedingungen berücksichtigen muss. Dieses Ziel ergibt sich aus dem dynamischen, transformierenden und expandierenden Sinn des Lernens selbst. Diese expandierende Dynamik lässt sich historisch-explizit wie strukturell-implizit entfalten. Historisch lässt sie sich daran festmachen, dass diskursive Lernbegrifflichkeiten wie informelle und institutionalisierte Lernprozesse vom Individuum ausgehen und sich im Laufe von Onto- und Phylogenese über Organisationen, Gesellschaften und Kulturen schlussendlich auf die ganze Welt erstrecken. So wie wir heute schon selbstverständlich vom individuellen, kollektiven und organisationalen Lernen und von lernenden Regionen sprechen, wird auch bald die Rede von der *lernenden Welt* geläufig sein.

Systematisch betrachtet haben nicht nur die einzelnen Aspekte des Lernens eine ihnen inhärente Dynamik. Sie konvergieren in einer Dynamik, die in der *Virtuosität* gipfelt, in welcher die verschiedenen Aspekte des Lernens letztlich zu einem stimmigen Ensemble zusammenfinden. So weist das Wissen-Lernen in letzter Konsequenz nicht nur auf das Wissen des Wissenschaftlers, sondern auch auf die Weisheit des Weisen, das Können-Lernen auf die Kunst des Könners, das Leben-Lernen auf die Lebenskunst des Lebenskünstlers, das Lernen-Lernen auf den seine Lernfähigkeit in Gänze annehmenden und pflegenden Menschen voraus. Dem Lernen ist die Tendenz zur Weisheit, Kunst, Lebenskunst und Lernbereitschaft des souveränen Menschen inhärent.

7 Literatur

Ackermann, M. (2005): Systemisches Lernen. Individuelle und organisationale Lernprozesse in Kommunikationsarchitekturen. Frankfurt/M. u. a.

Adam, B. (2005): Das Diktat der Uhr. Zeitformen, Zeitkonflikte, Zeitperspektiven. Frankfurt/M.

Aden-Grossmann, W. (2002): Kindergarten. Eine Einführung in seine Entwicklung und Pädagogik. Weinheim/Basel.

Adick, Ch. (1992): Die Universalisierung der modernen Schule. Paderborn.

Adorno, Th. W. (1979): Kultur und Verwaltung. In: Ders.: Soziologische Schriften I. Frankfurt/M., S. 122–146.

Adorno, Th. W. (1991): Erziehung zur Mündigkeit. 13. Aufl. Frankfurt/M.

Argyris, Ch./Schön, D. A. (1999): Die lernende Organisation. Stuttgart.

Ariès, Ph. (1985): Geschichte der Kindheit. 7. Aufl. München.

Aristoteles (1981): Metaphysik. Hrsg. v. F. F. Schwarz. Stuttgart.

Aristoteles (1982): Poetik. Hrsg. v. M. Fuhrmann. Stuttgart.

Aristoteles (1984): Nikomachische Ethik. Hrsg. v. O. Gigon. 5. Aufl. München.

Aristoteles (1986): Politik. Hrsg. v. O. Gigon. 6. Aufl. München.

Aristoteles (1997): Kleine naturwissenschaftliche Schriften. Hrsg. v. E. Dönt. Stuttgart.

Aristoteles (1999): Rhetorik. Hrsg. v. G. Krapinger. Stuttgart.

Aristoteles (2004): Topik. Hrsg. v. T. Wagner u. Ch. Rapp. Stuttgart.

Arnold, R./Gonon, Ph. (2006): Einführung in die Berufspädagogik. Opladen.

Artelt, C./Demmrich, A./Baumer, J. (2001): Selbstreguliertes Lernen. In: Baumert, J. u. a. (2001): PISA 2000. Bildungskompetenzen von Schülern und Schülerinnen im internationalen Vergleich. Opladen, S. 271–297.

Aspin, D. u. a. (Hrsg.) (2001): International Handbook of Lifelong Learning. Dordrecht.

Audehm, K./Wulf, Ch./Zirfas, J. (2007): Familienrituale. In: Ecarius, J./Merten, R. (Hrsg.): Familie. Ein erziehungswissenschaftliches Handbuch. Wiesbaden, S. 424–440.

Audehm, K./Zirfas, J. (2000): Performative Gemeinschaften. Zur Bildung der Familie durch Rituale. In: Sozialer Sinn 1. Opladen, S. 29–50.

Audehm, K./Zirfas, J. (2005): Grenzziehungen und Übergänge. Der Umgang mit der Generationendifferenz im Familienritual. In: Zeitschrift für Bildungs-, Beratungs- und Sozialforschung. 6. Jg., H.1, S. 145–162.

Augustinum (2006): www.augustinum-wohnstifte.de/lebensqualitaet_im_alter/index.html.

Augustinus (1985): Vom Gottesstaat (De civitate dei). Hrsg. v. W. Thimme. 2. Aufl. München.

Augustinus (1988): Bekenntnisse (Confessiones). Hrsg. v. W. Thimme. 5. Aufl. München.

Augustinus (1998): De magistro/Über den Lehrer. Hrsg. v. B. Mojsisch. Stuttgart.

Augustinus (2001): De vera religione/Über die wahre Religion. Hrsg. v. W. Thimme. Stuttgart.

Augustinus (2002): Die christliche Bildung (De doctrina Christiana). Hrsg. v. K. Pollmann. Stuttgart.

Bächli, A./Graeser, A. (2000): Grundbegriffe der antiken Philosophie. Stuttgart.

Bandura, A. (1976): Lernen am Modell. Stuttgart.

Barz, H./Tippelt, R. (Hrsg.) (2004): Weiterbildung und soziale Milieus in Deutschland. Bielefeld.

Basedow, J. B. (1786): Geschenk an die Bürgerschulen. Leipzig.

Basedow, J. B. (1909): Elementarwerk. 1. Band. Hrsg. v. Theodor Fritzsch. Leipzig.

Basedow, J. B. (1913): Methodenbuch für Väter und Mütter der Familien und Völker. Leipzig.

Basedow, J. B. (1965): Ausgewählte pädagogische Schriften. Paderborn.

Bateson, G. (1983): Ökologie des Geistes. Anthropologische, psychologische, biologische und epistemologische Perspektiven. 2. Aufl. Frankfurt/M.

Bateson, G. (1985): Ökologie des Geistes. Frankfurt/M.

Bauer, M. (1996): Lerntheorien. In: Hierdeis, H./Hug, Th. (Hrsg.): Taschenbuch der Pädagogik. 4. Aufl. Hohengehren, S. 1038–1049.

Baumert, J. u. a. (2001): PISA 2000. Bildungskompetenzen von Schülern und Schülerinnen im internationalen Vergleich. Opladen.

Baumgart, F. (Hrsg.) (2001): Entwicklungs- und Lerntheorien. Erläuterungen, Texte, Arbeitsaufgaben. 2. Aufl. Bad Heilbrunn.

Bausch, C./Jörissen, B. (2004): Erspielte Rituale. Kampf und Gemeinschaftsbildung auf LAN-Partys. In: Wulf, Ch./Althans, B./Audehm, K./Bausch, C./Göhlich, M./Jörissen, B./Mattig, R./ Tervooren, A./Wagner-Willi, M./Zirfas, J.: Bildung im Ritual. Schule, Familie, Jugend, Medien. Wiesbaden, S. 303–357.

Beer, D. u. a. (2003): E-Learning. Kollaboration und veränderte Rollen im Lernprozess. Projektbericht des Instituts Arbeit und Technik. Gelsenkirchen.

Bender-Szymanski, D./Lueken, B./Thiele, A. (1998): Lernen durch Kulturkontakt. Eine Prozessanalyse der Akkulturation deutscher Studienreferendare in multikulturellen Klassen. In: Zeitschrift für Pädagogik 44, H. 5, S. 679–699.

Benedikt (1926): Die Mönchsregel des Hl. Benedikt. Reprint von 1926. Holzminden.

Benner, D. (1991): Allgemeine Pädagogik. 2. verb. Aufl. Weinheim.

Benner, D. (2003): Kritik und Negativität. Ein Versuch zur Pluralisierung von Kritik in Erziehung, Pädagogik und Erziehungswissenschaft. In: Benner, D. u. a. (Hrsg.): Kritik in der Pädagogik. Versuche über das Kritische in Erziehung und Erziehungswissenschaft. Weinheim/Basel, S. 96–110.

BEP (2006): Der Bayerische Bildungs- und Erziehungsplan für Kinder in Tageseinrichtungen bis zur Einschulung. Hrsg. v. Bayerischen Staatsministerium für Arbeit und Sozialordnung, Familie und Frauen, Staatsinstitut für Frühpädagogik München. Weinheim/Basel.

Bettelheim, B. (1982): Erziehung zum Überleben. Zur Psychologie der Extremsituation. München.

Bildungskommission NRW (1995): Zukunft der Bildung, Schule der Zukunft. Neuwied.

Bilstein, J. (2003): Ästhetische und bildungsgeschichtliche Dimensionen des Raumbegriffes. In: Jelich, F. J./Kemnitz, H. (Hrsg.): Die pädagogische Gestaltung des Raums. Bad Heilbrunn, S. 31–53.

Bittner, G. (1964): Für und wider die Leitbilder. Idealische Lebensformen in pädagogisch-psychologischer Kritik. Heidelberg.

Bittner, S. (2001): Learning by Dewey? John Dewey und die deutsche Pädagogik 1900–2000. Bad Heilbrunn.

Blumenberg, H. (1986): Lebenszeit und Weltzeit. 3. Aufl. Frankfurt/M.

BMFSFJ (1995): Bundesministerium für Familie, Senioren, Frauen und Jugend (Hrsg.): Fünfter Familienbericht. Bonn.

BMFSFJ (1997): Bundesministerium für Familie, Senioren, Frauen und Jugend (Hrsg.): Handbuch Sozialpädagogische Familienhilfe. Stuttgart.

BMFSFJ (2005): Bundesministerium für Familie, Senioren, Frauen und Jugend (Hrsg.): Zwölfter Kinder- und Jugendbericht. Berlin.

Boeckarts, M. (1999): Self-regulated learning: Where we are today. In: International Journal of Educational Research 31, S. 445–457.

Böhnisch, L. (1997): Sozialpädagogik der Lebensalter. Weinheim/München.

Bollenbeck, G. (1996): Bildung und Kultur. Glanz und Elend eines deutschen Deutungsmusters. Frankfurt/M.

Bollnow, O. F. (1989): Mensch und Raum. 6. Aufl. Stuttgart.

Bourdieu, P./Passeron, J.-C. (1971): Die Illusion der Chancengleichheit. Stuttgart.

Bourdieu, P. (1994): Der Habitus als Vermittlung zwischen Struktur und Praxis. In: Ders.: Zur Soziologie der symbolischen Formen. Frankfurt/M, S. 125–158.

Bourdieu, P. (1997): Sozialer Sinn. Kritik der theoretischen Vernunft. 2. Aufl. Frankfurt/M.

Bourdieu, P. (1998): Praktische Vernunft. Zur Theorie des Handelns. Frankfurt/M.

Bower, G./Hilgard, E. (1983a): Das Wesen der Lerntheorie. In: Dies.: Theorien des Lernens I. Stuttgart, S. 17–41.

Bower, G./Hilgard, E. (1983b): Theorien des Lernens I + II. Stuttgart.

Brandsford, J. D./Franks, J. J./Vye, N. J./Sherwood, R. D. (1986): Teaching thinking and problem solving: Suggestions from research. In: American Psychologist 41, S. 1078–1089.

Brandsford, J. D./Franks, J. J./Vye, N. J./Sherwood, R. D. (1989): New approaches to instruction: Because wisdom can't be told. In: Vosniadou, S./Ortony, A. (Eds.): Simularity and analogical reasoning. Cambridge, S. 470–497.

Briod, M. (1978): Education in the Clockwork Social Order. In: Educational Theory 28, S. 266–278.

Brödel, R. (Hrsg.) (1998): Lebenslanges Lernen – lebensbegleitende Bildung. Neuwied.

Brüggen, F. (1988): Lernen – Erfahrung – Bildung oder: Über Kontinuität und Diskontinuität im Lernprozeß. In: Zeitschrift für Pädagogik 34, H. 3, S. 299–314.

Brumlik, M./Holtappels, H.-G. (1987): Mead und die Handlungsperspektive schulischer Akteure. Interaktionistische Beiträge zur Schultheorie. In: Tillmann, K.-J. (Hrsg.): Schultheorien. Hamburg, S. 89–103.

Buber, M. (2002): Das dialogische Prinzip. Heidelberg.

Buck, G. (1967): Lernen und Erfahrung. Zum Begriff der didaktischen Induktion. Stuttgart.

Burgelin, P. (1952): La philosophie de l'existence de J.-J. Rousseau. Paris.

Burgess, E. W. (1926): The Family as a Unity of Interacting Personalities. In: The Family, 7. Jg., S. 3–9.

Burgess, E. W./Locke, H. J./Thomes, M. M. (1963): The Family. From Institution to Companionship. 3. Aufl. New York.

Clement, U./Martens, B. (2000): Effizienter Lernen durch Multimedia? Probleme der empirischen Feststellung von Ursachen des Lernerfolgs. In: Zeitschrift für Pädagogik 46, H. 1, S. 97–112.

Collins, A./Brown, J. S./Newman, S. E. (1989): Cognitive apprenticeship: Teaching the crafts of reading, writing and mathematics. In: Resnick, L. B. (Ed.): Knowing, learning, and instruction. Hillsdale (N. J.), S. 453–494.

Comenius, J. A. (1962): Informatorium der Mutterschul (1633). Hrsg. v. J. Heubach. Heidelberg.

Comenius, J. A. (1968): Janua Rerum (1681). Hrsg. v. D. Tschizewskij. München.

Comenius, J. A. (1971): Gewalt sei ferne den Dingen. Eine Auswahl aus seinen Schriften. Erläutert u. hrsg. v. E. Biewend. Heilbronn.

Comenius, J. A. (1978): Orbis sensualium pictus (1658). 4. Aufl. Dortmund.

Comenius, J. A. (1991): Pampaedia – Allerziehung (um 1650). Hrsg. v. K. Schaller. Sankt Augustin.

Comenius, J. A. (1993): Große Didaktik. Die vollständige Kunst, alle Menschen alles zu lehren (1657). Hrsg. v. A. Flitner. 8. Aufl. Stuttgart.

Comune di Reggio Emilia (Hrsg.) (1990): Tutto ha un' ombra meno le formiche. Reggio Emilia.

Comune di Reggio Emilia (1997): Scarpa e metro. I bambini e la misura. Reggio Emilia.

Csikszentmihalyi, M. (1992): Flow. Das Geheimnis des Glücks. Stuttgart.

Dalin, P./Rolff, H.-G./Buchen, H. (1996): Institutioneller Schulentwicklungsprozeß. Ein Handbuch. 3. Aufl. Bönen.

Datta, A. (Hrsg.) (2005): Transkulturalität und Identität. Frankfurt/M.

Dehnbostel, P. (2005): Informelles Lernen in betrieblichen und arbeitsbezogenen Zusammenhängen. In: Künzel, K. (Hrsg.): Internationales Jahrbuch der Erwachsenenbildung. Band 31/32: Informelles Lernen – Selbstbildung und soziale Praxis. Köln u. a., S. 143–164.

Delors, J. (Ed.) (1996): Learning: the treasure within. Report To UNESCO of the International Commission on Education for the Twenty-first Century. Paris.

Derrida, J. (2003): Eine gewisse unmögliche Möglichkeit, vom Ereignis zu sprechen. Berlin.

Deutscher Bildungsrat (Hrsg.) (1974): Empfehlungen der Bildungskommission zur Neuordnung der Sekundarstufe II. Konzept für eine Verbindung von allgemeinem und beruflichem Lernen. Stuttgart.

Dewey, J. (1897): My pedagogic creed. In: Ders.: The Early Works. Vol. 5. Southern Illinois University Press 1975, S. 84–95.

Dewey, J. (2000): Demokratie und Erziehung. Weinheim.

Dewey, J. (2002a): Schule und öffentliches Leben. In: Ders.: Pädagogische Aufsätze und Abhandlungen. Zürich, S. 23–82.

Dewey, J. (2002b): Das Kind und der Lehrplan. In: Ders.: Pädagogische Aufsätze und Abhandlungen. Zürich, S. 83–100.

Dieckmann, B. (1997): Die Idee der Vervollkommnung zwischen Erziehungsbedürftigkeit und Erfahrungsfähigkeit. In: Lüth, Ch./Wulf, Ch. (Hrsg.): Vervollkommnung durch Arbeit und Bildung? Anthropologische und historische Perspektiven zum Verhältnis von Individuum, Gesellschaft und Staat. Weinheim, S. 221–237.

Diederich, J. (1982): Bemessene Zeit als Bedingung pädagogischen Handelns. In: Luhmann, N./Schorr, K. E. (Hrsg.): Zwischen Technologie und Selbstreferenz. Fragen an die Pädagogik. Frankfurt/M., S. 51–86.

DJI (Hrsg.) (2005): Entwicklungen (teil-)stationärer Hilfen zur Erziehung. Ergebnisse und Analysen der Einrichtungsbefragung 2004. München.

Dreeben, R. (1980): Was wir in der Schule lernen. Frankfurt/M.

Dürckheim, K. v. (1932): Untersuchungen zum gelebten Raum. Neue Psychologische Studien. 6. Band. 4. Heft. München.

Ecarius, J. (1999): Biographieforschung und Lernen. In: Krüger, H.-H./Marotzki, W. (Hrsg.): Handbuch erziehungswissenschaftliche Biographieforschung. Opladen, S. 89–105.

Ecarius, J. (2003): Biographie, Lernen und Familienthemen in Generationsbeziehungen. In: Zeitschrift für Pädagogik 49, H. 4, S. 534–549.

Edelmann, W. (2000): Lernpsychologie. 6. Aufl. Weinheim.

Elias, N. (1989): Über den Prozeß der Zivilisation. 2 Bände. Frankfurt/M.

Elias, N. (1997): Über die Zeit. Hrsg. v. M. Schröter. 6. Aufl. Frankfurt/M.

Elsholz, U./Molzberger, G. (2005): Neue betriebliche Lernorte – Gestaltungsaufgabe für die Berufs- und Betriebspädagogik?! In: BWP@t (Berufs- und Wirtschaftspädagogik online), 5. Jg., Nr. 9.

Ernst, K./Wedekind, H. (Hrsg.) (1993): Lernwerkstätten in der Bundesrepublik Deutschland und Österreich. Eine Dokumentation. Frankfurt/M.

Etzold, S. (2002): Die späte Lust am Lernen. In: Die Zeit 48/2002.

Ewers, M. (1988): Zeitordnungen des Lebendigen. In: Zoll, R. (Hrsg.): Zerstörung und Wiederaneignung von Zeit. Frankfurt/M., S. 54–71.

Eysenck, H. J. (1952): The effects of psychotherapy. An evaluation. In: Journal of Counseling Psychology 16, S. 319–324.

Fauser, P./Flitner, A./Konrad, F.-M./Liebau, E./Schweitzer, F. (1988): Praktisches Lernen und Schulreform. Eine Projektbeschreibung. In: Zeitschrift für Pädagogik 34, H. 6, S. 729–748.

Fend, H. (1980): Theorie der Schule. München.

Flasch, K. (2003): Augustin. Einführung in sein Denken. 3. Aufl. Stuttgart.

Flechsig, K. H. (2002): Kulturelle Identität als Lernproblem. In: Wulf, Ch./Merkel, Ch. (Hg.): Globalisierung als Herausforderung für die Erziehung. Münster/New York, S. 64–74.

Flitner, A. (1996): Spielen – Lernen. Praxis und Deutung des Kinderspiels. 10. Aufl. München.

Foerster, H. v. u. a. (1992): Einführung in den Konstruktivismus. München.

Forneck, H. (2002): Selbstgesteuertes Lernen und Modernisierungsimpulse in der Erwachsenen- und Weiterbildung. In: Zeitschrift für Pädagogik 48, H. 2, S. 242–261.

Foucault, M. (1977): Überwachen und Strafen. Frankfurt/M.

Francke, A. H. (1964): Pädagogische Schriften. 2. Aufl. Paderborn.

Freire, P. (1973): Pädagogik der Unterdrückten. Reinbek.

Freud, S. (1981): Das Unheimliche. In: Ders.: Studienausgabe Band IV. Hrsg. v. A. Mitscherlich u. a. Frankfurt/M., S. 241–274.

Friedrich (1885): Friedrichs des Großen pädagogische Schriften und Äußerungen. Übers. u. hrsg. v. J. B. Meyer. Langensalza.

Friedrich-Ebert-Stiftung (1999): Bildungs- und Ausbildungssystem. (www.fes.de/fulltext/stabsabteilung/00397005.htm).

Fröbel, F. (1951): Ausgewählte Schriften. Bd. 1. Godesberg.

Fröbel, F. (1961): Ausgewählte Schriften. Bd. 2. 2. Aufl. Godesberg.

Gadamer, H.-G. (1990): Wahrheit und Methode. Grundzüge einer philosophischen Hermeneutik. 6. Aufl. Tübingen.

Gebauer, G./Wulf, C. (1992): Mimesis. Kultur – Kunst – Gesellschaft. Reinbek.

Gebauer, G./Wulf, Ch. (1998): Spiel, Ritual, Geste. Mimetisches Handeln in der sozialen Welt. Reinbek.

Gebauer, G./Wulf, Ch. (2003): Mimetische Weltzugänge. Soziales Handeln – Rituale und Spiele – ästhetische Produktionen. Stuttgart.

Geulen, D. (1994): Sozialisation. In: Lenzen, D. (Hrsg.): Erziehungswissenschaft. Ein Grundkurs. Reinbek, S. 99–132.

Giesecke, H. (1997): Die pädagogische Beziehung. Pädagogische Professionalität und die Emanzipation des Kindes. Weinheim/München.

Giesecke, H. (2000): Mein Leben ist lernen. Weinheim.

Girmes, R. (1999): Der pädagogische Raum. Ein Zwischenraum. In: Liebau, E./Miller-Kipp, G./Wulf, Ch. (Hrsg.): Metamorphosen des Raums. Weinheim, S. 90–104.

Goffman, E. (1971): Interaktionsrituale. Frankfurt/M.

Göhlich, M. (1993): Die pädagogische Umgebung. Eine Geschichte des Schulraums seit dem Mittelalter. Weinheim.

Göhlich, M. (1996): Bildung durch Liebe? Pestalozzis Suche nach dem Wesen des Menschen. In: Wulf, Ch. (Hrsg.): Anthropologisches Denken in der Pädagogik 1750–1850. Weinheim, S. 131–164.

Göhlich, M. (1997): Offener Unterricht, Community Education, Alternativschulpädagogik, Reggiopädagogik. Die neuen Reformpädagogiken. Geschichte, Konzeption, Praxis. Weinheim.

Göhlich, M. (1999): Pädagogischer Raum, inszenierter Raum. Phänomenologische Zugänge und historische Tendenzen. In: Liebau, E./Miller-Kipp, G./Wulf, Ch. (Hrsg): Metamorphosen des Raums. Weinheim, S. 167–179.

Göhlich, M. (2001): System, Handeln, Lernen unterstützen. Eine Theorie der Praxis pädagogischer Institutionen. Weinheim.

Göhlich, M. (2002): Zweisprachigkeit, Interkulturalität und supranationale Identität. In: Ev. Akademie (Hg.): Mehrsprachigkeit. Protokolldienst Bad Boll 31 (2002), S. 11–16.

Göhlich, M. (2005a): Reggiopädagogik – Innovative Pädagogik heute. 8. Aufl. Frankfurt/M.

Göhlich, M. (2005b): Pädagogische Organisationsforschung. Eine Einführung. In: Ders./Hopf, C./Sausele, I. (Hrsg.): Pädagogische Organisationsforschung. Wiesbaden, S. 9–24.

Göhlich, M. (2005c): Schulkultur. In: Apel, H.-J./Sacher, W. (Hrsg.): Studienbuch Schulpädagogik. 2. Aufl. Bad Heilbrunn, S. 99–115.

Göhlich, M. (2007): Transkulturalität als pädagogische Herausforderung. In: ZEP Zeitschrift für Internationale Bildungsforschung und Entwicklungspädagogik. 30. Jg., H. 1.

Göhlich, M./Leonhard, H.-W./Liebau, E./Zirfas, J. (Hrsg.) (2006): Transkulturalität und Pädagogik. Weinheim.

Göhlich, M./Zirfas, J. (2007): Leben lernen. In: Strobel-Eisele, G. u. a. (Hrsg.): Pädagogische Diskurse des Lernens. In Vorbereitung.

Göhlich, M./Wulf, Ch./Zirfas, J. (Hrsg.) (2007): Pädagogische Theorien des Lernens. Weinheim.

Greif, S./Kurz, H.-J. (Hrsg.) (1996): Handbuch Selbstorganisiertes Lernen. Göttingen.

Grzesik, J. (2002): Operative Lerntheorie. Neurobiologie und Psychologie der Entwicklung des Menschen durch Selbstveränderung. Bad Heilbrunn.

Haan, G. de (1996): Die Zeit in der Pädagogik. Vermittlungen zwischen der Fülle der Welt und der Kürze des Lebens. Weinheim.

Hamberger, M. (2001): Heimerziehung aus Sicht der jungen Menschen. In: BMFSFJ (Hrsg.): Leistungen und Grenzen von Heimerziehung. Ergebnisse einer Evaluationsstudie stationärer und teilstationärer Erziehungshilfen.

Hansbauer, P. (1999): Traditionsbrüche in der Heimerziehung. Münster.

Harney, K. (2002): Betrieb. In: Krüger, H.-H./Helsper, W. (Hrsg.): Einführung in Grundbegriffe und Grundfragen der Erziehungswissenschaft. Opladen, S. 187–194.

Hasan, A. (1996): Lifelong Learning. In: Tuijnman, A. C. (Hrsg.): International Encyclopedia of Adult Education and Training. 2. Aufl. Oxford, S. 33–41.

Hegel, G. W. F. (1981): Phänomenologie des Geistes. 5. Aufl. Frankfurt/M.

Helmer, K. (2004): Kultur. In: Benner, D./Oelkers, J. (Hrsg.): Historisches Wörterbuch der Pädagogik. Weinheim, S. 527–547.

Hentig, H. v. (1985): Vorwort zur deutschen Ausgabe. In: Ariès, Ph.: Geschichte der Kindheit. 7. Aufl. München, S. 7–44.

Hentig, H. v. (1993): Die Schule neu denken. München.

Hentig, H. v. (1995): Die Menschen stärken, die Sachen klären. Stuttgart.

Herrmann, U. (1987): Biographische Konstruktionen und das gelebte Leben. Prolegomena zu einer Biographie und Lebenslaufforschung in pädagogischer Absicht. In: Zeitschrift für Pädagogik 33, H. 3, S. 303–323.

Hettlage, R. (1998): Familienreport. Eine Lebensform im Umbruch. München.

Hildebrand, B./Sting, S. (1995): Erziehung und kulturelle Identität. Münster/New York.

Hilgard, E. R./Bower, G. H. (1970): Theorien des Lernens I. Stuttgart.

Holt, J. (1999): Kinder lernen selbständig oder gar nicht(s). Weinheim.

Holzkamp, K. (1993): Lernen. Subjektwissenschaftliche Grundlegung. Frankfurt/M.

Hörster, R./Müller, B. (1996): Zur Struktur sozialpädagogischer Kompetenz. In: Combe, A./Helsper, W. (Hrsg.): Pädagogische Professionalität, Frankfurt/M., S. 614–648.

Humboldt, W. v. (1960): Werke in fünf Bänden. Bd. I. Darmstadt.

Hüther, G. (2006): Von Synapsen und ihren Beziehungen. In: PÄD Forum 5, S. 312–318.

Illich, I. (1983): Entschulung der Gesellschaft. München.

Jackson, Ph. W. (1968): Life in Classrooms. New York.

Jacobi, J. (2003): Die soziale Kontur der Halleschen Waisenkinder. In: Sträter, U.: Waisenhäuser in der Frühen Neuzeit. Tübingen, S. 53–70.

Jelich, F.-J./Kemnitz, H. (Hrsg.) (2003): Die pädagogische Gestaltung des Raums. Geschichte und Modernität. Bad Heilbrunn.

Jennings, Th. (1998): Rituelles Wissen. In: Belliger, A./Krieger, D. (Hrsg.): Ritualtheorien. Opladen, S. 157–172.

Kant, I. (1982): Kritik der reinen Vernunft. Werkausgabe. Band III/IV. Hrsg. v. W. Weischedel. 4. Aufl. Frankfurt/M.

Kaufmann, F. X. (2005): Schrumpfende Gesellschaft. Vom Bevölkerungsrückgang und seinen Folgen. Frankfurt/M.

Kellner, W. (2005): Freiwilligenarbeit, Erwachsenenbildung und das informelle Lernen – das Kompetenz-Portfolio für Freiwillige des Rings Österreichischer Bildungswerke. In: Internationales Jahrbuch der Erwachsenenbildung. Band 31/32: Informelles Lernen – Selbstbildung und soziale Praxis. Köln u. a., S. 207–221.

Kernig, W. (1997): Informal education. Die englischen Wurzeln des offenen Unterrichts. In: Göhlich, M. (Hrsg.): Die neuen Reformpädagogiken. Geschichte, Konzeption, Praxis. Weinheim. S. 39–52.

Kerschensteiner, G. (1968): Ausgewählte pädagogische Schriften. Bd. II. Paderborn.

Kiesel, D. (2000): Multikulti ade? Probleme des Kulturalismus in der interkulturellen Pädagogik. In: IDA-NRW Tagungsbericht Nr. 4/2000, S. 6–12.

Klafki, W. (1989): Gesellschaftliche Funktion und pädagogischer Auftrag der Schule in einer demokratischen Gesellschaft. In: Braun, K.-H. u. a. (Hrsg.): Subjekt, Vernunft, Demokratie. Weinheim, S. 4–33.

Klippert, H. (2000): Pädagogische Schulentwicklung. Weinheim.

KMK (2000): Selbstgesteuertes Lernen in der Weiterbildung. Beschluss der Kultusministerkonferenz vom 14.04.2000 (www.kmk.org/doc/selbstlern.htm)

Koch, L. (1988): Überlegungen zum Begriff und zur Logik des Lernens. In: Zeitschrift für Pädagogik 34, H. 3, S. 315–330.

Koch, L. (1991): Logik des Lernens. Weinheim.

Kösel, E. (1995): Die Modellierung von Lernwelten. Ein Handbuch zur Subjektiven Didaktik. Elztal.

Kosselleck, R. (1995): Vergangene Zukunft. Zur Semantik geschichtlicher Zeiten. 3. Aufl. Frankfurt/ M.

Kraft, S. (1999): Selbstgesteuertes Lernen. Problembereiche in Theorie und Praxis. In: Zeitschrift für Pädagogik 45, H. 6, S. 833–845.

Künzli, R. (2004): Lernen. In: Benner, D./Oelkers, J. (Hrsg.): Historisches Wörterbuch der Pädagogik. Weinheim/Basel, S. 620–637.

Künzli, Rudolf (2007): Kanon des Lernens. In: Göhlich, M./ Wulf, Ch./ Zirfas, J. (Hg): Pädagogische Theorien des Lernens. Weinheim, S. 23–41.

Landenberger, G./Trost, R. (1988): Lebenserfahrungen im Erziehungsheim. Frankfurt/M.

LeFrancois, G. (2003): Psychologie des Lernens. Berlin.

Levine, R. (1998): Eine Landkarte der Zeit. München.

Liebau, E./Müller-Rolli, S. (Hrsg.) (1985): Neue Sammlung 25, H. 3: Lebensstil und Lernform.

Liebau, E./Zirfas, J. (2006): Erklären und Verstehen. Zum methodologischen Streit zwischen Bio- und Kulturwissenschaften. In: Scheunpflug, A./Wulf, Ch. (Hrsg.): Zeitschrift für Erziehungswissenschaft (3. Beiheft): Biowissenschaft und Erziehungswissenschaft. Wiesbaden, S. 231–244.

Lippitz, W. (2000): Phänomenologische Forschungen in der deutschen Erziehungswissenschaft. In: Jahrbuch für Bildungs- und Erziehungsphilosophie 3, S. 173–199.

Lippitz, W./Meyer-Drawe, K. (Hrsg.) (1982): Lernen und seine Horizonte. Phänomenologische Konzeptionen menschlichen Lernens. Frankfurt/M.

Lippitz, W./Meyer-Drawe, K. (Hrsg.) (1987): Kind und Welt. Phänomenologische Studien zur Pädagogik. 2. Aufl. Frankfurt/M.

Locke, J. (1967): Vom Lernen und Unterricht. In: Ders.: Einige Gedanken über die Erziehung. Paderborn, S. 137–183.

Locke, J. (1970): Gedanken über Erziehung. Stuttgart.

Locke, J. (2000): Versuch über den menschlichen Verstand. Band 1. Hamburg.

Lönz, M. (2001): Lernen in einer veränderten Welt? Pädagogisch-philosophische Anmerkungen zum »Neuen Lernbegriff«. In: Vierteljahresschrift für wissenschaftliche Pädagogik 77, S. 333–353.

Lorenz, S./Schröder, W. (1980): Lernen. In: Ritter, J. u. a. (Hrsg.): Historisches Wörterbuch der Philosophie. Darmstadt, Sp. 241–245.

Lost, Ch. (2003): Pädagogische und pädagogisierte Räume für Körper, Geist und Seele. Organisationsformen in geschlossenen Gesellschaften am Beispiel der Herrnhuter Kindererziehung im 18. Jahrhundert. In: Jelich, F. J./Kemnitz, H. (Hrsg.): Die pädagogische Gestaltung des Raums. Bad Heilbrunn, S. 403–414.

Lüders, Ch./Kade, J./Hornstein, W. (2000): Entgrenzung des Pädagogischen. In: Krüger, H.-H./Helsper, W. (Hrsg.): Einführung in die Grundbegriffe und Grundfragen der Erziehungswissenschaft. Opladen, S. 207–215.

Luhmann, N./Schorr, K. E. (1988): Reflexionsprobleme im Erziehungssystem. Frankfurt/M.

Lukrez (1957): Über die Natur der Dinge. Aus dem Lat. übers. v. H. Diels. Berlin.

Mandl, H./Reinmann-Rothmeier, G. (1995): Unterrichten und Lernumgebungen gestalten. Forschungsbericht Nr. 60 des Lehrstuhls für Empirische Pädagogik und Pädagogische Psychologie Ludwig-Maximilian-Universität München.

Marotzki, W. (1999): Erziehungswissenschaftliche Biographieforschung. Methodologie – Tradition – Programmatik. In: Zeitschrift für Erziehungswissenschaft 2, H. 3, S. 325–341.

Marrou, H.-I. (1977): Geschichte der Erziehung im klassischen Altertum. München.

Maturana, H./Varela, F. (1990): Der Baum der Erkenntnis. Bern.

Merleau-Ponty, M. (1966): Phänomenologie der Wahrnehmung. Berlin.

Mersch, D. (2005): Das Bild als Argument. Visualisierungsstrategien in der Naturwissenschaft. In: Wulf, Ch./Zirfas, J. (Hrsg.): Ikonologie des Performativen. München, S. 322–344.

Meumann, E. (1914): Abriss der experimentellen Pädagogik. Leipzig.

Meyer, M. A. (2005): Stichwort: Alte oder neue Lernkultur? In: Zeitschrift für Erziehungswissenschaft 8, H. 1, S. 5–27.

Meyer-Drawe, K. (1982): Lernen als Umlernen. In: Lippitz, W./Meyer-Drawe, K.: Lernen und seine Horizonte. Phänomenologische Konzeptionen menschlichen Lernens. Frankfurt/M., S. 19–43.

Meyer-Drawe, K. (1996): Vom anderen lernen. In: Borelli, M./Ruhloff, J. (Hrsg): Deutsche Gegenwartspädagogik Bd. II. Hohengehren, S. 85–98.

Meyer-Drawe, K. (2003): Lernen als Erfahrung. In: Zeitschrift für Erziehungswissenschaft 6, H. 4, S. 505–514.

Meyer-Drawe, K. (2005): Anfänge des Lernens. In: Zeitschrift für Pädagogik. 49. Beiheft. Weinheim, S. 24–37.

Michael, B. (1963): Selbstbildung im Schulunterricht. Weinheim.

Mielke, R. (2001): Psychologie des Lernens. Stuttgart.

Mollenhauer, K. (1965): Das pädagogische Phänomen »Beratung«. In: Ders./Müller, C.W.: »Führung« und »Beratung« in pädagogischer Sicht. Heidelberg, S. 25–41.

Mollenhauer, K. (1979): Einführung in die Sozialpädagogik. Weinheim.

Mollenhauer, K. (1981): Die Zeit in Erziehungs- und Bildungsprozessen. Annäherungen an eine bildungstheoretische Fragestellung. In: Die Deutsche Schule 73, S. 68–78.

Mollenhauer, K. (1994): Vergessene Zusammenhänge. Über Kultur und Erziehung. 4. Aufl. Weinheim/München.

Mollenhauer, K./Brumlik, M./Wudtke, H. (1975): Die Familienerziehung. München.

Montaigne, M. de (1989): Die Essais. Hrsg. v. A. Franz. Stuttgart.

Montessori, M. (1987): Die Entdeckung des Kindes. 8. Aufl. Freiburg (= Übersetzung der 1950 erschienenen überarbeiteten Neuauflage von: Il metodo della pedagogia scientifica).

Montessori, M. (1992): Kinder sind anders. 7. Aufl. München.

Montessori, M. (2000): Il Metodo della Pedagogi Scientifica applicato all' educazione infantile nelle Case dei Bambini. Edizione Critica. Roma.

Müller, B. (2002): Interkulturelles Lernen und Multikulturalität. In: Demorgon, J./Wulf, Ch. (Hrsg.): Binationale, trinationale und multinationale Begegnungen – Gemeinsamkeiten und Unterschiede in interkulturellen Lernprozessen. (Deutsch-Französisches Jugendwerk) Berlin/ Paris, S. 120–148.

Müller, C. W. (1999): Wie Helfen zum Beruf wurde. Bd. 1. Weinheim.

Neumann, N. (1993): Lerngeschichte der Uhrenzeit. Pädagogische Interpretationen zu Quellen von 1500 bis 1930. Weinheim.

Nietzsche, F. (1968): Also sprach Zarathustra. Ein Buch für Alle und Keinen. In: Ders.: Kritische Gesamtausgabe. Hrsg. von G. Colli und M. Montinari. Sechste Abteilung: Erster Band. Berlin.

Nietzsche, F. (1999): Jenseits von Gut und Böse. In: Ders.: Kritische Studienausgabe 5. Hrsg. v. G. Colli u. M. Montinari. München, S. 9–243.

Nolda, S. (2002): Pädagogik und Medien. Eine Einführung. Stuttgart.

Oelkers, J. (1996): Reformpädagogik. Eine kritische Dogmengeschichte. 3. Aufl. Weinheim.

Oelkers, J. (1997a): Lernen. In: Wulf, Ch. (Hrsg.): Vom Menschen. Handbuch Historische Anthropologie. Weinheim, S. 750–756.

Oelkers, J. (1997b): Schule. In: Wulf, Ch. (Hrsg.): Vom Menschen. Handbuch Historische Anthropologie. Weinheim, S. 780–787.

Oelkers, J. (2000): Dewey in Deutschland – ein Mißverständnis. In: Dewey, J.: Demokratie und Erziehung. Weinheim, S. 489–509.

Oser, F./Hascher, T. (1997): Lernen aus Fehlern. Zur Psychologie des »negativen« Wissens. Pädagogisches Institut der Universität Freiburg/Schweiz.

Overwien, B. (2007): Informelles Lernen. In: Göhlich, M./Wulf, Ch./Zirfas, J. (Hrsg.): Pädagogische Theorien des Lernens. Weinheim, S. 119–130.

Pestalozzi, J. H. (1927): Pestalozzi Sämtliche Werke (PSW). Bd. 1. Berlin.

Pestalozzi, J. H. (1928): Pestalozzi Sämtliche Werke (PSW). Bd. 3. Berlin.

Pestalozzi, J. H. (1932): Pestalozzi Sämtliche Werke (PSW). Bd. 13. Berlin.

Petersen, P. (1955): Der kleine Jena-Plan. Braunschweig.

Petersen, P. (1965): Die Pädagogische Tatsachenforschung. Paderborn.

Petersen, P. (1973): Pädagogik der Gegenwart. Weinheim.

Peterßen, W. (2001): Lehrbuch Allgemeine Didaktik. München.

Piaget, J. (1955): Die Bildung des Zeitbegriffs beim Kinde. Zürich.

Piaget, J. (1974): Psychologie der Intelligenz. Olten.

Piaget, J. (1975a): Das Erwachen der Intelligenz beim Kinde. Stuttgart.

Piaget, J. (1975b): Der Aufbau der Wirklichkeit beim Kinde. Stuttgart.

Piaget, J. (1984): Theorien und Methoden der modernen Erziehung. Frankfurt/M.

Piaget, J./Inhelder, B. (1983): Die Psychologie des Kindes. Frankfurt/M.

Pieter, A. (2005): Selbstbestimmtes Lernen in der Schule. Erfassung der subjektiven Kompetenz zum selbstbestimmten Lernen. Frankfurt/M. u. a.

Platon (1984): Sämtliche Werke. Sechs Bände. Hrsg. v. W. Otto, E. Grassi u. G. Plamböck. Reinbek.

Plöger, W. (1993): Erlebte Räume – Vorüberlegungen zu einer Anthropologie des Lernraumes. In: Pädagogische Rundschau 47, H. 3, S. 271–284.

Pongratz, L. A. (2004): Konstruktivistische Pädagogik als Zauberkunststück. In: Pongratz, L. A./ Nieke, W./Masschelein, J. (Hrsg.): Kritik der Pädagogik – Pädagogik als Kritik. Opladen, S. 108–133.

Prange, K. (1989): Pädagogische Erfahrung. Vorträge und Aufsätze zur Anthropologie des Lernens. Weinheim.

Prange, K. (1995): Die Zeit der Schule. Bad Heilbrunn.

Prediger, S. (2002): Kommunikationsbarrieren beim Mathematiklernen – Analysen aus kulturalistischer Sicht. In: Prediger, S./Lengnink, K./Siebel, F. (Hrsg.): Mathematik und Kommunikation. Mühltal, S. 91–106.

Quintilian (1970): Ausschnitte aus der Anleitung zur Beredsamkeit. In: Flitner, W.: Die Erziehung. Bremen, S. 36–41.

Rabe-Kleberg, U. (1997): Öffentliche Kindererziehung: Kindergrippe, Kindergarten, Hort. In: Krüger, H.-H./Rauschenbach, Th. (Hrsg.): Einführung in die Arbeitsfelder der Erziehungswissenschaft. 2. Aufl. Opladen, S. 89–105.

Rabe-Kleberg, U./Zeiher, H. (1984): Kindheit und Zeit. Über das Eindringen moderner Zeitorganisation in die Lebensbedingungen von Kindern. In: Zeitschrift für Sozialisationsforschung und Erziehungssoziologie 4, S. 29–43.

Reich, K. (2002): Konstruktivistische Didaktik. Neuwied.

Reichertz, J. (2003): Abduktion, Deduktion und Induktion in der qualitativen Forschung. In: Flick, U./Kardoff, E. v./Steinke, I. (Hrsg.): Qualitative Forschung. Ein Handbuch. 3. Aufl. Reinbek, S. 276–286.

Rein, W. (1906): Enzyklopädisches Handbuch der Pädagogik. Bd. 5. Langensalza.

Reischmann, J. (1995): Lernen »en passant« – die vergessene Dimension. In: Grundlagen der Weiterbildung, H. 4, S. 200–204.

Richter, D. (1987): Das fremde Kind. Zur Entstehung der Kindheitsbilder des bürgerlichen Zeitalters. Frankfurt/M.

Rödler, K. (1987): Vergessene Alternativschulen. Geschichte und Praxis der Hamburger Gemeinschaftsschulen 1919–1933. Weinheim.

Rolff, H.-G. (1967): Sozialisation und Auslese durch die Schule. Heidelberg.

Rolff, H.-G. (1993): Wandel durch Selbstorganisation. Theoretische Grundlagen und praktische Hinweise für eine bessere Schule. Weinheim.

Roth, G. (2001): Fühlen, Denken, Handeln. Wie das Gehirn unser Verhalten steuert. Frankfurt/M.

Rousseau, J.-J. (1967a): Plan für die Erziehung des Herrn de Sainte-Marie. In: Ders.: Preisschriften und Erziehungsplan. Bad Heilbrunn.

Rousseau, J.-J. (1967b): Preisschriften und Erziehungsplan. Bad Heilbrunn.

Rousseau, J.-J. (1984): Diskurs über die Ungleichheit. Discours sur l'inegalité (1755). Hrsg. v. H. Meier. Paderborn u. a.

Rousseau, J.-J. (1985): Bekenntnisse. Frankfurt/M.

Rousseau, J-J. (1998): Emil oder Über die Erziehung. 13. Aufl. Paderborn.

Rousseau, J.-J. (1990): Emile oder Über die Erziehung (1762). Hrsg. v. M. Rang. Stuttgart.

Sacher, W. (1989): Computer und die Krise des Lernens. Eine pädagogisch-anthropologische Untersuchung zur Zukunft des Lernens in der Informationsgesellschaft. Bad Heilbrunn.

Sacher, W. (2000): Deformation des Wissens und Lernens in der Informationsgesellschaft. In: Kleber, H. (Hrsg.): Spannungsfeld Medien und Erziehung. Medienpädagogische Perspektiven. München, S. 135–149.

Salzmann, Ch. G. (1784): Noch etwas über die Erziehung nebst Ankündigung einer Erziehungsanstalt. Leipzig.

Sandbothe, M. (2005): Lehren und Lernen im Zeitalter des Internet. In: http://www.sandbothe.net/46.html.

Schäffter, O. (1991): Modi des Fremderlebens. Deutungsmuster im Umgang mit Fremdheit. In: Ders.: Das Fremde. Erfahrungsmöglichkeiten zwischen Faszination und Bedrohung. Opladen, S. 11–42.

Schelten, A. (1995): Grundlagen der Arbeitspädagogik. Stuttgart.

Scheuerl, H. (1985): Geschichte der Erziehung. Ein Grundriß. Stuttgart u. a.

Scheunpflug, A. (2000): Biowissenschaft und Pädagogik. Erkenntnisse aus der Biologie für die Pädagogik fruchtbar machen. In: Pädagogik (2000), H. 1, S. 47–52.

Scheunpflug, A. (2001): Biologische Grundlagen des Lernens. Berlin.

Schleiermacher, F. D. E. (1957): Pädagogische Schriften. Hrsg. v. E. Weniger u. Th. Schulze. Düsseldorf/München.

Schleiermacher, F. D. E. (1981): Brouillion zur Ethik (1805/06). Hrsg. v. H.-J. Birkner. Hamburg.

Schleiermacher, F. D. E. (1983): Theorie der Erziehung. Die Vorlesungen aus dem Jahre 1826. In: Ders.: Ausgewählte pädagogische Schriften. Paderborn, S. 36–243.

Schmidt, G. R. (1991): Michel de Montaigne. In: Scheuerl, H. (Hrsg.): Klassiker der Pädagogik I. 2. Aufl. München, S. 49–66.

Schulmeister, R. (1997): Grundlagen hypermedialer Lernsysteme. Theorie. Didaktik. Design. 2. Aufl. München.

Schultz, U. (1989): Montaigne. 2. Aufl. Reinbek.

Schulze, Th. (1993a): Biographisch orientierte Pädagogik. In: Baacke, D./Schulze, Th.: Aus Geschichten lernen. Zur Einübung pädagogischen Verstehens. Weinheim/München, S. 13–40.

Schulze, Th. (1993b): Lebenslauf und Lebensgeschichte. In: Baacke, D./Schulze, Th.: Aus Geschichten lernen. Zur Einübung pädagogischen Verstehens. Weinheim/München, S. 174–226.

Schulze, Th. (2002): Allgemeine Erziehungswissenschaft und erziehungswissenschaftliche Biographieforschung. In: Zeitschrift für Erziehungswissenschaft, 1. Beiheft: Forschungsfelder der Allgemeinen Erziehungswissenschaft. Opladen, S. 129–146.

Schütte, F. (2003): Lehrwerkstatt und Klassenzimmer – Zwei soziale Räume berufspädagogischen und didaktischen Handelns. In: Jelich, F. J./ Kemnitz, H. (Hg): Die pädagogische Gestaltung des Raums. Bad Heilbrunn, S. 353–371

Seel, N. (2000): Psychologie des Lernens. München.

Seitter, W. (2000): Lesen, Vereinsmeiern, Reisen. (Vergessene) Elemente einer Theorie lebenslangen Lernens. In: Zeitschrift für Pädagogik 46, H. 1, S. 81–96.

Seitter, W. (2001): Zwischen Proliferation und Klassifikation. Lernorte und Lernortkontexte in pädagogischen Feldern. In: Zeitschrift für Erziehungswissenschaft 4, H. 2, S. 225–238.

Seneca, L. A. (1983): De brevitate vitae/Von der Kürze des Lebens. Hrsg. v. J. Feix. Stuttgart.

Sennet, R. (1998): Der flexible Mensch. Die Kultur des neuen Kapitalismus. 4. Aufl. Berlin.

Severing, E. (2003): Lernen im Arbeitsprozeß. Eine pädagogische Herausforderung. In: GdWZ Grundlagen der Weiterbildung. 14. Jg, H. 1, S. 1–4.

SGB VIII (2005): Sozialgesetzbuch. Achtes Buch: Kinder- und Jugendhilfe.

Shaftesbury, A. A. C. (1980): Ein Brief über den Enthusiasmus. Die Moralisten. Hamburg.

Sichtermann, B. (1981): Zeit-Kämpfe mit Kindern. In: Ästhetik und Kommunikation 12, H. 45/46, S. 5–18.

Simon, F. B. (1998): Die Kunst, nicht zu lernen. In: Fischer, H. R. (Hrsg.): Die Wirklichkeit des Konstruktivismus. Zur Auseinandersetzung um ein neues Paradigma. Heidelberg, S. 353–365.

Singer, W. (2000): Was kann ein Mensch wann lernen? In: Killius, N./Kluge, J./Reisch, L. (Hrsg.): Die Zukunft der Bildung. Frankfurt/M., S. 78–99.

Singer, W. (2002): Der Beobachter im Gehirn. Essays zur Hirnforschung. Frankfurt/M.

Singer, W. (2003): Ein neues Menschenbild? Gespräche über Hirnforschung. Frankfurt/M.

Spitzer, M. (2000): Geist im Netz. Modelle für Lernen, Denken und Handeln. Heidelberg/Berlin.

Spitzer, M. (2002): Lernen. Gehirnforschung und die Schule des Lebens. Heidelberg/Berlin.

Statistisches Bundesamt (2005): Statistiken der Kinder- und Jugendhilfe. Hilfe zur Erziehung außerhalb des Elternhauses – Heimerziehung; sonstige betreute Wohnform – Begonnene Hilfen 2004.

Steiner, R. (1951): Allgemeine Menschenkunde als Grundlage der Pädagogik. Dornach.

Steiner, R. (1958): Rudolf Steiner in der Waldorfschule. Ansprachen. Stuttgart.

Stenger, U. (2007): Anfänge. In: Bilstein, J./Göhlich, M./Liebau, E./Zirfas, J. (Hrsg.): Menschenbilder. Weinheim. In Vorbereitung.

Stenzel, J. (1961): Platon der Erzieher. Hamburg.

Sting, S. (2007): Überleben lernen. In: Göhlich, M./Wulf, Ch./Zirfas, J. (Hrsg.): Pädagogische Theorien des Lernens. Weinheim/Basel, S. 176–187.

Tenberg, R. (2001): Der Lernort Arbeitsplatz im Wandel technisch-ökonomischer Entwicklung. In: Durchblick. Zeitschrift für Ausbildung, Weiterbildung und berufliche Integration. 15. Jg, H. 1, S. 20–21.

Thenorth, H.-E. (1994): »Alle alles zu lehren«: Möglichkeiten und Perspektiven allgemeiner Bildung. Darmstadt.

Thiersch, H. (1977): Kritik und Handeln. Interaktionistische Aspekte der Sozialpädagogik. Neuwied.

Thiersch, H. (2004): Leben lernen. In: Unsere Jugend, H. 5, S. 206–218.

Thomas von Aquino (1985): Summe der Theologie. 3 Bände. Hrsg. v. J. Bernhart. 3. Aufl. Stuttgart.

Tillmann, K.-J. (1999): Sozialisationstheorien. Eine Einführung in den Zusammenhang von Gesellschaft, Institution und Subjektwerdung. 9. Aufl. Reinbek.

Tomasello, M. (2002): Die kulturelle Entwicklung des menschlichen Denkens. Zur Evolution der Kognition. Frankfurt/M.

Trapp, E. Ch. (1977): Versuch einer Pädagogik. Paderborn.

Treml, A. K. (1996): Lernen. In: Krüger, H.-H./Helsper, W. (Hrsg.): Einführung in Grundbegriffe und Grundfragen der Erziehungswissenschaft. 2. Aufl. Opladen, S. 93–102.

Treml, A. K. (2000): Allgemeine Pädagogik. Grundlagen, Handlungsfelder und Perspektiven der Erziehung. Stuttgart.

Turner, V. (1989): Das Ritual. Struktur und Antistruktur. Frankfurt/M.

Tyack, D./Tobin, W. (1994): The Grammar of Schooling. Why has it been so hard to change? In: American Educational Research Journal. Vol XXI, S. 453–479.

Veith, H. (1996): Theorien der Sozialisation. Zur Rekonstruktion des modernen sozialisatorischen Denkens. Frankfurt/M.

Vollbrecht, R. (2001): Einführung in die Medienpädagogik. Weinheim/Basel.

Waldenfels, B. (1999): Topographie des Fremden. Studien zur Phänomenologie des Fremden I. 2. Aufl. Frankfurt/M.

Waldenfels, B. (2002): Bruchlinien der Erfahrung. Phänomenologie – Psychoanalyse – Phänomenotechnik. Frankfurt/M.

Watson, J. B. (1913): Psychology as the Behaviorist Views It. In: Psychological Review 20, S. 158–177 (in deutscher Sprache: In: Ders. (1976): Behaviorismus. Frankfurt/M.).

Weber, P. J. (2005): E-Learning – die missverstandene Lernkultur. In: Zeitschrift für Pädagogik 51, H. 1, S. 45–60.

Wellendorf, F. (1973): Schulische Sozialisation und Identität. Weinheim.

Welling, S. (o. J., ca. 2002): PowerUP im Jugendfreizeitheim Neustadt. Ein Werkstattbericht. Universität Bremen.

Welsch, W. (1997): Transkulturalität. Zur veränderten Verfassung heutiger Kulturen. In: Schneider, I./Thomsen, Ch. (Hrsg.): Hybridkultur. Köln, S. 67–90.

Weniger, E. (1952): Die Eigenständigkeit der Erziehung in Theorie und Praxis. Probleme der akademischen Lehrerbildung. Weinheim.

Wiater, W. (2002): Theorie der Schule. Donauwörth.

Wiechert, Ch. (2005): www.paedagogik-goetheanum.ch/1185.html.

Wigger, L./Cloer, E./Ruhloff, J./Vogel, P./Wulf, Ch. (Hrsg.) (2002): Zeitschrift für Erziehungswissenschaft. Beiheft 1: Forschungsfelder der Allgemeinen Erziehungswissenschaft. Opladen.

Wilterdink, N. (1993): Nationalitäten im alltäglichen Gegen- und Miteinander. Nationale Identität in einer internationalen Organisation. In: Blomert, R./Kuzmics, H./Treibel, A. (Hrsg.): Transformationen des Wir-Gefühls. Frankfurt/M.

Wolffersdorff, Ch. v. u. a. (1996): Geschlossene Unterbringung in Heimen. DJI München.

Wolke, Ch. H. (1805): Anweisung für Mütter und Kinderlehrer. Leipzig.

Wulf, Ch. (Hrsg.) (1997): Vom Menschen. Handbuch Historische Anthropologie. Weinheim.

Wulf, Ch. (2007): Mimetisches Lernen. In: Göhlich, M./Wulf, Ch./Zirfas, J. (Hrsg.): Pädagogische Theorien des Lernens. Weinheim/Basel.

Wulf, Ch./Althans, B./Audehm, K./Bausch, C./Göhlich, M./Sting, S./Tervooren, A./Wagner-Willi, M./Zirfas, J.: Das Soziale als Ritual. Zur performativen Bildung von Gemeinschaften. Opladen 2001.

Wulf, Ch./Althans, B./Blaschke, G./Ferrin, N./Göhlich, M./Jörissen, B./Mattig, R./Tervooren, A./ Wagner-Willi, M./Zirfas, J. (2007): Lernkulturen im Umbruch. Rituelle Praktiken in Schule, Jugend und Familie. Wiesbaden, S. 91–101.

Wulf, Ch./Göhlich, M./Zirfas, J. (Hrsg.) (2001): Grundlagen des Performativen. Eine Einführung in die Zusammenhänge von Sprache, Macht und Handeln. Weinheim/München.

Zieger, A. (1992): Neurophysiologie und Pädagogik. In: Möller, B. (Hrsg.): Logik der Pädagogik. Pädagogik als interdisziplinäres Arbeitsfeld. Band 3: Der Beitrag der Biowissenschaften zur Pädagogik. Oldenburg, S. 41–62.

Zimbardo, P. G. (1983): Psychologie. Berlin.

Zimmermann, P. (2000): Grundwissen Sozialisation. Opladen.

Zinnecker, J. (1975): Der heimliche Lehrplan. Weinheim.

Zirfas, J. (1993): Präsenz und Ewigkeit. Eine Anthropologie des Glücks. Berlin.

Zirfas, J. (2000): Aisthesis. In: Der Blaue Reiter. Journal für Philosophie, H. 12: Schön Sein. Stuttgart, S. 70–72.

Zirfas, J. (2001): Zukunft als pädagogische Kategorie. In: Nieke, W./Masschelein, J./Ruhloff, J. (Hrsg.): Bildung in der Zeit. Zeitlichkeit und Zukunft – pädagogisch kontrovers. Weinheim, S. 147–170.

Zirfas, J. (2003): Das Ich als Gehirn. In: Agora. Das Philosophiemagazin, 06. März 2003, S. 20–21.

Zirfas, J. (2004a): Pädagogik und Anthropologie. Eine Einführung. Stuttgart.

Zirfas, J. (2004b): Sozialisation als performativer Prozess. Ethnographische Überlegungen zu rituellen Praktiken in der Familie. In: Wulf, Ch./Zirfas, J. (Hrsg.): Zeitschrift für Erziehungswissenschaft (2. Beiheft): Innovation und Ritual. Jugend, Geschlecht und Schule. Wiesbaden, S. 59–75.

Zirfas, J. (2007a): Das Lernen der Lebenskunst. In: Göhlich, M./Wulf, Ch./Zirfas, J. (Hrsg.): Pädagogische Theorien des Lernens. Weinheim/Basel, S. 163–175.

Zirfas, J. (2007b): Sterben lernen. Historische Anmerkungen zum philosophischen und pädagogischen Umgang mit der Endlichkeit. In: Breinbauer, I./Mitgutsch, K./Sattler, E./Westphal, K. (Hrsg.): Lernen. Pädagogische Beiträge zum Vollzug des Lernens. Baltmannsweiler. In Vorbereitung.